权威·前沿·原创

皮书系列为
"十二五""十三五"国家重点图书出版规划项目

BLUE BOOK

智 库 成 果 出 版 与 传 播 平 台

东南亚蓝皮书

BLUE BOOK OF
SOUTHEAST ASIA

教育部哲学社会科学系列发展报告

东南亚地区发展报告
（2018~2019）

ANNUAL REPORT ON THE DEVELOPMENT OF SOUTHEAST
ASIA (2018-2019)

面向"工业4.0"的东南亚

主 编／王 勤

社会科学文献出版社
SOCIAL SCIENCES ACADEMIC PRESS（CHINA）

图书在版编目（CIP）数据

东南亚地区发展报告.2018－2019：面向"工业4.0
"的东南亚／王勤主编. －－北京：社会科学文献出版
社，2020.8
（东南亚蓝皮书）
ISBN 978－7－5201－7217－2

Ⅰ.①东…　Ⅱ.①王…　Ⅲ.①区域发展－研究报告－
东南亚－2018－2019　Ⅳ.①F133

中国版本图书馆CIP数据核字（2020）第163594号

东南亚蓝皮书
东南亚地区发展报告（2018~2019）
——面向"工业4.0"的东南亚

主　　编／王　勤

出 版 人／谢寿光
组稿编辑／张晓莉
责任编辑／宋浩敏

出　　版／社会科学文献出版社·国别区域分社（010）59367078
　　　　　地址：北京市北三环中路甲29号院华龙大厦　邮编：100029
　　　　　网址：www.ssap.com.cn
发　　行／市场营销中心（010）59367081　59367083
印　　装／天津千鹤文化传播有限公司

规　　格／开　本：787mm×1092mm　1/16
　　　　　印　张：23　字　数：343千字
版　　次／2020年8月第1版　2020年8月第1次印刷
书　　号／ISBN 978－7－5201－7217－2
定　　价／148.00元

东南亚地区蓝皮书编委会

主　编　王　勤

编　委　（以姓氏笔画为序）

衣　远　刘才涌　闫　森　许　可　李金明

吴崇伯　沈红芳　张长虹　林　梅　范宏伟

赵海立

主要编撰者简介

主　编

王　勤　经济学博士，教授、博士生导师，厦门大学国际关系学院/南洋研究院副院长（2001～2017年），厦门大学东南亚研究中心主任（2008～2018年），中国国际经济关系学会常务理事、中国太平洋学会理事，主要研究领域为东南亚经济、区域经济一体化、中国与东盟关系。担任《东南亚蓝皮书》主编，著有《东盟国际竞争力研究》《中国与东盟经济关系新格局》《新加坡经济发展研究》等，在国内外学术期刊发表论文200余篇，在新加坡《联合早报》、菲律宾《世界日报》等国外报刊发表时评文章60余篇。

主要编撰者

吴崇伯　经济学博士，教授、博士生导师，厦门大学国际关系学院/南洋研究院副院长，厦门大学东南亚研究中心副主任，主要研究领域为东南亚经济、印尼问题、中国与东盟关系。现已出版《当代印度尼西亚经济研究》等学术著作，在国内外发表学术论文200余篇。

范宏伟　历史学博士，教授、博士生导师，厦门大学东南亚研究中心主任，主要研究领域为缅甸问题、中国与东盟关系、海外华侨华人问题，现已出版《和平共处与中立主义：冷战时期中国与缅甸和平共处的成就与经验》《缅甸华侨华人史》等学术著作，在国内外发表学术论文50余篇。

沈红芳　经济学博士，厦门大学国际关系学院/南洋研究院教授、博士生导师，主要研究领域为东南亚经济、菲律宾问题、中国与东盟关系。现已出版《东南亚的工业化、外商直接投资与科技进步》《东亚经济发展模式比较研究》《经济全球化与经济安全：东亚的经验与教训》《菲律宾》等学术著作，在国内外发表学术论文100余篇。

赵海立　法学博士，副教授，厦门大学国际关系学院/国际政治系副主任，主要研究领域为东南亚政治与国际关系、中国与东盟关系，现已出版《国民党在台湾执政经验分析：以合法性为视角》等学术著作，在国内外发表学术论文30余篇。

林　梅　经济学博士，厦门大学国际关系学院/南洋研究院东南亚研究中心副教授，主要研究领域为东南亚经济、印尼问题、中国与东盟关系，在国内外发表学术论文40余篇。

许　可　哲学博士，厦门大学国际关系学院/南洋研究院副教授，主要研究领域为印太海上安全问题、中国与东盟关系、东南亚宗教、民族和文化问题等。现已出版《当代东南亚海盗研究》《当代海盗与中国海上通道安全》等学术著作，在国内外发表中英文论文20余篇。

闫　森　经济学博士，厦门大学国际关系学院/南洋研究院助理教授，主要研究领域为东南亚经济、马来西亚问题，在国内外发表学术论文10余篇。

张长虹　文学博士，厦门大学国际关系学院/南洋研究院图书馆主任，副研究馆员，主要研究领域为东南亚文学、东南亚图书信息管理，现已出版《移民族群艺术及其身份：泰国潮剧研究》等著作，在国内外发表学术论文30余篇。

摘　要

近年来，东南亚国家保持了政局相对稳定，多国政府的政权交替顺利。2018 年，马来西亚和柬埔寨举行了大选，前者宣告了长达半个多世纪的执政联盟连续执政的终结，后者执政党胜选组阁，洪森首相迎来其第六个任期。2019 年，作为东南亚国家三大重要经济体，泰国、印尼举行全国大选，菲律宾举行中期选举。2019 年 3 月，泰国举行了军人政变五年来的首次全国大选，巴育总理取得连任；4 月印尼举行全国大选，佐科总统赢得大选成功连任；5 月菲律宾举行中期选举，以现任总统杜特尔特为首的执政联盟大获全胜，未来将掌控参、众两院。同时，新加坡调整政府内阁，财政部部长王瑞杰继被委任为人民行动党第一助理秘书长后再获得新的任命，担任政府唯一的副总理，这意味着新加坡政府第四代领导层的领军人物最终选定。

在全球经济缓慢增长和深度调整的背景下，东南亚国家经济增长速度普遍放缓，但多数国家经济保持弹性而稳步增长。东南亚仍是世界上经济增长的热点地区之一，其国际经济地位迅速提升。2018 年，东南亚 10 国（除东帝汶外）面积为 449.35 万平方公里，人口 6.49 亿，国内生产总值（GDP）为 2.99 万亿美元，人均 GDP 为 4601 美元，对外贸易额达 2.8 万亿美元，吸收的外商直接投资（FDI）流量为 1547 亿美元，对外直接投资流量为 696 亿美元。目前，东南亚是世界上人口仅次于中国、印度的地区，是世界第五大经济体（仅次于美国、欧盟、中国和日本），是世界上第四大进出口贸易地区（仅次于欧盟、中国和美国），是世界上第三大吸引外商直接投资（FDI）流量的地区（仅次于欧盟和美国），也是第六大对外直接投资地区。

2019 年，是东盟跨入共同体时代的第四个年头，也是东盟实施《2025年东盟共同体愿景》的第四年。根据 2025 年东盟共同体的愿景规划，东盟积极实施共同体三大支柱的发展蓝图，加快政治安全同盟构建、生产要素自由流动和社会文化资源整合，致力于以人为本、以规则为基础的共同体建设，并取得新进展。东盟致力于地区和平、安全与稳定，有效地解决了成员国间的争端；东盟积极推进贸易投资自由化和便利化，区域的单一市场和生产基地初具规模；面对中美两国的贸易战升级，东盟积极采取应对措施避免在大国战略博弈中选边站；完成《区域全面经济伙伴关系协定》（RCEP）的谈判，构建了世界上最大的自由贸易区；缩小各成员国间的发展差距，促进了区域文化的多样性、创造性和可持续性。

在第四次工业革命的浪潮下，东南亚国家纷纷推出了"工业 4.0"战略与政策，各国的经济转型升级规划相继出台。这些国家实施"工业 4.0"战略，旨在新的国际经济形势下应对全球价值链的重构、推进国内经济转型、摆脱"中等收入陷阱"、扭转或延缓"去工业化"进程，以及重塑国际竞争力。2019 年 11 月，第 35 次东盟峰会发布了《东盟面向"工业 4.0"的产业转型宣言》，提出通过在第四次工业革命中采用创新和数字技术，促进数字价值链的互联互通，增强东盟企业的能力建设，推进区域产业转型，以应对"工业 4.0"带来的经济、社会和政治安全的影响。东南亚国家实施"工业 4.0"战略，将迎来新工业革命所带来的机遇，但也将面临一系列严峻的挑战。

本报告以年度东南亚地区发展为主题，跟踪东南亚国家的政治、经济、对外关系等发展态势，对该地区近期和中期发展进行分析与预测，以揭示在全球化和区域化进程中东南亚地区发展的格局与趋势，从而为中国的外交战略和周边策略提供决策依据。本报告由总报告、区域篇、国别篇、"工业4.0"专题篇和附录五大部分组成。（1）总报告。2018～2019 年东南亚政经形势的回顾与展望。（2）区域篇。论述东南亚地区经济、社会和对外关系发展中的热点和前沿问题。（3）国别篇。对近期柬埔寨、印尼、新加坡、泰国和越南的政治、经济和对外关系进行分析与预测。（4）"工业 4.0"专题篇。聚焦东南亚国家实施"工业 4.0"战略的现状与前景。（5）附录。
东盟面向"工业 4.0"的产业转型宣言、2018 年东南亚大事记、东南亚发
展统计。

关键词：东南亚　政经形势　"工业 4.0"　产业转型

目 录

Ⅳ "工业4.0"专题篇

Ⅴ 附 录

皮书数据库阅读**使用指南**

总 报 告

General Report

B.1

2018~2019年东南亚的
政经形势：回顾与展望

王　勤*

摘　要：　近年来，东南亚国家保持了政局相对稳定，2018年马来西亚和柬埔寨的大选，2019年泰国和印尼的大选、菲律宾的中期选举则是东南亚政坛的关注热点，新加坡内阁再次改组选定政府第四代领导层的领军人物。在世界经济增长放缓和深度调整的形势下，东南亚国家经济增长普遍放缓，但各国经济仍保持了弹性，多数国家经济保持了中速增长，在世界经济的地位快速提升。各国加快了宏观政策调整并积极推进产业结构转型，以应对近期国内经济增长的减缓和中长期"工业4.0"时代的挑战。2019年，是东盟跨入共同体时代的第四

---

* 王勤，厦门大学南洋研究院教授，博士生导师，经济学博士。

个年头，东盟加快了区域政治安全同盟构建、生产要素自由流动和社会文化资源整合，并取得了新的进展。

关键词： 东南亚　政经形势　经济转型　东盟共同体

当今世界，国际政治和经济形势变幻莫测，大国战略博弈加剧，新兴国家迅速崛起。在新的国际政经发展格局中，东南亚政局保持了相对稳定，经济持续稳定增长，国际竞争力逐步增强，区域一体化进程加速，整体经济实力和国际地位提高。本报告拟就2018～2019年东南亚的政经形势及其前景作一分析。

一　2018～2019年的东南亚政坛

近年来，东南亚国家政局相对稳定。2018年，马来西亚和柬埔寨举行了大选，前者宣告了长达半个多世纪的执政联盟连续执政的终结，后者执政党胜选组阁，洪森首相迎来其第六个任期。2019年，作为东南亚国家三大重要经济体，泰国、印尼举行全国大选，菲律宾举行中期选举。这些国家政府的更替和选民的倾向对政局的稳定、政策的延续性关系重大。同时，新加坡内阁再次进行改组，政府第四代领导层的领军人物最终选定。

2018年5月，马来西亚举行了全国大选。马来西亚前总理马哈蒂尔领导的反对党阵营希望联盟赢得国会122个议席，而作为执政61年的执政党联盟国民阵线只获得79个议席，马来西亚首次出现了政党执政轮替的局面，也宣告了长达半个多世纪的由一个执政联盟连续执政的历史终结。新政府执政以来，马来西亚经济发展并无多大起色，而执政联盟内部面临分崩离析。最近的民调显示，对希望联盟的满意度已不足四成，对于马哈蒂尔的满意度也不足五成。根据执政联盟协议，马哈蒂尔将在任职总理两年后（2020年5月）卸任，让安瓦尔出任总理。安瓦尔曾在1993～1998年担任马来西亚副总理，一度被认为是时任总理马哈蒂尔的接班人，却于1998年遭马哈蒂尔解除公职，随后入狱。马哈蒂尔任职期间多次就权力交接发表前后不一致的言论，他多次强调会"交棒"给安瓦尔，却一直不肯透露具体时间。马哈蒂尔承诺将在2020年底的亚太经合组织（APEC）峰会后辞职。

2019年3月，泰国举行了军人政变五年来的首次全国大选。2014年，泰国军方发动政变，以原陆军司令巴育为首的军政府推翻了英拉领导的为泰党政府，成立了全国维持和平秩序委员会，巴育出任军政府总理。随着泰国政局的稳定，国内要求军政府还政于民的呼声日益高涨，巴育总理多次承诺举行大选但均未兑现。2016年8月，泰国举行全民公投，通过泰国自实行君主立宪制以来的第20部宪法。根据泰国宪法，全国选举必须在宪法颁布后的150天内举行，随之巴育宣布将于2018年11月举行全国大选，但后来并未如期举行，直至2019年3月24日，泰国才正式举行了全国大选。5月，泰国选举委员会公布大选结果，在泰国国会下议院500个议席中，为泰党获136席，人民国家力量党获115席，新未来党获80席，但两大政党所获席位数均无法单独组阁，双方需联合其他政党共同组建政府。根据泰国选举法，在国会拥有不少于25个席位的政党才有资格提名总理候选人，获得超过上下两院议员总人数（750人）50%以上支持率（至少376票）的候选人才能当选总理。6月，泰国国会召开上下两院联席会议，共同选举新一届政府总理。根据投票结果，国会上下两院750名议员共有747名议员参与投票，现任总理巴育获得500票，新未来党党首塔纳通获得244票，3人弃权，巴育当选为新一届政府总理。7月，新政府发表了施政纲领，提出了政府的12项主要政策和12项紧急措施，包括维护国家的稳定、发展经济、规划面向未来的经济体系，实现可持续增长，提升劳工技能、解决民生问题、推动政府机构和司法改革等。①

2019年4月，印尼举行全国大选，此次总统大选与议会选举同步举行。现任总统佐科·维多多和前军事将领普拉博沃·苏比安托是最有竞争力的两

---

① 《巴育总理国会发表施政纲领》，泰国《星暹日报》2019年7月26日。

名候选人，普拉博沃曾在 2014 年的总统选举中输给了佐科。在整个竞选期间，民调显示佐科的支持率一直高于普拉博沃。4 月 17 日印尼举行了总统选举投票，一个月后印尼选举委员会公布选举结果，佐科获得约 8503 万票，得票率为 55.41%，普拉博沃获得 6844 万票，约 44.59%，佐科赢得大选并成功连任。与总统选举同步举行的议会选举，共有 16 个政党参加，佐科所在的斗争派民主党和普拉博沃所属的大印尼运动党在国会选举中得票率大幅增加，斗争派民主党以 19.33% 的得票率成为新一届国会第一大政党，普拉博沃领导的大印尼运动党以 12.57% 的得票率排名第二，原为印尼第一大党的专业集团党得票率降至 12.31%，退居第三大党。10 月 20 日，佐科宣誓就职总统，开启其第二个五年任期，他阐述了未来五年的执政理念，提出到 2045 年独立一百年之际，印尼的国内生产总值达到 7 万亿美元，跻身世界前五位，摆脱中等收入陷阱，成为发达国家。未来五年，政府将注重人力资源开发，继续加强基础设施建设，简化法律法规，精简官僚机构，从对自然资源的依赖转向具有高附加值的现代制造业和服务业。

2019 年 5 月 13 日，菲律宾举行了中期选举，此次选举从地方议会到参议院共有 1.8 万多个席位，执政党阵营和反对党阵营共有 4.35 万名候选人参选，其中最受关注的是国会参议院的 12 个席位。菲律宾国会包括参众两院，参议院由 24 名参议员组成，任期 6 年，每 3 年改选半数席位（即 12 席）；众议院由约 300 名议员组成，任期 3 年。5 月 22 日，菲律宾选举署公布了菲律宾中期选举的结果。在改选的 12 名参议院议员中，反对派提名的 8 名候选人全部落选，而来自执政党民主人民力量党的有 4 名，来自同属执政联盟的国民党、基督教穆斯林民主力量党和菲律宾民主战斗党等党派的有 5 名，由此在参议院执政联盟的议席超过半数。同时，在中期选举中执政联盟也在众议院获得了多数席位。以菲律宾现任总统杜特尔特为首的执政联盟大获全胜，未来将掌控参、众两院。这次选举普遍被认为是菲律宾民众对杜特尔特政府执政三年来业绩的一次检验，它也为其进一步实施改革措施铺平了道路。

2019 年 4 月，新加坡总理李显龙宣布调整内阁，财政部部长王瑞杰任副总理，现任副总理尚达曼和张志贤将出任国务资政。王瑞杰曾是李光耀的首席私人秘书，2011年起任教育部部长，2015年改任财政部部长。这次内阁改组是本届政府任期内的第四次，前三轮改组分别在2016年8月、2017年9月和2018年5月。自1965年建国以来，新加坡人民行动党一直处于执政党的地位，2004年起李显龙出任新加坡第三任总理，2021年新加坡将举行全国大选，人民行动党有望继续执政，而人民行动党提前锁定未来领导人已为当务之急。继2018年11月底王瑞杰被委任为人民行动党第一助理秘书长后，此次再获得新的任命担任政府唯一的副总理，这意味着新加坡政府第四代领导层的领军人物最终选定。

二 近期东南亚国家的经济增长与产业转型

在世界经济增长放缓的形势下，东南亚国家经济增长也普遍放缓，但各国经济仍保持了弹性，除少数国家外，多数国家经济以中速增长，该地区依然是世界经济的重要增长极。随着各国经济的发展和区域一体化进程的加快，东南亚整体经济实力和国际地位不断提高，经济总量仅次于美国、欧盟、中国和日本，居世界第五位，各国加快宏观经济政策调整和产业结构转型，以应对近期国内经济增长的减缓和中长期"工业4.0"时代的挑战。

（一）东南亚经济持续稳定增长，仍是世界上经济增长的热点地区之一

近年来，在全球经济增长放缓和深度调整的形势下，东南亚国家经济增长速度普遍放缓，但除少数国家外，多数国家经济仍然保持了稳步增长的态势，成为世界经济增长的热点地区之一。据统计，2013~2018年，东南亚10国（除东帝汶外，下同）经济年增长率分别为5.2%、4.7%、4.8%、4.8%、5.3%和5.2%，远高于世界经济的平均增速，也高于新兴市场和发展中经济体的平均增速。2018年，东南亚国家经济增长率分别为文莱0.1%、柬埔寨7.5%、印尼5.17%、老挝6.3%、马来西亚4.7%、缅甸6.8%、菲律宾6.2%、新加坡3.2%、泰国4.1%、东帝汶-0.2%和越南7.08%。进入2019

年，东南亚主要国家经济增长普遍放缓，但各国情形不尽相同。据各国官方统计，印尼前三季度经济增长率分别为5.07%、5.05%和5.02%；马来西亚四季度分别为4.5%、4.9%、4.4%和3.6%，全年为4.3%；菲律宾四季度分别为5.6%、5.5%、6.0%和6.4%，全年为5.9%；新加坡四季度分别为1.1%、0.2%、0.5%和0.1%，全年为0.7%；泰国前三季度分别为2.8%、2.3%和2.4%；越南前三季度分别为6.79%、6.71%和6.98%，全年预计为7.02%。

随着东南亚经济持续稳定增长，东南亚国家整体经济实力和国际地位迅速提升。2018年，东南亚10国面积为449.35平方公里，人口6.49亿，国内生产总值（GDP）为2.99万亿美元，人均GDP为4601美元，对外贸易额达2.8万亿美元，吸收的外商直接投资（FDI）流量为1547亿美元，对外直接投资流量为696亿美元。[①] 目前，东南亚人口仅次于中国、印度，是世界第五大经济体（仅次于美国、欧盟、中国和日本），是世界第四大进出口贸易地区（仅次于欧盟、中国和美国），是世界上第三大吸收外商直接投资（FDI）流量的地区（仅次于欧盟和美国），也是第六大对外直接投资地区（见表1）。

表1 2010～2018年东南亚10国在世界经济、贸易与投资方面的地位

	世界排名			金额（十亿美元）			占世界比重（%）		
	2010	2015	2018	2010	2015	2018	2010	2015	2018
国内生产总值	6	5	5	1931.2	2455.6	2986.4	2.9	3.3	3.5
商品贸易	4	4	4	2001.4	2272.9	2817.4	6.5	6.8	7.2
出口	4	4	4	1049.0	1171.7	1432.6	6.9	7.1	7.3
进口	4	4	4	952.4	1101.1	1384.8	6.2	6.6	6.9
服务贸易	3	4	4	439.2	640.2	778.6	5.7	6.5	6.8
出口	3	3	3	213.8	317.9	404.9	5.5	6.4	6.9
进口	3	4	4	225.4	322.3	373.8	5.9	6.6	6.7
国际直接投资流入	4	5	3	108.2	118.7	154.7	7.9	5.8	11.9
国际直接投资流出	5	8	6	63.3	69.0	69.6	4.6	4.1	6.9

资料来源：根据ASEAN Secretariat（2019）. *ASEAN Integration Report 2019* 编制。

---

① ASEAN Secretariat（2019）. *ASEAN Integration Report 2019*. pp. 6 – 7.

（二）各国积极调整宏观经济政策，以应对国内经济增长放缓

在全球经济增长放缓的形势下，东南亚国家积极调整宏观经济政策方向，扩大财政支出，尤其是基础设施的投资，加快税制改革，以应对国内经济增长的放缓。印尼政府表示，将继续推进佐科总统首个任期内推出的3500亿美元基础设施建设计划，计划分两个阶段调低企业所得税，到2023年企业所得税率将从现有的25%降至20%。菲律宾通过了2018年国家预算，计划将增加的绝大部分财政收入用于基础设施建设，政府拟在2017~2022年期间耗资8.4万亿比索进行大规模的基础设施建设，目前菲律宾已开工或正在筹备的基础设施项目超过30个。同时，根据菲律宾税改法案，政府将提高个人所得税起征点和降低部分个人所得税税率，政府将扩大增值税的征收范围，还计划将企业所得税税率由30%降至25%。2019年8月，泰国政府批准了3700亿泰铢（约合119.79亿美元）的刺激方案，以提振国内经济。泰国政府相继推出了东部经济走廊（EEC）和南部经济走廊（SEC）建设项目，前者计划五年内投资1.5万亿泰铢，后者计划四年内投资1067.9亿泰铢。

与此同时，东南亚各国家中央银行普遍调整货币政策，降低基准政策利率和存款准备金率。2019年5月，马来西亚中央银行决定将基准政策利率下调25个基点，这是自2016年7月以来马来西亚央行的首次降息，成为2019年以来首个降息的东盟国家；菲律宾中央银行5月和8月分别降低关键政策利率25个基点，并分三个阶段降低存款准备金率；印尼中央银行6月降低存款储备金率50个基点，7月、8月和9月印尼三次分别降息25个基点，将基准利率降至5.25%；泰国中央银行8月和11月两次分别下调基准利率25个基点，使得泰国的政策利率达到历史新低；2019年10月，新加坡金融管理局决定下调政策区间内新元名义有效汇率的升值幅度，同时保持新元汇率可波动政策区间的宽度与中点不变，调节汇率政策向来是新加坡金融管理局采用的主要货币政策工具，这也是自2016年4月新加坡首次调降新元名义有效汇率政策区间。

（三）实施面向"工业4.0"的产业政策，推进国内经济转型与产业升级

东南亚国家大多处于工业化中期或初期阶段，除新加坡等少数国家进入信息化的工业3.0时代外，大多数国家仍处于电气化的工业2.0阶段，甚至有的还停留在机械化的工业1.0时期。多数国家的工业化以参与跨国公司主导的全球价值链为主，制造业深度融入全球价值链，各国的制造业大多处于全球价值链的底端，高度依赖跨国公司的资本、技术和市场，新兴的制造业发展空间受到较大的局限。在2008年国际金融危机之后，全球经济复苏缓慢，国际市场需求萎缩，使得东南亚外向型工业部门尤其是制造业出口受阻，对制造业发展造成直接影响。由于国内资源禀赋和技术要素的限制，多数东南亚国家制造业的结构调整和技术升级缓慢，制约了工业部门的发展，由此出现了"去工业化"现象，即工业化过程尚未完成而工业部门尤其是制造业发展减速或停滞，工业部门尤其是制造业的增加值比重不断下降。

面对第四次工业革命的浪潮，东南亚国家纷纷出台面向"工业4.0"的战略与政策，以借助新一轮的工业革命所带来的机遇，参与全球价值链和区域生产网络的重构，促进传统制造工业的转型，推动新兴制造工业的发展，提升工业制成品的国际竞争力，以此扭转或延缓"去工业化"的进程。2016年，泰国政府推出"泰国4.0"战略，确定了作为未来经济发展引擎的五大目标产业部门，即新一代汽车制造、工业机器人、智能电子、食品深加工、生物能源与生物化工等五大制造业部门行业。2016年，新加坡出台了产业转型计划（Industry Transformation Programme，ITP），为制造业和服务业制定产业转型蓝图（ITM），旨在提高企业劳动生产率、推动技术创新和迈向国际化，其中制造业包括能源化工、精密工程、海事工程、航空业、电子业等。2018年4月，印尼政府发布了"工业4.0"路线图，将优先重点发展五大产业，使之成为制造业发展领导者，该五大产业分别是电子、汽车、石化工业、纺织服装以及食品和饮料等。2018年10月，马来西亚政府推出国家"工业4.0"政策（Industry 4WRD），其四大目标是提高制造业的劳动生产率、增强制造业对经济增长的贡献率、提升制造业的创新能力和增加制造业高技能就业比重。

（四）中美贸易摩擦对东南亚经济的影响逐渐显现，其短期负面效应更为明显

2019年，中美贸易摩擦的逐步升级，导致全球贸易增长放缓，引发贸易保护主义抬头，使得国际贸易环境发生了根本性的变化。中美两国分别为东盟国家第一、第三大贸易伙伴，中美贸易纠纷对东盟国家经济增长和对外贸易产生了负面影响。2018年3月，美国宣布对各国钢铁和铝制品分别征收25%和10%的关税，对东盟国家这些行业形成较大冲击，如泰国因高关税会丧失对美国的钢铁出口市场，泰国国内的热轧钢和冷轧钢铁生产企业将受到直接影响。与此同时，由于美国对中国钢和铝制品征收高关税，中国出口到东盟国家的钢铁产品大幅增长，对越南、马来西亚的铝制品出口也明显扩大。2019年3月，马来西亚、印尼开始对从中国进口的钢铁制品征收反倾销税，6月，越南宣布对从中国进口的铝制品征收暂时性反倾销税，9月，越南启动对中国低碳冷轧板和冷轧卷的反倾销调查。

中美贸易摩擦的逐步升级对全球价值链和供应链造成直接或间接的影响，东盟国家的价值链贸易也受到冲击。作为全球价值链和供应链的重要节点，中国、东盟国家以中间产品贸易为特征的价值链贸易占据了半壁江山，中间产品贸易占进出口贸易的40%～60%。尽管中美贸易摩擦对东盟国家的出口没有直接影响，但一些国家制造业企业向中国供应中间产品，加工为成品从中国再出口到美国，而中国对美国出口受阻，这些中间产品的需求也随之减少。例如，2019年上半年，由于受到中美贸易摩擦的影响，越南手机及零配件出口大幅下降62.3%，而该类产品的主要出口市场为中国、美国。①

---

① 《受中美贸易战的影响　越南手机及零配件出口额大幅下降》，越通社，2018年10月29日。

三 东盟区域一体化的新进展

2019 年，是东盟跨入共同体时代的第四个年头，也是东盟实施《2025 年东盟共同体愿景》的第四年。根据《2025 年东盟共同体愿景》，东盟致力于以人为本、以规则为基础的共同体三大支柱建设，努力构建政治安全同盟，促进区域生产要素自由流动，推动社会文化资源整合，并取得新的进展。

（一）推进东盟政治－安全共同体建设，与对话伙伴关系进一步扩大与深化

在新的国际和区域形势下，东盟政治－安全共同体（APSC）建设致力于地区和平、安全与稳定，有效地解决了成员国间的争端，维护了该地区的安全与稳定。目前，《2025 年东盟政治安全共同体蓝图》制定的 290 个项目已全面展开，其中 258 个项目已完成。① 东盟通过东盟峰会、东盟外长会议、东亚峰会（EAS）、东盟与对话伙伴（10 + 1）、东盟与中日韩（10 + 3）、东盟地区论坛（ARF）、东盟防长扩大会议（ADMM-Plus）等合作机制，确立了东盟在地区架构中的核心地位。2019 年 8 月，第 26 届东盟地区论坛（ARF）在泰国首都曼谷举行。作为区域最具影响力的多边安全对话平台，东盟地区论坛的 27 个成员国外长就国际和地区问题交换了意见，同意全面和有效落实东盟地区论坛愿景宣言和 2010 年河内行动计划，重点推进灾害援助，反恐，打击跨国犯罪，维护海洋安全，阻止大规模杀伤武器扩散，应对网络安全的挑战。

东盟政治－安全共同体的建立，为东盟扩大和深化与对话伙伴的关系构建了有效机制。近年来，东盟积极扩大和深化与大国的关系，平衡各伙伴关

---

① ASEAN Secretariat（2019）. *APSC Outlook-ASEAN's Journey as a Political and Security Community: A Snapshot of 2018 and a Preview of 2019.* Jakarta: ASEAN Secretariat, p. 5.

系，以实现合作共赢的目标。目前，东盟与十多个国家建立了对话伙伴关系，包括 10 个对话伙伴（美国、日本、欧盟、澳大利亚、新西兰、加拿大、中国、印度、俄罗斯和韩国）、3 个部门对话伙伴（巴基斯坦、挪威、瑞士）和 1 个发展合作伙伴（德国）。2018 年，东盟与俄罗斯将对话伙伴提升为战略伙伴关系，至此东盟的战略伙伴总数增至 8 个。[①] 2019 年 1 月，在第 22 届东盟—欧盟外长会议上，东盟与欧盟就双方关系提升为战略伙伴关系原则上达成一致。此外，智利、摩洛哥和埃及（2016 年）、伊朗、阿根廷（2018 年）分别加入《东南亚友好合作条约》（TAC），由此该条约非东盟缔约国增至 27 个，2018 年和 2019 年东盟还分别批准了秘鲁加入该条约的请求。

（二）东盟区域单一市场初具规模，区域化贸易和投资效应日益显现

东盟共同体建成之后，东盟根据《2025 年东盟经济共同体蓝图》，降低或取消关税与非关税壁垒，加快服务贸易部门开放，设立单一窗口，放宽投资部门的限制，促进贸易投资自由化和便利化，推动专业人才资质互相认可，东盟区域的单一市场和生产基地逐步形成与发展，区域化的贸易和投资效应日益显现。到 2019 年 5 月，东盟区域内各成员国 98.6% 的货物进口取消了关税，其中东盟六国（文莱、印尼、马来西亚、菲律宾、新加坡和泰国）零关税的商品占 99.3%，东盟四国（柬埔寨、老挝、缅甸和越南）占 97.7%。[②] 东盟经济部长会议提出，到 2020 年前力争将贸易交易成本降低

---

① 东盟与日本（1973 年）、澳大利亚（1974 年）、新西兰（1975 年）、美国（1977 年）、加拿大（1977 年）、欧盟（1977 年，时称欧共体）、韩国（1991 年）、中国（1991 年）、印度（1992 年）和俄罗斯（1996 年）等十多个国家建立了对话关系。随后，东盟与这些国家的关系逐步提升。其中，2005 年与美国提升为伙伴关系，2015 年提升为战略伙伴关系；2007 年与澳大利亚提升为全面伙伴关系，2014 年提升为战略伙伴关系；2007 年与欧盟提升为伙伴关系；2011 年与日本提升为战略伙伴关系；1996 年与中国提升为全面对话伙伴关系，2003 年提升为战略伙伴关系；1995 年与印度提升为全面对话伙伴关系，2017 年提升为战略伙伴关系；2000 年与韩国提升为战略伙伴关系；2018 年与俄罗斯提升为战略伙伴关系。

② ASEAN Secretariat（2019）. *ASEAN Integration Report 2019*. Jakarta：ASEAN Secretariat, p. 6, 20.

10%。2019年4月，东盟正式签署了《东盟服务贸易协议》（ATISA），各成员国加快了服务贸易自由化，放宽了服务贸易的部门限制。2019年4月，在《东盟全面投资协议》（ACIA）的基础上，东盟签署了《东盟全面投资协议》第四次修正议定书，逐步放宽或取消了投资限制。由此，东盟区域贸易与投资规模迅速扩大。据统计，2010~2018年，东盟总贸易额从20014亿美元增至28167亿美元，其中区内贸易额从5029亿美元增至6475亿美元；东盟服务贸易额从4390亿美元增至7790亿美元，其中区内服务贸易额从811亿美元增至1221亿美元；东盟国家吸收的外商直接投资（FDI）总额从1082亿美元增至1547亿美元，其中吸收的区内FDI总额从163亿美元增至245亿美元。

（三）增强东盟的区域主导地位，避免在大国战略博弈中选边站

为应对中美贸易摩擦不断升级的态势，东盟国家采取了积极因应措施，促进地区经济和安全合作，增强东盟的区域地位和应对能力，避免在大国战略博弈中选边站。2019年6月，第34次东盟峰会通过了《东盟的印太展望》（ASEAN Outlook on The Indo-Pacific），提出了东盟应对美国的"印太战略"的立场。该官方文件指出，东盟应在太平洋和印度洋之间扮演桥梁角色，在印太倡议下展开的合作必须以东盟为中心，并具有包容性和尊重国际法。东盟提出了印太区域合作，包括海洋合作、互联互通、可持续发展和经济及其他领域。（1）海洋合作。以和平方式解决争端，促进海上安全保障和航行飞越自由，促进海洋资源的可持续管理，继续推进海上互联互通，保护海洋环境和生物多样性，推广绿色航运，开展海洋科学技术合作等。（2）互联互通。根据《东盟互联互通总体规划2025》的重点合作领域，促进印太区域互联互通建设，鼓励采用政府与社会资本合作（PPP）的基础设施建设融资方式，提高区域航空管理能力和效率，加强民间人文交流，促进东盟智慧城市网络（ASCN）建设。（3）可持续发展。促进区域数字经济发展，加强区域发展项目与《2025年东盟共同体愿景》、联合国《2030年可持续发展议程》等可持续发展目标的对接，促进区域相关机构的合作。（4）经

济及其他领域。开展区域南南合作（包括南南三方合作），推动贸易便利化，改善物流设施及其服务，促进数字经济发展和跨境数据流动的便利化，展开中小微企业、科技研发、智能基础设施、气候变化和防灾减灾等方面的合作，深化区域经济一体化，确保金融稳定性，共享迎接第四次工业革命的经验，推进中小微企业参与区域和全球价值链。[①]

（四）完成了《区域全面经济伙伴关系协定》（RCEP）的谈判，构建了世界上最大的自由贸易区

由于中美贸易摩擦引发国际贸易环境的急剧变化，东盟各成员国达成共识，积极推进《区域全面经济伙伴关系协定》（Regional Comprehensive Economic Partnership，RCEP）的谈判进程，并力争在2019年底前完成谈判。2019年3月，柬埔寨首相洪森在RCEP部长会议上希望谈判各方努力协商在2019年内完成RCEP协定。2019年6月，在第34次东盟峰会上，东盟轮值主席国泰国总理巴育指出，全球保护主义正在损害多边贸易体系，为应对未来的区域变化和不确定性，尤其是东盟主要贸易伙伴之间因贸易冲突所带来的影响，东盟必须在2019年完成由东盟主导、涵盖16国的"区域全面经济伙伴关系协定"谈判。马来西亚总理马哈蒂尔表示，"区域全面经济伙伴关系协定"谈判应该在中美两国贸易摩擦升级之前结束。印尼总统佐科认为，中美贸易摩擦将对区域发展与稳定造成直接影响，必须加快《区域全面经济伙伴关系协定》谈判。新加坡贸工部部长陈振声认为，在印度、印尼、澳大利亚和泰国等协定成员国大选后，作为世界最大的贸易协定的RCEP，发展前景更为明朗，各成员国将从中获得地缘战略和地缘经济的利益。2019年11月，RCEP的15个成员国（除印度外）完成谈判，拟在2020年签署协定。[②] 自2013年5月举行RCEP首轮谈判开始，RCEP谈判历

---

① "ASEAN Outlook on The Indo-Pacific."https：//asean.org/asean－outlook－indo－pacific/.

② "Joint Leader'Statement on the Regional Comprehensive Economic Partnership（RCEP）."https：//asean.org/storage/2019/11/FINAL－RCEP－Joint－Leaders－Statement－for－3rd－RCEP－Summit.pdf.

时7年，共举行了3次领导人会议、19次经贸部长会议和28轮谈判，RCEP15建成之后，将成为世界上最大的自由贸易区。

（五）缩小各成员国间的发展差距，促进区域文化的多样性、创造性和可持续性

由于东盟成员国的发展水平差距较大，区内民族与文化多元化，东盟社会－文化共同体（ASCC）主要是通过推动进步，优化教育，加大人力资源开发的投入，提升劳动者技能水平，提高弱势群体的技能和能力，增强东盟区域意识，缩小各成员国间的发展差距，促进成员国在社会与文化领域的合作，共同构建东盟各国和人民之间长久的团结与统一。东盟社会－文化共同体建设的优先任务之一，就是缩小各成员国间的发展差距。东盟创始六国与各伙伴国推出了《东盟一体化倡议》（IAI）和《东盟公平经济发展框架》，旨在为缩小东盟成员国之间的发展差距提供积极的帮助。2016年9月，在第28届东盟峰会上通过了《东盟一体化倡议第三份工作计划》（IAI Work Plan Ⅲ），将粮食与农业、贸易便利化、中小微企业发展、教育、卫生与福利作为未来五年的优先领域。近三年来，该计划的26项合作项目中的19项已完成，占73.1%。另一方面，东盟积极推动成员国在社会与文化领域的合作，构建一个多元民族文化的共同体。2019年6月，第34届东盟峰会将2019年定为"东盟文化年"（ASEAN Cultural Year），其主题是"多样性、创造性和可持续性"（Diversity，Creativity and Sustainability），通过各类官方和民间的文化交流保护和推广东盟文化遗产，推动东盟社会－文化共同体建设。①

四 结语

近年来，东南亚国家保持了政局相对稳定。2018年，马来西亚和柬埔

---

① ASEAN Secretariat（2019）. "ASEAN Leaders' Statement on the ASEAN Cultural Year 2019." https：//asean. org/storage/2019/06/4. - ASEAN - Leaders - Statement - on - the - ASEAN - Cultural - Year - 2019 - FINAL. pdf.

寨举行了大选，前者宣告了长达半个多世纪执政联盟连续执政的终结，后者执政党胜选组阁，洪森首相迎来其第六个任期。2019年，作为东南亚国家三大重要经济体，印尼、泰国举行全国大选，菲律宾举行中期选举，印尼总统佐科和泰国总理巴育成功连任，菲律宾现任总统杜特尔特的执政联盟在中期选举中大获全胜，这些国家政权的顺利更替和选民的倾向有利于未来的政局稳定和政策延续。同时，新加坡内阁再次进行改组，政府第四代领导层的领军人物最终选定。马来西亚新政府执政一年多，执政联盟内部面临分崩离析，预定执政两年后的总理权力交接格外引人注目。

在全球经济增长减缓和深度调整的形势下，东南亚国家经济增长速度普遍放缓，但除少数国家外，多数国家经济仍然保持了稳步增长的态势，成为世界经济增长的热点地区之一。随着各国经济的发展和区域一体化进程的加快，东南亚整体经济实力和国际地位得到提高，经济总量仅次于美国、欧盟、中国和日本，居世界第五位，进出口贸易仅次于欧盟、中国和美国，居世界第四位，吸引外商直接投资（FDI）仅次于欧盟和美国，居世界第三位，对外直接投资居世界第六位。各国加快宏观经济政策调整和产业结构转型，以应对近期国内经济增长的减缓和中长期"工业4.0"时代的挑战。2019年，中美贸易摩擦升级对东南亚经济的影响逐渐显现，其短期负面效应更为明显，未来各国经济增长的波动性和不确定因素将增大。

2019年，是东盟跨入共同体时代的第四个年头，也是东盟实施《2025年东盟共同体愿景》的第四年。根据《2025年东盟共同体的愿景》规划，东盟推进政治－安全共同体建设，与对话伙伴关系进一步扩大与深化；东盟区域单一市场粗具规模，区域化贸易和投资效应日益显现；东盟致力于增强其区域主导地位，避免在大国战略博弈中选边站；东盟完成《区域全面经济伙伴关系协定》（RCEP）的谈判，构建了世界上最大的自由贸易区；东盟进一步缩小各成员国间的发展差距，促进了区域文化的多样性、创造性和可持续性。不过，从现有东盟共同体的规划蓝图和实施效果看，其政治安全同盟构建、生产要素自由流动和社会文化资源整合仍未最终完成，未来东盟共同体的建设仍任重而道远。

参考文献

ASEAN Secretariat (2015). *ASEAN 2025: Forging Ahead Together.* Jakarta: ASEAN Secretariat.

ASEAN Secretariat (2018). *Towards ASEAN Economic Community 2025: Monitoring ASEAN Economic Integration.* Jakarta: ASEAN Secretariat.

ASEAN Secretariat (2018). *ASEAN Annual Report 2017–2018: A Resilient and Innovative ASEAN Community.* Jakarta: ASEAN Secretariat.

ASEAN Secretariat (2018). *ASEAN Statistical Yearbook 2018.* Jakarta: ASEAN Secretariat.

ASEAN Secretariat (2019). *APSC Outlook-ASEAN's Journey as a Political and Security Community: A Snapshot of 2018 and a Preview of 2019.* Jakarta: ASEAN Secretariat.

ASEAN Secretariat (2019). *ASEAN Outlook on the Indo-Pacific.* Jakarta: ASEAN Secretariat.

ASEAN Secretariat (2019). *ASEAN Integration Report 2019.* Jakarta: ASEAN Secretariat.

Daljit Singh and Malcolm Cook (2019). *Southeast Asian Affairs 2019.* Singapore: ISEAS-Yusof Ishak Institute.

Malcolm Cook and Daljit Singh (2018). *Southeast Asian Affairs 2018.* Singapore: ISEAS-Yusof Ishak Institute.

World Economic Forum (WEF) and ADB (2017). *ASEAN 4.0: What Does the Fourth Industrial Revolution Mean for Regional Economic Integration?* Geneva and Manila: WEF and ADB.

区 域 篇

Regional Reports

B.2

近年东南亚经济增长与结构调整

王 岩*

摘 要： 2018~2019年，在世界经济增长放缓和国际市场萎缩的形势
下，东南亚国家经济增长普遍放缓，但各国经济仍保持了弹
性，除少数国家外，多数国家经济保持了中速增长，该地区
依然是世界经济最活跃的地区之一。面对国内外经济形势的
急剧变化，近期东南亚国家开始加大调整宏观经济政策的力
度，以"工业4.0"战略主导产业转型，加快基础设施互联
互通，大力改善营商环境，以应对全球价值链重构所带来的
机遇与挑战。当前，由于全球经济增长放缓和结构调整加快，
东南亚国家经济增长的波动性和不确定性将增大。

* 王岩，厦门大学东盟研究中心教授、博士生导师，经济学博士。

关键词： 东南亚　经济增长　产业升级　波动性

在世界经济增长放缓的形势下，东南亚国家经济增长普遍放缓，但各国经济仍保持了弹性，除少数国家外，多数国家经济保持了中速增长，该地区依然是世界经济的重要增长极。近年来，东南亚国家积极调整经济发展战略，促进产业结构转型升级，加大基础设施投资，改善营商环境，融入全球价值链，并取得明显成效。不过，在全球经济增长放缓和中美贸易摩擦升级的形势下，东南亚国家经济增长的波动性和不确定性增大。

一　东南亚国家经济发展的现状

近年来，在世界经济增长放缓和国际市场萎缩的形势下，东南亚国家经济增长率普遍下滑，但各国经济仍然保持了弹性，多数国家经济保持了中速增长，少数国家经济持续低迷。据统计，2012～2017 年东南亚 10 国（除东帝汶外）经济年增长率分别为 6.2%、5.2%、4.7%、4.8%、4.8% 和 5.3%。[①]2018～2019 年，东南亚国家经济增长出现了波动，并呈现出放缓的态势。

据统计，2018 年，印尼经济增长率为 5.17%，其中第 1～4 季度经济增长率分别为 5.06%、5.27%、5.17% 和 5.18%；马来西亚经济增长率为 4.7%，其中各季度经济增长率分别为 5.4%、4.5%、4.4% 和 4.7%；菲律宾经济增长率为 6.2%，其中各季度经济增长率分别为 6.6%、6%、6% 和 6.3%；新加坡经济增长率为 3.1%，其中各季度经济增长率分别为 4.4%、4.1%、2.3% 和 1.9%；泰国经济增长率为 4.1%，其中各季度经济增长率分别为 4.9%、4.6%、3.3% 和 3.7%；越南经济增长率为 7.08%，其中各季度经济增长率分别为 7.45%、6.37%、6.88% 和 7.3%。进入 2019 年，各国经济增速普遍下滑，印尼前三季度经济增长率分别为 5.07%、5.05%

---

① ASEAN Secretariat（2018）. *ASEAN Statistical Highlights 2018.* Jakarta：ASEAN Secretariat.

和 5.02%，马来西亚分别为 4.5%、4.9% 和 4.4%，菲律宾分别为 5.6%、5.5% 和 6.0%，新加坡分别为 1.1%、0.2% 和 0.5%，泰国分别为 2.8%、2.3% 和 2.4%，越南分别为 6.79%、6.71% 和 6.98%。

印尼是东南亚国土面积最大、人口最多的国家，其经济规模占该地区的 30% 左右。近十年来，印尼经济年平均增长率为 5.7%，其在世界各国经济增速中仅次于中国和印度。据统计，2012～2017 年印尼的国内生产总值增长率分别为 6.0%、5.6%、5.0%、4.9%、5.0%、5.1%（见表 1）。2018 年，印尼的国内生产总值（GDP）达到 14837.4 万亿印尼盾（约为 1.04 万亿美元），通货膨胀率为 3.13%，失业率为 5.13%，财政赤字占 GDP 比重为 1.86%，贫穷人口比重降至 9.82%，创下了历史新低。不过，2018 年印尼的经济增长率并未达到政府预算案订立的 5.2% 目标，自 2015 年以来进出口贸易由持续顺差转向逆差，印尼盾兑美元平均贬值 5.7%，政府预算案订立的美元兑印尼盾汇率为 1：13900，但年平均超过 14200 盾。

表 1　2001～2019 年东南亚国家的实际国内生产总值增长率

单位：%

	2001～2010	2011	2012	2013	2014	2015	2016	2017	2018	2019
文　莱	1.4	3.7	0.9	-2.1	-2.5	-0.4	-2.5	1.3	0.1	1.8
柬埔寨	8.0	7.1	7.3	7.4	7.1	7.0	6.9	7.0	7.5	7.0
印　尼	5.4	6.2	6.0	5.6	5.0	4.9	5.0	5.1	5.2	5.0
老　挝	7.2	8.0	7.8	8.0	7.6	7.3	7.0	6.8	6.3	6.4
马来西亚	4.6	5.3	5.5	4.7	6.0	5.0	4.4	5.7	4.7	4.5
缅　甸	10.7	5.5	6.5	7.9	8.2	7.5	5.2	6.3	6.8	6.2
菲律宾	4.8	3.7	6.7	7.1	6.1	6.1	6.9	6.7	6.2	5.7
新加坡	5.8	6.3	4.4	4.8	3.9	2.9	3.0	3.7	3.1	0.5
泰　国	4.6	0.8	7.2	2.7	1.0	3.1	3.4	4.0	4.1	2.9
东帝汶	4.3	6.7	5.7	2.4	4.7	3.5	5.1	-3.5	-0.2	4.5
越　南	6.8	6.2	5.2	5.4	6.0	6.7	6.2	6.8	7.1	6.5

注：2001～2010 年为年平均增长率；2019 年为预测数。

资料来源：根据 *IMF World Economic Outlook October 2019* 数据编制。

作为东南亚第二大经济体，泰国占东南亚地区经济总量接近 20%。由于近年来泰国政局的动荡拖累了经济发展，经济增速处于低迷状态，甚至落

后于其他东南亚国家。2013~2017年，泰国的经济增长率在东南亚国家中基本上处于倒数的位置。其经济总量占东南亚国家的比重也降至约16%，而一些国家的经济总量大有赶上泰国之势。2014年5月以来，在巴育政府治理下，泰国经济形势开始逐渐向好，经济增长率逐年攀升，出口贸易持续扩大，营商环境有所改善。2014~2018年，泰国经济增长率分别为1.0%、3.1%、3.4%、4.0%和4.1%，但进入2019年后，泰国经济受到国际经济形势变化的影响，尤其是国际市场需求萎缩对泰国外向型经济的冲击，前三季度经济增长率呈现出一路走低的态势。

由于世界经济增长放缓，国际市场需求变化，对外向型的马来西亚经济造成直接的影响。2018年，马来西亚经济出现增长率下滑，低于上年度经济增速，预计2019年的增速将低于2018年的增速。2010年10月，时任马来西亚总理纳吉布出台了经济转型计划（Economic Transformation Programme，ETP），该计划提出，到2020年马来西亚的人均国民收入达到1.5万美元，跨入高收入国家行列。但是，随着2018年大选后纳吉布政府执政的终结，马来西亚经济转型计划也就此落幕，经济转型计划的终极目标也最终未能实现。据测算，2018年马来西亚人均GDP约为1.12万美元，但到2020年人均收入仍难以达到世界银行的高收入国家标准，因而马来西亚要跨入高收入国家仍有一步之遥。

近年来菲律宾经济快速增长，由原先的经济低迷转向高增长。在2012~2018年期间，菲律宾GDP年增长率连续七年超过6%，政府推动国内基础设施建设，吸引外商直接投资，发展业务流程外包，促进国内经济的持续快速增长。2018年，菲律宾投资委员会（BOI）审批的投资项目总额达9072亿比索，其中，国内投资承诺额为8032亿比索，国外投资承诺额为1040亿比索。而在制造业部门投资承诺额为4093亿比索。[①] 菲律宾政府宣称，2018~2022年，如果菲律宾经济年平均增长率达到7%~8%，其经济规模将扩大50%，届时菲律宾将从下中等收入国家进入上中等收入国家行列。

---

① 《2018年投资委批准投资达9070亿元》，《菲律宾商报》2018年12月23日。

但是，近年来菲律宾经济增速呈现出逐渐减缓的态势，2016 年经济增速为 6.9%，2017 年降至 6.7%，2018 年则创下近三年的新低，而通货膨胀率则创下了十年来的新高（5.2%），财政赤字占国内生产总值的比重达 3.2%，经常项目逆差占 GDP 的比重从 2017 年的 0.7% 升至 2.4%，外汇储备额降至 784.6 亿美元，为七年新低。

2018 年，越南经济增长最为耀眼，当年经济增长率超过 7%，超过政府预定的 6.7% 的目标，创下近 11 年来的新高，成为全球经济增速最快的国家之一。1985～2018 年，越南的 GDP 从 140 亿美元增至 2440 亿美元，人均收入从 230 美元增至 2540 美元，外汇储备达 600 亿美元。据统计，2018 年越南的农林水产业增长 3.76%，对 GDP 的贡献率为 8.7%；工业和建筑业增长 8.85%，对 GDP 的贡献率为 48.6%；服务业增长 7.03%，对 GDP 的贡献率为 42.7%。[①] 随之，越南的产业结构得以改善，越南的农林水产业占 GDP 的比重为 14.57%，工业与建设业的比重为 34.28%，服务业的比重为 41.17%。当年，越南进出口贸易额为 4822 亿美元，出口额在 100 亿美元以上的商品有 5 种，农产品出口首次超过 400 亿美元，引进外商直接投资（FDI）项目 3046 个、投资额 354.6 亿美元，接待国际游客人数达 1550 万人次，越南被评为亚太地区最具吸引力的投资目的地之一。

二 东南亚国家经济政策与产业结构的调整

随着全球经济形势的急剧变化，东南亚国家经济增长显现出放缓态势，产业转型相对滞后，制造业面临全球价值链重构的影响。面对新的国内外经济形势，东南亚国家开始调整宏观经济政策，逐步实施"工业 4.0"战略与政策，推动经济转型和产业升级，加快区域和国内基础设施互联互通，大力改善营商环境，以应对全球价值链重构所带来的机遇与挑战。

---

① 《2018 年越南 GDP 创 11 年来新高》，越通社，2018 年 12 月 28 日。

（一）东南亚国家普遍实施积极的财政政策，下调政策利率和存款准备金率

在新的国内外经济形势下，东南亚国家开始调整宏观经济政策，扩大财政支出，加快税制改革，调节货币政策工具，以应对国内经济增长放缓。印尼政府表示，将继续推进佐科总统首个任期内推出的3500亿美元基础设施建设计划，计划分两个阶段调低企业所得税，到2023年企业所得税税率将从现有的25%降至20%。2018年1月，菲律宾通过《税改加速包容法案》，通过了2018年的3.767万亿比索国家预算，计划将增加的绝大部分财政收入用于大规模基础设施建设。在过去50年里，菲律宾的基础设施平均支出仅占GDP的2.6%，该年预算支出提高至5%左右，计划到2022年升至7.3%。根据菲律宾税改法案，政府将提高个人所得税起征点和降低部分个人所得税税率，并扩大增值税的征收范围，还计划将企业所得税税率由30%降至25%。2019年8月，泰国政府批准了3700亿泰铢（约合119.79亿美元）的刺激方案，以提振国内经济，其主要措施包括对受旱灾影响的13个府提供农业补助政策，授权农业合作银行下调贷款利率；新政府福利卡政策，补助收入低于10万泰铢以下群体，每人可领200泰铢生活费、1500泰铢旅游费等补助费；刺激国内消费和投资政策，拟向1000万民众每人发放1500泰铢，以促进国内旅游业。

另外，一些东南亚国家中央银行普遍调整货币政策，降低基准政策利率和存款准备金率。2019年5月，马来西亚中央银行决定将基准政策利率下调25个基点，将隔夜政策利率从3.25%下调至3.00%，这是自2016年7月以来马来西亚央行的首次降息，成为2019年以来首个降息的东盟国家。2018年1月，马来西亚央行曾加息25个基点，之后一直维持利率不变；2019年5月，菲律宾中央银行也决定降低关键政策利率25个基点，这是自2012年10月以来菲律宾央行的首次降息。同时，菲律宾央行决定将存款准备金率（RRR）降低200个基点至16%，并分三个阶段降低存款准备金率，即从5月31日起下调100个基点，6月28日起下调50个基点，7月26日起下调50个基点。① 8月，菲律宾中央银行再次降低关键政策利率25个基点。6月，印尼中央银行虽然仍维持关键利率6%不变，但将存款准备金率降低了50个基点。7月，印尼央行决定降息25个基点至5.75%，将存款利率下调25个基点至5%，将贷款利率下调25个基点至6.5%，这是印尼近两年来首次下调基准利率。8月，印尼央行宣布第二次降息，将基准利率下调25个基点至5.5%。9月，印尼央行宣布第三次降息，将基准利率下调25个基点至5.25%。泰国中央银行8月宣布将基准利率从1.75%下调25个基点至1.50%，这是泰国近四年多来的首次降息，11月泰国再次将基准利率从1.50%下调25个基点至1.25%，使得泰国的政策利率达到历史新低。2019年10月，新加坡金融管理局下调了政策区间内新元名义有效汇率的升值幅度，同时保持新元汇率可波动政策区间的宽度与中点不变，汇率调节向来是新加坡金融管理局主要的货币政策工具，这也是自2016年4月新加坡首次调降新元名义有效汇率政策区间。

（二）加快实施"工业4.0"战略与政策，确定以制造业为主的重点发展领域

近年来，东南亚国家纷纷制定"工业4.0"战略与政策，促进国内产业结构的调整与升级，以加快迈向"工业4.0"时代。2016年3月，新加坡政府推出了面向"工业4.0"的产业转型计划（ITP），为制造业和服务业制定产业转型蓝图（ITM）。② 同时，政府将利用新加坡经济发展局（EDB）所开发的国内工业智能指数进行评估，选择300家跨国公司和中小企业，资助和协助这些企业加快向"工业4.0"转型。③ 2016年，泰国提出"泰国4.0"战略，政府确定了十大目标产业部门作为未来经济发展的引擎，推出

---

① 《FMIC：央行或放宽货币政策》，《菲律宾商报》2019年7月9日。

② "Industry Transformation Programme of Singapore." https：//www.mti.gov.sg/ITMs/Overview.

③ "300 Funded Assessments of the Singapore Smart Industry Readiness Index to Help Companies Adopt Industry 4.0." https：//www.edb.gov.sg/en/news – and – resources/news/readiness – to – help – companies – adopt – industry4.html.

了东部经济走廊（EEC）和南部经济走廊（SEC）战略性项目，力图通过创新和应用新技术来推动国内产业转型升级。2018 年 4 月，印尼发布了"工业 4.0"路线图，政府推出了"工业 4.0"的五个重点领域和十大优先步骤。2018 年 10 月，马来西亚政府正式推出了国家"工业 4.0"政策（Industry 4WRD），旨在促进以制造业为中心的产业结构转型升级。[①] 2019 年 9 月，越共中央政治局颁布了关于主动参与第四次工业革命的决议，提出了越南迈向"工业 4.0"时代的战略愿景。

根据各自的资源禀赋、市场需求和产业基础，东南亚国家确定了以制造业为核心的"工业 4.0"的重点发展领域，旨在重振制造业，促进传统产业部门的转型，推动新兴产业部门的发展。印尼的"工业 4.0"路线图确定了电子、汽车、纺织服装、石化工业、食品和饮料作为产业数字建设的优先部门；马来西亚"工业 4.0"的重点领域，仍选择第 11 个马来西亚五年计划所确定的电子电气、机械设备、化工、医疗器械、航空航天等高增长和有潜力行业；新加坡实施产业转型的制造业重点行业确定为电子业、精密工程、能源化工、海事工程和航空业等五大领域；泰国确定的"工业 4.0"十大目标产业部门中半数为制造业部门，其中包括新一代汽车、智能电子、生物能源与生物化工、工业机器人、食品深加工等。

为了加快实施"工业 4.0"战略，东盟国家均加大了对"工业 4.0"的投入。印尼工业部提出了 2020 年开始生产本国制造的电动汽车，到 2025 年电动汽车产量达到 2200 辆；推动对纺织业的技术升级和数字技术的支持，加强人力资源培训，以提高纺织业的国际竞争力；实施饮料和食品工业的互联网与生产线相结合，改变原材料的流程、上下游产业合并成综合性企业等措施。在 2019 年政府财政预算中，马来西亚通过商业融资担保有限公司拨款来资助企业向"工业 4.0"转型，其中拨款 20 亿林吉特资助企业的自动化，10 亿林吉特用于国家光纤宽带基础设施建设，2.1 亿林吉特资助企业完

---

① "Ministry of International Trade and Industry: Malaysia Industry 4WRD." http://www.miti. gov. my/index. php/pages/view/industry4WRD? mid = 559#tab_ 547_ 1919.

成产业技术的转型升级。泰国修订了投资法，根据投资项目科技含量给予企业所得税减免优惠。例如，数字信息技术、生物技术、先进材料技术、纳米技术企业等可免除 13 年的企业所得税，一些高科技和高附加值产业最高可获得 15 年的企业所得税减免优惠。

（三）推动区域基础设施互联互通，加大国内基础设施投资

为了实现东盟共同体的发展目标，东盟推出了互联互通总体规划，它包括基础设施互联互通、机制互联互通和民间互联互通。其中，基础设施互联互通是东盟区域互联互通的重要基础和先导。同时，各成员国也相继出台了大中型基础设施建设项目，加大基础设施建设的投入，以促进国内经济发展和区域互利合作。

2010 年 10 月，东盟公布了《东盟互联互通总体规划 2010》。2016 年 9 月，东盟又公布了《东盟互联互通总体规划 2025》，提出实施互联互通的五大优先战略领域，即优先发展可持续基础设施、数字创新、无缝物流，卓越监管和人口流动，旨在构建一个无缝、全面连通和整合的东盟。其中，可持续基础设施是东盟互联互通的首要任务，每年东盟国家需投资基础设施建设的资金预计为 1100 多亿美元。东盟公路网（AHN）旨在建立连接所有东盟成员国和邻国的陆路运输走廊，目前东盟公路网已没有缺失路段；泛亚铁路从新加坡到金边的路段正在按计划进行，但柬埔寨、老挝、越南和泰国等仍存在融资的困难；东盟成员国的海上运输专注于三条优先航线，即白兰海－槟城－普吉岛、杜迈－马六甲和达沃/桑托斯将军城－比通；东盟电网下的 9 个电力连通项目和泛东盟天然气管道内的 13 个双边气体管道皆已完成，沙捞越－西加里曼丹的最新电网联通项目已成功完成。[①]

在东南亚国家，印尼政府确定了 2015 ~ 2019 年期间将要落实的 225 项战略建设项目，涉及至少 23 大类基础设施建设。这一时期，印尼在基础设

---

① ASEAN Secretariat（2016）. *Master Plan on ASEAN Connectivity 2025*. Jakarta：ASEAN Secretariat，pp. 18 - 19.

施的投资额预计为 3592 亿美元。据印尼国家建设计委部的估计，2020～2024 年期间，印尼基础设施的投资额将达 4297 亿美元。[①] 佐科政府预定，在 2024 年执政结束前，要完成的大型基础设施项目包括雅加达、茂物（Bogor）、德博（Depok）和勿加西（Bekasi）的 6 条轻轨铁路，雅加达－万隆（Bandung）高铁项目，苏加诺哈达国际机场第四航站楼，以及各地的 51 条高速公路建设项目。[②] 菲律宾政府推出了大规模基础设施投资计划，2017～2022 年，政府将投资 8.4 万亿比索进行基础设施建设。2018 年，菲律宾有 10 个大型基础设施项目要开工建设，耗资 597.6 亿比索。其中，包括棉兰老岛铁路项目第一期（耗资 352.6 亿比索），Panguil 海湾大桥项目（耗资 48.6 亿比索），奇诺河水泵灌溉项目（耗资 43.7 亿比索），Binondo-Intramuros 大桥项目（耗资 13.7 亿比索），克拉克阶层混居住房项目（耗资 33.3 亿比索），克拉克绿城政府中心（耗资 17.8 亿比索）等。[③] 泰国政府推出东部经济走廊（EEC）建设计划，该经济走廊横跨北柳、春武里和罗勇三府，计划五年投资 1.5 万亿泰铢，兴建 15 个重大项目。2018 年 2 月，泰国通过了《东部特别经济开发区法》，为投资者提供非税收优惠权益和发放各种许可证等。

（四）对标世界银行标准和国际经验，进一步优化营商环境

东南亚国家普遍重视改善营商环境，一些国家还根据世界银行的评估标准，放宽市场准入，促进贸易投资自由化和便利化，提升公共服务效率。2017 年，东盟经济部长会议提出，在 2020 年前，力争将贸易交易成本降低 10%，东盟还设立了"单一窗口"服务机制；印尼针对国内贸易限制繁多、物流成本偏高、土地征用困难、公共服务缺失、行政效率拖沓等弊端，政府相继实施了 16 期振兴经济配套计划；越南建立和完善了国家一站式服务机制，通过国家一站式服务机制将部门间政务服务相互衔接，简化审批流程，

---

① 《2020～2024 年基础设施需资 4297 亿美元》，印尼《国际日报》2018 年 4 月 30 日。
② 《佐科维将继续建设基础设施》，印尼《国际日报》2019 年 7 月 9 日。
③ 《十项大型基建项目年内开工》，《菲律宾商报》2018 年 6 月 23 日。

减少通关环节，大大提高政务效率；① 2018 年 5 月，菲律宾颁布了《营商便利和有效政府服务法令》，旨在简化、减少政府办事程序和时间，提高办事效率，以改善营商环境。② 该法令对申请和办理牌照、许可证等订立规范的程序，可以通过网络平台实现自动化业务办理，要求所有地方政府单位设立一站式商务促进服务，政府手续办理时间标准化，设定预防腐败行为的程序等。

近年来东南亚国家在优化营商环境方面取得一定成效，新加坡仍继续保持全球最佳的营商环境的地位，文莱、印尼和越南营商环境的改善最为显著。据世界银行统计，在 2015～2019 年全球营商便利度指数排名中，新加坡从第 1 位降至第 2 位，文莱从第 101 位升至第 55 位，印尼从第 114 位升至第 73 位，越南从第 78 位升至第 69 位。其他国家的营商环境变化不大明显，缅甸从第 177 位升至第 171 位，泰国从第 26 位降至第 27 位，柬埔寨从第 135 位降至第 138 位，老挝从第 148 位降至第 154 位，马来西亚从第 8 位降至第 15 位，菲律宾从第 95 位降至第 124 位。③

三 中美贸易摩擦对东南亚国家经济的影响

作为全球两大经济体和主要贸易大国，中国与美国的贸易摩擦逐步升级对世界经济和国际贸易影响深远，它使得国际市场需求萎缩，贸易保护主义抬头，国际贸易环境发生了根本性的变化。中美两国是东南亚国家最重要的贸易伙伴，中国是东南亚国家的第一大贸易伙伴，美国则是东南亚国家的第三大贸易伙伴。2017 年，东南亚国家与中国、美国的商品贸易分别为 4410.09 亿美元和 2342.7 亿美元。④ 中美两大贸易伙伴的贸易纠纷，对东南

① 《国家一站式服务机制、东盟一站式服务机制的辐射作用日益凸显》，越通社，2018 年 7 月 25 日。
② 《总统签署营商便利法》，《菲律宾商报》2018 年 5 月 29 日。
③ World Bank (2015). *Doing Business 2015*：*Going Beyond Efficiency*. Washington D. C.；World Bank (2019). *Doing Business 2019*：*Training for Reform*. Washington D. C..
④ ASEAN Secretariat (2018). *ASEAN Statistical Yearbook 2018*. p. 78.

亚国家经济增长和对外贸易的直接或间接影响已逐渐显现出来，其短期的负面效应要大于长期的正面效应。

2018年3月，美国宣布对各国钢铁和铝制品分别征收25%和10%的关税，这对东南亚国家金属冶炼行业造成较大影响。目前，泰国出口到美国的钢铁、铝制品约为10亿美元，占泰国此类产品出口的14.7%，由此泰国将失去对美国的钢铁出口市场，泰国国内的热轧钢和冷轧钢铁产品生产企业也将受到较大冲击。同时，泰国是全球第五大钢铁进口国，美国征收钢、铝制品关税将导致国外同类产品转向泰国市场，使得泰国本国企业面临更为激烈的竞争。2018年11月，美国宣布取消对泰国11种产品的普惠制（GSP）待遇，这11种产品包括鲜兰花、甜玉米、鲜榴莲、干木瓜、蜜饯果仁、木瓜、干罗望子、拼花地板、洗衣机、三脚架和胶印机械，其中10种产品占美国进口产品的50%以上。2017年，泰国享受普惠制待遇的对美出口产品总额为42亿美元，约占对美出口总额的13%。此外，美国正在对印尼享有普惠制（GSP）的124种产品进行资格审查。

从近期看，中美贸易摩擦对东南亚国家经济的负面效应更为明显，主要表现如下。一是美国向世界各国钢和铝、太阳能电池、洗衣机等产品征收的高关税，可能削弱东南亚国家电子业和一般制造业的竞争力。同时，美国对中国钢和铝制品征收高关税，还使得中国出口东南亚国家的钢铁产品和出口到越南、马来西亚的铝制品出现明显增长。2019年3月，马来西亚和印尼开始对从中国进口的钢铁制品征收反倾销税，6月越南则宣布对从中国进口的铝制品征收暂时性反倾销税，9月越南启动对中国低碳冷轧板和冷轧卷的反倾销调查。二是中美贸易摩擦不断升级将对全球价值链和供应链造成冲击，直接影响到东南亚国家的价值链贸易。作为全球价值链和供应链的重要节点，中国、东南亚国家进出口贸易由以中间产品为特征的价值链贸易构成，中间产品占各自商品贸易的40%~60%。尽管中美间互征高关税对东南亚国家的进出口贸易没有直接影响，但不少东南亚国家制造商向中国供应中间产品，加工为成品从中国再出口到美国，而中国对美国出口受阻，这些中间产品的需求可能随之减少。例如，因受中美贸易摩擦的影响，2019年上半年越南手机及零配件出口额大幅下降62.3%，而该类产品的主要出口市场为中国、美国。① 三是中美贸易摩擦的升级将导致国际市场需求的萎缩，对外向型的东南亚经济造成较大影响。泰国开泰研究中心的研究显示，2019年泰国净出口额将因中美贸易摩擦升级损失24亿~29亿美元，占泰国GDP的0.5%~0.6%。② 一些越南学者认为，尽管越南和中国对美国的出口商品结构相似，但这并不意味着越南商品可以轻易取代在美国市场的中国商品。越南商品可以取代在美国市场的中国商品仅存在着可能性，负面影响则更为明显。由于中国制造商极具成本竞争优势，在美国市场遇到困难时会将出口市场转移到越南等其他国家，那时越南企业将面临来自中国企业的直接竞争，不仅包括出口市场，还有国内市场。③

从中长期看，中美贸易摩擦对东南亚国家经济的正面效应主要表现为：中美贸易摩擦将加快全球价值链的重构和调整，东南亚国家的出口贸易、引进外资和产业升级将获得新的机遇。由于美国对中国部分出口产品征收高关税，在华跨国公司会将对美出口的生产基地转向东南亚国家，这将扩大东南亚国家对美的出口；在全球价值链重组的背景下，在华跨国公司可能将部分产业和生产工序转移到东南亚国家。据统计，2019年前五个月，越南吸收的外商直接投资同比增长近70%，这也是自2015年以来的最大增幅，由于中国对美国一些农产品进口加征关税，则有利于东南亚国家一些农产品对中美两国的出口。

由于中美贸易摩擦的不断升级，东盟各成员国达成共识，在中美贸易摩擦不断升级的形势下，东盟积极推进《区域全面经济伙伴关系协定》（RCEP）的谈判进程，并力争在2019年底前完成谈判。2019年3月，柬埔寨首相洪森在RCEP部长会议上希望谈判各方将努力协商在2019年内完成RCEP协定。2019年6月，在第34次东盟峰会上，东盟轮值主席国泰国总

---

① 《受中美贸易战的影响 越南手机及零配件出口额大幅下降》，越通社，2018年10月29日。
② 《泰出口缩减幅度或占GDP 0.5~0.6%》，泰国《星暹日报》2018年4月16日。
③ 《中美贸易战下越南企业面临的风险》，越通社，2019年6月26日。

理巴育指出，全球保护主义正在损害多边贸易体系，为应对未来的区域变化和不确定性，尤其是东盟主要贸易伙伴之间贸易冲突所带来的影响，东盟必须在2019年内完成由东盟主导、涵盖16国的"区域全面经济伙伴关系协定"谈判。马来西亚总理马哈蒂尔表示，"区域全面经济伙伴关系协定"谈判应该在中美两国贸易摩擦升级之前结束。印尼总统佐科认为，中美贸易冲突将对区域发展与稳定造成直接影响，必须加快"区域全面经济伙伴关系协定"谈判。新加坡贸工部部长陈振声认为，在印度、印尼、澳大利亚和泰国等协定成员国大选后，作为世界最大的贸易协定的RCEP发展前景更为明朗，各成员国将从中获得地缘战略和地缘经济的利益。2019年11月，RCEP的15个成员国（除印度外）完成谈判，拟在2020年签署协定。①

为了应对中美贸易摩擦升级引发的全球价值链和区域生产网络的重构，东南亚国家积极调整产业政策和引资策略，放宽市场准入，促进贸易投资自由化和便利化，优化营商环境，培育辅助工业发展。一些后起的东南亚国家利用比较成本优势，大力吸引跨国公司在当地投资设厂，承接部分劳动密集型产业和工序的转移，力争成为跨国公司的区域零部件供应商和组装厂。目前，越南参加全球供应链的中小型企业仅占25%，全国1800家零部件生产企业仅有300家参与跨国公司的生产网络。② 为此，越南正积极采取相关措施，鼓励和扶持中小企业参与全球价值链。近年来，韩国企业在越南投资设厂规模迅速扩大，尤其是韩国三星公司在越南的投资颇具规模，三星电子、三星电器、三星SDI、三星显示器等三星主要电子产业部门均在越南设立了生产线，由此越南成为三星公司全球经营战略的重要组成部分。其中，智能手机生产线设在越南的贝宁市和太原市这两座工厂每年生产约1.5亿部智能手机，相当于三星智能手机年产量的40%，现三星集团属下一级供应商有

① "Joint Leader' Statement on the Regional Comprehensive Economic Partnership（RCEP）." https：//asean. org/storage/2019/11/FINAL – RCEP – Joint – Leaders – Statement – for – 3rd – RCEP – Summit. pdf.

② 《越南力争改善其在全球供应链的地位》，越通社，2019年5月29日；《越南力争实现到2030年配套企业数量达2000家》，越通社，2019年1月25日。

29 家越南企业，到 2020 年当地企业将达到 50 家。此外，美国苹果公司在越南的供应商也由 2015 年的 16 家增至 2018 年的 22 家，但其中多数为外商投资企业。

四　结语

在经历国际金融危机后 10 年的复苏期，2017 年世界各国经济增长呈现出普遍提速的态势，但到 2018 年世界经济复苏再现疲弱的态势，2019 年世界经济增长预计仍将持续减缓，主要经济体的经济增长减速超出预期，全球贸易增长放缓至 10 年前国际金融危机以来的最低水平，经济增长的不确定性明显加大。

由于美国取消财政刺激、联邦基金利率暂时超过中性利率，美国经济增长将减缓；欧洲国家因国内需求疲弱，许多国家下调经济增长率；日本 10 月预定开始实施消费税增税，税率提高可能造成消费下滑而伤及经济增长。世界经济放缓，贸易紧张局势升级，国际金融市场变幻莫测，新兴市场国家经济面临着多重压力，地缘政治风险也增加了世界经济的不确定性。2019 年，东南亚国家经济增长将普遍放缓，而波动性和不确定性增大，但各国情形不尽相同。在东南亚国家中，菲律宾、印尼、马来西亚、柬埔寨、老挝、缅甸等经济增速将放缓，新加坡、泰国和文莱经济仍将低迷，越南经济快速增长有可能延续。

随着全球经济形势的急剧变化，东南亚国家经济增长显现出放缓趋势，产业转型相对滞后，制造业面临全球价值链重构的影响。面对新的国内外经济形势，东南亚国家开始调整宏观经济政策，扩大财政支出，加快税制改革，调节货币政策工具，以应对国内经济增长的放缓；东南亚国家纷纷制定"工业 4.0"战略与政策，根据各自的资源禀赋、市场需求和产业基础，确定了以制造业为核心的"工业 4.0"的重点发展领域，旨在重振制造业，促进传统产业部门的转型，推进新兴产业部门的发展；各国积极推动基础设施互联互通建设，相继出台了大中型基础设施建设项目，加大基础设施建设的

投入，以促进国内经济发展和区域互利合作；东南亚国家普遍重视改善营商环境，一些国家还根据世界银行的评估标准，放宽市场准入，促进贸易投资自由化和便利化，提升公共服务效率，以应对全球价值链重构所带来的机遇与挑战。

总之，在全球经济仍处于深度调整的形势下，2019年东南亚国家经济增长将普遍放缓，各国经济增长的波动性和不确定因素将增大。不过，东南亚国家经济仍将保持弹性，除少数国家经济低迷外，多数国家经济仍将中速增长。全球价值链和区域生产网络的重组对东南亚国家工业化带来的机遇与挑战并存，大国的贸易争端对东南亚的外向型经济将产生直接或间接的冲击，国际金融市场的变幻莫测将加剧东南亚金融市场的波动。同时，东盟区域经济一体化仍面临着如何扩大和深化区内生产要素的自由流动、缩小发展差距等诸多问题。

参考文献

ADB（2019）. *Asian Development Outlook 2019*. Manila：Asian Development Bank.

ASEAN Secretariat（2015）. *ASEAN 2025：Forging Ahead Together*. Jakarta：ASEAN Secretaria.

ASEAN Secretariat（2018）. *Towards ASEAN Economic Community 2025：Monitoring ASEAN Economic Integration*. Jakarta：ASEAN Secretariat.

ASEAN Secretariat（2019）. *The ASEAN Investment Report 2019：FDI in Services-Focus Health Care*. Jakarta：ASEAN Secretariat.

ASEAN Secretariat（2019）. *ASEAN Integration Report 2019*. Jakarta：ASEAN Secretariat.

IMF（2019）. *World Economic Outlook October 2019*. Washington，D. C..

IMF（2019）. *World Economic Outlook Update，July 2019*. Washington，D. C..

World Bank（2019）. *Doing Business 2019：Training for Reform*. Washington，D. C..

World Bank（2019）. *Global Economic Prospects June 2019*. Washington，D. C..

WTO（2019）. *Global Value Chain Development Report 2019：Technical Innovation，Supply Chain Trade，and Workers in a Globalized World*. Geneva，Switzerland.

B.3
东南亚轨道交通发展的现状与展望

丁　梦*

摘　要： 随着东南亚经济的快速发展，各国大力推进基础设施的建设，轨道交通成为重点的建设项目。目前，东南亚国家建设中的轨道交通项目有印尼雅加达—万隆高速铁路、中泰铁路、泰国"东部经济走廊"高速铁路、马来西亚东海岸铁路和中老铁路等，规划中轨道交通项目有雅加达—泗水中速铁路、曼谷—清迈高铁、新马高铁、海防—河内—老街铁路等，以及一些城市地铁和轻轨工程。这些轨道交通建设将对东南亚国家经济发展产生积极影响，也将促进区域内互联互通。不过，由于多数国家原有轨道交通的基础设施薄弱，建设资金、技术和人才不足，严重制约了轨道交通基础设施建设的步伐。

关键词： 东南亚　轨道交通　互联互通　可持续发展

近年来，东南亚国家制订和实施了庞大的基础设施建设计划，掀起了轨道交通基础设施建设的热潮。其中，雅万高铁、中泰铁路、中老铁路、马来西亚东海岸铁路等项目成为该地区轨道交通建设的标志性工程，对东南亚国家的经济发展、区域联通、技术转移和人员流动都将产生重要的推动作用。但是，由于该地区政局波动、政党更迭、大国介入和恐怖主义等不稳定因素，严重阻碍了东南亚轨道交通的发展，中缅铁路、新马高铁等项目均被迫

---

* 丁梦，厦门大学南洋研究院世界经济专业博士研究生。

停工或延期，这不利于东南亚轨道交通的可持续发展，因而该地区的轨道交通建设仍将任重而道远。

一 东南亚国家轨道交通发展的现状

东南亚地区的轨道交通系统整体上处于相对落后的水平，不同国家之间的轨道交通发展存在较大差距，阻碍了各国交通基础设施的建设，也限制了区域内交通互联互通的发展。从东南亚国家铁路发展历史来看，新加坡轨道交通系统虽然运营时间较短，但是其铁路、地铁、轻轨等轨道交通系统发展的最为健全；马来西亚、印尼、泰国虽然具有较长的铁路里程，但受制于轨距、时速和技术等因素，导致其运载效率并不高；柬埔寨、菲律宾、缅甸、越南虽然轨道交通系统运营历史悠久，但其运营时速、运载能力等都处于效率较低的水平，不能满足社会经济发展的需要；老挝、文莱和东帝汶由于地理位置和地质特点的限制，致使其轨道交通没有太大发展。

印尼是东南亚国土面积最大和人口最多的群岛国家，星罗棋布的海洋岛屿使其与外界的联系主要通过海运和航空等交通方式，这在某种程度上导致印尼的陆路交通基础设施整体上处于较为落后的水平。爪哇岛、苏门答腊岛、加里曼丹岛等不同区域之间交通基础设施的发展呈现低水平和不平衡的特点。同时，印尼的铁路交通系统全部由国有资产管理公司进行管理，主要承担的是大宗货物的运输。印尼国内铁路总里程为6458公里，其中窄轨轨道总里程为5961公里，爪哇岛作为印尼的政治、经济和文化中心，其岛内铁路长度占整个印尼铁路总里程的3/4左右，地区之间的轨道交通分布极为不均衡。2014年10月，印尼政府通过"2015~2019年印尼经济发展规划"，计划在印尼兴建3258公里的铁路，并计划在爪哇岛兴建贯通东西的双向复线铁路，实现雅加达、万隆、泗水等主要城市的轨道交通系统连接，并启动在加里曼丹岛和苏拉威西岛地区建设轨道交通的市场调研。[①] 在印尼铁路基

---

① 商务部国际贸易经济合作研究院、中国驻印度尼西亚大使馆经济商务处、商务部对外投资和经济合作司：《对外投资合作国别（地区）指南：印度尼西亚》（2019年版），第19~22页。

础设施建设中，最引人瞩目的是雅万铁路。该条铁路是印尼乃至东南亚地区的第一条标准高速铁路。雅万高铁总里程为 142.3 公里，设计时速达 350 公里，运营时速达 300 公里，沿途共设四个车站。

泰国是东南亚第二大经济体，但是铁路轨道交通基础设施相对落后，公路是泰国主要的交通运输方式。目前，泰国铁路总里程约为 4451 公里，均以窄轨为主，联通泰国国内的 47 府，以曼谷地区为中心向北可以抵达清迈，向东可以与老挝进行联通，向南能够与马来西亚铁路系统进行对接。为了提升泰国轨道交通系统的连通性，巴育政府制订了一系列基础设施提升计划，2014 年 7 月推行《2015～2022 年交通基础设施战略规划》，计划投资 145 亿美元用于建设和升级 14 条米轨双轨铁路，投资 250 亿美元用于修建 4 条高速铁路，投资 160 亿美元建设和升级 13 条城市轻轨路线。[①] 2017 年 2 月，泰国交通部计划在未来五年建设 112 座桥梁和隧道、14 座运输站，在现有基础上提升 60% 的火车乘客量。2017 年 9 月，中泰两国正式签署中泰铁路项目合同，该条铁路将分为两段进行建设，第一段曼谷 - 呵叻段高铁首段的 3.5 公里已于 2017 年 12 月开工建设，[②] 第二段呵叻 - 廊开段高铁未来将与中老铁路相连接，并进一步与中国的铁路系统实现对接，实现中国、老挝和泰国的跨境铁路运输，对泛亚铁路中线的全程贯通具有重要意义。与此同时，泰国与日本合作修建的曼谷 - 清迈段高铁、中国参与修建的"东部经济走廊"高铁项目也将极大地改善泰国西北部、东部和南部的交通通勤状况。[③]

马来西亚的轨道交通整体比较完善，但地区之间发展不平衡，西马地区

① Office of Transport and Traffic Policy and Planning. "Thailand's Rail Transport Infrastructure Development Strategy 2015 – 2022." http：//www. otp. go. th/uploads/tiny_ uploads/PolicyPlan/1 – PolicyPlan/M – MAP2/25600629 – PDF1 – Dr. Pichet. pdf.

② Bangkok Post. "Thailand to Speed up Train Link with China." https：//www. bangkokpost. com/business/1667676/thailand – to – speed – up – train – link – with – china, April 26, 2019.

③ Nikkei. "Thai-CP-Group-wins-government-approval-on-high-speed-airport-rail." https：//asia. nikkei. com/Business/Companies/Thai – CP – Group – wins – government – approval – on – high – speed – airport – rail, May 29, 2019.

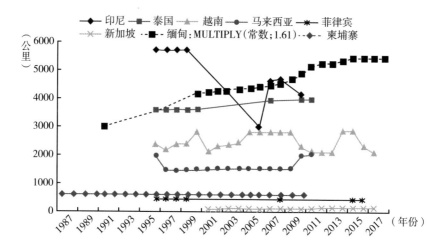

图1　东南亚部分国家铁路里程发展

说明：老挝现有铁路仅3.5公里，文莱和东帝汶没有铁路。
资料来源：CEIC数据。

的铁路总里程为1677公里，东马沙巴地区的铁路总里程仅为134公里。西马地区的铁路线路贯穿整个马来半岛，向北可以与泰国铁路实现连接，向南可以对接新加坡，是泛亚铁路南线重要的组成部分。在西马地区，以吉隆坡为中心的城市圈周围分布有通勤铁路、城际铁路等城市轨道交通系统，缓解了城市公路交通堵塞情况。2015年，马来西亚政府推出了"第十一个马来西亚计划"，将提升高速公路、管道、铁路和机场等交通基础设施作为建设重点。[①] 2018年5月，希望联盟获得大选胜利，马哈蒂尔当选总理后对交通基础设施的建设项目进行了较大调整，先后叫停了由中国提供贷款并承建的总长688公里的东海岸铁路项目和沙巴、马六甲两条天然气管道项目，被叫停项目的总价值约达220亿美元。[②] 不过，经过中马两国政府的磋商，东海岸铁路项目于2019年7月正式复工，现有建设方案将在原有建设成本的基

---

① Malaysiakini. "Wish List for the 11th Malaysia Plan." https：//www.malaysiakini.com/news/299027, May 20, 2015.

② The Straits Times. "Chinese Mega Projects to be Deferred：Mahathir." https：//www.straitstimes.com/asia/east–asia/chinese–mega–projects–to–be–deferred–mahathir, August 22, 2018.

础上减去 1/3，即缩短 40 公里的铁路建设里程，建设成本从 660 亿林吉特降至 440 亿林吉特。① 与此同时，总里程为 350 公里、耗资约 170 亿美元的新马高铁也被马来西亚政府以减少国家债务为由叫停。经过新马两国的磋商，原定于 2019 年动工的新马高铁项目将顺延两年，但马来西亚需要向新加坡支付 1500 万新元的违约金。②

老挝是东南亚国家中唯一的内陆国家，山地众多、山河相间的地理特征不利于交通基础设施的建设。老挝现有铁路总里程仅为 3.5 公里，即从首都万象至老泰边境的友谊大桥。为了提升老挝的交通基础建设水平，2016 年 4 月老挝政府通过"第八个社会经济发展五年规划（2016~2020 年）"、"十年社会经济发展战略（2016~2025 年）"来推动基建设施的建设进程。其中，最引人瞩目的是中老铁路的建设，中老铁路项目分为两段，老挝段（磨丁－万象）总里程为 414 公里的客货共线铁路线路，客运速度为 160 公里/小时，货运速度为 120 公里/小时；中国段（玉溪－磨憨）总里程为 508.53 公里，其中玉溪至西双版纳段为铁路双线，西双版纳至磨憨段为铁路单线，线路设计速度为 160 公里/小时。2014 年 12 月中老铁路项目正式启动，2015 年 12 月中老铁路老挝段（磨丁－万象）举行开工仪式，预计 2021 年中老铁路将会全线贯通，届时将会极大带动中国与老挝之间的经济发展、商品流通和人员流动，加速中老两国磨丁－磨憨跨境经济合作区的发展，并有可能在未来实现与中泰铁路的对接，推动中国、老挝和泰国的跨国经济合作。③

新加坡交通基础设施完善，轨道交通快速发展。2011 年，新加坡政府计划在未来十年中投入 500 亿美元对轨道交通进行升级建设。2013 年，

---

① The Straits Times. "New East Coast Rail Link Deal Eases 'Debt Trap' Concerns for Malaysia, Says Mahathir." https：//www. straitstimes. com/asia/se－asia/new－ecrl－deal－eases－debt－trap－concerns－for－malaysia－says－mahathir, April 15, 2019.

② 《马高铁机构委技术与商业顾问 制定新隆高铁削减成本方案》，新加坡《联合早报》2019 年 6 月 30 日。

③ 《中老铁路是指什么？中老铁路线路图详解》，https：//www. imsilkroad. com/news/p/397693. html。

政府提出在 2030 年之前将城市地铁总里程从 178 公里扩展至 360 公里。截至 2017 年，新加坡轨道交通总里程为 228.4 公里，其中地铁 199.6 公里，轻轨 28.8 公里。近年来，新加坡和马来西亚致力于兴建新马高速铁路，新马高铁总里程 350 公里，其中马来西亚境内总里程为 335 公里，新加坡境内总里程为 15 公里，设计标准为双轨双线电气化客运专线，设计时速为 350 公里，预估总成本为 170 亿美元。但是，2018 年马来西亚大选导致执政党更替，新政府以增加国家债务为由将新马高铁的建设工期往后顺延两年。①

菲律宾作为东南亚的一个海岛国家，其岛内交通基础设施比较落后。近几年，菲律宾通过吸引外资、技术转移、低息贷款和 PPP 模式等途径，加大在交通基础设施领域的投入。菲律宾政府推出了"2040 愿景"和《2017～2022 年菲律宾发展规划》（PDP），对菲律宾的基础设施建设提出了具体要求，计划将基础设施投资在 GDP 中的比重提高至 7.4%，并计划在 2022 年前投入 9 万亿比索用于基础设施建设升级。② 在轨道交通领域，菲律宾铁路总里程为 1200 公里，大部分铁路分布在吕宋岛，其中只有 400 公里铁路线路可以运营，其余的铁路线路亟须维修升级。根据菲律宾政府的规划，计划在吕宋岛和棉兰老岛修建南北铁路、苏比克 - 克拉克铁路、棉兰老岛铁路等。这些铁路的修建将改善菲律宾轨道交通发展的落后现状。

越南铁路轨道交通系统较为落后，运营时速和运载能力都处于低水平。越南现有铁路总里程约为 3160 公里，铁路线路涵盖了米轨、标准轨和套轨（米轨和标准轨）三种不同的运行线路，其中米轨线路占据主导地位，约占越南铁路总里程的 85%。其中，河内 - 胡志明市铁路是越南国内贯通南北

---

① China Daily. "Malaysia, Singapore to Delay, Not Axe, High-speed Rail Link." https://www.chinadailyhk.com/articles/103/146/166/1536141085473.html, September 5, 2018.

② Republic of the Philippines National Economic and Development Authority. "Philippine Development Plan (PDP) 2017 – 2022 Abridged Version." http://www.neda.gov.ph/abridgedpdp/, December 2017.

的主要铁路干线，总里程为 1726 公里，虽然经过多次火车提速，但是运营时速仍低于 90 公里，限制了越南南北地区的经济联系和人员往来。2015 年，越南政府颁布了《至 2020 年铁路交通运输发展战略和 2030 年展望》，规划至 2020 年将现有铁路升级为一级国家标准，铁路客运占比提升至 13%，铁路货运占比提升至 14%。至 2030 年，建设完成河内、胡志明市的城市轨道交通线路，铁路整体运输比重将提升至全国运输的 20%。[1] 目前，胡志明市-芹苴高铁、海防-河内-老街铁路等铁路项目均已进入规划和可行性研究阶段，其中海防-河内-老街铁路将由中越两国共同建设，总里程约为 391 公里，初期运行时速将达到 160 公里。[2]

缅甸工业基础较为薄弱，其轨道交通系统的机车、轨道等多从中国进口，还有部分铁路设施是日本淘汰的旧有通勤车。根据缅甸交通与通讯部铁路局的资料显示，截至 2016~2017 财政年度，缅甸铁路总里程为 6112 公里，其中多以窄轨为主。2017 年，缅甸交通与通讯部提出将建设 5 条重要铁路，包括 620 公里的仰光-曼德勒铁路、547 公里的曼德勒-密支那铁路、283 公里的仰光-毛淡棉铁路、258 公里的仰光-卑谬铁路以及仰光环城铁路。中缅铁路是中国与缅甸两国之间铁路基建建设的重要项目，分为短期和长期两个建设周期，短期计划是修建木姐-曼德勒段铁路，远期计划是修建中国瑞丽至缅甸皎漂港段铁路，其中中国境内为 4.2 公里，缅甸境内为 808.8 公里，但由于缅甸国内因素导致该项目被迫叫停。此外，缅甸将与日本公司合作对仰光-曼德勒段铁路等轨道交通线路进行升级改造，日本公司将为其提供专项贷款支持施工建设。[3]

① Vietnam Railways. "ĐiềuchinhQuyhoạchtổngthểpháttriển GTVT ĐườngsắtViệt Nam đếnnăm 2020, tầmnhìnđếnnăm 2030." http://www. vr. com. vn/quy-hoach-phat-trien/dieu-chinh-quy-hoach-tong-the-phat-trien-gtvt%C2%A0duong-sat-viet-nam-den-nam-2020-tam-nhin-den-nam-2030. html, September 4, 2015.

② 中国驻越南大使馆经济商务处：《中越边境铁路建设将加快》，http://vn. mofcom. gov. cn/article/jmxw/201804/20180402730112. shtml。

③ Myanmar Times. "JICA Proposes Underground Railway." https：//www. mmtimes. com/business/15910-jica-proposes-underground-railway. html, August 11, 2015.

在东南亚其他国家，柬埔寨的交通系统以公路运输为主，铁路在柬埔寨交通系统中的占比不高。目前柬埔寨只有两条单线米轨（1000 毫米）铁路，其中北线（金边－诗梳风）全长 385 公里，南线（金边－西哈努克港）全长 270 公里，但因战乱导致这两条铁路常年处于荒废状态。随着 2013 年实施"四角战略"第三阶段政策，柬埔寨交通基础设施建设开始步入快车道，公路、桥梁等成为交通基础设施的重要发展领域。文莱因人口数量少和国土面积狭小，对轨道交通需求偏小，高速公路和海上航运是其主要的公共交通方式，其中公路交通是文莱主要的出行选择方式，文莱是东南亚地区拥有私家车比例最高的国家之一。东帝汶国内还没有轨道交通系统，公路、航空和航海运输都处于较低的发展水平。2011 年 6 月，东帝汶的《2011~2030 年国家发展战略规划》提出将对公路、港口、机场、电力等基础设施进行升级和建设，但尚无轨道交通的建设计划。①

二 东南亚轨道交通的主要工程

近年来，东南亚的基础设施建设迅速发展，轨道交通成为重点的建设项目。目前，东南亚国家建设中的轨道交通项目有印尼雅加达－万隆高速铁路、中泰铁路、泰国"东部经济走廊"高速铁路、马来西亚东海岸铁路和中老铁路等，规划中的轨道交通项目有雅加达－泗水中速铁路、曼谷－清迈高铁、新马高铁、海防－河内－老街铁路等。此外，还有一些国家在建和规划的城市地铁、轻轨建设项目。

（一）雅加达－万隆高速铁路

2014 年佐科总统执政以来，通过"海上高速公路"战略加快印尼基础设施建设，但这些庞大的基础设施建设资金政府只能提供约 50%，其余部

① Timor – leste gov. "Timor – Leste – Strategic – Plan – 2011 – 20301." http：//timor – leste. gov. tl/wp – content/uploads/2011/07/Timor – Leste – Strategic – Plan – 2011 – 20301. pdf, July 2011.

分将依靠私人部门和外国投资。① 因此，印尼政府积极引进外国资本参与基础设施投资与建设。自 2008 年以来，日本就雅万高铁向印尼政府提交了多份项目可行性报告，但由于日本和印尼在设计方案的具体细节方面不能达成一致，以致雅万高铁项目一直拖延。②

随着印尼总统佐科引入中国参与雅万高铁项目竞标之后，中国派出特使向印尼政府提交高铁竞标书，并对印尼政府所关切的重点问题进行了积极回应，中国高铁凭借在建设成本、建设工期和人力资源等方面的比较优势对日本造成了较大冲击。在中国高铁高性价比的影响下，日本首相安倍晋三在 2015 年 7 月派出特使向印尼政府提交新的项目计划书，在贷款利率、还款期限和建设工期方面进一步做出优化。一个月后，日本再次派出特使出访印尼，在前期提出的建设方案基础上进一步降低了印尼政府为贷款提供的担保比例，并以加强日本与印尼的海洋经济合作作为优惠条件。③ 2015 年 9 月，印尼政府表示中国高铁方案更适合印尼国内的发展需要，中国高铁建设方案成为备选之一。直至 2015 年 10 月 1 日，中国高铁方案最终凭借在技术、资本和人力等领域的比较优势获得雅万高铁建设权。

中国、印尼合作建设的雅万高铁是印尼佐科政府大型基建领域中的旗舰项目，该项目由印中高铁公司（KCIC）承建，该合资企业由印尼 Pilar Sinergi 国有公司与中国铁路总公司组成，印方持股 60%，中方持股 40%。其中，印尼 Pilar Sinergi 国有公司由 WIKA 公司（持股 38%）、印尼铁路公司（持股 25%）、努山打拉第八农园公司（持股 25%）、高速路管理公司（持股 12%）4 家国有企业组成。雅万高铁总里程为 142.3 公里，设计时速达 350 公里，运营时速达 300 公里，沿途共设哈里姆（Halim）、卡拉旺（Karawang）、

①　Indonesia Investments. "Infrastructure Development in Indonesia: $450 Billion Required." https: //www. indonesia – investments. com/news/news – columns/infrastructure – development – in – indonesia –450 – billion – required/item6829, May 18, 2016.

②　Siwage Dharma Negara and Leo Suryadinata. "Jakarta-Bandung High Speed Rail Project: Little Progress, Many Challenges." *ISEAS Perspective*, January 4.

③　Pavlićević, D., and Kratz, A. (2017) "Implications of Sino-Japanese Rivalry in High-speed Railways for Southeast Asia." *East Asian Policy*, 9: 15 – 25.

瓦利尼（Walini）和德卡鲁尔（Tegalluar）4个车站，建设工期原计划为2016～2019年，但由于征地纠纷、审批程序缓慢、线路延长等问题导致工期进展缓慢，完工日期由2019年延缓至2021年。①

（二）雅加达－泗水中速铁路

雅加达－泗水中速铁路是印尼佐科政府2016年第3号文件中的国家战略项目之一，也是印尼与日本国际协力机构（JICA）进行的重点定向合作项目。2019年9月24日，日本与印尼签署了雅加达－泗水中速铁路项目合作协议。印尼政府规定，只允许印尼和日本的公司进行竞标和参与建设，它被外界解读为印尼对日本在2016年雅万高铁竞标中输给中国高铁方案的弥补。②

从2019年6月开始，日本国际协力机构（JICA）已对雅加达－泗水中速铁路项目进行全面可行性研究，预计在2020年10月会向印尼政府提供可行性研究方案。③根据建设方案，雅加达－泗水中速铁路将分为两段进行分期建设，全线采用窄轨轨距作为线路技术标准，第一段为雅加达－三宝垄，总里程为436公里，该段将全部采用新线建设；第二段为三宝垄－泗水，总里程为284公里，该段将在原有铁路线路上进行升级改造。雅加达－泗水中速铁路全线平均时速将达到140～145公里，最高时速将达到160公里，项目工程总成本约为43亿美元，全部由日本国际协力机构（JICA）提供贷款，计划在2020年开始建设，预计在2023年之前建成通车。④但是，雅加

① The Jakarta Post. "Jakarta-Bandung High-speed Railway Project Focuses on 'Critical Spots'." https：//www.thejakartapost.com/news/2019/05/03/jakarta－bandung－high－speed－railway－project－focuses－on－critical－spots.html, May 3, 2019.

② 《雅加达－泗水中速铁路由日方承建》，印尼《国际日报》2019年9月24日。

③ The Insider Stories. "Jakarta-Surabaya Semi Fast Train Start to Construct 2022." https：//theinsiderstories.com/jakarta－surabaya－semi－fast－train－start－to－construct－2022/, November 20, 2019.

④ The Jakarta Post. "Jakarta-Surabaya Railway Slated to Begin Construction Next Year." https：//www.thejakartapost.com/news/2019/08/06/jakarta－surabaya－railway－slated－to－begin－construction－next－year.html, August 6, 2019.

达－泗水中速铁路所采用的窄轨轨距有可能不利于爪哇岛轨道交通的长远发展，采用标准轨轨距的雅万高铁不能与窄轨轨距的雅泗铁路实现对接，导致爪哇岛不能形成完整的铁路网系统。

（三）中泰铁路

长期以来，泰国国内的铁路交通系统比较落后，全国大部分地区的铁路线路仍是运载量小、运行速度慢的窄轨铁路，导致泰国国内公路交通体系长时间呈现高负荷运载状态，运输系统的不对称发展严重阻碍了泰国城市化和工业化进程。为了提升泰国轨道交通系统的通达性和安全性，泰国前总理他信、英拉等都曾规划过轨道交通的发展战略，前总理英拉政府时期更是通过"大米换高铁"的合作方式与中国进行高速铁路的建设合作，以此来改善泰国国内交通运输状况和确立泰国在中南半岛地区的区域交通枢纽地位。但是，由于军人政变、反对派操作和社会动乱等原因导致中泰铁路项目几经波折，其间中泰双方就出资比例、修建模式、技术标准和贷款利率等进行了长期磋商，直至巴育总理启用临时宪法第四十四条和维和委主席特权，才得以免除泰国国内对中泰铁路的种种束缚，使中泰铁路项目重新步入正轨。

根据泰国《2015～2022年交通基础设施战略规划》，曼谷－呵叻段高铁、呵叻－廊开段高铁、曼谷－清迈段高铁、东部经济走廊高铁计划等将是泰国巴育政府时期重点开发和建设的铁路工程。[①] 2017年9月，中泰两国正式签署中泰铁路项目合同书，并在该年年底启动中泰铁路曼谷－呵叻段首段3.5公里的工程建设，标志着中泰铁路项目建设正式步入正轨。中泰两国建设方案显示，中泰铁路将分为两段进行分期建设，合作方式采用工程合作模式，泰国负责独立融资、建设和运营，中国企业仅负责铁路的线路设计、技术支持和人员培训。中泰铁路第一段为曼谷－呵叻段高铁，总里程为253公里，最高设计时速250公里；第二段为呵叻－廊开段高铁，总里程为355公

---

① Office of Transport and Traffic Policy and Planning. "Thailand's Rail Transport Infrastructure Development Strategy 2015 – 2022." http：//www. otp. go. th/uploads/tiny _ uploads/PolicyPlan/ 1 – PolicyPlan/M – MAP2/25600629 – PDF1 – Dr. Pichet. pdf.

里，设计时速 200 公里，未来可提升至时速 300 公里，该条铁路未来将实现与中老铁路的连通，有助于推动中国、老挝和泰国的跨国经济走廊建设。但是，中泰铁路整体建设速度较为缓慢，原定于 2021 年完工的曼谷 - 呵叻段高铁极有可能面临延期。①

（四）泰国"东部经济走廊"高速铁路

2019 年 10 月 24 日，在泰国巴育总理的见证下，泰国国家铁路局与泰国正大集团（Charoen Pokphand Group）签署"东部经济走廊"高速铁路合作项目。该项目将以高速铁路的方式连接泰国南部的三大国际机场，将加速泰国首都曼谷、北榄府、北柳府、春武里府和罗勇府之间的经济联动、人员流动和货物运输。② 正大集团（Charoen Pokphand Group）作为承建企业，吸纳了中国铁建、曼谷高速公路和地铁公司、意大利 - 泰国发展公司、日本国际合作银行和中国国家开发银行等企业共同参与高铁建设。

根据规划，"东部经济走廊"高铁项目从北至南依次经过廊曼国际机场站（Don Mueang International Airport）、邦素站（Bang Sue）、玛卡讪（Makkasan）站、素旺那普国际机场站（Suvarnabhumi International Airport）、北柳站、春武里站、拉差（Si Racha）站、芭堤雅（Pattaya）站和乌塔保国际机场站（U-Tapao International Airport），总里程为 220 公里，全部采用标准轨轨距作为线路技术标准，包括已有的 29 公里机场线路和 191 公里的新建线路，其中新建线路包括 181 公里的高架轨道、2 公里的轨道和 8 公里的地下轨道，在曼谷地区运行时速为 160 公里，在城际线铁路上最高时速为 250 公里，总成本约为 2000 亿泰铢（约合 66. 21 亿美元），预计 2023 年建成通车。③

---

① Bangkok Post. "Thailand to Speed up Train Link with China. "https：//www. bangkokpost. com/ business/1667676/thailand - to - speed - up - train - link - with - china，April 26，2019.

② Bangkok Post. " CP Inks 3 - airport Contract. " https：//www. bangkokpost. com/business/ 1779249/cp - inks - 3 - airport - contract，October 25，2019.

③ Eastern Economic Corridor（EEC）Office. "The High-Speed Rail Linked 3 Airport Project. " https：//www. eeco. or. th/en/project/infrastructure - development/high - speed - train，November 11，2019.

（五）马来西亚东海岸铁路

在马来西亚前总理纳吉布时期，土地公共运输委员会和东海岸经济区发展委员会联合发起了东海岸铁路项目的可行性研究，并与中国签署了以 EPC 形式共同合作建设该条铁路的协议。[①] 2018 年，马哈蒂尔再次当选马来西亚总理后，以削减国债和消除腐败为由，先后叫停了由中国提供贷款并承建的东海岸铁路项目和沙巴、马六甲两条天然气管道项目。[②] 直至 2019 年 4 月，经中马两国协商，决定在原有合作的基础上签订补充协议，东海岸铁路项目又重新开始建设。自 2019 年 4 月铁路复建以来，经过 7 个月的规划、环评、征地和施工，东海岸铁路工程总体完成率已达到 12.86%。[③]

修订后的东海岸铁路方案与原有方案基本相同，仍将保持 70% 的货运和 30% 的客运运输比例，只是在线路设计方面进行了部分优化和修改。铁路总里程由原来的 668 公里缩减为 648 公里，总成本由原来的 660 亿林吉特削减为 440 亿林吉特，其中改动较大的是开辟森美兰州的新路线而避开了在云顶（Genting）修建 17.8 公里的隧道，降低了整个工程的建设成本。根据新修订的东海岸铁路项目，马来西亚铁路有限公司作为马来西亚财政部的全资子公司，是东海岸铁路的资产所有者，中国交通建设股份有限公司是该项目的主要承包商，两家公司将以同等股权组成合资企业共同参与该铁路的运营和管理。该铁路全线采用标准轨距，客车运行时速为 160 公里，货车运行时速为 80 公里，整个工程建造成本为 440 亿林吉特，马来西亚以政府担保

① The Star. Malaysia. "China to Sign Contract for RM55bil East Coast Railway on Tuesday." https：//www. thestar. com. my/business/business – news/2016/10/31/malaysia – and – china – to – sign – rm55bil – east – coast – railway – contract – on – tuesday/, October 31, 2016.

② The Straits Times. "Malaysia Suspends Construction of East Coast Railway Link." https：//www. straitstimes. com/asia/se – asia/malaysia – suspends – construction – of – east – coast – railway – link, July 4, 2018.

③ Malaysia Rail Link. "ECRL Project to Unveil Proposed Kota Bharu-Dungun Realignment Coming Monday." http：//www. mrl. com. my/en/ecrl – project – to – unveil – proposed – kota – bharu – dungun – realignment – coming – monday/, November 22, 2019.

的形式向中国进出口银行进行贷款，整条线路将设 20 个车站，预计 2026 年
12 月建成通车。①

（六）中老铁路

老挝国内轨道交通基础设施匮乏，目前仅有首都万象至泰老边境友谊大
桥 3.5 公里的铁路线路。2015 年 11 月，老挝与中国正式签署中老铁路合作
协议，这标志着中老铁路正式进入工程建设阶段。

中老铁路全部采用中国铁路技术标准，由中国中铁、中国铁建等企业负
责建设，是第一个主要由中国投资、建设和运营，并与中国铁路网相连接的
工程项目。按照规划，中老铁路将分为中国段和老挝段进行分期建设，老挝
段（磨丁 – 万象）全线总里程为 414 公里，其中 62 公里为桥梁建设工程，
198 公里为隧道建设工程，设计时速为 160 公里，建造总成本约为 400 亿元
人民币，其中中国提供 70% 的贷款，其余 30% 由老挝直接投资，全线路为
电气化客货混运铁路，预计 2021 年底建成通车。② 截至 2019 年 9 月，中老
铁路老挝段的建设进展已经达到 80% 左右，为 2021 年 12 月的全线通车打
下了基础。③

三 东南亚轨道交通发展的前景

当前，东南亚国家轨道交通基础设施的建设和升级，对推动该区域经济
发展和互联互通具有重要意义。由于东南亚轨道交通系统整体上处于比较落
后的水平，无法满足各国大部分地区城市化和工业化的快速发展需要，提升

① Malaysia Rail Link. "FAQ for 2019 ECRL." http：//www. mrl. com. my/en/faq/.

② SCMP. "China's US＄7 billion Railway Link to Laos is Almost Half done, on Schedule to Begin
Service in 2021." https：//www. scmp. com/business/banking – finance/article/3002518/chinas –
us7 – billion – railway – link – laos – almost – half – done, March 21, 2019.

③ Khaosod English. "Nearly 80% of China-Laos Railway Construction Completed." http：//www.
khaosodenglish. com/news/international/2019/09/23/nearly – 80 – of – china – laos – railway –
project – completed/, September 23, 2019.

轨道交通的通畅性和便利性成为各国经济发展的必然选择，现有的在建和规划中的轨道交通建设将对东南亚国家的经济发展产生积极影响。

雅万高铁连接印尼第一大城市雅加达和第四大城市万隆。相对于印尼现有的铁路线路而言，雅万高铁具有运载力强、运行速度快的优势，对沿线地区的经济发展具有强大的吸附能力，能够带动高铁沿线的生产要素流动，创造大量的就业机会。同时，也有助于推动中国、印尼两国间的技术转移与合作。雅万高铁在隧道建设过程中采用中国制造的"黄河一号"进机，这是印尼迄今为止最大的盾构隧道掘进机，能够有效提升工程效率和保护地表生态环境。① 2019 年 9 月 30 日，重达 900 吨的箱梁在雅万高铁 1 号梁场的桥墩上顺利安装，这是印尼建筑史上重量最大的箱梁，是雅万高铁在西爪哇省高架部分的关键支撑，极大推进了雅万高铁的建设进程。② 雅加达 - 泗水中速铁路是印尼爪哇岛东西方向的重要铁路线路，将串联起印尼第一大城市雅加达和第二大城市泗水，打造贯通爪哇岛的铁路经济走廊。雅加达 - 泗水中速铁路将把两个城市间的通勤时间从原来的 10 ~ 12 小时缩减至 6 小时左右。③

中泰铁路建设对推动泰国国内轨道交通系统建设、区域间平衡发展都将产生重要影响，一方面，它连接泰国曼谷地区、中部地区和东北部地区，向北延伸能够与同样采用中国高铁技术标准的中老铁路相对接，进而实现与中国铁路网络的对接，架起中国西南地区与中南半岛的陆上桥梁，能够带动区域间生产要素的快速流动，为泰国成为中南半岛的综合交通枢纽打下基础。另一方面，中泰铁路能够缓解泰国国内区域间发展不平衡现状。中泰铁路能

---

① The Jakarta Post. "Chinese Drilling Machine to Operate in Jakarta-Bandung High Speed Railway Soon." https：//www. thejakartapost. com/news/2019/03/28/chinese - drilling - machine - to - operate - in - jakarta - bandung - high - speed - railway - soon. html, March 28, 2019.

② The Phnom Penh Post. https：//www. phnompenhpost. com/business/first - girder - erected - indonesia - high - speed - train - project, October 2, 2019.

③ The Japan Times. "Indonesia and Japan Reach Deal on ￥458 Billion Jakarta-Surabaya Rail Project." https：//www. japantimes. co. jp/news/2019/09/24/business/indonesia - japan - reach - deal - % C2% A5458 - billion - jakarta - surabaya - rail - project/#. XdoPSegzY2w, September 24, 2019.

够将泰国东南部地区、东北部地区串联在一条线上，加强泰国湾地区、泰国中部地区和泰老边境地区的经济联系，使泰国东南部沿海地区、中部地区和东北部欠发达地区实现区域间联动协调发展，加速曼谷地区的经济职能、产业分工和人口数量向中部和东北部地区进行合理有序的转移，缓解泰国南北地区之间的发展不平衡。

泰国"东部经济走廊"高铁项目是泰国首次通过公私合营的 PPP 模式来进行高铁项目的开发建设，它涉及高铁运营、房地产开发、产业规划和物业服务等不同发展领域。在 50 年的合作期内，它将为泰国创造 650 亿泰铢的经济收益，创造 1.6 万个就业岗位，并为相关行业创造超过 10 万个就业机会，同时还将为泰国本地建筑材料市场创造 100 万吨钢铁和 800 万立方水泥的巨大市场需求。① 与此同时，"东部经济走廊"高铁项目还将带动先进技术向泰国的转移，提升泰国的工业技术制造水平，为泰国培养掌握先进技术的人才队伍。

马来西亚东海岸铁路将串联起西马东部沿海和西部沿海地区，从哥打巴鲁（Kota Bharu）到巴生港（Port Klang），将连接吉兰丹州、登嘉楼州、彭亨州、森美兰州、雪兰莪州和布城联邦直辖区，给东部和西部沿海地区提供更多的连通性，带动铁路沿线的工业、商业和旅游业发展。同时，东海岸铁路将为沿线地区创造 2.3 万个就业岗位，其中约有 70% 的工作岗位只对马来西亚人开放，在后期铁路运营维护阶段将会再创造 4000 个就业岗位。②

中老铁路是泛亚铁路中线的重要组成部分，也是中国 – 中南半岛经济走廊中的重要连接通道。中老铁路的建设，对老挝实现快速化跨国交通运输、提升区域性交通优势地位具有重要意义。中老铁路能够加强沿线磨憨、琅勃

① Eastern Economic Corridor（EEC）Office. "SRT and CP Group Signed the PPP Agreement to Develop the High-Speed Rail Linking Three Airports Project." https：//www. eeco. or. th/en/pr/news/SigningCeremonyProgramOfPPPAgreementHighSpeedRailLinking3AirportsProjectEnglish，November 11, 2019.

② Malaysia Rail Link. "Recruitment Roadshow to Fulfill 70% Local Manpower Requirement for the ECRL Project." http：//www. mrl. com. my/en/recruitment – roadshow – to – fulfill – 70 – local – manpower – requirement – for – the – ecrl – project/，November 21, 2019.

拉邦和万象等重要节点城市之间的经济互动和功能互补，中老铁路的磨憨－万象段将形成老挝南北方向的经济带，能够凭借铁路沿线的资源禀赋和地理区位，形成以磨憨为中心的中老边境贸易区、以琅勃拉邦为中心的国际旅游中心和以首都万象为中心的国内综合经济中心，打造铁路沿线从北至南具备不同经济职能的区域经济增长极，从而能够有效地带动老挝国内不同区域间的经济协调发展。

不过，由于大多数东南亚国家原有轨道交通的基础设施薄弱，建设资金匮乏，轨道交通技术缺乏，专业技术人员不足，严重制约了各国轨道交通的发展，加上某些国家政局变动、族群冲突、大国博弈等诸多因素，对各国轨道交通基础设施的建设造成不利的影响。

参考文献

Dharma, S., and Suryadinata, N. (2018). "Jakarta-Bandung High Speed Rail Project: Little Progress, Many Challenges." *ISEAS Perspective*, 2018, No. 2.

Hong, Y. (2014). "China's Eagerness to Export Its High-speed Rail Expertise to ASEAN Members." *The Copenhagen Journal of Asian Studies*, 32 (2): 13 – 36.

Pavlićević, D., and Kratz, A. (2017). "Implications of Sino-Japanese rivalry in high-speed railways for Southeast Asia." *East Asian Policy*, 9 (2): 15 – 25.

Pavlićević, D., and Kratz, A. (2018). "Testing the China Threat paradigm: China's high-speed railway diplomacy in Southeast Asia." *The Pacific Review*, 31 (2): 151 – 168.

Wu, S. S., and Chong, A. (2018). "Developmental Railpolitics: The Political Economy of China's High-Speed Rail Projects in Thailand and Indonesia." *Contemporary Southeast Asia*, 40 (3): 503 – 526.

Yu, H. (2017). "China's Belt and Road Initiative and its implications for Southeast Asia." *Asia Policy*, 24 (1): 117 – 122.

Zhao, H. (2019). "China – Japan Compete for Infrastructure Investment in Southeast Asia: Geopolitical Rivalry or Healthy Competition?" *Journal of Contemporary China*, 28 (118): 558 – 574.

B.4
东盟区域内劳动力的流动及影响

孙悦琦*

摘　要：　随着东盟区域经济一体化进程的加快，该区域内劳动力流动的规模扩大，泰国、马来西亚和新加坡已成为区域劳动力流动的中心。目前，泰国拥有的区域内劳工人数最多，其后为马来西亚和新加坡，在泰国有过半的海外劳工分布在工业部门，马来西亚接受的海外劳工较为平均地分布在农业、工业和服务业部门，在新加坡的海外劳工集中分布在服务业。针对东盟区域内劳动力流动，东盟国家的输入国、输出国和东盟组织均制定了相应的法律法规和政策措施。东盟区域内劳动力流动的加快，对各国经济增长、收入与消费和劳动力市场均产生了不同的影响。

关键词：　东盟　区域经济一体化　劳动力流动　海外劳工

当今世界，东盟国家是全球劳动力流动最为活跃的地区之一。在东盟区域内形成了三个外国劳工流动的迁移走廊，即柬埔寨、老挝和缅甸劳工流向泰国的走廊，印尼和马来西亚劳工迁移至新加坡的走廊，以及印尼、缅甸和越南劳工前往马来西亚的走廊。本报告拟就东盟区域内劳动力流动的现状、政策及影响作一分析。

---

* 孙悦琦，厦门大学能源学院教师。

一 东盟区域内劳动力流动现状

随着东盟区域经济一体化进程的加快，该区域内劳动力流动加快，劳务合作的领域扩大。目前，柬埔寨、老挝和缅甸的许多劳动者前往泰国从事农业、家政服务、建筑和制造业，印尼劳工流向马来西亚从事农业和家政服务，在新加坡工作的马来西亚人每天往返于狭窄的柔佛海峡，东盟区域内劳动力流动呈现出一幅壮观图景。

（一）区域内劳动力流动的规模

据统计，东盟国家拥有外国劳工900万人，其中具有东盟区域内国籍的劳工有700多万人。泰国、马来西亚和新加坡已成为区域劳动力流动的中心，在东盟区域内形成了三个外国劳工流动的迁移走廊即柬埔寨、老挝和缅甸劳工流向泰国的走廊，印尼、缅甸和越南劳工前往马来西亚的走廊，印尼和马来西亚劳工迁移至新加坡的走廊。

从输入国角度，据国际劳工组织（ILO）的统计，在马来西亚的外国劳工数量从2006年的103.48万人增加到2017年的227.43万人；在新加坡的外国劳工数量增长更为迅猛，自1990年的30余万人至2000年翻了一番，2017年更是达到154.49万人；在文莱、柬埔寨等国的海外劳工相对而言较少。[1] 其中，泰国、马来西亚和新加坡集中了东盟大部分的外国劳工，东盟其他成员国的外国劳工人数要少得多。泰国拥有的外国劳工人数最多，2017年超过350万人，比马来西亚（270万人）和新加坡（260万人）均多出约30%。泰国大部分的海外劳工来自东盟国家，75%的外国劳工来自柬埔寨、老挝和缅甸。

从输出国角度，许多东盟国家是全球劳务的重要输出者。2017年，除了文莱、新加坡和泰国，其他东盟国家均为主要劳务输出国，其中菲律宾和

---

[1] ILO. "ASEAN Labour Migration Statistics." http：//apmigration. ilo. org/asean – labour – migration – statistics.

印尼分别输出了 542 万人和 397 万人的劳动力。近年来，越南劳务输出量屡创新高，2017 年越南劳务输出人数 13.47 万人（其中女工 5.33 万人，占 39.6%），超过当年计划值的 28.3%，为历史最高，2017 年也是越南劳务输出人数连续第四年超过 10 万人次；2018 年上半年劳务输出量达 6 万人，前 10 个月就已达到年计划值 11 万人的目标。

（二）区域内劳动力流动的国别分布

据世界银行报告，东盟区域内已形成三个重要的外国劳工走廊，分别是柬埔寨、老挝和缅甸的劳工流向泰国的走廊，占东盟海外劳工的 54%；印尼和马来西亚输出劳工到新加坡的走廊，占东盟海外劳工的 19%；印尼、缅甸和越南的劳动者迁移至马来西亚的走廊，占东盟海外劳工的 22%。三个走廊共占所有东盟内部流动劳动力的 95%。[①]

作为东盟劳动力输入国，马来西亚、新加坡和泰国接纳的本国以外的东盟劳工人口众多，以泰国为最多。2015 年泰国接收的这类劳动力达 376 万人，1995~2015 年的 20 年间，泰国接收的东盟区域内的劳工存量增加了 300 多万人，增长 394%，超过新加坡的 180% 和马来西亚的 137%。马来西亚和新加坡分别接收了约 154.0 万人、132.2 万人，其他国家接收的数量较少（见表 1）。东盟主要输入国接收的区域内海外劳工主要来自中低收入国家，只有新加坡吸收的东盟劳工中有 85% 来自中上收入邻国马来西亚。在泰国接收的东盟国家劳工中，有 53% 来自缅甸，26% 来自老挝，21% 来自柬埔寨。马来西亚接收的 70% 的东盟国家劳工来自印尼，16% 来自缅甸。

从输出国看，印尼、缅甸和马来西亚是东盟区域内劳动力流动的重要来源地。2015 年，东盟区域内海外劳工中来自缅甸的劳动力最多，为 224.3 万人。印尼和马来西亚分别排在其后，分别为约 125.2 万人和 117.7 万人。来自柬埔寨和老挝的劳工人数不到 100 万人。近年来，柬埔寨、老挝、马来西亚和缅甸的大

---

① Testaverde, M., Moroz. H., and Hollweg, C. H. (2017). "Migrating to Opportunity." World Bank Publications.

表1　1995~2015年东盟国家输入、输出区域内劳动力的变化

单位：人

目的地	1995		2015		变化率（%）	
	输入	输出	输入	输出	输入	输出
文　莱	69078	3356	83832	6165	21.36	83.70
柬埔寨	82910	143867	68106	821659	-17.86	471.12
印　尼	9713	466752	49930	1251764	414.05	168.19
老　挝	17150	210297	14802	976770	-13.69	364.47
马来西亚	650611	479872	1539741	1176428	136.66	145.15
缅　甸	n.a.	450230	n.a.	2242549	n.a.	398.09
菲律宾	18584	139480	6499	55964	-65.03	-59.88
新加坡	471607	39326	1321552	106284	180.22	170.26
泰　国	761559	85807	3762393	108229	394.04	26.13
越　南	44755	106983	40537	141580	-9.42	32.34

资料来源：Trends in International Migrant Stock：The 2015 Revision。

部分劳工流向其他东盟国家。几乎所有来自柬埔寨、老挝和缅甸的劳工都前往与这三个国家接壤的泰国，分别占到各国输送到东盟劳动力的98%、99%、88%（见表2）。另一方面，菲律宾和越南则很少有劳动者前往东盟国家。近一半菲律宾海外劳工前往北美洲，1/3的海外劳工到中东和北非，而约1%海外劳工到其他东盟国家；大约3/5的越南海外劳工前往北美，约1/5的海外劳工到非东盟的东亚国家，余下1/5的海外劳工在欧洲和中亚地区。

表2　2017年东盟国家输出区域内各国劳工数量

单位：人

输入国 ＼ 输出国	柬埔寨	印尼	缅甸	菲律宾	泰国	越南
文　莱	0	6623	0	11478	1299	—
柬埔寨	—	0	0	1720	569	—
印　尼	0	—	0	5007	1724	—
老　挝	0	0	0	1435	1842	—
马来西亚	27	88984	3325	31451	7141	1551
缅　甸	0	12	—	1218	647	—
菲律宾	0	12	0	—	172	—

续表

输入国＼输出国	東埔寨	印尼	缅甸	菲律宾	泰国	越南
新加坡	138	13379	355	140205	5399	—
泰国	87909	6	148942	6653	—	—
越南	0	4	0	4082	567	—

注：其中菲律宾为 2014 年数据，東埔寨、缅甸、印尼、泰国和越南为 2017 年的数据。

资料来源：根据 ILO 数据库的数据编制。

（三）区域内劳动力流动的部门分布

由表3可知，在文莱、東埔寨、印尼、新加坡的海外劳工中较多从事服务业，马来西亚雇用的海外劳工从事农业、工业、服务业的比例分布较平均，工业部门雇用的劳工稍多于其他两个部门，泰国有过半的被雇用的海外劳工服务于工业部门。与当地劳动力做比较可以发现，马来西亚、新加坡和泰国的海外劳工往往比当地人更多地从事工业，而在服务业部门工作的劳工则比当地人少很多，海外劳工虽更加集中在新加坡的服务业，却仍不是新加坡服务业劳动力的主要来源。泰国和马来西亚拥有强大的农业部门，马来西亚的棕榈油种植园在很大程度上依赖于外来劳动力，因此海外劳工从事这一领域比当地人更为普遍。相比之下，在泰国，更多的当地人从事农业工作。2015 年，泰国有大约 50% 的人口居住在农村地区，马来西亚则为 25%。

表3　2017 年东盟各国雇用的海外劳工就业部门分布

单位：%

	文莱	東埔寨	印尼	老挝	马来西亚	新加坡	泰国
第一产业	0.76	38.08	30.44	63.58	27.33	—	11.82
第二产业	29.64	17.22	24.51	18.40	37.33	—	52.08
第三产业	69.60	44.70	45.05	18.02	35.34	57.53	36.10

注：文莱为 2014 年数据，東埔寨为 2013 年数据，新加坡第一产业、第二产业数据缺失。

资料来源：根据 ILO 数据库的数据编制。

（四）区域内劳动力流动的性别和年龄比例

从输入国看，2015 年东盟国家海外劳工存量中的女性占比 48%。尽管东亚及太平洋地区中女性海外劳工的比重越来越大，但东盟国家的这一比值却和 1995 年的情况基本一致。新加坡是唯一一个海外劳工中女性（56%）占比超过男性的国家，泰国保持男女比例接近各半，而马来西亚的女性海外劳工比重较 1995 年下降 4 个百分点。以泰国为例，主要接收来自柬埔寨、老挝和缅甸的劳工，其中男性比例也显然高于女性，说明东盟区域内输出的劳工男性比例更高，而接收的东盟区域外的劳工女性比例较高；从输出国看，除了菲律宾，其他东盟成员国输出的劳工中女性比例均有所上升。东盟区内的海外劳工的女性比例从 1990 年的 46% 上升到 2015 年的 49%，一半的东盟国家向其他东盟成员国输送的女性劳工比例比非东盟国家高。2015年，文莱向其他东盟成员国输送的女性劳工比例为 39%，柬埔寨为 52%，印尼为 42%，老挝为 51%，马来西亚为 56%，缅甸为 46%，菲律宾为58%，新加坡为 46%，泰国为 50%，越南为 42%。

东盟的主要输入国一般是老龄化国家，而输出国的人口结构更年轻。比如，新加坡、泰国是典型的老龄化国家，其 65 岁以上人口已经超过 10%；印尼、柬埔寨等输出国的 65 岁以上人口占比则只有 5% 或更少。据世界银行报告，迁入的海外劳工似乎在填补东盟老龄化国家的年轻劳动力空缺，大部分的海外劳工人口年龄在 25～39 岁。

（五）区域内劳动力流动的受教育程度

从东盟接收的海外劳工的受教育程度看，各国差异较大。在柬埔寨和印尼的海外劳工受教育程度较低，近半数或过半的海外劳工只接受过初级教育；在文莱的海外劳工以受中等教育居多；在马来西亚的海外劳工以受过初级和中等教育最多，分别占 49.28% 和 42.06%。接受高等教育人数占比很小，菲律宾受过高等教育的海外劳工则较多，占比为 63.78%（见表 4）。

表4　东盟海外劳工受教育程度及其所占比例

单位：人，%

	初级教育		中等教育		高等教育	
	人数	比重	人数	比重	人数	比重
文莱（2014）	12046	19.83	36596	60.25	12097	19.92
柬埔寨（2013）	59013	93.22	1928	3.05	2365	3.74
印尼（2017）	85678	46.96	54430	29.83	42348	23.21
马来西亚（2017）	1343500	49.28	1146900	42.06	236100	8.66
菲律宾（2010）	15613	12.37	30091	23.85	80470	63.78

资料来源：根据 ILO 数据库的数据编制。

在东盟国家，各国海外劳工与当地劳工的收入水平不尽相同。据国际劳工组织（ILO）的统计，文莱和马来西亚的海外劳工收入明显低于当地劳工。2014年，在文莱（2014年）的海外劳工月平均收入为1374文莱元，而当地劳工的收入为1874文莱元；在马来西亚（2017年）的海外劳工月平均收入为1569林吉特，而当地劳工的收入为2651林吉特。也就是说，在文莱的海外劳工获得当地收入水平的73%左右，在马来西亚获得当地收入水平的约59%。与之相反，柬埔寨（2012年）的海外劳工月平均收入为789684瑞尔，而当地劳工的收入为452891瑞尔。也就是说，柬埔寨的海外劳工的平均月工资要比当地人的高约74%。

（六）区域内的非法劳工问题

在东盟区域内跨境劳动力流动中，众多的非法劳工是一个突出问题。泰国和马来西亚是东盟国家中接收大量区域内非法劳工最多的两个国家，这些非法劳工大部分来自印尼、柬埔寨、老挝和缅甸。

据泰国官方估计，在2013年泰国接收柬埔寨、老挝和缅甸的270万劳工中，其中近160万人（58%）是通过非正规途径进入。[①] 据马来西亚2011～

---

① Huguet, Jerrold W.（2014）."Thailand Migration Profile." In *Thailand Migration Report*, edited by Jerrold W. Huguet.

2012 年调查显示，马来西亚有 130 万～200 万的非法劳工，这与马来西亚拥有低技能就业工作许可证的 160 万外国劳动力大致相同。① 2016 年据马来西亚人力资源部估计，马来西亚的非法海外劳工人数超 300 万，非法海外劳工已占到其劳动力市场的 43%，超过劳动力市场的正常需求。其中，大约 49% 的非法外国劳工来自印尼，3% 来自菲律宾，2% 来自缅甸和越南，1% 或更少来自柬埔寨和泰国。② 马来西亚的非法劳工有时在印尼加里曼丹和马来西亚沙捞越州之间流动，菲律宾和马来西亚沙巴州之间的边界漏洞也导致了劳工非法流动。

新加坡是一个接收外国劳工较多的国家，但由于新加坡利用有利的地理环境和严格的执法，有效控制了非法劳工的流入。2015 年，新加坡移民与关卡局仅统计到 310 名非法劳工和 1591 名逾期居留者，表明非法劳工对新加坡而言并不构成突出问题。③

另一方面，东盟的劳工输出国十分关注非法劳工问题。2001 年，劳务输出大国菲律宾劳务输出的 22% 是通过非正规渠道流出的，2013 年该指标已下降到 11%（约 120 万人）。据菲律宾海外委员会（CFO）分析指出，大多数菲律宾劳工到马来西亚是走非法途径的。④ 据菲律宾方面统计，进入新加坡的菲律宾非法劳工为 110141 人。据 2013 年世界银行与印尼统计局的联合调查，印尼只有 9% 的现有海外劳工完全符合所需文件要求，只有 43% 符合更为宽松的要求，这意味着 680 万海外劳工在没有所需文件的情况下在国外工作。⑤ 在调查受访者中，马来西亚目前只有 3.6% 的印尼海外劳工完全符合所需文件。⑥ 来自越南的非法劳工，且大多逾期留居海外。越南劳工逾期留在韩国的高达 57%，30% 在日本，12% 在中国台湾。⑦

---

① World Bank（2015）. "Malaysia Economic Monitor: Immigrant Labour".
② 卜亚烈：《外劳带来的困扰》，马来西亚《星洲日报》2016 年 9 月 17 日。
③ ICA. "Immigration and Checkpoints Authority Annual Statistics Report." 2015.
④ CFO（2014）. "CFO Compendium of Statistics on International Migration 4th ed".
⑤ World Bank（2016）. "Indonesia's Global Workers: Juggling Opportunities and Risks".
⑥ World Bank（2016）. "Features of Indonesian Overseas Migrant Workers." Background Paper 1.
⑦ Ahsan, Ahmad, Manolo Abella, Andrew Beath, Yukon Huang, Manjula Luthria, and Trang Van Nguyen（2014）. "International Migration and Development in East Asia and the Pacific".

二 东盟区域劳动力流动的政策

针对东盟区域内劳动力流动，东盟国家的输入国、输出国和东盟组织均制定了相应的法律法规和政策措施。东盟各成员国进一步完善了海外劳工管理法律法规，健全了海外劳工的管理机构，在海外劳工管理、保护海外劳工、促进劳工返回等方面展开了诸多有益探索。同时，东盟经济共同体制定了具体行动计划，允许区域技能劳动力的自由流动，确认区域内技能劳动力的自由流动在专业人才资质互相认可（MRA）框架下进行。

（一）输入国劳动力流动的政策

1. 海外劳工的法律法规

新加坡通过全面的立法框架来管理海外劳工，2008 年，新加坡修订了《移民法令》。2012 年，修订的《外国人力雇佣法》确立了外国劳工的管理包括发放工作许可证、雇主的义务和惩罚非法就业。此外，《就业代理法》是监管招聘机构的法律法规。[①] 这些法律与其他一些管理就业条件的法律相结合，为海外劳工进入、就业和退出新加坡提供了全面的治理体系。

虽然马来西亚已经制定了一整套就业许可证，允许低、中、高技外国劳工在国内工作，但没有全面的法律或法律体系指导这些许可证的制定。目前，马来西亚相关的立法主要涉及监督进入、惩罚非法移民及其雇主的《移民法》（1959/1963 年制定，1998 年和 2002 年修订），确保当地雇员不会因雇用外籍工人而处于不利地位的《就业法》（1955 年制定、1998 年修订），管理招聘的《私营就业机构法》（1981 年制定）。由于缺乏一个全面的法律体系，外国劳动力政策的制定和实施主要由马来西亚内政部或人力资源部来进行。因此，这些政策有时则会由于公众反对而被推翻、修改或

---

① Yue, Chia Siow（2011）. "Foreign Labor in Singapore: Trends, Policies, Impacts, and Challenges." Discussion Paper Series No. 2011 – 24, Philippine Institute for Development Studies.

推迟。

泰国 1979 年颁布了《移民法》，2008 年颁布的《外国人就业法》是规范外国人就业的主要法律。后一法案规定了允许外国人工作的职业，并建立了雇用柬埔寨、老挝和缅甸劳工的方法。[1] 不过，因缺乏外国工人征税和委员会审查外国劳动力的就业情况等信息而实施受阻，来自柬埔寨、老挝和缅甸的非法劳工的登记和正规化则是根据内阁决议按需要开展的，这给现有的非法劳工带来了不确定性，但也使得非法劳工继续流入并令他们心存侥幸。2018 年 5 月，泰国政府出台了外国劳工在泰国就业皇家法规修订案（第 2 版）和 2018 年修正版入境法案。对于 2018 年 4 月起发生的非法海外劳工问题，2018 年泰国《劳动法》提出了可能对劳工及雇主进行双向惩罚，非法海外劳工则可能受到 3000 美元罚款和 5 年以内的监禁，雇主按雇用的非法外国劳工人数罚款，每雇用一名处罚 40 万~80 万泰铢。

2. 外国劳工的管理机构

新加坡人力部负责外籍劳工的整体管理和监管，属下部门各司其职，工作准证部门负责签发工作准证，外国人力资源管理署监督工作条件和外籍劳工的福祉，同时负责执行政策和规范招聘。[2] 新加坡劳动监察部门和人力部外国人力资源管理署负责确保雇主遵守有关外籍劳工就业保护的规定，雇主通常是执法工作的实施对象，对非法雇用外国劳工的人处以罚款和监禁。[3] 执法系统依赖于招聘机构的许可、雇用外籍劳工的雇主的报告要求以及违反移民规则（包括罚款和监禁）的严厉处罚。新加坡的非法移民和劳工人数很少，主要是因为执法严格，包括对窝藏和雇用移民罪犯的严厉处罚。[4]

[1] Paitoonpong, Srawooth (2011). "Different Stream, Different Needs, and Impact: Managing International Labor Migration in ASEAN: Thailand (Immigration)." Discussion Paper Series, Philippine Institute for Development Studies.
[2] Koh, Chiu Yee, Charmian Goh, Kellynn Wee, and Brenda SA Yeoh (2017). "Drivers of Migration Policy Reform: The Day Off Policy for Migrant Domestic Workers in Singapore." *Global Social Policy*, 17 (2): 1–18.
[3] Yue, Chia Siow (2011). "Foreign Labor in Singapore: Trends, Policies, Impacts, and Challenges." Discussion Paper Series No. 2011–24, Philippine Institute for Development Studies.
[4] ICA (2015). "Immigration and Checkpoints Authority Annual Statistics Report 2015."

马来西亚设有负责政策制定的部际委员会，马来西亚外国劳工和非法移民委员会负责制定移民政策，包括招聘标准、有资格取得海外劳工的部门、输出国以及其他要求。马来西亚实施政策的重点是外籍劳工而不是雇主，更关注海外劳工的违法行为，而不是就业保护，非法移民可能被拘留、起诉和驱逐出境。尽管雇用非法移民是一种犯罪行为，但雇主不太经常受到制裁。[1] 截至 2015 年 9 月，共有 625 名雇主和约 5.6 万名非法劳工被捕，625 名雇主中只有 143 人受到指控。

2014 年以前，泰国部际非法外籍工人管理委员会负责制定非法移民和低技术移民的政策，后由军方领导的政府全国和平与秩序委员会将非法外国劳工管理委员会改为解决迁移工人问题委员会及其下属委员会，泰国劳工就业部的外国劳工管理办公室负责监管招聘、登记海外劳工、发放工作许可并与各机构协调。泰国的执法力度偏弱，现有 380 万以上的海外劳工，但仅有 60 多万劳工得到官方认可。大量非法移民的存在说明了泰国边境存在漏洞，对海外劳工和泰国当地劳工的劳动保护的执行力度都很弱，雇主对他们的管理非常松散。[2]

3. 海外劳工的差异化输入路径

新加坡为不同类型的工人提供明确的入境途径，劳工根据他们的技能水平获得通行证。低技能工人有资格获得在建筑、制造、船舶造船厂、工艺、服务和家庭工作部门发放的工作许可证，这些部门都较难吸引当地劳动力。这类许可证没有最低工资限制，但只允许来自某些原籍国的劳工在规定部门工作；中等或半技术工人，若每月收入不少于 2200 新元并拥有大专以上学历或文凭及相关工作经验可以获得 S 通行证，不限制原籍国；高技能工人有资格获得就业准证，该准证具有最严格的入境要求，但也给予最慷慨的入境

① Kaur, Amarjit（2008）. "International Migration and Governance in Malaysia: Policy and Governance." UNEAC Asia Papers 22: 4 – 18.

② Hall, Andy（2011）. "Migration and Thailand: Policy, Perspectives and Challenges." In *Thailand Migration Report* 2011 – *Migration for Development in Thailand*, edited by Jerrold W. Huguet and Aphichat Chamratrithirong, pp. 17 – 37.

条款，适用于在新加坡有工作机会的外国专业人士、经理和高级管理人员，有良好的大学学位、专业资格或专业，技能月薪至少赚取 3300 新元，并有一定的最低工资限制。

马来西亚规定，通常每月收入低于 2400 林吉特的低技术劳工通过获得访客准证 Vistor Pass（TE）进入马来西亚，该证仅在制造、建筑、种植园、农业、服务和家庭工作中发放，某些部门的通行证还受原籍国的限制；对于中高技术劳工而言，马来西亚有三条按工资区分的主要入境途径：第一类就业准证适用于基本月薪至少为 5000 林吉特且雇用合同至少为两年的劳工，第二类就业准证适用于月工资相同但雇用合同少于两年的劳工，第三类就业准证适用于收入在 2500～5000 林吉特之间的海外劳工，雇用合同不超过一年。

泰国和文莱的进入路径差异较小，只有来自柬埔寨、老挝和缅甸的低技术劳工才能通过泰国与每个国家的谅解备忘录确立的合法入境程序进入泰国。但是，泰国没有定义低技术的海外劳工，中等技术劳工也没有进入途径，高技术劳工包括公司内部的海外劳工，如果已有未来的雇主，即有工作机会，至少是学士学位，并获得特定职业的最低工资，可以获得工作许可。这些海外劳工不得从事东盟互认协议所涵盖的 39 种职业，包括会计、工程和建筑。同时，文莱为所有外国工人提供单一入境途径。[①]

东盟国家为不同技能水平的海外劳工提供差异化的进入途径，但主要集中在为高技术劳工创造渠道。新加坡的个人就业准证允许现有就业准证持有人和外国专业人士在新加坡逗留六个月且无须找工作，如果他们换工作，则可以免除申请新通行证。目前的就业准证持有人每月收入至少 12000 新元才有资格获得个人就业准证；外籍专业人士每月收入至少 18000 新元。马来西亚的人才居民通行证（RP－T）适用于在马来西亚工作三年且已持有马来西亚就业准证的高技能外籍人士，RP－T 的要求包括最低文凭、五年工作经验

---

① Ruhs，Martin（2016）．"Preparing for Increased Labour Mobility in ASEAN：Labour Markets，Immigration Policies and Migrant Rights."International Organization for Migration.

以及年收入超过 180000 林吉特，福利包括可以在马来西亚生活和工作 10 年，在不续签通行证的情况下可灵活更换雇主，获得家属的通行证。菲律宾为高技术劳工的入境提供了几个途径，技能熟练的劳工如果有雇主的要约，可以临时进入该国。菲律宾要求雇主通过宣布该职位至少两周，并检查该职位是否属于国家替补计划来遵守相对严格的劳动力市场测试。[①] 印尼海外劳工主要限于技术熟练的专业人员，雇主必须证明外国劳工具有适当的职业资格，或者至少有五年的经验，以工作为目的的居留许可仅限于某些部门和职位。

4. 海外劳工的数量限制与征税制度

新加坡采用数量限制和征税制度来规范海外劳工的数量和类型，政府表示，将外国劳工数量比例控制在 1/3 的劳动力人口内，但也要提高这些劳工的技能水平，新加坡利用其数量限制和征税制度来实现这些目标。[②] 因此，对就业通行证、个人就业通行证和 Entre Passes（适用外国企业家）雇用的高技能劳工没有数量限制，通过 S 通行证进入的中等技术工人和通过工作许可进入的低技能工人则面临限制。[③]

马来西亚的数量配额限制制度因行业而异，并根据出口、资本基础和项目类型等公司特征设定。马来西亚的外国劳工税是在 1991 年首次引入的，目的是控制外国工人的数量，其后调整了六次。征税因行业和地域而异，马来半岛的服务业和建筑业征税比例最高，征税不适用于接受就业准证的中高技术海外劳工。马来西亚针对海外劳工只开放了建筑业、种植业、农业、制造业、服务业五个行业的就业机会，对普通外国劳工的原籍国也限制在柬埔寨、尼泊尔、缅甸、老挝、越南、菲律宾（仅限男性）、泰国等 15 个国家，且并非所有国家的劳工都能进入这五个行业。

---

① EU and DOLE（2011）. "A Cross Country Study of Labour Market Tests and Similar Regulatory Measures：Implications for Labor Market Test Policy in the Philippines."

② ESC（2010）. "Report of the Economic Strategies Committee：High Skilled People, Innovative Economy, Distinctive Global City."

③ Yue, Chia Siow（2011）. "Foreign Labor in Singapore：Trends, Policies, Impacts, and Challenges." Discussion Paper Series No. 2011 – 24, Philippine Institute for Development Studies.

此外，在印尼要获得工作许可证，雇主必须证明国内雇员与外籍雇员的比例为 10∶1，每个外国雇员的雇主每月还需缴纳 100 美元的税。

5. 海外劳工的保护措施

2017 年 11 月，东盟领导人签署了《东盟保护和促进移民劳动者权益的共识文件》，旨在确保移民劳动者的基本权益。马来西亚、新加坡和泰国都制定了保护海外劳工的就业政策。对海外劳工的保护与当地劳工的保护相似，即使法律规定的覆盖范围相同，海外劳工可获得保护他们的机制也很有限。

新加坡本地和外国劳工都受到新加坡主要劳动法《就业法》的保护。该法案规定了工作的基本条款和条件，包括最长工作时间、加班时间、休息日、年假、病假以及扣除工资限额。马来西亚 1952 年的"工人赔偿法"（2006 年修订）涵盖了工资、休息日和工作时间等工作场所保护，并保证所有劳工享有平等待遇。该法适用对象不包括家庭工人。通过谅解备忘录渠道进入泰国的正式劳工、已经正规化的非法移民劳动者，以及在登记运动期间向泰国当局登记的非法移民劳动者，均受 1998 年"劳动保护法"（2008 年修订）的保护。根据该法律，海外劳工受到与当地工人相同的保护，包括工作时间、加班时间、休假、最低工资、职业安全、遣散费和劳动监察。[①]

新加坡要求雇主必须为 S 准证和工作许可证持有人提供医疗保险，外籍家政工人也包括在内。为劳工工伤期间给予赔偿提供支持的"工伤赔偿法"（1975 年）（2011 年修订），其适用对象也涵盖了外籍劳工，但不包括家政工人。因此，家政工人雇主必须购买至少 40000 新元的个人意外保险，用以在工伤发生时支付给家政工人或指定的受益人。外国人不同于新加坡公民和永久居民，他们没有资格向新加坡社会保障体系缴纳中央公积金。与新加坡的雇主一样，马来西亚的雇主必须根据"外籍劳工住院和外科医疗计划"为外国劳工购买医疗保险，但家政和种植园工人不包括在内。外籍家政工人没有工伤保险。但马来西亚不同于新加坡，外国劳工（不包括家庭工人）

① Paitoonpong, Srawooth（2011）. "Different Stream, Different Needs, and Impact: Managing International Labor Migration in ASEAN: Thailand（Immigration）." Discussion Paper Series 2011 - 28, Philippine Institute for Development Studies.

被允许向马来西亚雇员公积金缴款，规定最低为他们工资的11%，而当地工人为最低工资的12%。

新加坡的雇主必须为劳工提供安全的工作条件和居住场所，但食品和住房的费用可以从外国劳工的工资中扣除。新加坡于2009年成立了外籍劳工中心（Migrant Workers' Centre，MWC），其职责在于专门为外籍劳工提供多方位的援助。马来西亚为种植园和从事采矿业的外籍劳工提供住宿的最低标准，住宿费用同样可以从外国劳工的工资中扣除。此外，文莱、马来西亚、新加坡和泰国允许外国工人参加工会，但一般不允许其成为工会管理者。

6. 海外劳工退出的奖惩措施

马来西亚和新加坡将确保海外劳工返回原籍国的责任放在雇主身上，这是一种通过惩罚措施强制执行的责任。新加坡要求雇主为每位非马来西亚工作许可证持有人购买价值5000新元的保证金，该保证金旨在激励雇主监督工作许可证持有人返回原籍国的情况。当工人返回家园或取消工作许可证时，这份保证金方可归还，但如果工作许可证的条件受到侵犯，如劳工失踪，或者雇主未按时支付工人的工资，则保证金将被没收。此外，雇主还需要支付遣返费用。马来西亚的这种保证金因国籍而异。在就业期满后不离开马来西亚的外籍劳工，入境事务处会将其列入黑名单。马来西亚和新加坡都不与输出国展开密切合作，所以没有促进迁移工人的返回。同样的，文莱要求雇主向劳工部提交保证金或银行担保以支付返回机票的费用，该费用也因原籍国而异。泰国与柬埔寨、老挝和缅甸的谅解备忘录有包括海外劳工缴纳月薪的15%作为遣返基金的条款，该基金将用于支付驱逐非法移民的费用，并在离开泰国时通过返还来激励退出。然而，该基金从未实施，该政策已被废除。①

（二）输出国劳动力流动的政策

东盟各劳工输出国劳动力流动的状况有所不同，其劳工输出的政策也不尽相同。菲律宾作为劳工输出国，已建立了一个较为完善的两国输出系

---

① ILO and KNOMAD（2015）. "Migration Cost Survey: Vietnamese Workers in Malaysia."

统，通过宣传招聘信息等减少信息不对称，并寻求与输入国密切合作；印尼拥有大量有效海外劳工制度所必需的基础设施，但复杂的立法和制度环境阻碍了不同政府机构之间的协调；越南政府将劳务输出作为一项促进经济发展和国家减贫的战略，但仍没有长期计划来帮助派出的劳动力回国，其监督制度还不完善；柬埔寨、老挝和缅甸在制定劳工输出的基本法律和体制框架方面取得了一些进展，特别是在为输出劳工建立了投诉机制，并且有了制裁机制以应对招聘机构违反招聘规定，但这些国家的大多数劳工输出仍然通过非正式渠道。

在法律建设方面，柬埔寨政府制订了两项关于外国劳动力政策的计划；菲律宾有一整套涵盖所有输出劳工的主要方面的法律法规，包括与海外侨民的接触和对海外家政工人的特殊保护，但政府执行海外劳工法律和法规的难度依然很大。由于正规海外劳工涉及烦琐的流程，使得部分海外劳工倾向于通过非正式渠道以避免合规成本和时间成本的困扰；印尼有专门机构负责劳工输出管理和保护，但在协调上存在不足；越南制定了有关海外劳工的法律法规，但是存在监督不够严格、检查制度不足等问题。

在双边协议与谅解备忘录上，菲律宾依靠双边协议体系来管理劳工输出，该国在双边协议谈判方面可能比任何其他输出国更成功，但仍有不足之处，包括覆盖范围不足和不具约束力的协议，缺乏民间人士参与谈判，谈判人员不足，未能解释女性劳工的特殊需要，监督不足等。[1] 尽管印尼和越南在双边协议方面取得了一些成功，但两国的协议还是存在缺漏。此外，柬埔寨、老挝和缅甸各自与泰国签署了谅解备忘录用以管理劳务输出和规范非法劳工。

在招聘劳工规定方面，菲律宾要求海外劳工的雇主获得认证等，这些招聘的规定目的在于保护迁移的劳工免受虐待，使得菲律宾海外劳工的权利和福利受到保护，并帮助劳工遵守输入国的要求；印尼和越南也通过许可证制

---

① CMA（2010）. "Bilateral Labour Agreements and Social Security Agreements: Forging Partnership to Protect Filipino Migrant Workers' Rights." Center for Migrant Advocacy.

度来规范私人机构招聘海外劳工，招聘机构营业都有最低资本和保证金要求。不过，柬埔寨、老挝和缅甸对招聘机构监管仍不完善。

在保护劳工措施方面，输出国有的限制劳工迁移的国家或他们可以从事的职业，有的两者皆有限制。柬埔寨是唯一一个可以对招聘机构收取费用且没有法律限制的东盟国家，而菲律宾的海外劳工仅支付文件费用。菲律宾明确规定，提供给劳工的劳动合同中的特定条款必须包括有关雇主、工作地点、职位、工期、工资、工时和休假的详细信息。菲律宾为劳工输出提供培训计划，也因其致力于增加对输出劳工的了解而受到称赞，印尼开展的跨境行前指导活动有效地提高了劳工输出的意识，柬埔寨、老挝和缅甸的指导活动一般由招聘机构提供，往往缺乏统一的标准化课程。菲律宾、印尼致力于增加获得正规汇款渠道的机会，东盟其他输出国也寻求促进海外劳工的汇款办法，但非正式渠道汇款非常常见。除了菲律宾以外的国家，海外劳工福利基金的建立效果不佳，菲律宾为海外劳工建立了广泛的社会保障体系，柬埔寨、老挝、缅甸和越南对输出的家政工人缺乏额外保护。

（三）东盟共同体劳动力流动的政策

20 世纪 90 年代中期，东盟服务框架协议（AFAS）开启了东盟区域服务贸易自由化，促进了东盟区域内劳动力有限度流动。为了提高劳动力的流动性，2012 年东盟成员国签订了《东盟自然人流动协定》，做出了区域劳动力流动性的有关承诺，协议涉及商务访客、企业内部调动人员和合同服务提供者。《东盟全面投资协定》于 2012 年底生效，它规定了在成员国投资的公司员工的入境、临时停留和工作授权。

东盟经济共同体（AEC）是东盟共同体的三大支柱之一。2007 年东盟经济共同体蓝图制定了具体行动，允许区域内熟练劳动力自由流动，包括：一是促进签发东盟专业人员和熟练劳动力的签证和就业准证；二是通过东盟大学联盟成员之间的合作，发展核心能力和职业资格，以及加强与技能、就业安置和劳动力市场等相关的研究能力，努力实现东盟国家的协调与标准化。①

2007 年 1 月，东盟峰会首次颁布了有关劳工保护的《保护和促进海外劳工权利宣言》，东盟成员国达成一致，同意维护海外劳工的尊严。该宣言规定：（1）输入国义务，包括促进移民劳动者的公平就业；（2）输出国义务，包括规范招聘和帮助劳工海外就业；（3）东盟自身的义务，包括数据共享、能力建设和促进移民劳动者权利的工具。东盟移民劳工论坛在第二年启动，旨在促进这一宣言，论坛邀请成员国、雇主、工人和民间社会的代表共同参与。②

部分东盟国家提供承认外国人技能的流程，东盟经济共同体则使用了互相认证安排（MRA）和专业资格参考框架（QRF）。MRA 是以促进东盟国家之间专业人员的流动为目的，两个或两个以上的国家同意相互承认某些职业的专业资格的安排。到目前为止，东盟已经制定了 8 项 MRA，涉及工程师、护士、建筑、勘测、医疗从业人员、牙医、旅游服务人员和会计。MRA 在建筑和工程领域进展领先于其他领域，两者都有区域登记系统。在建筑 MRA 方面，文莱、马来西亚、菲律宾、新加坡和泰国已经完成了准备工作并建立了招收注册外国建筑师的系统，印尼、缅甸和越南也即将完工，柬埔寨和老挝在这方面的建设则相对滞后；在工程 MRA 方面，文莱、马来西亚、菲律宾、新加坡和越南已经建立了允许外国专业工程师注册的系统，其他东盟成员国亦将完成。③

2015 年，东盟成员国批准了东盟专业资质参考框架（QRF）。为此，东盟成员国一直在创建国家资质框架（NQF），然后可以参考共同的 AQRF。④

---

① ASEAN Secretariat （2007）. *ASEAN Economic Community Blueprint.* Jakarta：ASEAN Secretariat.

② ASEAN Secretariat （2007）. "ASEAN Declaration on the Protection and Promotion of the Rights of Migrant Workers." https：//asean. org/? static_ post = asean – declaration – on – the – protection – and – promotion – of – the – rights – of – migrant – workers.

③ Fukunaga，Yoshifumi （2015）. "Assessing the Progress of ASEAN MRAs on Professional Services." Economic Research Institute for ASEAN and East Asia （ERIA） Discussion Paper 21.

④ Sugiyarto，Guntur，and Dovelyn Rannveig Agunias （2014）. "A 'Freer' Flow of Skilled Labour within ASEAN：Aspirations，Opportunities and Challenges in 2015 and Beyond." International Organization for Migration （IOM） and Migration Policy Institute （MPI）.

AQRF 通常不如 MRA 系统化，但它范围更广。QRF 不像 MRA，将各国的专业认证制度统一起来，而是确定外国资格与国家资格相等的条件，它的主要目标是通过提供有关特定外国资格的相关信息来减少雇主和迁移劳动者的不确定性。通过 QRF 提供的信息，外国劳动者和雇主能够更好地匹配合适的工作机会、了解技能认证差距。与 MRA 相比，QRF 可以由输出国单方面开发。虽然 MRA 和 AQRF 鼓励高技术劳动力自由流动而使其受益，但忽视了东盟区域内劳动力流动中存在的大量非技术工人。

三 东盟国家劳动力流动的影响

东盟区域内劳动力流动对经济发展的影响，可从输出国和输入国两个视角去分析。从输出国看，国外汇款收入是东盟国家仅次于外商直接投资（FDI）的外部资金来源，也是国内经济增长的重要动因，海外劳工的汇款收入有助于提高国内收入和消费水平。从输入国看，海外劳工对经济增长的短期效应并不显著，对当地劳动力市场的影响较小，但它能有效地缓解一些老龄化国家的劳动力短缺问题。

（一）对输出国和输入国经济增长的影响

从输出国看，海外劳工的国外汇款收入是东盟国家的主要外部资金来源之一，也是国内经济增长的动因。2015 年，东盟国家海外劳工的汇款总额约为 620 亿美元，其中菲律宾的汇款总额占 GDP 的 10%，越南为 7%，缅甸为 5%，柬埔寨为 3%。同时，东盟国家的海外劳工的国外汇款收入多数来自区域内，缅甸和柬埔寨的汇款中有一半以上来自其他东盟国家（见表5）。印尼的家庭收入来自其他东盟国家的美元汇款最多，东盟国家收到的汇款是发出汇款的 3 倍，78% 的马来西亚汇款收入是来自东盟其他国家，主要是印尼和菲律宾。与之不同的是，菲律宾和越南 90% 以上的汇款来自东盟成员国以外。

表5 2015 年东盟国家汇入和汇出的海外劳工汇款

单位：百万美元，%

输入国	东盟国家		非东盟国家		总额		来自东盟占比	
	汇入	汇出	汇入	汇出	汇入	汇出	汇入	汇出
文　莱	—	148	—	512	—	660	—	22
柬埔寨	330	264	213	15	543	279	61	95
印　尼	2721	103	6910	731	9631	834	28	12
老　挝	63	45	30	17	93	62	68	73
马来西亚	1068	4631	575	1324	1643	5955	65	78
缅　甸	1832	0	1405	408	3237	408	57	0
菲律宾	1852	10	26631	510	28483	520	7	2
新加坡	—	1642	—	4578	—	6220	—	26
泰　国	927	2268	4291	2210	5218	4478	18	51
越　南	348	26	12652	82	13000	108	3	3

资料来源：根据 World Bank Database 的数据编制。

目前，海外劳工的汇款是发展中国家仅次于外商直接投资（FDI）的第二大外部资金来源，而东盟有些国家的汇款已超过 FDI。如图 1 所示，越南和泰国的国外汇款常与 FDI 不相上下，2016 年泰国的汇款超过 FDI 约120%；菲律宾多年以来国外汇款收入均大大超过 FDI，尽管近几年这一比值呈现下降趋势，但依然是 FDI 的 3 倍以上。国外汇款收入构成输出国促进经济增长的重要动因。同时，这种相对稳定的收入来源往往具有反周期规律。当输出国的经济前景不利时，海外汇款收入往往会增加，国外汇款的稳定性和补偿性对输出国经济的持续稳定增长发挥着重要作用，还增加了外汇储备。[1] 此外，国外汇款收入还可以增加家庭消费，从而可以增加政府从消费税中获得的收入。接受汇款的家庭不太可能承担债务，这最终可以提高国内经济的债务可持续性。

---

[1] Chami, R., D. S. Hakura, and P. J. Montiel (2012). "Do Worker Remittances Reduce Output Volatility in Developing Countries?" *Journal of Globalization and Development* 3 (1): 1–23.

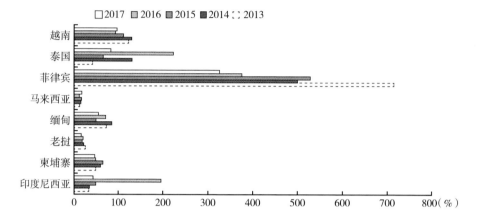

图1　2013～2017年东盟国家国外汇款收入占外商直接投资的比重

资料来源：根据 World bank database 的数据编制。

从输入国看，海外劳工对输入国经济增长的影响短期内不显著，而对中长期的经济增长的影响比较明显，但这种影响因劳动力的技能水平而异。如果输入国接收的海外劳工以技能劳工为主，其对经济增长的作用明显。此外，中小国家吸收海外劳工对经济增长的作用比大国显著。现有的实证研究成果显示，1972～2005年，海外劳工对马来西亚制造业的劳动生产率产生了积极影响，海外劳工增加1%，导致每个工人的生产增加值增加0.17%。[1] 不过，1990～2010年马来西亚的熟练和半熟练海外劳工对制造业、服务业和建筑业产出增长有积极影响，非熟练外国劳动力则有负面影响；[2] 泰国劳动力市场如果没有外国劳动力，GDP 将下降0.75%。[3] 在短期内，泰国雇用更多非熟练工人提升了企业的成本竞争力，但因这类工人对研

---

[1] Noor, Zaleha Mohd, Noraina Isa, Rusmawati Said, and Suhaila Abd Jalil（2011）． "The Impact of Foreign Workers on Labour Productivity in Malaysian Manufacturing Sector." *International Journal of Economic and Management*, 5（1）：169 – 178.

[2] Ismail, Rahmah, and Ferayuliani Yuliyusman（2014）． "Foreign Labour on Malaysian Growth." *Journal of Economic Integration*, 29（4）：657 – 675.

[3] Pholphirul, Piriya, Jongkon Kamlai and Pungpond Rukumnuaykit（2010）． *Do Immigrants Improve Thailand's Competitiveness?* World Bank, Washington, D. C. .

发投入有负面影响，所以长期会削弱劳动生产率;[1] 新加坡在 1997 年亚洲金融危机后接纳的海外劳工促进了国内生产总值增长，其中技术移民促进了新加坡的经济增长，但资本劳动比率在不断下降。[2] 当然，当国外汇款量很大且没有适当的政策调节时，也会对输入国的经济产生负面影响。国外汇款可能传递外部经济周期。[3] 例如，2008 年越南不得不应对由于全球经济衰退导致的汇款流入中断，这导致了其宏观经济失衡。国外汇款的增加也可能对提高输出国的实际汇率造成压力，从而增加单位劳动力成本并降低出口竞争力。

（二）对输出国和输入国的收入、消费的影响

发展中国家的实证研究表明，国外汇款收入有助于落后国家的减贫效果。Adams 和 Page 分析了 71 个发展中国家的数据，发现国外汇款增加 10%，使贫困家庭比例减少 3.5%。[4] 在菲律宾，有海外劳工的家庭比无海外劳工的家庭的收入多 6.5%。[5] 同时，这种家庭脱离贫困的可能性要高出其他家庭两倍甚至三倍以上。[6] 即使在 1997 年亚洲金融危机期间，菲律宾海外劳工的汇款同样具有减贫效果，汇款增加 10%，可使留守家庭的贫困人口减少 2.9%。[7] 国外汇款减少贫困的原因，主要是通过向家庭预算注入

[1] Pholphirul, Piriya, and Pungpong Rukumnuaykit (2013). "Does Immigration Promote Innovation in Developing Countries? Evidence from Thai Manufacturers." Working Paper 14 – 009, Asian Institute of Management.

[2] Thangavelu, Shandre Mugan (2016). "Productive Contribution of Local and Foreign Workers in Singapore Manufacturing Industries." *Journal of Economic Studies*, 43 (3): 380 – 399.

[3] Lartey, E. K., F. S. Mandelman, and P. A. Acosta (2012). "Remittances, Exchange Rate Regimes and the Dutch Disease: A Panel Data Analysis." *Review of International Economics*, 20 (2): 377 – 395.

[4] Adams, R. H., and J. Page (2005). "Do International Migration and Remittances Reduce Poverty in Developing Countries?" World Development, 33 (10): 1645 – 1669.

[5] Rodriguez, E. R (1998). "International Migration and Income Distribution in the Philippines." *Economic Development and Cultural Change*, 46 (2): 329 – 350.

[6] Ducanes, G. (2015). "The Welfare Impact of Overseas Migration on Philippine Households: Analysis Using Panel Data." *Asian and Pacific Migration Journal*, 24 (1): 79 – 106.

[7] Claudia Martinez Alvear, Yang D. (2007). "Remittances and Poverty in Migrants' Home Areas: Evidence from the Philippines." Working Papers.

资金，国外汇款放宽了留守当地的家庭成员的信贷限制，使他们能够从事创业等活动，可以投资于教育和医疗保健。同时，国外汇款可以作为抵御收入冲击的缓冲器，可以在这些时期内平稳消费。以菲律宾为例，留守家庭的收入增加时其国外汇款会下降，而当收入下降时其国外汇款会增加，可以缓解负面冲击，这种国外汇款收入可以平衡大约60%的负收入冲击。[①]

国外汇款的使用取决于家庭收入，一方面，贫困家庭倾向于使用国外汇款作为基本生活保障，将其用于消费。与食品等消费品相关的国外汇款收入，对于短期内支持贫困家庭的生活非常重要，而与教育和卫生等产品相关的消费可能会促进中长期的发展。另一方面，较富裕的家庭不太可能使用国外汇款进行消费。来自越南和菲律宾的劳工通常不属于贫困家庭，这些劳工寄回家的汇款较多花在生产和投资上。据2006年和2008年越南家庭生活标准调查，发现收到的大部分国外汇款都用于住房和土地以及债务偿还和储蓄，而对消费型贫困的影响非常有限。[②] 当出现国外汇款增长时，菲律宾人对这部分汇款主要会选择进行投资而不是马上消费。菲律宾留守家庭在食物上的消费减少40%，而住房支出增加大约90%，教育和医疗保健支出减少60%。[③]

（三）对输出国和输入国劳动力市场的影响

从输出国看，一方面，东盟国家高技能劳动者迁移率居高不下，受过高等教育的人从东盟国家迁移到发达国家的人数相当多。柬埔寨和老挝有15%的受过高等教育的劳动力选择到外国就业，越南有11%的受过高等教育的劳动力也做出这种选择。[④] 高技能劳动者的流失对发展中国家来说代价

① Yang, D., and H. Choi (2007). "Are Remittances Insurance? Evidence from Rainfall Shocks in the Philippines." *World Bank Economic Review*, 21 (2): 219 – 248.

② Cuong, N. V., and D. Mont (2012). "Economic Impacts of International Migration and Remittances on Household Welfare in Vietnam." *International Journal of Development Issues*, 11 (2): 144 – 163.

③ Yang, D. (2006). "International Migration, Remittances and Household Investment: Evidence from Philippine Migrants' Exchange Rate Shocks." *Economic Journal*, 118 (528): 591 – 630.

④ Testaverde M., H. Moroz, and C. H. Hollweg (2017). *Migrating to Opportunity*, World Bank Publications.

高昂，输出国不仅要支付培训费用，将稀缺的教育资源投资在他们身上，而这些高技能劳动力却为国外所使用。另一方面，高技能劳动者可以通过促进人力资本形成，对输出国产生积极影响。高技能劳动者实际上可以通过提高教育收益来增加人力资本形成，并鼓励现有非移民在教育方面投入更多资金。同时，输出国劳动力的迁移也可能导致"人才返回"，反过来给输出国带回技术和资金。海外劳工出于家庭、文化等原因返回输出国，其从外国获得的技能可以让返回者获得工资溢价。[①] 海外劳工返回原籍国时往往会带来在国外积累的储蓄，可以促进企业创建或从事自雇职业。[②]

不过，由于东盟输出国的大多数劳工是低技术劳工，这些返回的低技术劳工并没有找到与其技能相匹配的工作，没能给输出国带来生产力的提升。据越南的一项调查显示，从中国台湾、马来西亚、韩国、日本返回越南的488名劳工中大部分是女性，受教育程度以初等教育居多。其中，84%的返回者获得了专业技能提升，85.7%的返回者拥有了更好的外国语言能力，但返回后仅有7.5%的返回者经常使用外国获得的技术技能，大多数人并没有成为企业家，大约92%的人从事手工、装配和其他低技术要求的工作，收入低且没有社会保障。[③]

从输入国看，一方面，由于各国具体国情不同，东盟区域内劳动力流动对输入国当地劳动力市场的影响不尽相同。由于海外劳工与当地工人存在替代关系，大量的低技术外国劳工挤出了原来从事低技术工作的马来西亚工人，降低了生产成本的同时，还促使当地劳工转向技术要求更高的工作，从而提高了整体生产效率，使马来西亚劳工工资水平小幅上升，海外

① Wahba, Jackline (2015). "Selection, Selection, Selection: the Impact of Return Migration." *Journal of Population Economics*, 28 (3): 535 – 563.

② Mccormick, B., and J. Wahba (2001). "Overseas Work Experience, Savings and Entrepreneurship Amongst Return Migrants to LDCs." *Scottish Journal of Political Economy*, 48 (2): 164 – 178; Wahba, J., Y. Zenou, and J. Wahba, et al., "Of Labor Out of Sight, Out of Mind: Migration, Entrepreneurship and Social Capital." *Regional Science & Urban Economics*, 2012, 42 (5): 890 – 903.

③ ILSSA (2010). *Survey on the Situation of Returning Migrants in Vietnam*. Ministry of Labour, Invalids and Social Affairs.

劳工占比每增加 10 个百分点，导致马来西亚当地劳工的工资增加 0.14%。① 另一方面，东盟国家的人口结构存在较大差异，新加坡和泰国是区域内的典型老龄化国家，新加坡生育率自 20 世纪 70 年代以来一直较低，而印尼、老挝和缅甸等拥有众多年轻劳动力，他们可为区域劳动力市场提供支援。由于东盟区域内大多数海外劳工具有临时性，所以不会出现输入国接收劳动力加剧老龄化的问题。另外，海外劳工有助于间接地抵消劳动适龄人口的萎缩，它可能有助于增加女性劳动力的参与率，并且有可能提高生育率，新加坡甚至提供了资金帮助家庭雇用外籍家庭佣工照顾体弱的老年人。②

四 结语

伴随着东盟区域经济一体化进程的加快，东盟区域内劳动力的流动加快，劳务合作的领域扩大。在东盟区域内，泰国、马来西亚和新加坡成为劳动力流动的中心，在东盟区内形成了三个外国劳工流动的迁移走廊。由此，东盟国家成为全球劳动力流动最为活跃的地区之一。

从东盟区域内劳动力流动的现状看，泰国、马来西亚和新加坡集中了来自东盟国家的大部分劳工。目前，泰国拥有的区域内劳工人数最多，其后为马来西亚和新加坡，其中泰国的区域内劳工主要来自柬埔寨、老挝和缅甸；在泰国有过半的海外劳工分布在工业部门，马来西亚接收的海外劳工较为平均地分布在农业、工业和服务业部门，棕榈油种植园很大程度上依赖于海外劳工，在新加坡的海外劳工集中在服务业；东盟区域内劳动力流动男性超过女性，其中在文莱、印尼、缅甸、新加坡和越南的男性海外

---

① Ozden, Caglar, and Mathis Wagner (2014). Immigrant Versus Natives? Displacement and Job Creation, World Bank, Washington, D. C..

② Ostbye, Truls, Rahul Malhotra, Chetna Malhotra, Chandima Arambepola, and Angelique Chan (2013). "Does Support from Foreign Domestic Workers Decrease the Negative Impact of Informal Caregiving? Results from Singapore Survey on Informal Caregiving." *Journals of Gerontology*, *Series B: Psychological Sciences and Social Sciences*, 68 (4): 609 – 621.

劳工均超过半数；各国接收的海外劳工受教育程度差异较大，来自柬埔寨、印尼、老挝和缅甸的海外劳工受教育程度较低，菲律宾接受过高等教育的劳工较多。

针对东盟区域内劳动力流动，东盟国家的输入国、输出国和东盟组织均制定了相应的法律法规和政策措施。从输入国看，新加坡拥有完善的海外劳工管理法律法规，马来西亚制订了针对海外劳工的国家计划，新加坡应对海外劳工的执法成效显著，马来西亚和泰国则相对偏弱；从输出国看，各国在法律法规、保护海外劳工、促进劳工返回等方面展开了诸多有益探索，菲律宾拥有较为完善的海外劳工保障系统，柬埔寨制定了两项外国劳工政策；从东盟组织看，东盟经济共同体蓝图制订了具体行动计划，允许区域技能劳动力的自由流动，确认区域内技能劳动力的自由流动在专业人才资质互相认可（MRA）框架下进行。

东盟区域内劳动力流动对经济发展的影响，可从输出国和输入国两个视角去分析。从输出国看，国外汇款收入是东盟国家仅次于外商直接投资（FDI）的外部资金来源，也是国内经济增长的重要动因，菲律宾、越南等国通过接收大量的国外汇款，改善了宏观经济环境，提高了收入和消费水平。同时，技能劳工的返回能够带回技术和资本，但低技术劳工的返回似乎并不能提升本国的生产力。从输入国看，海外劳工对经济增长的短期效应并不显著，而这一影响还因吸收海外劳工的技能水平而异。例如，马来西亚的海外熟练劳工对制造业、服务业和建筑业产出增长有积极影响，非熟练劳工则有负面影响。泰国短期内雇用更多非熟练工人，有助于提升企业的成本竞争力，但对企业的研发投入有负面影响。另外，海外劳工对当地劳动力市场的影响较小，但它能有效地缓解新加坡、泰国等老龄化国家的劳动力短缺问题。

随着中国－东盟区域经济一体化进程的加快，中国与东盟区域劳动力流动随之加快，劳务合作领域扩大，东盟国家已成为中国劳务输出的重要目的地。据中国商务部统计，2017 年末，中国在主要东盟国家（新加坡、马来西亚、老挝和印尼）的各类劳务人员为 16.0928 万人，新加坡、马来西亚、

老挝和印尼分别列中国在外各类劳务人员第 3、8、9 和 11 位。[①] 中国大量的劳务输出也引发了诸多问题,如当地人认为中国劳务输出剥夺了他们的工作机会,当地的中国非法劳工问题等。目前,我国的跨境劳动力流动仍存在政策碎片化、法律制度不完善等问题。因此,做好中国劳务输出与接纳,是新时期进一步扩大开放所面临的新问题。

参考文献

Abella, Manolo and Philip Martin (2016). Guide on Measuring Policy Impact in ASEAN. Geneva: International Labour Organization.

Bachtiar, Palmira Permata (2011). The Governance of Indonesian Overseas Employment in the Context of Decentralization. Discussion Paper Series, No. 2011 – 25, Philippine Institute for Development Studies.

Ducanes, G. (2015). "The Welfare Impact of Overseas Migration on Philippine Households: Analysis Using Panel Data." *Asian and Pacific Migration Journal*, 24 (1): 79 – 106.

Harkins, Benjamin (2014). "Social Protection for Migrant Workers in Thailand," In *Thailand Migration Report 2014*, edited by Jerrold W. Huguet. Bangkok: United Nations Thematic Working Group on Migration in Thailand.

Ismail, Rahmah, and Ferayuliani Yuliyusman (2014). "Foreign Labour on Malaysian Growth." *Journal of Economic Integration*, 29 (4): 657 – 675.

Koh, Chiu Yee, Charmian Goh, Kellynn Wee, and Brenda SA Yeoh (2017). "Drivers of Migration Policy Reform: The Day Off Policy for Migrant Domestic Workers in Singapore." *Global Social Policy*, 17 (2): 1 – 18.

Mauro Testaverde, Harry Moroz, Claire H. Hollweg, and Achim Schmillen (2015). *Migrating to Opportunity: Overcoming Barriers to Labor Mobility in Southeast Asia*. Washington, D. C. : World Bank.

Zweynert, Astrid (2015). "Singapore's Foreign Maids Exploited by Agents." *Employers Reuters*, May 27.

Noor, Zaleha Mohd, Noraina Isa, Rusmawati Said, and Suhaila Abd Jalil (2011).

[①] 中国商务部、中国对外承包工程商会:《中国对外劳务合作发展报告(2017~2018)》,第 16~17 页。

"The Impact of Foreign Workers on Labour Productivity in Malaysian Manufacturing Sector. " *International Journal of Economic and Management*, 5 (1): 169 – 178.

Ruhs, Martin (2016) . *Preparing for Increased Labour Mobility in ASEAN: Labour Markets, Immigration Policies and Migrant Rights.* International Organization for Migration.

Sanglaoid, Utis, Sumalee Santipolvut, and Laemthai Phuwanich (2014) . "The Impacts of ASEAN Labour Migration to Thailand upon the Thai Economy. " *International Journal of Economics and Finance* , 6 (8): 118 – 128.

Thangavelu, Shandre Mugan (2012) . "Economic Growth and Foreign Workers in ASEAN and Singapore. " *Asian Economic Papers*, 11 (3): 114 – 136.

B.5
东盟信息通信产业发展现状与前景
——以新加坡、马来西亚、泰国和越南为例

储洪峻*

摘　要： 随着国际产业分工的不断深化，全球信息通信产业发展迅速，以跨国公司为主导的信息通信价值链和产业链，逐渐从封装环节向关键零部件的生产，甚至到研发设计向新兴国家转移，东盟国家成为该产业全球价值链和区域生产网络的重要节点。在全球价值链和区域生产网络中，比较优势是东盟国家信息通信产业形成的基础，政府产业规划与政策是促进该产业持续发展的重要因素，而跨国公司则是将各国的比较优势转化为竞争优势的重要载体。

关键词： 东盟四国　信息通讯产业　跨国公司　国际竞争力

近年来，东盟国家的信息通信产业迅速发展，成为该产业全球价值链和区域生产网络的重要节点。本报告以新加坡、马来西亚、泰国和越南（以下简称东盟四国）为例，论述这些国家信息通信产业的发展历程与特点，并对其产业竞争力进行实证分析。

一　东盟四国信息通信产业发展的历程

信息通信技术（ICT）是指通过电子手段处理、储存和传递信息的技

---

* 储洪峻，中信建投证券有限公司债券金融部研究人员。

术，由于信息技术与通信技术相互促进和融合发展，信息通信产业应运而生。一般来说，信息通信产业链主要包括：上游产业链，分为基础电子（半导体、元器件、电子设备）研发、软件（应用软件、系统软件）研发和应用电子（医疗电子、汽车电子）研发等；中游产业链，分为器件生产及封测和整机设备（计算机、通信终端）的生产；下游产业链，分为信息网络终端（电信网、互联网、物联网）和信息通信产品的销售。

在全球生产网络中，东盟四国信息通信产业形成与发展的基础是其比较优势，政府规划对加强产业国际竞争力具有重要影响，跨国公司则是将各国的比较优势转化为竞争优势的重要载体。自 20 世纪 60 年代以来，东盟四国凭借低劳动力成本等比较优势，嵌入信息通信产业的生产网络分工中。此后，东盟四国在信息通信产业全球生产网络中逐渐沿着价值链向上延伸，这样各国所处环节的不同可代表不同的发展阶段。目前，东盟四国的信息通信产业发展阶段依次为：新加坡处于研发与设计等高附加值环节，马来西亚处于深加工与研发等中高附加值环节，泰国和越南则处于加工与制造等中低附加值环节。

20 世纪 60~70 年代是全球生产网络分工初步形成的阶段，东盟四国的经济发展水平和国内禀赋条件使得跨国公司前来投资办厂。这一阶段，新加坡加快推进工业化进程，改变单一的转口贸易产业，吸引跨国公司前来投资办厂，鼓励外资进入电子电器行业。新加坡政府的鼓励政策，吸引了大量电子零部件加工组装工厂的入驻。新加坡凭借廉价劳动力以及"电信、邮件分发枢纽"的优势，处于电子电器产业的低附加值环节，其产业呈现出劳动密集型和严重依赖出口的特征。20 世纪 70 年代末，新加坡的电子电器业在国内产业的地位明显提升，并成为世界上重要的电子零部件加工制造基地。20 世纪 70~80 年代，以美国为主的跨国公司将劳动密集型和低附加值的封测环节转移到劳动力成本更低的东盟国家，这些跨国公司在马来西亚、泰国等国设立加工厂，主要负责初加工、装配和封测等低附加值环节。

20 世纪 80~90 年代，随着东亚区域生产网络从东北亚转移到中国和东

盟国家，韩国、中国台湾、新加坡的信息通信产业快速发展，使得东亚区域生产网络的信息技术不断转型升级。① 新加坡、韩国、中国的信息通信产业集群现象不断显现。② 新加坡政府推出"国家计算机计划（1980~1985）"和"国家信息技术计划（1986~1991）"，重点发展信息通信产业中的软件与研发环节，新加坡信息通信产业产值从1981年的7.542亿新元增加至1990年的18.079亿新元。跨国公司开始在新加坡设立总部或研发总部，逐渐将劳动密集型和低附加值的环节迁出新加坡，但新加坡仍然不具备设计研发能力，核心电子元件仍需进口，新加坡主要负责完工产品的检测或深加工等中附加值环节。

从20世纪90年代开始，东亚生产网络分工进入调整阶段，东盟四国之间和其他国家之间形成了众多价值链，生产网络趋于复杂化。在此阶段，新加坡从中附加值环节延伸到高附加值环节，马来西亚从低附加值环节延伸到中高附加值环节，泰国、越南从低附加值环节延伸到中低附加值环节。20世纪90年代至今，新加坡政府推出"IT2000年规划：智能岛蓝图"、"信息通信21世纪计划"（2000年）、"智慧国2015计划"和"智慧国2025计划"，积极推动软件研发和通信基础设施建设，鼓励激光技术和微电子技术的研发，使新加坡成为一个重要的软件基地，使新加坡社会的信息化水平位居世界前列。目前，新加坡信息通信产业已步入晶圆代工领域，成为高技术、高附加值的产业，新加坡正处于研发与设计等高附加值环节。20世纪90年代末至21世纪初，随着马来西亚多媒体超级走廊第一阶段和第二阶段的推出，马来西亚信息基础建设设施逐步完善，槟城和其他产业园区中的小型多媒体超级走廊逐步得到落实。目前，马来西亚信息通信产业虽然主要还是以加工基地为主，但马来西亚已成为全球生产网络分工中不可或缺的环

---

① Ernst, D. and P. Guerrieri (1998). "International Production Networks and Changing Trade Patterns in East Asia: The case of the Electronics Industry." *Oxford Development Studies*, 26 (2), pp. 191 – 212.

② Ernst, D. (2006). "Innovation Offshoring: Asia's Emerging Role in Global Innovation Networks." *Economics Study Area Special Reports*, p. 10.

节，且有部分国内企业已经参与到高附加值的研发设计环节中，因此马来西亚正处于深加工与研发等中高附加值环节。21 世纪以来，泰国推出"ICT 发展规划"（2010 年）和"泰国 4.0"战略（2016）以及"ICT 发展规划"（2002 年）；越南推出"ICT 产业五年计划"（2010 年），产业优惠政策和劳动力成本优势使得泰国和越南成为现代信息通信产业的加工基地，但泰国和越南仍处于加工与制造等中低附加值环节。

二 东盟四国信息通信产业规划与政策

如果说东盟四国信息通信产业形成的基础是其比较优势，那么各国政府的产业规划与政策是促进该产业持续发展的重要因素。为了促进信息通信产业的发展，东盟四国均制订和实施了相关的产业发展规划，政府出台了产业政策，扩大对信息通信产业的投资，鼓励跨国公司投资设厂，扶持当地企业融入全球价值链，培养专业人才和熟练工人，并取得了明显的成效。

（一）新加坡信息通信产业发展规划

早在 20 世纪 80 年代，新加坡就制订了信息通信产业的发展规划。1980 年，新加坡推出"国家计算机化计划"，旨在为新加坡信息技术产业发展提供便利，使得民政服务计算机化，满足信息产业的人才需求，加快计算机教育与培训。1986 年，新加坡推出"国家 IT 计划"，旨在运用先进的融合运算和交流功能的网络技术，提升市民服务的信息化水平，利用电子数据交换网，使政务信息系统延伸到企业、商务和专业领域，通过政府和产业间的电子数据交换产生更高的效率。1992 年，新加坡推出"IT2000 年规划：智慧岛蓝图"，旨在发展全球化的信息通信网络，创造新的经济活动和提升产业的生产率，增强国际竞争力，建立联系更为密切的电子社会，提高民众的学习能力和潜能，全面提高人民生活质量。

进入 21 世纪，新加坡推出"信息通信 21 世纪计划"（2000 年）和"连接新加坡总体规划的战略计划"（2003 年），其目标包括构建具有国际

竞争力的信息通信产业，提供先进的信息通信产品与服务，使之成为经济增长的引擎；运用信息技术促进产品与服务创新，打造具有竞争优势的电子经济；倡导健康的电子生活方式，消除数字鸿沟，创造繁荣的电子社会；提供先进的信息通信服务，通过信息技术降低成本，提高生产率，提升民众的生活质量；提供适宜环境，为信息通信部门的发展创造良好的条件。

2006年，新加坡推出"智慧国2015计划"，其目标包括建设新一代信息通信基础设施，提升信息通信产业的国际竞争力，培养具有核心竞争力的信息通信人才，实现产业、政府和社会的转型。该规划提出，到2015年新加坡通信行业增加值实现翻番，达到260亿新元；该行业出口收入增长3倍，至600亿新元；增加8万个工作岗位；使九成家庭使用宽带，学龄儿童家庭电脑拥有率达到100%等。在此基础上，2014年，新加坡出台了"智慧国2025计划"，该计划拟通过构建覆盖全岛的数据收集、连接和分析基础设施的平台，旨在通过信息化推进经济、政务和社会的转型。该计划旨在推动大学、管理机构、小型初创公司、大企业与政府的合作，使新加坡成为智慧国家，实现公共服务在线化、一站式服务、高速无线网免费化、优质无线网全覆盖等。

2015年，新加坡政府出台了"2025年资讯通信媒体发展蓝图"，突出数字经济在经济社会中发挥以下转型作用：推动信息通信技术的资本化、加强风险管控能力、强化持续沟通能力。2016年，新加坡信息通信发展组织（IDA）和新加坡媒体发展组织（MDA）合并为新加坡信息通信与媒体发展组织（IMDA），主要负责对新加坡信息通信产业进行持续的规划。

2006年以来，在"智慧国2015计划"和"智慧国2025计划"下，新加坡政府加大了对信息通信领域的经济支出和社会支出。2010年、2011年、2013年和2014年，新加坡政府大幅提高了信息通信领域的政府支出，实现了信息通信业增加值的翻番。同时，政府强调对信息通信产业人才的培养与运用。"IT2000年规划：智慧岛蓝图"指出，政府将为IT人才开设课程，培养专业知识和技能；"信息通信21世纪计划"（2000年）指出，通过加强培训IT劳动力，吸引国际人才。新加坡还推出开发信息通信人力资源的专门政策，包括面向 21 世纪人力资源培训的"为 21 世纪的劳动力提供 IT 动力"政策、"国家个人计算机操作测试（PCDT）计划"、"基金保证项目"政策、"国家信息通信技能认证框架"等。

（二）马来西亚信息通信产业发展规划

早在 20 世纪 90 年代中期，马来西亚就推出"多媒体超级走廊"计划，以推动信息通信产业的转型升级。该计划的实施分为三个发展阶段，即第一阶段（1996～2003 年），参照美国硅谷的模式，建立多媒体超级走廊，建设具有世界先进水平的信息通信基础设施，采用光纤技术，实现电子信息城、新政府行政中心、国际机场等设施互联互通，为区内外市场提供多媒体产品与服务。第二阶段（2003～2010 年），马来西亚的"多媒体超级走廊"与国内外的其他智慧城市相连接，创建新的"数字城市"。在马来西亚槟州和吉打州的居林高技术园区创立"小型多媒体超级走廊"，以电子信息城（Cyberjaya）赛博加亚为中心，建立数字城市和数字中心互联互通的信息走廊。第三阶段（2010～2020 年），在马来西亚全国创建 12 座"数字城市"，形成颇具规模的信息走廊，与全球的信息高速公路连接。到 2020 年，引进国际性多媒体公司约 500 家进驻马来西亚。

马来西亚通信与多媒体部门（MCMM）制定了诸多信息通信产业政策，政府出台了《通信与多媒体法案》（1998），推出信息通信产业准入框架，对通信、宽带以及互联网进行产业监督和激励。其中，马来西亚计划到 2020 年实现 98% 的城市宽带覆盖率，城市家用宽带传输速度将达到 100M；政府计划通过扩大移动宽带覆盖率、建立公共宽带以及信息通信设备补助等措施，促进信息通信产业落后区域的发展。马来西亚政府在推动信息基础设施建设的同时，还注重信息通信人才的培养，信息通信人才是推进"多媒体超级走廊"计划的关键环节。为此，马来西亚政府采取了一系列措施加强人力资源的培养，如引进国外人才、加大"新经济"意识宣传、加强信息技术人才培养、加大理工科人才结构比重、倡导国际水平的科研环境。近年来，马来西亚面临人才流失的风险，政府推出"归国专家计划"和"人才居住证项目"用来

吸引和留住国外人才。马来西亚近年来注重培养信息通信人才并给予其就业机会，从一定程度上保障了本国信息通信产业的可持续发展。

2018年10月，马来西亚出台了国家"工业4.0"政策，推出了以人工智能、大数据、工业物联网、机器人、云计算、工业网络安全、3D打印、虚拟现实、知识工作自动化为支柱的"工业4.0蓝图"（Industry 4WRD），其四大目标是提高制造业的劳动生产率、增强制造业对经济增长的贡献率、提升制造业的创新能力，增加制造业高技能就业比重。[1] 在2019年财政预算中，政府提出鼓励和扶持人工智能、物联网、大数据分析、云计算和电子商务等五大数字经济的关键领域，到2020年数字经济占GDP的比重升至20%。

（三）泰国信息通信产业发展规划

泰国数字经济与社会部门负责制定信息通信产业政策，泰国的"ICT发展规划"（2010年）强调ICT在电子政府、电子工业、电子商务、电子教育和电子社会等五个领域的发展，推动了21世纪第一个十年泰国ICT产业的发展。随后，泰国的"ICT发展规划"（2020年）着力提升七大重点领域，包括区域经济融合、人口结构的调整、粮食安全和环境危机、行政放权、未来就业和劳动力市场、教育改革、社会价值观。

2016年，泰国推出了"泰国4.0"战略，旨在通过采用"工业4.0"技术创新，提升产品附加值和国际竞争力，迈向"数字泰国"。"泰国4.0"战略主要分为六个阶段：第一阶段，完善数字基础设施建设、提高扩容性和经济性；第二阶段，加强数字技术的商用性、开拓新的商业模式；第三阶段，提高社会的获得感、增强社会的参与感；第四阶段，推动政府数字化、加强电子政务；第五阶段，加强数字人才培养、提供信息通信领域岗位；第六阶段，强化法律法规对数字化应用的保障作用。为此，泰国成立了"数字经济和社会部"，取代原来的信息与通信技术部，主要负责促进泰国数字

---

① "Ministry of International Trade and Industry, Malaysia Industry 4WRD." http://www.miti. gov.my/index.php/pages/view/industry4WRD? mid = 559#tab_ 547_ 1919.

经济和数字社会的发展，推动"泰国4.0"战略。泰国数字经济和社会发展计划指出，要发展信息通信产业，并增强其发挥基础公共效益的能力，计划未来两年将实现所有乡村地区高速宽带全覆盖工作，计划未来三年将实现90%城市人口享受100M+的互联网速率，并且付费不超过人均GNP的2%。

近年来，泰国高度重视电子政务的发展，专门在数字经济和社会部下设电子政务局以支持政府信息化的发展，提高政府的信息处理能力。政府计划提供一站式服务，利用云计算和数据中心服务，通过综合型智能IC卡，充分发挥政府部门间的协同效应、提高政府部门的办事效率。目前，泰国积极推动智慧城市的发展，从信息基础设施、信息通信产业园区以及ICT技术应用三个方面着手，打造可持续发展的智慧城市。政府持续加大中央财政支出，以推动智慧城市的发展。以普吉岛为例，政府已安排数亿泰铢专项资金用于普吉岛的WiFi建设，提高当地旅游业的数字化水平。此外，政府还积极推动普吉岛创新产业园区的建设，并与私营企业合作推出集政府、企业、媒体、景点、交通等信息为一体的智慧城市App。

（四）越南信息通信产业发展规划

越南"国家通信发展计划"（2020年）提供了信息通信产业发展的综合性框架，包含目标信息通信的发展战略，相关的法律、制度、机构、人力资源和国际合作等机制。该规划计划于2020年实现全国家庭35%~40%以上的宽带渗透率以及全国人口55%~60%以上的互联网渗透率。

2010年，越南实施"ICT产业五年计划"，通过培养人才、吸引投资、扶持企业、扩大出口，加快发展信息通信产业。ICT产业五年计划的具体目标是：培养5万名专业工程师，在硬件制造、软件开发、信息传输领域分别扶持两家年营业额分别达到20亿美元、2亿美元以及5亿美元的公司，并进一步将外商直接投资扩大到每年50亿美元。同时，越南还推出"信息通信业发展计划"，进一步加强对信息通信产业人才的培养。根据规划，到2020年，大学毕业生英语专业能力和信息通信专业能力掌握人数占比将达到80%，国内外的信息通信领域人才总数达到100万，互联网居民利用率

提升至70%。近年来，越南信息通信产业增加值不断增长，信息通信领域人才就业数不断攀升，信息通信人才就业占比从2007年的40%逐渐上升至2017年的60%。

2018年，越南政府公布《2018~2025年越南发展可持续智慧城市总体规划以及2030年发展方向》，通过充分利用人力资源和自然资源，建设可持续发展的智慧城市。根据规划，到2020年，政府将为信息基础设施建设做准备、积极引进外资，并建立起与智慧城市相配套的法律政策框架；到2025年，政府将建立信息基础设施建设等国家级优先标准、完成法律框架的立法工作；到2030年，将河内、胡志明市、岘港及芹苴建成智慧城市网络中心。①

三 跨国公司对东盟四国信息通信产业的作用

随着信息通信产品的逐渐标准化和模块化，越来越多的跨国公司采取全球化战略，利用不同国家、不同地区的区位优势，将价值链上的各个环节分散到不同区域，从而实现低成本优势，增强公司的竞争力。② 东盟国家凭借人力成本的优势成为跨国公司的代工基地，跨国公司主导的生产网络，为东盟国家信息通信产业的发展奠定了基础。跨国公司主导的生产网络成了信息通信技术传播的载体，也是东盟信息通信产业发展的推动因素。

近年来，许多跨国公司在新加坡设立区域总部或研发中心。根据2016年高纬环球发布的"亚太区域总部报告"，新加坡凭借优质的营商环境，共吸引4200家企业在当地设立区域总部，新加坡成为跨国企业设立区域总部最具吸引力的国家。③ 同时，许多著名的信息通信跨国公司还设立了分支机构，如惠普（HP）、国际商业机器（IBM）和戴尔（Dell），以及网络设备

---

① 《至2025年越南将有智慧城市》，越通社，2018年8月8日。

② Freeman, N. J. (2000). "International Production Networks in Asia: Rivalry or Riches? by Michael Borrus, Dieter Ernst, Stephan Haggard." *Journal of Southeast Asian Economies*, 19 (August).

③ http://dy.163.com/v2/article/detail/E68625K405371E5Q.html.

供应商，如阿尔卡特朗讯（Alcatel Lucent）和思科（Cisco）等，并在新加坡成立区域及环球总部，通过新加坡总部管理整个产业链，包括研发、供应链管理、制造、物流及共享服务等业务。此外，国外电子产业许多跨国公司也在新加坡投资设厂，如三星电子（Samsung Electronics）、LG电子（LG Electronics）、松下电器（Panasonic）、伊莱克斯（Electrolux）、博西家用电器（BSH）和凯驰（Karcher）等均在新加坡设立了区域总部。一些公司［如飞利浦（Philips）和森海塞尔（Sennheiser）］在新加坡进行包括研发、产品开发和知识产权管理等全方位活动。

1985年以前，马来西亚信息通信产业的跨国公司主要以美国半导体厂商为主，如国民半导体、英特尔、超微和惠普等。1986~1996年，美国的希捷公司、戴尔公司，中国台湾的忆声电子、宏基电子将电子信息业制造和装配环节转移到槟城。2005年后，随着"多媒体超级走廊"的实施，欧司朗公司、戴尔公司、霍尼韦尔、英特尔公司、国家仪器有限公司、揖斐电电子等企业也纷纷在槟城扩大投资和经营，摩托罗拉、英特尔等公司还在当地建立了研发中心。随着美国、日本、欧洲各国等的跨国公司入驻"多媒体超级走廊"，吉隆坡作为"通往亚洲和六大经济走廊的大门"，更是吸引了众多信息通信跨国公司的目光。该地区集中了马来西亚大部分外资企业的总部，其中就包括了阿里巴巴、微软、华为、西门子等信息通信领域的跨国公司。

印制电路板（PCB）产业是信息通信产业中最为基础，也是最重要的上游产业，该产业跨国公司在泰国建立了全球性的生产基地，大城府地区聚集有8家PCB企业（其中多家为大型企业）、2家覆铜板生产企业。其中，PCB跨国公司包括日本藤仓电子的FETL公司、旗胜的泰国FPC分厂，中国台湾企业APCB、中国香港Elec&Eltek的PCB工厂及覆铜板厂、中国台湾企业Draco，日本松下电工的基板材料生产厂等。藤仓电子是日本著名的电子零配件生产大型企业，在泰国拥有四家公司，即Fujikura Electronics、DDK、Fujikura SHS和Yoneden，其中Fujikura Electronics公司拥有四家FPC产品生产工厂。旗胜的泰国FPC工厂，创建于1994年，位于大城府工业区，包括MMCT工厂与NPCT工厂。2015年，泰国政府出台了一系列政策鼓励本地公

司和跨国公司设立数据中心，随后许多跨国公司在泰国设立数据中心，加速了 IDC 外包服务的发展。例如，总部位于美国的 DC 运营商 Switch 在泰国开设了最大的 DC。目前，泰国信息通信公司设立的数据中心有：亚太环通设立的 Pacnet Data Center、CS Loxinfo 设立的 CSLoxinfo Internet Data Center、TCC Technologies 设立的 Internet Data Center（Empire Tower、Bangna、Amata Nakorn）以及 True Corporation 设立的 Internet Data Center（True Tower、MTG）等。

近年来，信息通信产业跨国公司在越南的投资规模迅速扩大，建立了电子元件制造工厂。韩国通信巨头三星投资 170 多亿美元在越南建立了 8 家工厂和 1 家研发中心，LG 公司花费 15 亿美元在海防市投资了一家组装电器电子产品的工厂，全球最大的芯片制造商英特尔公司投资 10.4 亿美元在胡志明市的西贡高科技园区开设了一个芯片组装和测试的设备厂。同时，全球外包和投资战略咨询公司 Tholons 已成为越南的重要 IT 服务提供商。①目前，越南信息通信产业的跨国公司主要来自韩国、日本、中国台湾等，其中包括韩国的三星，日本的三洋、住友电子、名幸电子和丸和电子，中国台湾的奇美电子、鸿海等。

在东盟四国信息通信产业发展过程中，跨国公司均扮演了举足轻重的角色。20 世纪 60～70 年代，信息通信领域的跨国公司主要是欧美日的跨国公司。它们为了降低成本，将低附加值的零部件制造或封装环节转移到新加坡等东盟国家，奠定了东盟国家信息通信产业的基础。随着英特尔、微软等专业信息通信技术公司的兴起，以计算机为代表的信息产业及以半导体为基础的通信产业已经变得越发模块化，全球范围内的信息通信产业已经迅速转变为研发、制造及营销等方面的垂直专业化分工方式。20 世纪 80～90 年代，跨国公司进一步加大投资，创办工厂并入驻产业园区，在东盟国家增加了产业链的布局，开始将高附加值的研发环节设于新加坡，将更多的加工环节转移到东盟其他国家，促成了如马来西亚槟城等电子产业集群，促进了马来西亚等国信息通信产业的发展。区域内贸易流动以及跨国公司直接投资促进了

---

① http：//ven. vn/it - industry - in - vietnam - enjoying - boom - 35716. html.

东亚区域信息通信产业生产网络分工的发展。随着这种生产网络分工进一步深化，各地区参与各环节更加专业化、协作更加紧密，东亚区域内部实现了进一步的专业分工以及产业链优化。进入 21 世纪，信息通信产业跨国公司在新加坡设立区域总部和研发中心，马来西亚的信息通信产业集群越来越密集，泰国、越南日益成为跨国公司的加工基地。跨国公司对东盟国家的投资，沿着价值链向上延伸，推动了东盟国家产业链从低附加值的零部件制造环节逐步向上延伸，促进了这些国家信息通信产业的发展。

四 东盟四国信息通信产业竞争力分析

由于各国经济发展水平和产业政策不同，东盟四国信息通信产业处于不同发展阶段，其国际竞争力也不尽相同。本报告运用产业国际竞争力评价工具，对东盟四国信息通信产业的国际竞争力进行实证研究。

（一）出口市场占有率

出口市场占有率指数可以反映一国某产业的国际竞争力，是某产业该国出口总额占世界出口总额的比例。因此，信息通信产业出口市场占有率可以反映国家的信息通信产业国际竞争力，其计算公式为：$IMS_{ia} = X_{ia}/X_{wa}$，其中，IMS_{ia} 是国家 i 在 a 产业上的国际市场占有率，X_{ia} 是国家 i 在 a 产业上的出口，X_{wa} 是 a 产业在世界市场上的总出口。

2008~2017 年，新加坡信息通信产业出口额占世界信息通信产业出口额的比重一直在 6% 以上，具有领先的出口国际竞争力；马来西亚信息通信产业出口额占比从 2008 年的 4.32% 降至 2017 年的 3.71%，但仍然具备较强的出口国际竞争力；近年来，泰国的占比数据较为稳定，保持在 2% 左右；越南的信息通信产业出口额呈爆发式增长，2017 年市场占有率逐步提高到 3.56%，超过泰国（见表 1）。可见，新加坡信息通信产业拥有领先的出口国际竞争力，其次是马来西亚，泰国信息通信产品出口较为稳定，越南该类产品出口规模近年来迅速扩大。

表1　2008～2017年东盟四国信息通信产品出口额及其占世界比重

单位：百万美元，%

国家	指标	2008年	2009年	2010年	2011年	2012年	2013年	2014年	2015年	2016年	2017年
新加坡	出口额	120508	96965	127466	125344	120868	126993	125846	118617	112464	120692
	出口比重	7.69	7.31	7.88	7.42	7.07	7.12	6.99	6.87	6.75	6.47
马来西亚	出口额	67732	57252	67185	66281	62541	63185	65659	58889	57692	69212
	出口比重	4.32	4.32	4.16	3.92	3.66	3.54	3.65	3.41	3.46	3.71
泰国	出口额	32542	29361	35506	34550	36331	35176	36662	34984	33484	37405
	出口比重	2.08	2.21	2.20	2.04	2.13	1.97	2.04	2.03	2.01	2.00
越南	出口额	3333	3495	5704	11253	20855	32305	35843	47329	54950	66361
	出口比重	0.21	0.26	0.35	0.67	1.22	1.81	1.99	2.74	3.30	3.56

资料来源：根据WTO Data有关数据编制。

　　从信息通信产品中智能计算产品看，新加坡智能计算产品出口额和市场占有率持续下降，其次是马来西亚，泰国出口较为稳定，越南智能计算产品市场占有率持续增长。从2008年到2017年，新加坡智能计算产品出口额占世界智能计算产品出口额的比重从5.98%下降至3.68%；马来西亚智能计算产品出口额占比从2008年的4.90%降至2014年的2.65%，随后于2017年的反弹至3.05%；泰国的出口占比数据较为稳定，保持在3%左右；越南近十年承接了部分智能计算产品的加工厂，该类产品出口贸易额增长3倍，市场占有率逐步提高到1.56%（见表2）。

表2　2008～2017年东盟四国智能计算产品出口额及其占世界比重

单位：百万美元，%

国家	指标	2008年	2009年	2010年	2011年	2012年	2013年	2014年	2015年	2016年	2017年
新加坡	出口额	32788	24930	29792	28066	26331	24033	21852	20917	18619	19316
	出口比重	5.98	5.38	5.45	5.05	4.68	4.37	4.08	4.42	4.19	3.68
马来西亚	出口额	26870	21377	23682	17893	17037	15818	14197	13340	12998	16027
	出口比重	4.90	4.62	4.33	3.22	3.03	2.88	2.65	2.82	2.92	3.05
泰国	出口额	17598	15608	18189	16582	19013	18041	20042	18042	16800	17810
	出口比重	3.21	3.37	3.33	2.98	3.38	3.28	3.74	3.82	3.78	3.39
越南	出口额	2012	1749	2171	2822	4227	6363	6700	7823	6775	8181
	出口比重	0.37	0.38	0.40	0.51	0.75	1.16	1.25	1.65	1.52	1.56

资料来源：根据WTO Data有关数据编制。

从信息通信产品中通信产品看，新加坡通信产品出口额和市场占有率受制于全球需求，自 2009 年出现下滑，近年来新加坡致力于通信产品的研发设计环节，逐步将低附加值的环节进行转移。马来西亚由于价值链延伸的需要，市场占有率持续下滑，泰国聚焦于加工制造环节，出口表现较为稳定，越南逐步承接通信产品零部件的制造业务，通信产品市场占有率快速增长。2009 年，新加坡通信产品出口额和市场占有率双双下滑，主要是全球市场需求不振所致，随后新加坡致力于通信产品的研发设计环节，因此通信产品出口额和市场占有率后续反弹乏力，市场占有率从 2009 年以来保持在 2%以下；马来西亚通信产品出口额占世界通信产品出口额的比重从 2008 年的 2.31%持续下滑至 2017 年的 1.17%；泰国的出口占比数据较为稳定，保持在 1%以上；越南由于人力成本较低，承接了大量通信产品的加工基地，十年来出口贸易额增长 44.9 倍，市场占有率从 2008 年的 0.18%迅速提高到 2017 年的 6.90%（见表 3）。

表 3　2008～2017 年东盟四国通信产品出口额及其占世界出口额的比重

单位：百万美元，%

国家	指标	2008 年	2009 年	2010 年	2011 年	2012 年	2013 年	2014 年	2015 年	2016 年	2017 年
新加坡	出口额	15584	9926	10979	12714	12598	12588	12031	13207	12897	12989
	出口比重	2.59	1.96	1.88	1.99	1.91	1.81	1.64	1.82	1.86	1.80
马来西亚	出口额	13869	9614	13054	13316	12454	11899	12444	10305	9664	8458
	出口比重	2.31	1.89	2.23	2.08	1.89	1.71	1.70	1.42	1.39	1.17
泰国	出口额	6734	6370	8179	8873	9657	8989	8690	8399	7479	9262
	出口比重	1.12	1.26	1.40	1.39	1.47	1.29	1.19	1.16	1.08	1.28
越南	出口额	1084	1522	3044	7629	14498	23576	26745	34780	41225	49786
	出口比重	0.18	0.30	0.52	1.19	2.20	3.39	3.66	4.81	5.94	6.90

资料来源：根据 WTO Data 有关数据编制。

从信息通信产品中电子产品看，新加坡电子产品近年来出口额触顶回落，市场占有率虽大幅下滑，但新加坡作为电子产品的研发和设计基地，依然占有较大的市场份额，马来西亚同样具有较强的电子产品制造基础，市场占有率稳定、出口额稳步增长，泰国近年来表现较为稳定，越南逐步承接电子产品零部件的制造业务，近年来电子产品市场占有率稳步增长。2015年，新加坡电子产品出口额和市场占有率双双下滑，主要由于全球需求不振所致，但新加坡作为电子产品的研发和设计基地，市场占有率仍达14%以上。马来西亚电子产品出口额占世界出口额的比重保持稳定，出口额稳步增长。泰国占比数据略有下降，出口额较为稳定，越南由于人力成本较低，承接了电子产品的加工基地，十年来出口贸易额增长40倍，市场占有率从2008年的0.06%稳步增长到2017年的1.36%（见表4）。

表4　2008～2017年东盟四国电子产品出口额及其占世界比重

单位：百万美元，%

国家	指标	2008年	2009年	2010年	2011年	2012年	2013年	2014年	2015年	2016年	2017年
新加坡	出口额	72136	62109	86695	84564	81939	90373	91963	84494	80948	88388
	出口比重	17.24	17.47	17.89	17.11	16.79	16.78	17.23	15.98	15.36	14.29
马来西亚	出口额	26993	26261	30449	35072	33050	35467	39018	35244	35030	44727
	出口比重	6.45	7.39	6.28	7.09	6.77	6.58	7.31	6.66	6.65	7.23
泰国	出口额	8210	7383	9138	9095	7662	8146	7930	8543	9205	10333
	出口比重	1.96	2.08	1.89	1.84	1.57	1.51	1.49	1.62	1.75	1.67
越南	出口额	237	224	489	802	2130	2366	2397	4726	6950	8394
	出口比重	0.06	0.06	0.10	0.16	0.44	0.44	0.45	0.89	1.32	1.36

资料来源：根据WTO Data有关数据编制。

（二）出口显示性比较优势指数

出口显示性比较优势指数（RCA），可以用一国某类产品出口量的比重与世界该类产品出口量的比重的比值来衡量。因此，信息通信产品出口显示性比较优势指数可以反映一国信息通信产品出口国际竞争力，其计算公式为：（该国信息通信产品出口额/该国所有产品出口额）/（世界信息通信产品出口额/世界所有商品出口额）。同理，智能计算产品出口显示性比较优势指数＝（该国智能计算产品出口额/该国所有产品出口额）/（世界智能计算产品出口额/世界所有商品出口额）；通信产品出口显示性比较优势指数＝（该国通信产品出口额/该国所有产品出口额）/（世界通信产品出口

额/世界所有商品出口额）；电子产品出口显示性比较优势指数 = （该国电
子产品出口额/该国所有产品出口额）/（世界电子产品出口额/世界所有商
品出口额）。

出口显示性比较优势指数的表达式为：$RCA_{ia} = (X_{ia}/X_i) / (X_{wa}/X_w)$

其中，RCA_{ia}是 i 国家在 a 产品的出口显示性比较优势，X_i是国家 i 的总
出口，X_w是世界市场上的总出口，X_{ia}是国家 i 在 a 产品上的出口，X_{wa}是 a
产品在世界市场上的总出口。

从表5可以看出，新加坡凭借电子产品优势，保持领先的信息通信产业
出口国际竞争力，其次是表现较为稳定的泰国，马来西亚则持续下滑，最后
是迅速发展的越南。近年来，新加坡在电子产品方面一直以来具有较强的出
口显示性比较优势，而电子产品出口额在信息通信产品中占据了较大的分
量，使新加坡能够一直在信息通信产业保持领先的出口国际竞争优势。马来
西亚在电子产品方面的出口显示性比较优势总体稳定，在通信产品和计算产
品上总体呈下滑趋势。泰国三项产品的出口显示性比较优势整体较稳定。越
南三项产品的出口显示性比较优势整体均呈加强趋势，特别是通信产品。
2015~2017年，东盟四国信息通信产品的出口显示性比较优势指标排名为：
新加坡、马来西亚、越南、泰国。其中，智能计算产品的排名为泰国、马来
西亚、新加坡、越南；通信产品的排名为越南、马来西亚、泰国、新加坡；
电子产品的排名为新加坡、马来西亚、泰国、越南。

表5 2008~2017 年东盟四国信息通信产品出口显示性比较优势指标

国家	产品	2008 年	2009 年	2010 年	2011 年	2012 年	2013 年	2014 年	2015 年	2016 年	2017 年
新加坡	信息通信产品	3.68	3.40	3.43	3.32	3.20	3.29	3.24	3.28	3.20	3.07
	智能计算产品	2.86	2.51	2.37	2.26	2.12	2.02	1.89	2.11	1.99	1.74
	通信产品	1.24	0.91	0.82	0.89	0.87	0.84	0.76	0.87	0.88	0.85
	电子产品	8.24	8.13	7.79	7.66	7.60	7.75	7.99	7.62	7.28	6.78
马来西亚	信息通信产品	3.50	3.45	3.20	3.15	2.98	2.94	2.96	2.83	2.93	3.02
	智能计算产品	3.97	3.69	3.34	2.59	2.46	2.39	2.15	2.34	2.47	2.48
	通信产品	1.87	1.51	1.72	1.67	1.54	1.42	1.38	1.18	1.18	0.95
	电子产品	5.23	5.90	4.85	5.70	5.50	5.47	5.93	5.53	5.62	5.88

续表

国家	产品	2008 年	2009 年	2010 年	2011 年	2012 年	2013 年	2014 年	2015 年	2016 年	2017 年
泰 国	信息通信产品	1.89	1.82	1.74	1.68	1.72	1.64	1.70	1.56	1.50	1.50
	智能计算产品	2.92	2.78	2.63	2.46	2.73	2.72	3.12	2.94	2.81	2.54
	通信产品	1.02	1.03	1.11	1.14	1.18	1.07	0.99	0.89	0.80	0.96
	电子产品	1.78	1.71	1.49	1.52	1.27	1.25	1.24	1.25	1.30	1.25
越 南	信息通信产品	0.55	0.58	0.75	1.26	1.97	2.60	2.51	2.80	3.00	2.94
	智能计算产品	0.95	0.83	0.84	0.96	1.21	1.66	1.58	1.69	1.38	1.29
	通信产品	0.47	0.66	1.10	2.26	3.56	4.87	4.62	4.90	5.39	5.70
	电子产品	0.15	0.14	0.21	0.31	0.70	0.63	0.57	0.91	1.20	1.12

资料来源：根据 WTO Data 有关数据编制。

（三）显示性竞争优势指数

显示性竞争优势指数可以用一国某类产品出口显示性比较优势指数和进口显示性比较优势指数的差额来衡量。因此，信息通信产品显示性竞争优势指数可以反映一国信息通信产品国际竞争力，其计算公式为：信息通信产品显示性竞争优势指数 = 该国信息通信产品出口显示性比较优势指数 – 进口显示性比较优势指数。同理，智能计算产品显示性竞争优势指数 = 该国智能计算产品出口显示性比较优势指数 – 进口显示性比较优势指数；通信产品显示性竞争优势指数 = 该国通信产品出口显示性比较优势指数 – 进口显示性比较优势指数；电子产品显示性竞争优势指数 = 该国电子产品出口显示性比较优势指数 – 进口显示性比较优势指数。

显示性竞争优势指数表达式为：$CA_{ia} = RCA_{ia} - (M_{ia}/M_i) / (M_{wa}/M_w)$

其中，$RCA_{ia} = (X_{ia}/X_i) / (X_{wa}/X_w)$，$CA_{ia}$是 i 国家在 a 产品的显示性竞争优势，$RCA_{ia}$是 i 国家在 a 产品的出口显示性比较优势，$M_i$是国家 i 的总进口，$M_w$是世界市场上的总进口，$M_{ia}$是国家 i 在 a 产品上的进口，$M_{wa}$是 a 产品在世界市场上的总进口。

从表 6 可以看出，新加坡未能凭借电子产品的显示性竞争优势，获得领先的通信产业国际竞争力，反而产业基础较差的越南凭借通信产品的显示性竞争优势，得到了最高的显示性竞争优势数值，获得了领先的通信产业国际竞争力，其次，综合考虑进口额数据后，发现马来西亚的信息通信产业国际竞争力实际上是持续上升的，而泰国却是持续下滑。近年来，新加坡虽然在电子产品方面一直具有较强的显示性竞争优势，但电子产品进出口额在信息通信产品中占据了相同的分量，这使新加坡并不能因此而获得最高的显示性竞争优势数值。而越南的通信产品显示性竞争优势带动了信息通信产业显示性竞争优势数值的提升，这与越南信息通信产品进口额占比较低密切相关。马来西亚、泰国同样存在进口结构与出口结构的不一致，马来西亚电子产品出口结构相对于进口结构而言，呈现出不断优化的趋势，而泰国被通信产品贸易结构所拖累。因此，2015～2017 年东盟四国信息通信产品的显示性竞争优势指标排名为：越南、马来西亚、泰国、新加坡。其中，智能计算产品的排名为泰国、马来西亚、越南、新加坡；通信产品的排名为越南、马来西亚、新加坡、泰国；电子产品的排名为新加坡、马来西亚、泰国、越南。

表6　2008～2017 年东盟四国信息通信产品显示性竞争优势指标

国家	产品	2008 年	2009 年	2010 年	2011 年	2012 年	2013 年	2014 年	2015 年	2016 年	2017 年
新加坡	信息通信产品	0.97	0.94	0.94	0.91	0.85	0.87	0.86	0.82	0.75	0.65
	智能计算产品	0.91	0.87	0.78	0.68	0.63	0.59	0.51	0.53	—	—
	通信产品	0.04	- 0.14	- 0.19	- 0.18	- 0.10	- 0.06	- 0.07	0.03		
	电子产品	2.78	2.95	2.81	2.89	2.72	2.66	2.89	2.52		
马来西亚	信息通信产品	0.60	0.82	0.66	0.66	0.77	0.83	0.80	0.80	0.87	0.91
	智能计算产品	2.10	1.69	1.83	1.07	1.13	1.15	1.05	1.20	—	—
	通信产品	0.91	0.56	0.70	0.59	0.64	0.57	0.60	0.39		
	电子产品	- 1.28	0.42	- 0.35	0.65	0.83	1.10	1.20	1.30		
泰国	信息通信产品	0.66	0.46	0.53	0.51	0.58	0.57	0.51	0.38	0.31	0.30
	智能计算产品	1.66	1.40	1.49	1.33	1.50	1.61	1.95	1.76	—	—
	通信产品	0.36	0.23	0.34	0.32	0.30	0.20	0.02	- 0.11		
	电子产品	- 0.16	- 0.34	- 0.28	- 0.09	- 0.10	- 0.03	- 0.22	- 0.14		
越南	信息通信产品	- 0.13	- 0.23	0.00	0.26	0.43	0.74	0.74	1.04	1.15	1.07
	智能计算产品	0.28	0.12	0.20	0.30	0.58	0.90	0.85	1.07	—	—
	通信产品	- 0.39	- 0.48	0.10	1.07	1.85	2.69	2.47	2.77		
	电子产品	- 0.32	- 0.35	- 0.39	- 0.80	- 1.51	- 1.82	- 1.66	- 1.33		

资料来源：根据 WTO Data 有关数据编制。

（四）显示性技术附加值指标及技术水平指标

显示性技术附加值可以用来反映某种出口产品的技术含量，可由各国某种产品出口显示性比较优势指数所占权重以及人均 GDP 的对数进行衡量，该权重将取决于该产品某国的出口显示性比较优势。此外，该国的人均 GDP 的对数也将起到修正作用。显示性技术附加值指标的计算公式为：某产品显示性技术附加值 = 各国人均 GDP 的对数与相应权重的乘积之和，该国权重 = 某产品在该国的显示性比较优势指标/某产品各国显示性比较优势指标之和。

显示性技术附加值指标的表达式为：$RTV_j = \sum_{i=1}^{n} w_{ij}\ln(Y_i)$

其中，$W_{ij} = RCA_{ij}/\sum_{i=1}^{n} RCA_{ij}$，$RTV_j$ 是 j 产品的显示性技术附加值，W_{ij} 为 i 国在 j 产品上的权重，RCA_{ij} 为 i 国 j 产品的出口显示性比较优势指数，Y_i 为 i 国的人均 GDP，n 为国家数目。

在 WTO 分类下的信息通信产品中存在内部子产品的技术偏差，其中电子产品的技术附加值最高，其次是通信产品和计算产品。因此，近十年来WTO 分类下的信息通信产品中各子产品的显示性技术附加值指标由高到低排名为电子产品、通信产品、智能计算产品。

净出口技术高度水平指标，结合了产品贸易结构和技术附加值，可以考察一国产品结构中显现的技术水平，其中产品结构表现了子产品的权重，可由进出口产品结构的占比和差异来衡量，产品技术附加值可使用上述各子产品的显示性技术附加值。将各子产品所占权重技术附加值进行加总，即可得出一国某产品的净出口技术高度水平指标。某产业中子产业所占权重技术附加值的计算公式为：某子产品所占权重技术附加值 = （子产品出口额占总产品出口额比重 – 子产品进口额占总产品进口额比重）×子产品显示性技术附加值。因此，智能计算产品所占权重技术附加值 = （智能计算产品出口额占信息通信产品出口额比重 – 智能计算产品进口额占信息通信产品进口额比重）×智能计算产品显示性技术附加值；通信产品所占权重技术附加

值 = （通信产品出口额占信息通信产品出口额比重 – 通信产品进口额占信息通信产品进口额比重） × 通信产品显示性技术附加值；电子产品所占权重技术附加值 = （电子产品出口额占信息通信产品出口额比重 – 电子产品进口额占信息通信产品进口额比重） × 电子产品显示性技术附加值。

净出口技术高度水平指标的表达式为：

$$\text{TL}_{a\text{净出口}} = \sum_{j=1}^{m}(X_{ij} / \sum_{j=1}^{m} X_{ij}) \times RTV_j - \sum_{j=1}^{m}(M_{ij} / \sum_{j=1}^{m} M_{ij}) \times RTV_j$$

其中，RTV_j 是 j 产品的显示性技术附加值，$\text{TL}_{a\text{净出口}}$ 是 a 产品的净出口技术高度水平指标，X_{ij} 是国家 i 在 j 产品上的出口，m 是 a 产品的子产品数目，M_{ij} 是国家 i 在 j 产品上的进口，m 是 a 产品的子产品数目。

从东盟四国信息通信产品净出口技术高度水平指标看，新加坡大部分年度表现为正，主要原因系电子产品所占权重技术附加值持续为正所致，新加坡重视优化电子产品的进出口结构，充分利用电子产品高附加值的优势，连续四年保持正值，实现了技术顺差；马来西亚的净出口技术高度水平指标持续为负，经过十年的贸易结构调整，产业链持续优化，净出口技术水平指标持续上升，虽然中低技术附加值的计算产品和通信产品的净出口技术水平指标持续恶化，但电子产品的贸易结构持续改善；泰国的净出口技术高度水平指标表现较为稳定，电子产品的贸易结构呈现改善趋势，但通信产品的贸易结构出现恶化，由 2008 年的 0.0655 降至 2017 年的 – 1.0058，由技术顺差转变为技术逆差；越南的净出口技术高度水平指标持续为负，尽管近年来通信产品贸易额迅速上升，但高附加值的电子产品贸易结构异常，存在巨额的技术逆差，且逐年递增。因此，2015 ~ 2017 年来东盟四国信息通信产品的净出口技术高度水平指标由高到低的排名为：新加坡、马来西亚、泰国、越南（见表7）。

五 结语

在东亚区域生产网络的背景下，东盟四国信息通信产业发展迅速，各国政府鼓励信息通信产业发展的政策和跨国公司投资该产业的行为，推动各国

表7　2008~2017年东盟四国信息通信产品净出口技术高度水平指标

国家	产品	2008年	2009年	2010年	2011年	2012年	2013年	2014年	2015年	2016年	2017年
新加坡	信息通信产品	-0.0042	0.0019	0.0031	-0.0004	0.0010	-0.0014	0.0016	0.0017	0.0014	0.0077
	智能计算产品	0.3411	0.3782	0.3172	0.2280	0.2424	0.1939	0.0790	0.0247	0.0453	-0.0477
	通信产品	-0.3645	-0.5728	-0.5881	-0.6371	-0.5405	-0.4419	-0.4077	-0.2397	-0.1905	-0.2472
	电子产品	0.0193	0.1965	0.2740	0.4088	0.2991	0.2467	0.3303	0.2167	0.1466	0.3026
马来西亚	信息通信产品	-0.0548	-0.0371	-0.0457	-0.0168	-0.0222	-0.0195	-0.0206	-0.0175	-0.0217	-0.0243
	智能计算产品	1.8010	1.2060	1.6150	0.8148	0.8786	0.8182	0.7005	0.7416	0.7961	0.7464
	通信产品	0.8019	0.3063	0.4869	0.3847	0.4353	0.3353	0.4908	0.2169	0.2123	0.1442
	电子产品	-2.6577	-1.5494	-2.1475	-1.2163	-1.3360	-1.1731	-1.2119	-0.9760	-1.0300	-0.9148
泰国	信息通信产品	-0.0511	-0.0480	-0.0485	-0.0317	-0.0354	-0.0420	-0.0549	-0.0428	-0.0442	-0.0431
	智能计算产品	2.0065	1.9290	2.1149	1.8127	1.9311	2.1374	2.6416	2.4097	2.5119	2.4344
	通信产品	0.0655	-0.0515	0.0179	-0.0549	-0.2975	-0.5680	-0.8173	-0.9495	-1.1841	-1.0058
	电子产品	-2.1231	-1.9254	-2.1813	-1.7895	-1.6689	-1.6114	-1.8791	-1.5030	-1.3720	-1.4717
越南	信息通信产品	-0.0510	-0.0341	-0.0357	-0.0227	-0.0437	-0.0333	-0.0399	-0.0372	-0.0501	-0.0878
	智能计算产品	2.7519	2.0746	1.1215	0.4720	0.7634	0.7825	0.6907	0.6848	0.3913	0.3903
	通信产品	-1.4586	-0.9548	0.5721	2.3566	2.6800	2.7992	2.7431	2.5548	3.1224	3.0922
	电子产品	-1.3443	-1.1539	-1.7293	-2.8514	-3.4871	-3.6150	-3.4737	-3.2768	-3.5638	-3.5703

资料来源：根据WTO Data有关数据编制。

信息通信产业的快速形成与发展。新加坡信息通信产业政策成熟且跨国公司众多，处于研发与设计等高附加值环节，具有较强的国际竞争力；马来西亚信息通信产业政策较为成熟且产业集群化明显，处于深加工与研发等中高附加值环节，颇具国际竞争力；泰国和越南信息通信产业政策以及吸引外资政策有待完善，处于加工与制造等中低附加值环节，国际竞争力相对较弱。

在政府产业政策方面，东盟四国的产业政策推动了信息通信产业的发展，通过出台贸易政策、税收优惠以及外资引进措施，推动了信息通信产业园区的形成，带动了国内信息基础设施建设和人才培养，实现了信息通信产业的发展。例如，为加快信息通信产业的发展，新加坡政府先后推出了"信息通信21世纪计划""智慧国2015计划""智慧国2025计划"。同时，政府继续促进网络基础设施的建设，加快开放信息通信市场，积极引导信息通信产业朝着微电子方向发展，将新加坡建成全球的信息化强国。新加坡政府将信息通信产业作为长期战略性产业，持续关注该产业集群的正向效应和产业价值链的提升，加大基础设施投入和人力资源开发，从而推动本国信息通信产业的发展。

在跨国公司行为方面，跨国公司采取全球化战略，利用不同国家、不同地区的区位优势，将价值链上的各个环节分散到不同区域，从而实现低成本优势，增强公司的竞争力。其中，马来西亚是吸收跨国公司技术溢出效应、迅速发展信息通信产业的典型。近年来，马来西亚的信息通信产业集群越来越密集并显现出正向效应，随着跨国公司逐步扩散的技术溢出效应，马来西亚信息基础设施日益完善，信息通信产业发展水平不断提高。马来西亚政府充分利用跨国公司主导的产业集群和技术溢出效应，实现了信息通信产业的发展。

在产业国际竞争力方面，东盟四国积极推动信息通信产业的结构调整与升级，提升产业的国际竞争优势。新加坡信息通信产业的出口结构发生了较大变化，具有较高技术含量的电子产品所占份额增大；马来西亚出口结构得到了持续优化，逐步聚焦于高技术含量的电子产品生产环节；泰国出口结构一直较稳定，技术含量较低的计算产品所占份额依然较大；越南成功吸引了

跨国公司前来设厂，通信产品贸易额快速增长，推动了其信息通信产品出口额的增长，但越南在高技术含量的电子产品贸易中仍存在巨额技术逆差。

参考文献

Ernst, D., and P. Guerrieri (1998). "International Production Networks and Changing Trade Patterns in East Asia: The Case of the Electronics Industry." *Oxford Development Studies*, 26 (2): 191 - 212.

Ernst, D. (2006). "Innovation Offshoring: Asia's Emerging Role in Global Innovation Networks." *Economics Study Area Special Reports*, 10.

Freeman, N. J. (2000). International Production Networks in Asia: Rivalry or Riches? Journal of Southeast Asian Economies, 19.

Fukunari, K., A. Mitsuyo (2005). "The Economic Analysis of International Production/Distribution Networks in East Asia and Latin America: The Implication of Regional Trade Arrangements." *Business & Politics*, 7 (1): 1 - 36.

Gereff, G., J. Humphrey, and T. Sturgeon (2005). "The Governance of Global Value Chains." *Review of International Political Economy*, 12 (1): 78 - 104.

ITU (2018). *Measuring the Information Society Report 2018*. Hammamet, Tunisia.

Vu, K. M. (2013). "Information and Communication Technology (ICT) and Singapore'sEconomic Growth." *Information Economics & Policy*, 25 (4): 284 - 300.

全球价值链下的中国与东盟经贸关系

金 言 杜声浩[*]

摘　要： 在新的国际产业分工格局下，中国和东盟是全球价值链和生产网络的重要节点。与之相应，中国与东盟的经济贸易关系也以全球价值链为基础，表现为中间产品占双边贸易的半壁江山。当前，全球价值链面临着调整与重组，我国应有计划地逐步在中国－东盟区域构建与跨国公司主导的全球价值链平行的、以中国企业为主导的区域产业链或供应链，从而构建新型的中国－东盟经贸关系的微观基础。

关键词： 全球价值链　中国－东盟　经贸关系　中间产品

伴随着国际产业分工格局的变化，以产品内分工为基础、跨国公司为主导的全球价值链迅速发展，并形成了具有竞争力的区域生产网络，中国和东盟成为全球价值链和区域生产网络的重要节点，由此中国与东盟经济关系的基础也发生了深刻变化。本报告拟就全球价值链下的中国与东盟经贸关系的发展现状、主要特征和对策建议作一分析。

一　中国和东盟参与全球价值链的进程

随着国际产业分工格局的变化，跨国公司将其价值链和产业链延伸到世

---

* 金言，厦门大学新加坡研究中心教授，博士生导师，经济学博士；杜声浩，厦门大学南洋研究院世界经济专业博士生。

界各国，形成了具有竞争力的区域生产网络。当前，以产品内分工为基础的全球价值链和区域生产网络，主要由欧盟、北美和东亚三大区域生产网络构成，中国和东盟国家成为全球价值链和东亚区域生产网络的重要节点。在新的国际产业分工条件下，中国和东盟国家参与全球价值链从少数几国演变为几乎所有国家，加入国际化生产的产业规模逐步扩大、部门增加，相关的产业集群逐步形成，并在全球价值链和生产网络中扮演着重要的角色。①

中国参与全球价值链分工伴随着中国经济开放的进程，2001年中国加入世界贸易组织（WTO），标志着中国开始深度融入全球价值链。从20世纪80年代初开始，中国参与全球价值链分工，由于资金短缺、资源匮乏和技术落后的多重约束，中国凭借廉价劳动力的比较优势，以劳动密集型的加工和组装环节嵌入全球价值链分工网络，以加工贸易为主，大量进口中间产品；进入20世纪90年代，中国制造业的国产化能力得以提升，初级工业材料和零部件制造可取代进口的同类产品，国内制造业可嵌入全球价值链分工环节增多，对中间产品的进口依赖降低，而中间产品的出口增加；2001年中国入世后，中国参与全球价值链的几乎所有制造业部门的前后向参与度均得到提升，前端中间产品生产和后端加工制造的工序都在逐步延伸，反映出中国制造业正在全面融入全球价值链；2012年以来，在加工贸易转型升级的政策引导下，中国逐渐向全球价值链的中上游位置攀升，资源密集型和劳动密集型产业的国际竞争力逐步下降，而资本技术密集型制造业的国际竞争力显著提升。

中国入世后，中国制造业全面参与全球价值链分工网络，在全球价值链中扮演着重要的角色。在全球价值链中，中国的产业国际竞争力主要体现在制造业部门，多数传统制造业部门的国际竞争力明显超过发达国家，但先进制造业部门与发达国家仍存在全方位的差距，但与其他新兴国家相比具有较大的竞争优势；在全球价值链中，中国与美、德、日、韩等制造强国和亚洲

<hr />

① WTO（2017）．"Global Value Chain Development Report 2017：Measuring and Analyzing the Impact of GVCs on Economic Development."https：//www.wto.org/english/res_e/publications_e/gvcd_report_17_e.htm.

新兴经济体的双边联系相对紧密，其中东盟国家是重要的增加值贸易伙伴，中国也成为东盟国家中间产品的主要供应国；在全球价值链中，中国成为全球中间产品的最大供应国，正在逐步从全球价值链的低端向中高端移动，但与发达国家相比仍然处于低位，而且由于参与全球价值链形成的路径依赖，使得全球价值链攀升变得艰难。①

东盟国家多属于外向型经济，参与全球价值链要早于中国。20 世纪 60 年代中后期，东盟主要国家开始实施出口工业化政策，但各国参与国际产业分工依然以产业间分工为主，与发达国家间产业链的联系仅仅停留在原材料供应上，主要承接劳动密集型产业，生产的全球性联系尚处于萌芽阶段。20 世纪 70 年代，东盟主要国家开始参与全球价值链，凭借廉价劳动力，以劳动密集型的加工和组装参与全球价值链的分工网络，其主导产业从轻纺工业转向电子产业。到 20 世纪 80 年代末，欧、美、日跨国公司开始将标准化的产品生产大规模转移至发展中国家，东盟主要国家加速融入全球价值链，从加工组装环节逐渐向零部件生产环节攀升，而后进的东盟国家（越南、老挝、柬埔寨和缅甸）也开始参与到全球价值链的进程中，承接劳动密集型产业和生产工序。进入 21 世纪，电子信息产业仍然是东盟国家参与全球价值链的主导产业，但汽车、化工、生物医药、船舶制造等部门行业也参与到全球价值链中。

从东盟国家参与全球价值链看，早期仅限于新加坡、马来西亚、泰国等少数几个国家。到 20 世纪 80 年代中期，印尼、菲律宾等也迅速加入全球价值链分工网络。随着越南、老挝、柬埔寨和缅甸开始推行经济开放与革新的政策，大力引进外商直接投资，这些国家也逐渐参与到全球价值链的进程中，承接劳动密集型产业和生产工序。由此，该区域参与全球价值链从少数几国演变为几乎所有东盟成员国，融入全球价值链的程度日益加深。② 同

---

① Haddad, M. (2007). "Trade Integration in East Asia: The Role of China and Production Networks." World Bank Working Paper, No. 4160.

② Ayako Obashi and Fukunari Kimura (2017). "Deepening and Widening of Production Networks in ASEAN." *Asian Economic Papers*, pp. 1 – 27.

时，东盟国家已经由最初的以劳动密集型的轻纺工业为主拓展到以电子信息、汽车、化工、生物医药、造船等资本和技术密集型产业为主导，部分国家已具备从原材料到零部件再到加工组装出口的生产能力，融入国际化生产的行业和工序扩大，相关的产业集群逐步形成。目前，东盟国家已建成世界最大的硬盘和亚洲主要的半导体生产基地，新加坡是全球第三大石油炼制中心，泰国已跻身世界第八大汽车出口国，菲律宾已成为世界第四大船舶制造国。

东盟国家参与全球价值链主要由跨国公司资本与技术驱动，本土企业以中小企业为主，它们在全球价值链中仍处于低端位置，在生产与流通过程中不同程度地表现为对外资本依赖、对外技术依赖和市场依赖。对外资本依赖主要表现为本国资本缺乏，资本市场欠发达，企业融资渠道狭窄，吸引外资成为本国资本形成的重要来源；对外技术依赖主要表现为在最终产品制造流程中，核心的专利设计由跨国公司控制，本地企业不具备核心零部件的研发生产能力，主要依赖外部购买或进口。除新加坡外，东盟国家研发能力普遍较低，高技术人才匮乏，企业自主研发能力不足；市场依赖主要表现为东盟国家参与了国际化生产过程，但产业链的核心技术、主要零部件生产依然掌握在跨国公司手中，相关产业技术和零部件需要进口。

二 全球价值链下中国与东盟经贸关系的特点

在新的国际产业分工格局下，中国和东盟是全球价值链的重要节点，并成为世界最大和第四大进出口贸易国家或地区。与之相应，中国与东盟的经济贸易关系也是以全球价值链为基础，表现为中间产品（半成品和零部件）占双边贸易的半壁江山，价值链贸易制约贸易平衡，全球价值链重组将会影响未来贸易方向。

（一）中国和东盟是全球价值链和区域生产网络的重要节点

伴随着国际产业分工的深化，传统的垂直型分工向混合型分工转变，与传统的产业间和产业内分工不同的以产品内分工为主的全球价值链和区域生产网络迅速形成。在新的国际产业分工格局下，跨国公司根据全球经营战略，将新兴国家纳入其全球生产网络体系，中国、东盟成为跨国公司全球价值链和区域生产网络的重要节点。作为全球价值链和生产网络的重要环节，中国、东盟国家的中间产品（零部件、半成品）贸易占较大比重。目前，中国、东盟中间产品贸易分别占贸易总额的40%~60%。

在全球价值链和生产网络中，由原材料供应加工生产、零部件生产、装配测试等多个环节形成相应的全球产业链。对于原始设备制造商（OEMs）来说，公司可以选择通过垂直一体化（原始设备制造商根据地区资源禀赋的差异，建立上游的生产部门，实现全球化生产）、生产外包（公司专注于营销、设计、品牌建设等高附加值领域，将生产任务整体外包给合同制造商）以及零部件的全球性购买（公司向零部件厂商外购模块化部件并完成最终产品组装上市）的方式实现最终产品的全球化生产。中国和东盟国家参与以跨国公司为主导的全球价值链和生产网络的主要形式，一是作为跨国公司的原始设备制造商代工企业。该类企业直接进入原始设备制造商体系，对接跨国公司生产需求与管理；二是成为跨国公司全球生产网络中的成员。随着合同制造商的兴起，这些企业通过参与合同制造商的生产网络进入国际化生产，或成为母公司的三级或更低级的供应商，或参与生产性服务业提供配套服务。

（二）中国与东盟双边贸易以中间产品为主

在中国与东盟的双边贸易中，中间产品（零部件、半成品）贸易比重超过60%。其中，主要来自跨国公司区域生产网络中的公司内贸易。据统计，2000~2017年，在中国对东盟出口的商品结构中，初级产品所占比重为9%~20%，最终产品所占比重为15%~20%，而中间产品所占比重为60%~70%，其中零部件所占比重为30%~44%，半成品所占比重为25%~46%；在中国从东盟进口的商品结构中，初级产品所占比重为1%~7%，最终产品所占比重为35%~40%，而中间产品所占比重为55%~60%，其

中零部件所占比重为25%～32%，半成品所占比重为26%～41%（见表1）。由此可见，中间产品（零部件、半成品）贸易一直是中国与东盟双边贸易的重要基础，它主要是以跨国公司主导的全球价值链和供应链下中间产品的贸易。近年来，跨国公司在中国和东盟国家的直接投资迅速扩大，该地区成为全球价值链和区域生产网络的重要节点，跨国公司在中国的投资企业和在东盟国家的投资企业之间的中间产品贸易，带动了中国与东盟进出口贸易的持续增长。

表1　2000～2017年中国与东盟贸易的商品构成

单位：%

年份	初级产品		中间产品				最终产品			
			零部件		半成品		消费品		资本品	
	出口	进口	出口	进口	出口	进口	出口	进口	出口	进口
2000	14.50	7.82	30.05	25.94	40.70	29.24	3.57	18.94	11.18	18.07
2001	12.34	4.90	34.58	26.80	38.21	29.47	3.97	17.65	10.90	21.19
2002	10.95	5.40	37.51	31.45	36.09	26.08	3.37	15.51	12.08	21.56
2003	10.34	5.13	38.91	31.43	32.11	27.24	3.08	13.92	15.56	22.28
2004	10.16	2.82	40.33	31.67	29.98	29.29	3.54	12.26	15.99	23.95
2005	9.87	2.87	43.91	32.48	25.71	29.89	3.58	10.95	16.94	23.81
2006	9.70	2.41	44.76	32.11	25.82	29.42	4.19	10.70	15.52	25.36
2007	12.72	2.04	44.20	25.96	24.99	34.65	3.00	10.80	15.08	26.54
2008	13.68	1.75	38.79	25.64	27.36	34.56	3.03	10.45	17.14	27.61
2009	14.33	1.54	35.24	30.50	28.00	27.48	4.05	11.85	18.38	28.64
2010	16.53	1.25	36.01	24.77	28.50	35.06	3.52	11.09	15.44	27.84
2011	20.87	1.13	32.72	22.95	28.52	36.62	3.82	11.20	14.07	28.11
2012	18.16	1.04	32.44	24.40	29.58	35.23	4.63	10.65	15.19	28.67
2013	18.05	0.94	33.67	24.62	30.49	36.37	5.54	10.63	12.34	27.44
2014	13.72	0.93	34.34	23.28	32.29	39.10	6.59	10.45	13.06	26.25
2015	9.66	0.96	37.95	22.39	30.52	38.58	8.18	11.28	13.69	26.79
2116	14.92	3.47	37.92	16.95	29.84	41.83	4.86	15.03	12.46	22.73
2017	13.09	2.75	13.06	13.32	46.59	41.44	2.85	11.57	23.87	30.91

资料来源：根据 UN Comtrade Database 的数据编制。

近年来，中国与越南贸易迅速扩大，并跃居为中国与东盟贸易的最大贸易伙伴。究其原因，主要是韩国在中国和越南投资设厂构建区域产业链和供应链，韩资在华企业和在越企业之间的中间产品贸易，带动了中越进出口贸易的大幅增加。近年来，韩国企业大量在越南投资设厂，尤其是韩国三星公司扩大了在越南的投资，三星电子、三星电器、三星SDI、三星显示器等三星主要电子产业部门均在越南设立了生产线，由此越南成为三星公司全球经营战略的重要组成部分。其中，智能手机生产线设在越南的贝宁市和太原市，这两座工厂每年生产约1.5亿部智能手机，相当于三星智能手机年产量的40%。2017年，三星公司在越企业出口额达500亿美元，相当于越南国内企业的出口总额。① 另一方面，韩国企业在中国的投资已具规模，尽管有些韩资企业开始向东盟国家转移，但仍未放弃中国市场。例如，韩国三星公司在中国共有9家生产基地、8家研发基地，2016年三星在华子公司进入中国对外贸易500强企业就有15家，进出口贸易额达613亿美元。

（三）中国－东盟价值链贸易影响双边贸易的平衡

自中国－东盟自由贸易区全面建成后，中国与东盟的贸易迅速扩大，但双边贸易的平衡问题日益凸显。据中方统计，2012年起双边货物贸易中方持续顺差，2012～2017年中方贸易顺差分别为84.15亿美元、445.3亿美元、635.2亿美元、828.09亿美元、597.7亿美元和434.2亿美元。中国与东盟双边贸易不平衡，是许多东盟国家十分关注和敏感的问题。实际上，近年来中国与东盟国家的贸易平衡涉及价值链贸易问题。本课题组曾以投入产出分析为基础，运用贸易增加值的核算方法，采用亚洲开发银行（ADB）多地区投入产出数据库（ADB－MRIO），对2011～2016年中国与东盟七国（包括文莱、柬埔寨、老挝、马来西亚、菲律宾、泰国和越南）35个贸易部门进行了实证分析，其研究结果显示，在价值链贸易中，2011～2013年中国与东盟增加值贸易顺差要高于总值贸易顺差，而2014～2016年增加值贸易顺差要低于总值贸易顺差。据计算，从2014～2016年中国对东盟的总值贸易顺差和增加值贸易顺差看，整体的总值贸易顺差均超过增加值贸易的

---

① 《吸引外资30年：越南深入参与全球价值链的杠杆》，越通社，2018年9月5日。

25%，制造业的总值贸易顺差均超过增加值贸易的 26%，中高级制造业的总值贸易顺差均超过增加值贸易的 29%。也就是说，中国对东盟双边贸易顺差可能被高估了约 1/4。同时，中国对东盟初级部门总值贸易和增加值贸易多数年份处于逆差，对东盟低技术制造业的总值贸易和增加值贸易（除 2014 年）均为逆差，对东盟服务业总值贸易和增加值贸易，中方均保持逆差。[①]

（四）全球价值链的重组将直接影响中国 - 东盟价值链贸易

当前，全球价值链面临着重新分配和重新布局，美国、日本试图促使制造业回流，美国推动高水平贸易投资规则谈判，力图强化其全球价值链的主导权。东盟国家借助全球价值链调整与重组的时机，消除货物和服务流通障碍，促进贸易投资自由化和便利化，推动国内产业结构的升级，依托区域供应链推动产业集群的形成。一些后起的东盟国家利用比较成本优势，大力吸引跨国公司在当地投资设厂，承接部分劳动密集型产业和工序的转移，力争成为跨国公司的区域零部件供应商和组装厂。因此，以跨国公司主导的全球价值链的重组，尤其是中美贸易摩擦可能加速这一重组进程，它势必改变跨国公司在中国和东盟投资企业内部贸易的结构与流向，这势必改变跨国公司在中国和东盟投资企业内部贸易的结构与流向，这将直接影响中国 - 东盟经贸关系的现实基础，从而对中国与东盟以中间产品为主的价值链贸易产生较大影响。

三 基于价值链推进中国与东盟经贸关系的政策建议

东盟国家是中国最重要的周边地区之一，也是"一带一路"建设的重点地区。在共建"一带一路"国家中，东盟国家总体的经济规模（GDP）、贸易总额、外商直接投资（FDI）流量均为最大，在中国与共建"一带一

---

① 李南：《中国与东盟双边贸易的平衡问题初探——以投入产出分析的视角》，《东南亚蓝皮书：东南亚发展报告（2016 ~ 2017）》，社会科学文献出版社，2018。

路"国家贸易中最大的四个贸易伙伴均为东盟国家（越南、马来西亚、泰国和新加坡），中国对共建"一带一路"国家十大直接投资存量国中有六个是东盟国家（新加坡、印尼、老挝、缅甸、柬埔寨和泰国）。在新的国际产业分工格局下，除了继续为现有区域生产网络发展创造良好的营商环境外，我国还应推动中国－东盟区域经济整合、配合我国的产业升级与转移，促进区域内的产业对接和产能合作，有计划地逐步在区域内构建与跨国公司为主导的全球价值链平行的、以中国企业为主导的区域价值链或生产网络，以扩大与加深区域经济相互依存和互利合作的关系，从而逐步构建新型的中国－东盟经贸关系微观基础。

首先，构建以中国企业为主导的区域价值链和供应链，打造新型的中国－东盟命运共同体的微观经济基础。尽管当前中国与东盟经贸关系处于历史上最好的发展时期，双边贸易额超过 5000 亿美元，但它主要是以跨国公司主导的全球价值链为基础，而且随着全球价值链的调整和重组，尤其是中美贸易摩擦可能加速这一重组进程，它势必改变跨国公司的资源配置和区域布局，这将直接影响中国－东盟经贸关系的现实基础。因此，在推动中国－东盟区域经济整合、促进我国产业升级与转移的进程中，应该有效地利用中国－东盟自贸区的升级版，有计划地逐步在中国－东盟区域内构建以中国企业为主导的区域价值链或生产网络，将当地企业纳入中国企业的区域产业链或供应链中，促进中国企业与东盟企业密切的前向联系和后向联系，形成"你中有我、我中有你"的利益关系，由此为中国－东盟命运共同体创造坚实的微观经济基础。

其次，引导核心优势企业在东盟国家投资设厂，构建中国－东盟区域价值链或生产网络。近年来，中国在东盟国家的直接投资迅速扩大。据统计，截至 2018 年底，中国对东盟 10 国的直接投资存量为 1028.6 亿美元，中国在东盟设立直接投资企业超过 5200 家，雇用外方员工近 43 万人。[①]

---

① 中国商务部、国家统计局和国家外汇管理局：《2018 年度中国对外直接投资统计公报》，第34 页。

在现阶段，中国在东盟国家的投资企业缺乏与当地企业产业或工序的前向联系和后向联系，必须改变以往企业单纯以商品、服务和资本输出为目标，引导企业到当地建立自己的产业链和供应链，鼓励具有产业优势和核心竞争力的企业到东盟国家投资设厂，利用我国在电子信息、轨道交通、家电、工程机械、建材、化工、电力、工程机械、纺织等的产业优势，培育当地的辅助工业，将当地企业纳入以中国企业为主导的区域产业链或供应链中。

再次，建立和完善中国在东盟的工业区或经贸合作区，推动产业链和供应链向当地延伸。目前，中国企业在东盟8个国家（不包括新加坡和菲律宾）中已建设了23个具有境外经贸合作区性质的投资项目，吸引了421家中资企业入区投资51.5亿美元。不过，现有的这些工业区或经贸合作区主要吸引中资企业入区，与当地企业的产业或工序缺乏紧密的前后向联系。因此，必须调整在东盟设立工业区或经贸合作区的目标和导向，鼓励和引导中国企业在当地建立产业链和供应链，吸引当地辅助工业企业在园区投资设厂，将这些工业园区或经贸合作区打造为中国企业主导的区域产业链和供应链的平台。

最后，强化政策指导和服务保障，加快构建中国－东盟区域跨境产业链或供应链。随着"一带一路"倡议的提出和推进，东盟出台了东盟共同体发展蓝图、互联互通总体规划，各国还相继推出"工业4.0"战略与政策。中国与东盟国家制定和实施的发展战略、互联互通和目标产业有许多相近之处，这为构建新型的区域价值链和生产网络创造了有利条件。在现有的合作基础上，应按照"东盟所需、中国所长"的原则，以市场为导向，以企业为主导，为企业建立区域跨境产业链或供应链提供政策支持和指导，要严格遵循市场原则和国际通行规则，坚持企业自主决策，加强对企业境外投资的国别行业指引，在人才、税收、金融、海关、认证和信息等方面提供政策支持，进一步完善中国－东盟区域工业园或经贸合作区建设，逐步打造以中国企业为主导的区域跨境产业链或供应链。

参考文献

ASEAN Secretariat（2017）. *A Historic Milestone for FDI and MNEs in ASEAN.* Jakarta：ASEAN.

Ayako Obashi and Fukunari Kimura（2017）. "Deepening and Widening of Production Networks in ASEAN." *Asian Economic Papers*, *2017*.

Haddad, M.（2007）. "Trade Integration in East Asia：The Role of China and Production Networks." *World Bank Working Paper*, 2007, No. 4160.

OECD-UNIDO（2019）. *Integrating Southeast Asian SMEs in Global Value Chains：Enabling Linkages with Foreign Investors.* Paris：OECD-UNIDO.

UNCTAD（2013）. *World Investment Report 2013：Global Value Chains：Investment and Trade for Development.* New York：UNCTAD.

UNIDO（2018）. *Global Value Chains and Industrial Development：Lessons from China, South-East and South Asia.* Vienna：UNIDO.

WTO（2017）. *Global Value Chain Development Report 2017：Measuring and Analyzing the Impact of GVCs on Economic Development.* Geneva：WTO.

国 别 篇
National Reports

B.7
柬埔寨的经济运行现状和前景分析

赵雪霏*

摘　要：　在世界经济增长放缓的形势下，各国经济增速普遍放缓，作为东南亚新兴经济体的柬埔寨则异军突起，国内经济依然保持了较快的增长。2011～2018年，柬埔寨的经济增长率均保持在7%以上，2018年柬埔寨的经济增速创下十年来的新高，2019年柬埔寨经济依然保持了稳定快速增长。同时，中国与柬埔寨的经贸合作迅速发展，中柬两国全面战略合作伙伴关系迈上新台阶。虽然柬埔寨经济保持了快速增长的势头，但仍存在一些困扰未来经济发展的结构性问题和不确定因素。

关键词：　柬埔寨经济　中柬经贸合作　结构性问题

* 赵雪霏，厦门大学南洋研究院世界经济专业博士生。

柬埔寨是一个具有悠久历史的文明古国，但由于长期战乱一直处于最不发达国家的行列。1991年《巴黎和平协定》签订后，柬埔寨进入和平发展时期，国内经济也由此逐步进入快车道。近年来，在世界经济增长放缓的形势下，柬埔寨经济保持了快速稳定的增长，年均经济增长率超过7%，成为全球经济增长较快的国家之一。

一　柬埔寨经济运行现状

近年来，世界经济增长普遍放缓，各国致力于摆脱发展困境，而作为东南亚新兴经济体的柬埔寨则异军突起，国内经济依然保持了较快增长。2001～2010年，柬埔寨经济年平均增长率为8%。2010年之后，柬埔寨各年的经济增长率保持在7%以上。2015年，柬埔寨人均国民收入（GNI）超过1025美元，2016年世界银行宣布柬埔寨摆脱低收入国家而进入下中等收入国家行列，柬埔寨也成为东盟成员国中最后一个跨入中等收入国家水平的国家。

20世纪90年代，柬埔寨重新进入和平发展时期，1999年后柬埔寨步入和平重建后的首个经济高速增长时期，1999～2003年国内经济年均增长率超过6%。2004年10月柬埔寨加入世贸组织（WTO），2004～2007年柬埔寨经济增速均在10%以上。2008年全球金融危机爆发，柬埔寨经济受到严重影响，2009年经济增长率大幅下降，当年经济增长率降至0.1%。随着全球经济复苏，国际市场的需求回升，柬埔寨国内经济迅速复苏，并保持了持续稳定的增长。2011～2018年，柬埔寨的经济增长率均保持在7%以上，2018年柬埔寨的经济增长率达到7.5%，创下十年来新高。同时，柬埔寨一直保持了低通胀率和低失业率，2018年柬埔寨的人均国内生产总值（GDP）为1548美元，消费物价指数（CPI）仅为2.5%，GDP平减指数为3.1%，失业率为0.2%（2014年数据）。

从总需求的角度看，2018年构成柬埔寨GDP的三大部分分别是，消费（占84.2%），资本形成（占28.5%,）净出口（占-12.7%）。消费、资本

形成和净出口对 GDP 的贡献率分别 62.2%、26.4% 和 11.4%，拉动 GDP 增长分别为 4 个百分点、1.7 个百分点和 0.7 个百分点。消费和投资是当年柬埔寨经济增长的主要引擎，其中消费的拉动力最大。在国内消费中，私人消费对 GDP 增长的贡献率为 46.8%，拉动 GDP 增长 3.5 个百分点；政府消费对 GDP 增长的贡献率为 5.6%，拉动 GDP 增长 0.4 个百分点；柬埔寨对外贸易依存度高，出口对经济增长的拉动较大，2018 年柬埔寨出口增长5.3%，进口增长 4.1%，但净出口额较 2017 年有所增加，净出口对 2018 年GDP 增长贡献率为负值（见表 1）。

表 1   2010～2018 年柬埔寨经济各领域和部门增长率

单位：%

领域和部门	2010 年	2011 年	2012 年	2013 年	2014 年	2015 年	2016 年	2017 年	2018 年
GDP	6.0	7.1	7.3	7.4	7.1	7.0	7.0	7.0	7.5
私人消费	8.8	10.5	4.6	5.8	4.5	6.0	6.8	4.6	4.6
政府消费	12.5	7.8	5.7	5.2	2.4	4.4	5.7	6.5	6.5
国内固定资本形成	-7.9	9.8	16.3	14.1	8.8	9.9	10.0	6.0	6.0
商品和服务出口	20.6	18.9	14.4	14.0	11.3	7.2	8.6	5.3	5.3
商品和服务进口	16.8	16.3	16.9	15.3	10.1	6.5	8.6	4.1	4.1
农业	4.0	3.1	4.3	1.6	0.3	0.2	1.3	1.7	1.2
工业	13.6	14.5	9.3	10.7	10.1	11.7	10.9	9.8	11.6
服务业	3.5	5.0	8.1	8.7	8.7	7.1	6.8	7.0	6.7

资料来源：National Institute of Statistics（NIS），Cambodia。

从总供给的角度看，2018 年构成柬埔寨 GDP 的三大生产部门分别是，农业（占 23.5%），工业（占 34.4%），服务业（占 42.1%）。农业是柬埔寨经济的基础，它在国民经济中占有重要的地位，但随着工业化进程的加快，农业在柬埔寨 GDP 中的比重日趋下降，2000 年农业增加值比重为37.8%，2015 年比重降至 30% 以下。2018 年，柬埔寨农业增加值增长1.2%，对 GDP 增长的贡献率为 3.1%，拉动 GDP 增长 0.2 个百分点；柬埔寨的工业包括矿业、制造业、水电气供应业和建筑业等，其中制造业是柬埔寨工业发展的引擎。2000～2018 年，柬埔寨工业增加值增长 11.6%，其占 GDP 的比重从 23% 升至 34.4%，制造业占 GDP 的比重从 15.9% 升至 23.2%。2018 年，柬埔寨工业增长对 GDP 增长的贡献率为 52.8%，拉动 GDP 增长 4 个百分点，柬埔寨经济增长以工业为主要动因的特征日益明显；柬埔寨的服务业近年来发展较快，主要包括批发零售、交通仓储与通信、房地产等行业。2018 年柬埔寨服务业增加值增长 6.7%，对 GDP 增长的贡献率高达 44.1%，拉动 GDP 增长 3.3 个百分点。柬埔寨服务业主要集中在批发零售、房地产、交通运输与仓储、旅馆餐饮和金融保险等五大行业，2018 年这五大产业增加值增速分别是 6.7%、7.5%、7.5%、5.8% 和 7.5%，其增加值合计占柬埔寨 GDP 的 29.4%，对 GDP 增长的贡献率为 27.5%，拉动 GDP 增长 2.1 个百分点。2018 年，柬埔寨外国游客到访量达 620 万人次，旅游收入为 43.5 亿美元，旅游收入占 GDP 的 12.7%。

2019 年，柬埔寨经济增长保持了稳定增长的势头。据国际货币基金组织（IMF）、世界银行和亚洲开发银行的预测，2019 年柬埔寨的经济增长率为 7.0%。据柬埔寨官方统计，2019 年柬埔寨 GDP 总值达到 268 亿美元，增速达 7.1%，人均 GDP 达 1679 美元，通胀率为 2.8%，失业率仅 0.3%，贫穷率降至 10% 以下。目前，服装鞋业加工、旅游、建筑业和农业仍是柬埔寨国内经济的支柱产业。据柬埔寨商业部统计，2019 年前 10 个月，柬埔寨出口额达到 108 亿美元，同比增长 6.4%。其中，服装纺织品和鞋类为 73.5 亿美元，占比为 68%；大米为 2.86 亿美元，占比为 2.6%。① 2019 年，柬埔寨的经常账户赤字将在 2018 年占 GDP 比重 12% 的基础上有所扩大。同时，外国投资者对柬埔寨经济发展依然看好。据统计，2018 年柬埔寨吸引的外商直接投资流量为 31.03 亿美元，比上年增长 11.3%。2019 年 1～9 月，柬埔寨国土、城市规划和建设部共向 3433 个建设项目发放了许可证，比 2018 年同期增长 35%，建筑业投资者主要来自中国、韩国和日本。2019 年前 11 个月，该行业吸引 87 亿美元投资，比 2018 年同期增长 67%。此外，

① 《前 10 月出口贸易大幅提升》，柬埔寨《柬华日报》2019 年 12 月 19 日。

2019 年前 10 个月赴柬的外国游客人数达到 529 万人次，同比增长 9.7%。其中中国游客超过 200 万人次，同比增长 24.4%①。

二　中柬经贸合作在柬埔寨经济发展中的作用

近年来，中国与柬埔寨的经贸合作迅速发展，两国经贸合作在柬埔寨经济发展中发挥了重要作用。2002 年 11 月，中国政府宣布免除柬埔寨对华的所有到期债务。2011 年，中柬两国签署了 29 项经贸合作协议。2014 年 10 月，柬埔寨正式签署《亚洲基础设施投资银行协定》，成为亚投行 57 个意向创始成员之一。2016 年 10 月，中国国家主席习近平访问柬埔寨，两国签署了外交、共建"一带一路"、产能合作、投资、水利、新闻、海洋等领域 31 项双边合作文件，标志着中柬全面战略合作伙伴关系迈上新台阶。2018 年 1 月，中国国务院总理李克强访问柬埔寨，两国签署了经贸、科技、卫生、林业、农业、人文等领域 19 项双边合作文件。2019 年 1 月，柬埔寨首相洪森访华，两国农业、水库、公路、供水和投资合作等 8 项合作协议和谅解备忘录。

（一）中柬双边贸易不断扩大，中国是柬埔寨最大的贸易伙伴

进入 21 世纪，中国与柬埔寨的双边贸易不断扩大。中国政府先后两次宣布对柬埔寨实行特殊优惠关税待遇政策，即给予柬部分出口产品零关税待遇。其中，第一批特惠关税产品于 2004 年 1 月 1 日起实行，第二批特惠关税产品于 2006 年 1 月 1 日起实行。从 2009 年 10 月 1 日起，中国和柬埔寨按照中国－东盟自贸区降税安排实施首次降税。这次降税覆盖 7000 多种商品，每种商品的关税较原来降低了 0~5 个百分点，到 2015 年中柬两国超过 90% 的产品实现零关税。1992 年中柬双边贸易额仅为 0.12 亿美元，到 2000

---

① 中国商务部驻柬埔寨经商参赞处：《柬埔寨 2019 年经济形势及 2020 年预测》，http：//cb. mof com. gov. cn/article/zwrenkou/202001/20200102927796. shtml。

年双边贸易额升至 2.4 亿美元。据中方统计，2000～2017 年期间，中柬双边贸易额从 2.24 亿美元增至 57.9 亿美元，2018 年达到 73.9 亿美元，实现了中柬两国领导人确定的 2017 年双边贸易额达到 50 亿美元的目标。2012 年以来，中国一直是柬埔寨第一大贸易伙伴和第一大进口来源国。据中方统计，2019 年 1 月至 11 月，中柬双边贸易额达 85.3 亿美元，同比增长 27.8%。中柬两国政府确定，到 2023 年双边贸易额要突破 100 亿美元的目标。

据联合国贸易统计数据库的统计，在柬埔寨对中国出口商品结构中，2008～2018 年，按照国际贸易商品的标准（SITC）分类，食品及食用活动物类（SITC0）占比由 2.51% 升为 18.63%，饮料及烟类（SITC1）占比由 2.01% 降为 0.02%，非食用原料（燃料除外）（SITC2）占比由 14.43% 降为 4.83%，动植物油脂及油脂类（SITC4）占比由 0.83% 降为 0.02%，未列名化学名及有关产品类（SITC5）占比由 0.02% 升为 5.25%，按原料分类的制成品类（SITC6）占比由 7.55% 升为 17.88%，机械及运输设备类（SITC7）占比由 2.78% 升为 6.6%，杂项制品类（SITC8）占比由 57.04% 下降为 35.93%，未分类的其他商品类（SITC9）占比由 12.81% 下降为 0.13%；在柬埔寨从中国进口商品结构中，SITC0 类占比由 0.72% 降为 0.6%，SITC1 类占比由 0.71% 降为 0.12%，SITC2 类占比由 0.53% 升至 1.13%，SITC3 类占比由 0.2% 降为 0.13%，SITC4 类占比由 0.02% 降为 0.01%，SITC5 类占比由 1.86% 升为 7.14%，SITC6 类占比由 69.46% 降至 67%，SITC7 类占比由 21.32% 降为 16.71%，SITC8 类占比由 5.17% 升为 5.96%，SITC9 类占比由 0.003% 升为 1.19%。此外，2000 年以后，柬埔寨对中国的贸易绝大多数为逆差，仅 SITC0 类在 2013 年起由逆差转为顺差。

（二）中国加大对柬埔寨的投资，成为柬埔寨最大的外资来源国

长期以来，中国对柬埔寨的直接投资持续增长，一直是柬埔寨最大的外资来源国。2010～2018 年，中国对柬埔寨的直接投资（FDI）流入量从 4.67 亿美元增至 7.78 亿美元，达至历史最高值。截至 2018 年底，中国在

柬埔寨直接投资存量达 59.74 亿美元。[①] 据中方统计，截至 2019 年 11 月底，中国累计对柬埔寨直接投资近 90 亿美元。在柬埔寨，中资企业的投资领域涵盖成衣、农业、房地产、建筑材料、农产品加工、电力、电信、卫生等领域。近年来，中资在柬埔寨投资的企业开始注重向上下游集群发展，产业配套也逐渐得到发展，整个产业链日益完善。同时，中国企业在柬埔寨投资建设的工业园区进展较快。其中，西哈努克港经济特区是柬埔寨最大的经济特区，该经济特区是中国与柬埔寨签订双边政府协定、建立双边协调机制的第一个经济合作区。按西哈努克港经济特区的规划，该特区建成后将吸引 300 家企业（机构）入驻，创造 8 万~10 万个就业岗位，形成功能配套齐全的生态化样板园区。自 2008 年 10 月第一个企业入驻后，西哈努克港经济特区已吸引 161 家企业入驻，就业人数近 2.9 万人。[②]

一般说，FDI 关注指数和 FDI 合作指数可以衡量一国对另一国投资的关注程度和 FDI 合作的发展程度。[③] 从 FDI 关注指数看，若该指数大于 1，说明东道国受到投资国的关注；若该指数大于 0 小于 1，说明东道国受到投资国的关注，但关注程度相对较低；若该指数小于 0，说明投资国对东道国的投资净流出，对东道国投资关注度转移。同时，从 FDI 合作指数看，若该指数大于 1，表示东道国和投资国的 FDI 发展状况较好；小于 1 则表示东道国和投资国的 FDI 发展状况欠佳。根据近年中柬 FDI 关注指数和 FDI 合作指数的计算结果显示，自 2001 年以来，中柬两国的 FDI 关注指数一直稳定在 20 左右，表明中国对柬埔寨表现出很大的投资意愿；中柬两国的 FDI 合作指数基本稳定在 10 以上，表明中柬两国 FDI 合作状况发展良好。

---

① 中国商务部、国家统计局、国家外汇管理局：《2018 年度中国对外直接投资统计公报》。

② 《柬埔寨西哈努克港经济特区》，http://www.ssez.com/company.asp? Ione = 3。

③ FDI 关注指数是指投资国对东道国的关注程度，等于投资国对东道国的 FDI 占其对世界的 FDI 的比重与该东道国 GDP 在世界中的比重的比值；FDI 合作指数是指投资国和东道国之间关于 FDI 合作的发展程度，等于投资国对东道国的 FDI 关注指数和东道国对投资国 FDI 依赖指数的乘积。

（三）中柬两国在其他经济技术领域的合作进一步扩大和深化

由于中柬两国经济发展水平不同，因此经济互补性强，双方的经济技术合作发展迅速，在基础设施、农林、海洋、科技、教育和卫生等领域展开了密切合作。2018 年 12 月，中国与柬埔寨签署了无偿援助经济技术合作协定。根据协议，该援助用于实施两国政府商定的民生和重大基础设施建设项目。据中方统计，中国企业在柬埔寨修建公路里程 2000 多公里，输变电线路逾 8000 公里，建成的水利项目灌溉面积超 43 万公顷。在柬埔寨，近 80% 的发电量来自中国企业建设的 7 座水电站和 1 座火电站。目前，正在进行的项目包括跨湄公河大桥、11 号公路改建、3 号公路改扩建工程、赛索柬中友谊立交桥、阿江水利灌溉工程等。2017 年 11 月，中柬两国签署了《电子商务合作的谅解备忘录》，双方将加强电子商务领域的交流合作。同时，中国与柬埔寨的旅游合作进展顺利。2018 年，到柬埔寨的中国游客超过 200 万人次，每周往返两国的航班达 207 班。在教育合作领域，中国为柬埔寨培训了大批各方面的急需人才，涉及外交、农业、工业、交通、金融、商务、教育、卫生等多个领域。此外，还启动了柬埔寨教育环境设施改善项目，采取由中国政府提供无偿援助资金，受援方自建模式实施。

（四）中柬两国完成自由贸易协定谈判联合可行性研究，将启动双边自贸协定谈判

2019 年 1 月，柬埔寨洪森首相访问中国期间，中柬两国领导人同意适时探讨启动双边自由贸易协定可行性研究。12 月间，双方就自由贸易协定谈判联合可行性研究进行了正式磋商，并完成了可行性研究。2020 年 1 月，两国将正式启动双边自由贸易协定的第一轮谈判，双方将就货物贸易、原产地规则、海关程序和贸易便利化、技术性贸易壁垒、卫生与植物卫生措施、投资合作、服务贸易、透明度、经济技术合作、"一带一路"倡议合作、电子商务及相关法律事宜等展开实质性谈判。中柬两国商签双边自由贸易协

定，这是深化双方经贸联系、发展两国全面战略合作伙伴关系、推动共建中柬命运共同体的具体举措。

三 柬埔寨经济发展的前景

近十年来，柬埔寨政局保持了相对稳定，经济保持了高增长、低通胀和低失业率，产业结构得以逐步调整和优化。农业作为国民经济基础的地位进一步加强，工业在国民经济中的比重上升，对外贸易和引进外资成效显著，旅游业带动其他服务业的发展，并进一步融入全球价值链和区域生产网络中。

2018 年 7 月，由柬埔寨首相洪森领导的执政党人民党再次获得一个五年任期。在第一次政府内阁会议上，洪森说，第六届政府将继续加强和扩大由第四届政府所提出的"四角战略"。近十年来，柬埔寨政府实施的"四角战略"一直是指导其国内经济与社会发展方向的战略规划。柬埔寨的"四角战略"的目标和主要任务是以优化行政管理为核心，加快农业发展、加强基础设施建设、吸引更多投资和开发人才资源，通过有效管理和深入改革，促进经济增长，解决民众就业，保障社会平等与公正。柬埔寨首相洪森提出，到 2030 年，柬埔寨要达到上中等收入国家水平，到 2050 年晋升为发达国家。为实施"四角战略"，柬埔寨政府先后出台了一系列政策措施，如"2015～2025 年柬埔寨工业发展计划""2018～2020 年柬埔寨公共投资计划""2016～2025 年柬埔寨金融业发展战略""2016～2025 年柬埔寨社会保障国家政策战略""2017～2025 年柬埔寨职业技能和技术培训国家政策"等中长期计划。2019 年，柬埔寨出台的政府财政预算案显示，2020 年政府支出将增至 82.3 亿美元，同比增长 22.73%，以满足国家发展需求，促进经济增长。

尽管近年来柬埔寨经济保持了快速增长的势头，但仍存在一些困扰未来经济发展的结构性问题。例如，柬埔寨国内工业基础仍比较脆弱，高度依赖成衣、制鞋和建筑部门，且对外依赖程度日益提高。2015 年 8 月，柬埔寨政府发布了"2015～2025年柬埔寨工业发展计划"。该计划提出,到2025年柬埔寨工业由劳动密集型向技术密集型转变,工业占GDP比重从2013年的24.1%提高到30%,其中制衣业从15.5%提高到20%;促进出口产品多元化,非纺织品出口比重提升至15%,其中农产品出口比重达到12%;实现80%的小型企业和95%的中型企业合法登记,五成小型企业和七成中型企业建立规范的会计账户和财务报表。同时,将高附加值新型工业和制造业作为发展重点,加快农业加工、纺织业、信息通信、建材、能源、医药、包装、旅游业、环保产业等发展。2018年3月,柬埔寨首相洪森表示,在科学技术领域柬埔寨与其他东盟国家存在较大差距,未来柬埔寨经济发展不能仅依靠农业和制衣业,而且需要大力发展科学技术,加大科研经费投入。柬埔寨政府提出,到2020年柬埔寨的研发经费占GDP的比重将增至0.2%,2025年再增至1%,到2030年达到1.5%的水平。

2019年2月,欧盟议会正式开始对柬埔寨启动为期18个月的"除武器和弹药以外所有产品免税"(EBA)的贸易优惠待遇审核法律程序,以决定是否撤销该优惠待遇。如果撤销优待政策,服装、鞋类和自行车产品进入欧盟市场的关税将分别增加12%、16%和10%,据欧盟数据显示,2018年,柬埔寨对欧盟出口总额为58.6亿美元,占出口总额的31.4%,其中约95%是利用EBA政策免税进入欧盟的。因此,作为柬埔寨的第一大出口地区,欧盟若撤销EBA,可能会直接影响柬埔寨经济增长前景。针对可能出现的风险挑战,柬埔寨政府宣布了一系列措施,其中包括降低物流成本、减少公众假期、降低电费、简化出口程序、取消原产地认证收费等措施,以降低制造业和出口成本,增强出口竞争力。

柬埔寨具有丰富的旅游资源和民族文化,历史古迹举世闻名。作为柬埔寨重要的支柱产业,旅游业近年来快速发展,但也暴露出部分问题。暹粒省的吴哥古迹是柬埔寨最知名的旅游资源,1992年联合国教科文组织将其列入世界文化遗产。2019年,柬埔寨接待的外国游客人数持续下滑,1～10月吴哥古迹共接待了180万国际游客,同比下降13.7%,10月接待外国游客人数约14万人,同比下降25%。为此柬埔寨旅游部推出"暹粒省旅游发展

总体规划"和"2019～2020年短期行动计划",重点发展洞里萨湖、荔枝山及周边地区,打造更多旅游新名片,以延长游客停留时间,以提升柬埔寨旅游业的竞争力。

从近期和中期看,柬埔寨经济发展的前景依然广阔。2019年11月,世界银行发布报告指出,依托于出口和内需增长,柬埔寨经济将保持活力。柬埔寨政府近期推出的降低物流成本、减少公共假期等措施有利于增强柬埔寨经济的竞争力。世界银行称,外资持续流入、大量廉价劳动力和重要出口市场将给柬埔寨加速融入全球价值链带来新的机遇。不过,未来柬埔寨需要在扩大贸易合作范围、降低市场准入、改善教育和职业技术培训、把握数字经济机遇方面推出更加综合的政策。①

参考文献

ADB（2014）. *Cambodia：Diversifying beyond Garments and Tourism*. Manila：Asian Development Bank.

ADB（2018）. *Fiscal Decentralization Reform in Cambodia：Progress over the Past Decade and Opportunities*. Manila：Asian Development Bank.

ADB（2019）. *Key Indicators for Asia and the Pacific 2019*. Manila：Asian Development Bank.

Beschorner, Natasha, James Neumann, Sanchez Martin, Miguel Eduardo and Bradley Larson（2018）. *Benefiting from the Digital Economy：Cambodia Policy Note*. Washington, D. C.：World Bank.

Guimbert, Stephane（2010）. "Cambodia 1998 – 2008：An Episode of Rapid Growth." *Policy Research Working Paper*, No. WPS 5271. https：//openknowledge. worldbank. org/ handle/10986/3758 License：CC BY 3. 0 IGO.

Ministry of Economy and Finance（2019）. *Cambodia Public Debt Statistical Bulletin*, Volume 7 Ministry of Economy and Finance. Phnom Penh.

Peter Warr and Jayant Menon（2015）. "Cambodia's Special Economic Zones." ADB

① World Bank（2019）. *Cambodia Economic Update, November 2019：Upgrading Cambodia in Global Value Chains*, Washington. D. C.：World Bank, p. 30.

Economics Working Paper No. 459. https：//www. adb. org/sites/default/files/publication/175236/ewp − 459. pdf.

World Bank （2015）. *Cambodian Agriculture in Transition：Opportunities and Risks.* Washington，D. C. ：World Bank.

World Bank （2019）. *Cambodia Economic Update，November 2019：Upgrading Cambodia in Global Value Chains.* Washington，D. C. ：World Bank.

B.8
印尼政治与经济形势的回顾与展望

林梅 范瑞[*]

摘 要： 2018～2019年，印尼举行了全国地方首长选举和总统大选，
佐科赢得总统选举并成功连任，国内政局保持了相对稳定，
但国内保守主义思潮抬头，社会分化日益加剧，而巴布亚的
分离主义活动也再度兴起。近两年，印尼经济保持了稳定增
长的势头，宏观经济和金融运行稳定，失业率和贫困率下降，
社会收入不平等有所改善。

关键词： 印尼政局 印尼经济 营商环境 社会分化

2018年，印尼开启了地方首长选举和总统大选。2018年，印尼全国地
方首长选举在171个省市县选区顺利完成。2019年，印尼总统选举顺利完
成，现任总统佐科实现连任。2018年和2019年上半年，印尼经济保持了稳
定增长的势头，宏观经济运行稳定，失业率和贫困率逐步下降。不过，在新
的国际政治经济形势下，印尼仍将面临大选后如何弥合社会分化和解决巴布
亚分离主义等问题，还将面对国内经济增长放缓和产业转型升级的挑战。

一 2018~2019年印尼政局保持稳定

2018年和2019年，印尼分别举行了全国地方首长选举和总统大选，国

* 林梅，厦门大学南洋研究院副教授，经济学博士；范瑞，厦门大学南洋研究院世界经济专业
研究生。

内政局保持了相对稳定。2019 年 5 月 21 日，印尼选举委员会宣布佐科赢得总统选举并成功连任，标志着印尼总统民主选举完成。不过，在大选中出现了雅加达暴乱，反映了国内保守主义思潮抬头，社会分化日益加剧，而巴布亚的分离主义活动也再度兴起。

（一）总统和议会选举完成，佐科赢得大选并实现连任

2018 年，印尼举行了全国地方首长选举，并正式开启 2019 年总统大选。2018 年 6 月，全国性地方首长选举在 171 个省市县选区举行，执政党联盟继续保持领先优势，斗争民主党的民意支持度居首位（28.0%），大印尼行动党（12.8%）、专业集团党（10.3%）、民族觉醒党（6.8%）和民主国民党（5.4%）则紧随其后。[①] 2018 年 9 月 23 日，2019 年印尼总统的竞选活动正式拉开序幕，并持续至 2019 年 4 月 13 日，再经 3 天"沉默期"，4 月 17 日进行大选投票。

竞选期间，两组候选人在各个选区展开竞选集会并进行拉票，并举行了五场电视辩论。普拉博沃凭借与保守伊斯兰组织的密切关系，以"伊斯兰教捍卫者"自居，大打"宗教牌"，试图借助伊斯兰教势力，以及保守宗教势力来赢取选票。同时，他对佐科政府未能落实经济增长率为 7% 的承诺、提振经济无力、贫富差距扩大、贸易和预算赤字、疲软的印尼盾和生活费高涨等问题进行抨击。[②] 佐科则凭借四年的国家治理经验，在电视辩论中以其政绩从容应对，诸如炸毁非法渔船、保护渔民利益，要求全球矿业巨头自由港迈克墨伦金矿公司让出其位于印尼巴布亚省的全球第二大铜矿格拉斯博格铜矿 51% 的所有权，雅加达第一条地铁线正式启用，扩大建基础设施、增加就业，实行社会援助计划，颁发土地证等，赢得了部分游离选民的选票。

---

① Seputar Indonesia. "Perindo Masuk Tujuh Besar Parpol Paling Diminati Publik." 2nd November 2017, https://nasional.sindonews.com/read/1253937/12/perindo - masuk - tujuh - besar - parpol - paling - diminati - publik -1509619748.

② "2019 Race: Same Candidates, Different Dynamics, But Same Results?" The Jakarta Post, January 17, 2019, https://www.thejakartapost.com/academia/2019/01/17/2019 - race - same - candidates - different - dynamics - but - same - results. html.

另一方面，佐科积极争取保守派穆斯林的支持，除了副总统人选外，还终止对强硬派组织"伊斯兰捍卫者阵线"（FPI）领袖里齐克的色情案调查以争取其支持，并在3天"沉默期"赴麦加朝圣等。在整个竞选期间，民调显示，佐科的支持率一直高于普拉博沃。2019年5月21日，印尼选举委员会正式公布了计票结果：佐科获得约8503万票，得票率占55.41%，普拉博沃获得6844万票，得票率约为44.59%，佐科赢得选举。纵观整个选举过程，佐科在经济上的不俗表现为其奠定了较高的民意基础，同时吸取2014年大选和"钟万学事件"的经验教训，避免宗教情绪和假新闻冲击选情，成为佐科赢得此次选举的重要原因。

相较于2014年大选，2019年大选佐科获得了更多政党的支持，包括其所在的斗争民主党（PDI－P）以及专业集团党（Golkar）、民族复兴党（PKB）、建设统一党（PPP）、国民民主党（Nasdem）、民心党（Hanura）、公正团结党（PKPI）、星月党（PBB）等七个盟党，这些政党在国会所占议席达到60%。在竞选搭档上，佐科挑选了在伊斯兰教团体深具影响力的马鲁夫为副手，以弥补他被指信仰不够虔诚的短板而争取伊斯兰教徒选票，来抗衡高举民族主义大旗而以"伊斯兰教捍卫者"自居的普拉博沃。另一方面，作为挑战者的普拉博沃，在政党支持上稍显劣势，除了他所在的大印尼运动党（Gerindra）得到三个政党的支持，包括保守派伊斯兰政党繁荣公正党（PKS）、前总统尤多约诺所领导的民主党（PD）和国民使命党（PAN）。普拉博沃任命雅加达特区副首长、坐拥亿万身家的年轻企业家（49岁）桑迪阿加·乌诺为副手，桑迪阿加的经济能力以及他在女性和年轻选民中的吸引力发挥了一定的助选效应。

与总统选举同步进行的议会选举共有16个政党参加，其中4个为新政党。由于总统选举的受关注度较高，佐科所在的斗争民主党和普拉博沃所属的大印尼运动党在国会选举中得票率大幅增加。斗争民主党取得二十年来最佳战绩，以19.33%的得票率成为印尼新一届国会第一大政党，普拉博沃领导的大印尼运动党取得12.57%的选票排名第二，原为印尼第一大党的专业集团党得票率降至12.31%，退居第三大党，其他政党如民族复兴党得票率为 9.69%，国民民主党得票率为 9.05%，繁荣公正党得票率为 8.21%。①
在宪法法院驳回普拉博沃对选举结果不公正的申诉后，最终普拉博沃与佐科
和解并表示愿意继续服务于人民。普拉博沃阵营的民主党和国民使命党也因
此有可能加入佐科的执政联盟。印尼国民使命党主席朱基菲利在大选后表
示："无论是谁当选（总统），我们都必须团结起来，以确保他要推行的计
划能够取得成功。"②

（二）政治大选中的雅加达暴乱、保守思潮与社会分化凸显

在选举委员会正式公布计票结果并宣布佐科胜选之后，普拉博沃竞选团
队以选举存在舞弊和不公正现象，表示不接受选举会公布的结果。③ 5 月 22
日，普拉博沃的上千名支持者在雅加达举行游行示威，最后演变成持续两天
的暴动。这是 1998 年苏哈托倒台后发生的最严重骚乱，造成 8 人死亡、700
多人受伤，另有 400 多人被逮捕。

这次暴乱背后的影响因素复杂，除了支持普拉博沃的和平示威者外，印
尼本土恐怖组织"神权游击队"和政客都被指参与其中。印尼警方发言人
表示，当局已逮捕了 29 名嫌犯，部分被捕嫌犯曾是恐怖组织"伊斯兰国"
的武装分子，也是当地恐怖组织"神权游击队"的成员，他们计划要在大
选结果公布的 5 月 22 日当天，对政治工作者和示威者发动袭击。④ 另外，
普拉博沃的三名盟友被警方以叛国罪逮捕，其中一人是特种部队前指挥官，
他被指私运武器，准备用在抗议集会上。⑤ 这次暴乱暴露出印尼政治受宗

---

① 印尼选举委员会官网，https：//kpujakarta. go. id/partai－peserta－pemilu。

② "PAN Chief to Support Poll Winner. " The Jakarta Post，May 11，2019，https：//
www. thejakartapost. com/ews/2019/05/11/pan－chief－support－poll－winner. html.

③ "KPU Names Jokowi Winner of Election. " The Jakarta Post，May 21，2019，https：//www.
thejakartapost. com/news/2019/05/21/kpu－names－jokowi－winner－of－election. html.

④ 《国家警察 88 反恐特遣队逮捕 8 名 JAD 恐怖嫌犯　JAD 恐怖组织计划大选期间袭击警察》，
《印尼商报》2019 年 5 月 7 日，http：//www. shangbaoindonesia. com/read/2019/05/07/
politics－1557157795。

⑤ "Standoff Continues Overnight. " The Jakarta Post，May 23，2019，https：//www. thejakartapost.
com/news/2019/05/23/standoff－continues－overnight. html.

教、军队、金钱与权力分配等因素困扰的情况有增无减。

从此次暴乱看，它是印尼保守主义思潮抬头、社会分化日益加剧的集中体现。一方面，佐科一直被指对宗教不够虔诚，针对他身份的攻击更是层出不穷，如有假新闻说佐科具有华人血统，甚至有人说他是共产党。为此，佐科在2017年12月解除了与繁荣公正党及穆斯林极端派关系密切的国民军总司令加托特（Gatot）的职务，并任命忠于印尼建国五项原则的哈迪（Hadi）接任该职。2018年8月，在多方权衡后，佐科最终选择了一位极有声望的伊斯兰宗教长老马鲁夫·阿敏作为竞选搭档。因为马鲁夫曾是"钟万学事件"的主要推动者之一，佐科的这一选择也激起了佐科部分支持者的担忧，但这位竞选副总统确实为佐科挡去了不少的宗教攻击。佐科采取这样的行动除了背后政党联盟内部的博弈和抉择外，显然也是基于对印尼政治发展中日渐浓厚的宗教因素和保守主义的考虑。另一方面，普拉博沃在2018年6月前往麦加城拜访逃亡的印尼保守派穆斯林领导人里齐克，试图与保守派穆斯林合作打败佐科。[①] 同时，保守主义影响下的狭隘民族主义情绪也在本次大选中涌现。普拉博沃祭出了"印尼优先"的大旗，抨击佐科政府过度依赖中国，并提出若胜选将向中国争取有利于印尼的贸易条件。此外，保守的宗教排他情绪使得印尼成为极端恐怖组织发展的温床，2018年2月，印尼日惹发生教堂袭击案。同年5月，印尼各地区发生连环恐怖袭击案件，虽然在警方加大侦查行动之后，恐怖分子未再进行大规模恐怖袭击活动，但恐怖袭击活动的不断出现反映了极端伊斯兰主义在印尼仍具有较广泛的信众基础。

（三）地方民主政治发展及不稳定因素

2018~2019年，印尼进行了两次地方选举，通过选民直选的方式分别选出地方首长（包括省长和县市长）和地方议会。随着印尼地方民主政治的发展，参与地方政治活动成为各政党获取选民选票，从而在国会争取更多

---

① "Yulida, Medistiara, PAN：AmienRais. " Prabowo, Rizieq Sepakat Bersatuuntuk 2019, Detik News, June 2018, https：//news. detik. com/berita/d－4050404/pan－amien－rais－prabowo－rizieq－sepakat－bersatu－untuk－2019.

议席的重要政治手段。

印尼地方首长选举活动于 2018 年 6 月 27 日在全国同步进行，涉及印尼 171 个地区，包括 17 个省、39 个市和 115 个县。由于此次选举距离 2019 年大选只有数月时间，各政党积极造势占领票仓，为 2019 年大选做准备，其中最受关注的是西爪哇省长选举。西爪哇省是印尼人口最多的省，人口 4671 万人，选民占比达 20%。在 2014 年总统选举中，佐科取得胜选却在该地区输给了对手普拉博沃，普拉博沃在该省赢得 59.78% 的选票。① 同时，印尼近 2.6 亿人口中逾 85% 是穆斯林，而西爪哇省是保守派伊斯兰教的大本营，因此该地区的省长选举结果被视为 2019 年总统大选的前哨战。各政党联盟无不拼尽全力，要在选战中拿下省长宝座。西爪哇省前任省长赫里亚万在接受《雅加达邮报》访问时坦言："如果你能赢西爪哇（省长）选举，你就可以在总统选举中胜出。"② 2018 年 7 月的选举结果显示，由佐科盟党建设统一党支持的前任万隆市长里德万和搭档前任西爪哇副省长德迪最终赢得竞选，为佐科阵营注入强心剂。事实证明，地方选举的胜选对 2019 年大选起到了助力作用。虽然佐科在西爪哇省以 40.07% 的得票率再次输给了普拉博沃，但对比 2018 年 9 月竞选之初的民调，佐科在该地区的支持率有一定上升。里德万所在的建设统一党在国会选举中在该地区的得票率达到了 4.57%，高于全国平均水平（4.52%）。在与总统大选同步进行的地方议会选举中，斗争民主党在 17 个省份均斩获了最多议席，盟党专业集团党在 9 个省份获得了最多议席，大印尼运动党则只在 4 个省取胜，亚齐省的议席则仍由当地政党亚齐党（PA）把握，占据了当地 20.93% 的席位。上述选举结果是，中央与大多数地方政府领导人均属佐科阵营，将有利于新一届佐科政府的中央政策在各地区的顺利执行，减少了改革阻力。

---

① "2018 Regional Elections: The Basics." The Jakarta Post, June 27, 2018, https://www.thejakartapost.com/news/2018/06/22/2018 – regional – elections – the – basics.html.

② "Why West Java Election Matters to Jokowi." Prabowo, The Jakarta Post, June 27, 2018, https://www.thejakartapost.com/news/2018/06/25/why – west – java – election – matters – to – jokowi – prabowo.html.

然而，巴布亚省的分离主义运动则成了印尼地方民主政治发展中的不稳定因素。印尼最东部的巴布亚省曾为荷兰殖民地，1969年军事强人苏哈托执政期间，按照巴布亚人民的公投结果，该地区正式划入印尼版图。当时的公投实际投票率仅为1.2%，被指受印尼军方操控，因此，巴布亚省出现的分离主义运动持续至今。2017年10月，西巴布亚省独立运动领袖向联合国解殖委员会递交重新公投请愿书，该请愿书被印尼政府查禁，解殖委员会也发表声明不受理该请愿书。在2018～2019年的地方选举期间，该地区爆发多次武装冲突。2018年12月，巴布亚省发生血腥屠杀，"巴布亚解放军"处决了至少31名印尼建筑工人，印尼政府增援数百名军人扫荡，双方冲突等级升高。随着印尼军方对该地区控制的不断加强，该地区虽未发生大型冲突，但动荡地区仍然有军方与当地武装分子的零星交火。

二 2018~2019年印尼经济运行状况

近年来，印尼经济保持了稳定增长的势头，经济增速达到4年来的最高点，宏观经济和金融运行稳定，尤其是经济增长的同时实现了失业率和贫困率的下降，社会收入不平等有所改善。

（一）消费和投资拉动经济稳定增长

与2017年经济增长主要由投资和出口拉动不同的是，2018年印尼经济增长主要由消费和投资拉动，出口显现疲软态势。2014～2017年印尼经济增长率分别为5.01%、4.88%、5.03%和5.07%，2018年印尼的经济增长率达到5.17%，创下2014年以来的最高点。

从需求分析，2018年印尼经济增长主要由国内需求（私人消费、政府消费和国内固定资本形成）拉动，其增长率超过2014年的4.62%、2015年的4.94%、2016年的4.39%和2017年的5.13%，达到5.62%。其中，私人消费增长率为5.13%，政府消费增长率为4.8%，国内固定资本形成增长率为6.67%，均高于2017年的增长水平（见表1）。当年印尼国内需求的增长得益于收入提高、地方首长选举、总统和议会大选和基础设施投资的增加，而强劲的国内需求抵消了因外部经济疲软和出口商品价格下降导致的出口减少对经济增长的影响。

从供给分析，印尼经济增长较快的部门依然是第三产业，特别是商业服务、医疗服务、教育服务、信息通信、运输仓储等领域。2018 年，印尼商业服务增长 8.64%，医疗服务增长 7.13%，信息通信业增长 7.04%，运输仓储增长 7.01%，建筑业增长 6.09%，制造业增长 4.27%，农业增长 3.91%，采矿业增长 2.16%（见表1）。可见，制造业增长依然乏力。

2019 年上半年，印尼经济延续了温和增长的势头。2019 年第一季度和第二季度，印尼的经济增长率分别为 5.07% 和 5.05%。从支出方面看，第一、二季度私人消费分别增长 5.02% 和 5.17%，政府消费分别增长 5.21% 和 8.23%，国内固定资本形成分别增长 5.03% 和 5.01%，商品和服务出口分别下滑 - 1.86% 和 - 1.81%；从产业方面看，第一、二季度第三产业增长较快，其中商业服务分别增长 10.36% 和 9.94%，信息通信业分别增长 9.06% 和 9.60%，医疗服务分别为 8.59% 和 9.09%，供水及排污分别为 8.95% 和 8.37%，运输仓储分别为 5.25% 和 5.78%。

表1　2017～2019 年印尼各部门经济增长率

单位：%

部门	2017 年	2018 年				2018 年	2019 年	
		Ⅰ	Ⅱ	Ⅲ	Ⅳ		Ⅰ	Ⅱ
1. 需求								
私人消费	4.98	5.01	5.23	5.07	5.20	5.13	5.02	5.17
政府消费	2.13	2.71	5.20	6.27	4.56	4.80	5.21	8.23
国内固定资本形成总额	6.15	7.94	5.85	6.96	6.01	6.67	5.03	5.01
商品和服务出口	8.91	5.94	7.65	8.08	4.33	6.48	- 1.86	- 1.81
商品和服务进口	8.06	12.64	15.17	14.02	7.10	12.04	- 7.36	- 6.73
GDP	5.07					5.17	5.07	5.05
2. 供给								
农业（含农林渔）	3.87	3.34	4.72	3.66	3.87	3.91	1.82	5.33
采矿业	0.66	1.06	2.65	2.67	2.25	2.16	2.32	- 0.71

续表

部门	2017 年	2018 年				2018 年	2019 年	
		I	II	III	IV		I	II
制造业	4.29	4.60	3.88	4.35	4.25	4.27	3.86	3.54
电力天然气	1.54	3.31	7.56	5.58	5.46	5.47	4.12	2.20
供水及排污	4.60	3.65	3.94	6.20	7.92	5.46	8.95	8.35
建筑业	6.80	7.35	5.73	5.79	5.58	6.09	5.91	5.69
批发零售机动车维修业	4.46	4.99	5.22	5.28	4.39	4.97	5.27	4.63
运输仓储	8.49	8.56	8.70	5.65	5.34	7.01	5.25	5.78
住宿餐饮业	5.39	5.17	5.60	5.91	5.95	5.66	5.87	5.52
信息通信业	9.63	7.76	5.11	8.14	7.17	7.04	9.06	9.60
金融保险业	5.47	4.23	3.06	3.14	6.27	4.17	7.32	4.55
房地产	3.66	3.19	3.07	3.82	4.24	3.58	5.46	5.74
商业服务	8.44	8.04	8.89	8.67	8.94	8.64	10.36	9.94
行政服务（含国防与社会安全保障）	2.06	5.79	7.20	7.93	7.13	7.02	6.40	8.82
教育服务	3.70	4.84	5.04	6.60	4.97	5.36	5.60	6.29
医疗服务	6.84	6.06	7.07	7.54	7.80	7.13	8.59	9.09
其他服务	8.73	8.43	9.22	9.19	9.08	8.99	9.99	10.73
总　计	5.07	5.06	5.27	5.17	5.18	5.17	5.07	5.05

资料来源：根据印尼中央统计局有关数据编制。

　　从需求因素对经济增长的贡献率看，2018 年私人消费依然是经济增长的主要驱动力，对 GDP 增长的贡献率为 55.74%；国内固定资本投资是经济增长的第二大动力源，比 2017 年的 32.16% 略高，达 32.29%；商品和服务出口对经济增长的贡献率为 20.97%，但净出口对经济增长的贡献值为负（见表 2）。从生产部门对经济增长的贡献率看，2018 年贡献率最大的部门虽然为制造业（19.86%）和农业（12.81%），但逐步进入下行通道，批发零售机动车维修业（13.02%）和建筑业（10.53%）则进入上行通道，对经济增长的贡献率不断提高，这也显示出印尼产业结构的规律性变化，即第一、第二产业的比重不断下降，第三产业的比重不断上升。

表2 2014~2019年各部门对印尼经济增长的贡献率

单位：%

部门	2014年	2015年	2016年	2017年	2018年	2019年 I	2019年 II
1. 需求							
私人消费	55.96	56.31	56.62	56.13	55.74	56.81	55.79
政府消费	9.43	9.75	9.54	9.10	8.98	6.35	8.71
国内固定资本形成总额	32.52	32.81	32.56	32.16	32.29	32.15	31.25
商品和服务出口	23.67	21.16	19.12	20.31	20.97	18.54	17.61
商品和服务进口	24.41	20.78	18.32	19.17	22.06	18.84	18.53
2. 供给							
农业（含农林渔）	13.34	13.49	13.47	13.14	12.81	12.65	13.57
采矿业	9.83	7.65	7.18	7.57	8.08	7.77	7.38
制造业	21.08	20.99	20.51	20.16	19.86	20.06	19.52
电力天然气	1.09	1.13	1.15	1.19	1.19	1.16	1.13
供水及排污	0.07	0.07	0.07	0.07	0.07	0.07	0.07
建筑业	9.86	10.45	10.38	10.37	10.53	10.75	10.37
批发零售机动车维修业	13.43	13.30	13.18	13.01	13.02	13.20	12.95
运输仓储	4.42	5.02	5.20	5.41	5.37	5.52	5.57
住宿餐饮业	3.04	2.96	2.93	2.85	2.98	2.82	2.74
信息通信业	3.50	3.52	3.63	3.80	3.77	3.95	3.89
金融保险业	3.86	4.03	4.19	4.20	4.15	4.34	4.10
房地产	2.79	2.84	2.82	2.79	2.74	2.85	2.75
商业服务	1.57	1.65	1.71	1.75	1.80	1.90	1.89
行政服务（含国防与社会安全保障）	3.83	3.90	3.87	3.70	3.65	3.57	3.72
教育服务	3.23	3.36	3.37	3.29	3.25	3.15	3.22
医疗服务	1.03	1.07	1.07	1.07	1.06	1.09	1.08
其他服务	1.55	1.65	1.70	1.76	1.81	1.91	1.92
总　计	100	100	100	100	100	100	100

资料来源：根据印尼中央统计局有关数据编制。

（二）宏观经济总体保持稳定态势

2018 年印尼经济虽有波动，但在货币政策和财政政策的有效调控下，保持了持续的增长。三大评级机构穆迪（Moody's）、日本评级机构 R&I 和 JCR 对印尼主权信用保持乐观态度，上调其评级为 Baa2（稳定）、BBB（稳定）和 BBB（稳定），标准普尔（S&P）和惠誉（Fitch）保持其评级为 BBB－（稳定）和 BBB（稳定）。①

1. 国内经济保持高增长和低通胀

2018 年印尼取得自 2014 年以来最高的 GDP 增长率，同时保持了较低的通货膨胀率，成为 2018 年印尼经济运行的一大亮点。2018 年通货膨胀率控制在目标范围（3.5±1%）内，保持在 3.13%，低于 2017 年 3.61% 的水平，其中最主要的因素是管制价格的大幅下降，拉低了通胀水平。2019 年第 一、二季度，印尼的通货膨胀率（CPI）分别为 2.48% 和 3.28%，控制在 3.5% 的目标值之内。

2. 政府财政赤字下降

2018 年印尼的财政赤字占 GDP 的比重下降到 2% 以下，为 1.76%，低于 2016 年 2.49% 和 2017 年 2.51% 的水平，实现了政府多年的财政目标，特别是税收收入超额完成预算的 101.8%。②

3. 经常账户和国际收支赤字扩大，外汇储备减少，但仍在可控的安全范围内

2018 年由于国际经济疲软和印尼大宗商品出口价格下降，在出口增长下滑的同时进口增加，导致 2018 年经常账户赤字扩大，从 2017 年的 162 亿美元增加到 2018 年的 311 亿美元，占 GDP 的比重由 2017 年的 1.6% 增长到 2.98%，但仍处于政府目标（3%）的控制范围内。不过，印尼存在着经常

---

① Bank Indonesia. "Republic of Indonesia Presentation Book, January 2019. " 31st January 2019, https：//www. bi. go. id/en/iru/presentation/red/Documents/Republic% 20of% 20Indonesia% 20Presentation% 20Book% 20－% 20January% 202019. pdf.

② Bank Indonesia. "Republic of Indonesia Presentation Book, March 2019. " https：//www. bi. go. id/en/iru/presentation/red/Pages/Republic－of－Indonesia－Presentation－Book－March－2019. aspx.

项目赤字扩大的风险。2019年第一季度经常项目赤字达70亿美元，占GDP比重为2.6%，第二季度经常项目赤字增加到84.4亿美元，占GDP比重上升到3.04%。与此同时，由于受美联储升息、中美贸易摩擦、英国脱欧以及阿根廷和土耳其等货币大幅贬值导致的国际金融市场不稳定性增加等因素影响，印尼的外资流入减少，资本和金融账户盈余下降，导致印尼国际收支出现59亿美元的赤字。①印尼的国家外汇储备相较于2017年的1302亿美元下降至1207亿美元，可以维持6.5个月的进口和债务偿付额，虽然低于2016年8.4个月和2017年8.3个月的水平，但依然在安全区间内（国际安全标准为3个月）。②截至2019年6月底，印尼的外汇储备为1238亿美元，略少于3月份的1245美元，但相当于7.1个月的进口需求或6.8个月进口加外债偿付的需求，远高于3个月的国际安全标准。

4. 外债规模有所扩大，但外债结构仍合理

截至2018年底，印尼外债规模为3768亿美元，比2017年的3522亿美元增加了246亿美元，其中政府公共外债1862亿美元，占外债总额的49.4%，私人外债占外债总额的50.6%；外债占GDP的比重从2017年的34.7%提高到2018年的36.2%。不过，印尼外债总额以中长期外债为主，占比为86.3%，短期外债占13.7%。无论是政府公共外债还是私人外债，中长期外债都占较大比重。其中，在政府公共外债中，中长期外债占93.0%，在私人外债中，中长期外债占75.7%。③

（三）金融市场保持基本稳定

在美联储加息和全球金融形势不稳定的背景下，全球新兴市场货币面临抛售压力，印尼盾也未能幸免，股市指数持续下滑。2018年前三季度，印

---

① 从第四季度开始，印尼央行吸引外资的货币政策开始生效，资本和金融账户盈余增加到157亿美元，第四季度国际收支账户首次由赤字变为黑字，大幅缓解了印尼国际收支赤字的压力。

② Bank Indonesia. *2018 Economic Report on Indonesia*.

③ Bank Indonesia. *2018 Economic Report on Indonesia*.

尼汇市和股市双双下行，但在第四季度回升。自2018年2月开始，印尼汇市面临下行压力，并持续至2018年10月末。这一期间，印尼盾贬值12.5%，汇率曾跌至谷底，1美元可兑换15235印尼盾，创下自1998年亚洲金融危机以来的最低点，印尼盾波动率也从2018年1月的7.0%上升至8.1%。随着印尼央行抑制印尼盾下跌的货币政策和政府吸引外资政策的不断出台，印尼盾汇率在第四季度有所上涨，最终印尼盾平均汇率控制在1美元可兑换14246印尼盾，相较于2017年的1美元可兑换13385印尼盾，贬值6.05%；盾币波动率也从2017年的3.0%上升到2018年的8.5%。2019年第一、二季度，印尼盾兑美元汇率分别为14134印尼盾/美元、14254印尼盾/美元。另外，股市同汇市变化趋势相似，前三个季度呈下行趋势，但在第四季度回温。2018年雅加达综合指数（JCI）从2017年的6356点下降至6056点，下降4.72%。

在金融市场波动的情形下，印尼银行系统保持了稳健态势，表现在较高的资本充足率、不良贷款率下降和信贷规模增长。2014~2018年，印尼银行的资本充足率从19.38%升至22.9%，银行信贷规模增长率从11.65%升至11.8%，不良贷款率保持在3%以下（见表3）。2019年，印尼国内银行系统仍保持健全状态，5月国内银行的资本充足率为22.3%，不良贷款率控制在2.6%。

（四）国内失业率和贫困率下降，收入不均现象有所改善

随着2018年印尼经济的增长，国内失业率和贫困率逐步下降，收入不平等状况有所改善。截至2018年8月，印尼的公开失业率下降至十年来的最低水平，失业率从2016年8月的5.6%下降至2017年8月的5.5%和2018年8月的5.34%，劳动参与率从2016年8月的66.3%上升至2017年8月的66.67%和2018年8月的67.26%；印尼的贫困率下降至个位数水平，为1997年金融危机以来的最低水平。2016~2017年，印尼贫困人口占比从10.7%下降至10.1%，2018年进一步下降至9.66%，主要是因为物价下降、收入增加以及政府的社会援助计划的实施；反映社会收入不平等的基尼系数

表3 2014~2019年印尼宏观经济指标

宏观经济指标	2014年	2015年	2016年	2017年	2018年	2019年 I	2019年 II
1. GDP年增长率（%）	5.0	4.88	5.03	5.07	5.17	5.07	5.05
2. CPI年增长率（%）	8.4	3.35	3.02	3.61	3.13	2.48（3月）	3.28（6月）
核心通胀率（%）	4.9	3.95	3.07	2.95	3.07	3.03（3月）	3.25（6月）
食品通胀率（%）	10.9	4.84	5.92	0.71	3.39	0.16（3月）	4.91（6月）
管制价格（%）	17.6	0.39	0.21	8.70	3.36	3.25（3月）	1.89（6月）
3. 国际收支							
经常账户赤字占GDP比重（%）	3.09	2.0	1.82	1.60	2.98	2.6	3.04
资本和金融账户（10亿美元）	15.25	-1.1	29.3	28.7	25.2	10.1	7.05
总盈余（10亿美元）			12.1	11.6	-7.1	2.4	1.98
外汇储备（10亿美元）	111.86	105.9	116.4	130.2	120.7	124.5（至3月）	123.8（至6月）
4. 盾币兑美元（平均）	11876	13392	13305	13385	14246	14134	14254
5. 雅加达股指（JCI）	5227	4593	5297	6356	6056	6468.76	6358.6（6月底）
6. 银行							
信贷规模年增长率（%）	11.65	10.4	7.9	8.2	11.8	11.5	11.1
资本充足率（%）	19.38	21.2	22.7	23.0	22.9	23.3（3月）	22.3（5月）
不良贷款率（NPL）（%）	2.16	2.5	2.9	2.6	2.4	2.5（3月）	2.6（5月）
7. 财政预算							
税收收入占GDP比重（%）	10.9	10.7	10.4	9.9	10.3		
财政赤字占GDP比重（%）	2.1	2.6	2.5	2.5	1.8		

资料来源：根据印尼统计局、印尼银行、印尼财政部、印尼金融监管局的有关数据编制。

137

（Gini Coefficient）从 2016 年 9 月的 0.394 下降至 2017 年 9 月的 0.391 和 2018 年 9 月的 0.384，表明社会收入不平等的状况有所缓和，贫富差距逐步缩小。

三　近年印尼政府经济政策的调整

由于全球经济不景气和金融市场动荡，新兴经济体遭遇了出口减少、资本抽逃和货币贬值的严峻压力。为减小外部经济环境影响，印尼政府积极实施财政和货币政策，并辅以结构性改革，以保持国内经济稳定和持续增长。2018 年是印尼佐科总统执政的第四年，也是其即将结束第一任期的执政。佐科执政期间，秉承新发展主义理念，积极施政成效显著，也为其连任总统奠定了基础。

（一）继续实行审慎宽松的货币政策：相机调整，弹性应对

2018 年印尼的宏观经济受美国联邦储备委员会加息影响，面临印尼盾贬值和资本流入减少的压力。为此，印尼央行采用了先发制人的前瞻货币政策（preemptive and ahead of the curve monetary policy）。

在政策利率方面，印尼中央银行进行了多次加息。为化解美国联邦储备委员会加息导致外资流入减少和石油价格上涨的不利状况，应对中美贸易摩擦和周边国家加息，印尼中央银行进行了阶段性加息操作。2019 年 7 月，印尼央行决定降息 25 个基点至 5.75%，将存款利率下调 25 个基点至 5%，将贷款利率下调 25 个基点至 6.5%，这是印尼近两年来首次下调基准利率。8 月，印尼央行宣布第二次降息，将基准利率下调 25 个基点至 5.5%。9 月，印尼央行宣布第三次降息，将基准利率下调 25 个基点至 5.25%。

在汇率方面，印尼中央银行通过外汇市场的公开操作，如购买政府债券和卖出美元等方式干预外汇市场，以减缓印尼盾的大幅波动，以稳定印尼盾。同时，印尼央行管控外汇市场的流动性，使其保持在合理水平，减少对印尼盾的贬值压力。

在加强全球金融安全网络建设方面，印尼中央银行通过与伙伴国金融机构和国际金融机构之间建立双边、地区、多边对冲与信用合作，来加强金融安全网建设。2018 年，印尼中央银行分别与日本、中国和新加坡续签货币互换对冲协议，以缓解流动性困难、国际结算货币多元化和平衡国际收支。

在信贷市场方面，印尼中央银行从 2017 年 7 月开始引入银行平均准备金要求政策，通过调整银行平均准备金要求比率来管控银行的流行性需求，减少银行资金闲置并保证货币市场流动性。2018 年，印尼中央银行首次引入宏观审慎金融中介比率（the macro-prudential intermediation ratio）措施来增强银行的信贷功能，设定银行的金融中介比率位于 80% ~ 92%，并将金融中介的涵盖范围进一步扩大；继续放松贷款价值比（LTV）与融资价值比（FTV）来扩大购房和不动产信贷需求；提高商业银行对中小微企业的贷款比例（中小微企业的贷款占贷款总额的比例），从 2017 年的 15% 提高至 2018 年的 20%；放宽宏观审慎流动性缓冲（MLB）政策，商业银行回购的印尼银行证券（SSB）占其拥有存款的比重从 2% 上调至 4%，使商业银行在管理货币流动性上拥有了更高的灵活性；继续维持 2017 年实施 0% 的抗周期资本缓冲（建立在印尼央行评估银行未出现超额信贷的基础上），以增强银行的信贷功能。2018 年印尼中央银行的信贷政策是在确保无系统性风险和信贷风险的情况下，为促进经济发展实行了适度宽松的信贷政策，因此，2018 年国内银行信贷规模增长 11.8%，高于 2017 年的 8.2% 的增长率，其中主要是经营性资本信贷和投资信贷，共增长 12.3%。

（二）侧重生产性、效率性和可持续性的财政政策：增收减支、促增长保民生

在 1997 年亚洲金融危机后，印尼财政部坚持可持续性的财政政策，一直致力于控制财政赤字，并把财政赤字目标限定在占 GDP 比重 3% 的法律规定范围之内。佐科总统上任后，一直通过各种措施进行增收减支，来保证经济增长和改善民生的需要。在政府税收增收方面，采取了增加税基、加强税收遵从、国家之间金融信息自动交换、建立对石油天然气合作企业的利润分

享和税收上缴的多部门联合监管，以及改善国有企业经营状况来增加政府的非税收收入等。这些措施的实施取得明显效果，2018年纳税人数和纳税率都高于2017年，使得2018年的税收收入超过财政预算目标（为预算的102.5%），比2017年的税收收入增长16.6%，税收收入占GDP的比重也从2017年的9.9%提高至10.3%（见表4）。

印尼财政支出的宗旨依然是发展基础设施、生产性投资来促进经济增长，增加社会保障、教育医疗服务来保障民生，其具体的措施有：一是通过调整财政支出结构，增加基础设施投资。2018年基础设施建设的财政预算比2017年增加30万亿印尼盾，达410.4万亿印尼盾。二是通过扩大家庭希望计划、非现金的食品救助、智慧卡和医疗卡等措施来改善民生，减少贫困和不平等。2018年伊始，政府加快了社会援助的分配，2018年家庭希望计划的受惠民众从600万人增加到1000万人，非现金的食品救助民众也从2017年的120万人增加到1000万人，社会保障支出占财政预算支出的6.2%，高达291.7万亿印尼盾，比2017年增加17万亿印尼盾。2018年的教育预算依然占中央财政和地方财政预算开支的20%，健康医疗预算占5%。2018年智慧卡的受惠学生从2017年的1820万人增加到2018年的1970万人，有9240万人享受健康医疗卡待遇。三是加强地方财政的治理功能，提高地方财政的效率。在2018年地方财政预算中，来自中央政府的转移支付从2017年的63.2%下降至60.9%。与此同时，地方政府的收入中来自地方自有收入的比例从2017年的23.1%上升至24.6%。增收减支的财政改革使2018年印尼政府财政赤字占GDP比重下降为1.8%，低于2017年的2.5%以及法律规定的3%安全线（见表4）。同时财政预算的完成度较高，其中财政收入超出预算指标2.5%，国家预算开支落实虽然没有达到指标，但已经达到预定指标的99.2%，这是印尼自进入改革时期以来取得的较好成绩。[1]

---

[1] 《2018年国家预算落实成绩斐然》，印尼《国际日报》2019年1月3日，http://www.guojiribao.com/shtml/gjrb/20190103/1463843.shtml。

表4　2017～2018年印尼的财政收支状况

单位：兆印尼盾

项目	2017年修正财政预算	2017年实现财政预算				2018年财政预算	2018年实现财政预算			
		完成值	占GDP比重(%)	增长率(%)	占预算比重(%)		完成值	占GDP比重(%)	增长率(%)	占预算比重(%)
A. 收入	1736.1	1666.4	12.3	7.1	96.0	1894.7	1942.3	13.1	16.6	102.5
1.1 国内收入	1733.0	1654.7	12.2	6.9	95.5	1893.5	1928.4	13.0	16.5	101.8
1.1.1 税收收入	1472.7	1343.5	9.9	4.5	91.2	1618.1	1521.4	10.3	13.2	94.0
1.1.2 非税收收入	260.2	311.2	2.3	18.8	119.6	275.4	407.1	2.7	30.8	147.8
1.2 赠与	3.1	11.6	0.1	29.4	370.4	1.2	13.9	0.1	19.5	1161.3
B. 总支出	2133.3	2007.3	14.8	7.7	94.1	2220.7	2202.2	14.8	9.7	99.2
2.1 中央政府支出	1367.0	1265.4	9.3	9.6	92.6	1454.5	1444.4	9.7	14.1	99.3
2.1.1 人员支出	340.4	312.7	2.3	2.5	91.9	365.7	346.7	2.3	10.9	94.8
2.1.2 物品支出	318.8	291.5	2.1	12.3	91.4	340.1	337.0	2.3	15.6	99.1
2.1.3 投资支出	206.2	208.7	1.5	23.1	101.2	203.9	184.9	1.2	-11.4	90.7
2.1.4 债务利息	219.2	216.6	1.6	18.5	98.8	238.6	258.1	1.7	19.2	108.2
2.1.5 补贴	168.9	166.4	1.2	-4.5	98.5	156.2	216.8	1.5	30.3	138.8
2.1.6 赠与支出	5.5	5.4	0.0	-23.6	99.0	1.5	1.5	0.0	-72.5	102.7
2.1.7 社会援助	58.1	55.3	0.4	11.5	95.2	81.3	83.9	0.6	51.7	103.2
2.1.8 其他支出	49.9	8.8	0.1	46.1	17.6	67.2	15.6	0.1	77.2	23.2
2.2 地方政府和乡村基金转移支付	766.3	742.0	5.5	4.5	96.8	766.2	757.8	5.1	2.1	98.9
C. 盈余/赤字	-397.2	-341.0	2.5	10.7	85.8	-325.9	-259.9	1.8	-23.8	79.7
D. 融资额	397.2	366.6	2.7	9.6	92.3	325.9	300.4	2.0	-18.1	92.2

资料来源：根据印尼财政部的数据编制。

（三）继续推进结构改革政策：提高印尼经济竞争力

自2014年佐科就任印尼第7任总统以来，印尼政府一直致力于经济结构改革，连续出台16个振兴经济配套措施，以提高国际竞争力，并取得了一定成效。这些结构性改革政策包括发展基础设施、改善投资环境、增强工业规模和生产能力、发展数字经济、提高人力资源素质等。

1. 加快基础设施建设

佐科总统将加快基础设施建设作为其任内重要任务，政府加大了基础设施建设的财政支出（见表5）。2018年，印尼基础设施建设的重点依然在地区之间的互联互通和能源建设。针对基建项目决策缓慢、申办许可证手续冗长、工程项目计算复杂等难题，2016年佐科政府专门成立优先基建项目加速建设委员会（Committee for Priority Infrastructure Delivery，KPPIP），负责督促基建工程的落实，并颁布关于加快国家战略基础设施项目建设的2016年第3号总统令，2017年和2018年分别以2017年第58号总统令和2018年第56号总统令对2016年第3号总统令进行了修改补充。在2018年第56号总统令中，国家战略项目修改为3大项目和223项工程，3大项目是电力项目1个、航空工业项目1个和经济平等项目1个，223项工程包括公路项目69个、水坝项目51个、特别经济区和工业区项目29个、铁路项目16个、能源项目11个、港口项目10个、洁净水供给项目8个、机场项目7个、冶炼项目6个、技改项目4个、住房改造和建设项目3个、渔业养殖项目1个、潮汐项目1个、教育项目1个和灌溉项目6个。2018年的3大项目和223项工程总计投资3074亿美元，其中政府预算占10%，国有企业占31%，私人资本占59%。截至2018年12月，已完成32个国家战略项目，其他项目或是在建，或在筹备。①

---

① Bank Indonesia. "Republic of Indonesia Presentation Book，June 2019." https：//www. bi. go. id/en/iru/presentation/red/Pages/Republic － of － Indonesia － Presentation － Book － June － 2019. aspx.

表5   2015~2019年印尼基础设施财政支出预算

单位：亿美元

财政支出项目	2015 年	2016 年	2017 年	2018 年	2019 年
基础设施总支出	216.01	236.84	301.18	306.71	295.36
1. 经济基础设施支出	208.68	229.44	293.21	296.32	284.19
源自政府机构	143.53	112.93	118.05	120.55	107.75
源自非政府机构	3.46	4.41	4.51	2.24	3.16
源自地区转移和乡村基金	32.95	65.72	135.93	137.58	141.67
源自其他融资方式	28.74	46.38	34.72	35.95	31.61
2. 社会基础设施支出	4.89	4.26	6.39	6.65	7.52
3. 基础设施维护支出	2.44	3.14	1.58	3.74	3.65

资料来源：根据 CEIC Indonesia Premium Database 的数据编制。

2. 改善投资环境

印尼政府于 2018 年 11 月修订并公布了新的投资负面清单，大幅放宽外资准入或持股比例，外国投资者可以在互联网服务、制药、针灸服务设施、商业性画廊、艺术表演画廊及旅游开发等行业拥有 100% 股权。2018 年政府颁布一项法令（2018 年第 24 号政府法令），建立一站式电子许可证申请审批系统，即在线单一窗口提交系统（the Online Single Submission，OSS）。该系统把投资申请所需的相关部门、机构、中央和地方政府以及投资协调局统一在一个系统内，便于投资者申请以及审批机构的审批和监管。截至 2019 年 1 月，已完成第 16 套振兴经济配套措施中计划要取消 225 项法规的 99%，即 222 项，其中总统法令 53 项（计划取消 54 项），部级法规 169 项（计划取消 171 项）。① 经过 16 期经济配套措施的实施，印尼投资营商环境不断改善，营商便利度指数排名从 2015 年的 114 位上升至 2016 年的第 109 位、2017 年的第 91 位以及 2018 年的第 72 位，提高 19 位，成为自 2005 年以来

① Bank Indonesia. "Republic of Indonesia Presentation Book, July 2019." https：//www. bi. go. id/
en/iru/presentation/red/Pages/Republic – of – Indonesia – Presentation – Book – July – 2019. aspx.

亚太地区营商环境提升最快的国家之一。① 同时，印尼在全球竞争力指数的排名从 2016~2017 年度的第 41 位升至 2017~2018 年度的第 36 位。②

3. 促进新兴产业的发展

继 2017 年印尼经济统筹部出台第 16 期振兴经济配套措施后，2018 年 11 月公布了第 16 期振兴经济配套措施修改案，主要包括三项内容。一是政府为 18 大类新兴产业（无论是上游的新兴产业还是下游的新兴产业）提供更广泛的免税期或减税期优惠。这 18 大类新兴产业分别是上游基本金属工业，具有或没有衍生产品的油气冶炼厂工业，具有或没有衍生产品的以原油、天然气或煤炭为基础的化学工业，无机基础化学工业，有机基础化学工业，医药原料工业，半导体和电脑其他主要零配件生产工业，通信设备制造业，医疗器材主要零配件制造业，诸如电力机等类机械工业的主要部件制造业，诸如活塞、气缸盖等类机械工业的主要部件制造业，机器人部件制造业，船舶主要部件制造业，发动机、螺旋桨等类飞机部件制造业，诸如电动机或传输机等类的火车主要部件制造业，发电站机械制造业，基础设施领域，农业领域等。③ 二是修改有关投资负面清单，对某些比较重要的行业放宽其投资许可证所需要的条件，推动更多的国内投资落实，包括推动中小微企业和合作社扩大其营业，促进其生产和发展。在一些外资比较少投资的行业，同样给予比较宽松的条件，而且政府还允许外资提高其所持股权。三是为加强对外汇市场的监控，政府将强制性要求出口商，特别是天然资源出口商（包括矿产、农业和农园产品、林业产品和渔业产品等）把出口所套取的外汇存入国内银行。

---

① World Bank. "Doing Business 2017: Equal Opportunity for All." 25th October 2016, http: // www. doingbusiness. org/ ~ /media/WBG/DoingBusiness/Documents/Annual – Reports/English/ DB17 – Full – Report. pdf; World Bank. "Doing Business 2018: Reforming to Create Jobs." https: //openknowledge. worldbank. org/handle/10986/28608.

② World Economic Forum. "The Global Competitiveness Report 2017 – 2018." https: //www. weforum. org/reports/the – global – competitiveness – report –2017 –2018.

③《支持第 16 期振兴经济配套措施修正案》，印尼《国际日报》2018 年 11 月 19 日。

4. 发展数字经济

印尼政府近年来十分重视数字经济的发展，陆续出台了相关支持政策。从 2001 年开始，政府陆续颁布了一系列推动电子政务发展的法规和政策（2001 年第 6/2001 号总统令、2003 年第 3/2003 号总统令、2004 年 MCIT 制定电子政务蓝图、2008 年《电子信息和电子交易法》《公共信息披露法》）。2006 年依据第 20/2006 号总统令，印尼政府成立了国家信息通信技术委员会，其主要任务是制定关于信息和通信技术的公共政策和国家战略。2017 年 8 月，印尼总统佐科签署了《电子商务路线图》，涉及印尼发展电子商务的技术、物流、税务、网络安全、跨境交易、消费者权益保护和人力资源开发等领域，为印尼发展数字经济指明了方向。印尼政府将开展"2019 年前 1000 家初创企业成长计划"，从这些企业中至少要培育 5 家国际知名的互联网独角兽企业。在此过程中，政府将通过一系列活动和项目，积极构建数字经济生态系统，协助对接国内外资本、技术和人才资源，帮助初创企业实现跨越式发展。

5. 重视人力资源开发

为了迎接工业 4.0 时代的到来，印尼政府重视人力资源的开发，采取的政策措施包括两个方面：一是增加教育投资，提高就业人员的知识和技能水平；二是增加健康投资，增强员工的身体素质。2018 年印尼国家预算案提供的教育支出达 444 兆印尼盾，占财政支出的 20%，对健康支出的比重也达到 5%。[①] 为提高工业竞争力的需求，印尼政府颁布 2018 年第 69 号总统令，工业部属下成立工业人力资源促进署（the Industry Human Resources Development Agency），以期通过各种措施来提升工业人力资源竞争力。该机构负责开展一系列计划，以提高工业部门人力资源的能力，包括制定技术政策，为工业部门发展人力资源，监督、评估和报告工业人力资源开发行动计划的实施情况，管理工业人力资源开发机构。此外，政府

---

① Bank Indonesia. "Republic of Indonesia Presentation Book, January 2019." 31st January 2019, https://www.bi.go.id/en/iru/presentation/red/Documents/Republic% 20of% 20Indonesia% 20Presentation% 20Book% 20 - % 20January% 202019. pdf.

还通过振兴职业学校（SMK）来提高人力资源的素质水平，希望借此确保学生学习的课程、学习资料、实习经验以及经历的职业教育培训满足企业和行业的需求。

（四）实施改善民生的包容性经济政策

近年来，印尼政府积极实施改善民生的政策，开展农村土地改革，促进农业和农村经济发展，解决城市贫困阶层的住房需求。印尼政府通过颁发土地证，以土地基尼系数（land gini ratio）、贫困和对土地需要为依据建立优先（Tanah Objek Reforma Agraria，TORA）受益者，逐步建立公平的土地分配制度；政府通过规划农业用地，阻止非农业占用；提高农业机械化水平，改善农业耕种方法和种子，鼓励乡村工业发展，加强捕鱼和养殖业间的产业链对接和提升，推动农村基础设施和物流建设。中央政府通过向地方拨付乡村基金的方式支持农村发展，2015～2019 年期间，印尼政府拨付的乡村基金总额预计达 257.65 万亿印尼盾。根据中央统计局的资料，2015 年乡村居民的人均收入为 65.9 万印尼盾，2016 年上升为 71.1 万印尼盾，2017 年增至 78 万印尼盾，2018 年再增至 80.4 万印尼盾，四年期间印尼乡村人均收入增长 22%。[①] 同时，政府通过改进累进税、资本盈利税和闲置资产税以支持生产性财政支出，保护中小企业的融资和市场进入的便利性。此外，逐步解决城市贫困阶层的住房需求，为城市贫困阶层的住房提供融资便利，并提供廉价土地和保障房（social housing）。

四 结语

2019 年 4 月 17 日，印尼举行了第四届总统大选，现任总统佐科·维多多和他的竞选搭档马鲁夫·阿敏（Maruf Amin）击败大印尼运动党（Gerindra）党魁普拉博沃·苏比安托（PrabowoSubianto）和他的竞选搭档桑

---

① 《4 年来乡村收入增升 22%》，印尼《国际日报》2019 年 6 月 27 日。

迪阿加·乌诺（Sandiaga Uno），成功连任，并于 10 月宣誓就职，任期至
2024 年。当选举委员会于 2019 年 5 月 21 日凌晨宣布佐科赢得总统选举并成
功连任，标志着印尼总统民主选举完成。

佐科连任印尼新一届总统后，竞选对手普拉博沃在宪法法院驳回其申诉
后与佐科达成和解。随后，印尼各党派之间就新一届内阁人选展开了近半年
的角逐。10 月 23 日，宣誓就职连任印尼总统第三天的佐科在雅加达总统府
任命了的新内阁成员，新内阁由政党领袖和专业人士组成，与上届相比专业
人士比例大幅提高，最受人瞩目的是两度与佐科竞逐总统宝座又败选的反对
党党魁普拉博沃被任命为国防部部长。同时，2019 年印尼大选中出现雅加
达暴乱，再次证明了印尼保守思潮与社会分化的凸显，它将成为新政府施政
的阻力。此外，巴布亚的分离主义活动再次兴起，如何妥善解决巴布亚问题
成为佐科新政府面临又一政治难题。

由于佐科实现总统连任，印尼的各项经济政策得以延续，新发展主义的
发展战略或称之为佐科经济学的政策将延续。因此，未来五年的印尼经济方
向仍将继续加快基础设施建设，改善营商环境，促进制造业、数字经济、海
洋经济和旅游业发展以推动产业转型升级，关注地区经济平衡发展以追求包
容性发展，加大人力资源开发建设以提升国际竞争力。目前，国际上主要的
投资评级机构都给予印尼投资级和稳健的评估。Fitch Rating 评级机构 2019
年 3 月对印尼投资级别的评估为 BBB/稳健，2019 年 5 月 S&P Global 的评级
为 BBB/稳健，2019 年 4 月 R&I 的评级为 BBB/稳健，2019 年 4 月 JCR 的评
级为 BBB/积极。

参考文献

Bank Indonesia（2019）. *2018 Economic Report on Indonesia*. Jakarta：Bank Indonesia.

Bank Indonesia（2019）. "Republic of Indonesia Presentation Book，January 2019."
Jakarta：Bank Indonesia.

Bank Indonesia（2019）. "Republic of Indonesia Presentation Book，March 2019."

Jakarta: Bank Indonesia.

Bank Indonesia (2019). "Republic of Indonesia Presentation Book, June 2019." Jakarta: Bank Indonesia.

Kementerian Perindustrian Republik Indonesia (2017). *Industry Facts & Figures 2017.*

Tijaja, J., and M. Faisal (2014). "Industrial Policy in Indonesia: A Global Value Chain Perspective." ADB Economics Working Paper No. 411.

World Bank (2019). *Doing Business 2018: Reforming to Create Jobs.* Washington D. C.: World Bank.

World Economic Forum (2019). *Global Competitiveness Report 2019: How to End a Lost Decade of Productivity Growth.* Geneva: World Economic Forum.

B.9

近年新加坡的经济增长与创新驱动

温师燕　金言*

摘　要： 在全球金融危机之后，新加坡经济增长持续波动，2014 年后经济增速始终在低位徘徊，2019 年更创下近十年新低。从 2009 年起，新加坡开始推动经济转型，政府认为新加坡经济增速放缓不仅仅是周期性问题，也是结构性问题，必须实施经济转型，推进创新型经济发展，实现产业结构升级和增强国际竞争优势。2016 年政府出台了产业转型计划及相关政策措施，确定了产业转型、科技创新和人工智能的重点领域，促进研究开发和创新创业，促进中小企业的数字化转型，构建全球首个智慧国家等。近年来，新加坡推进创新驱动型经济发展取得了一定的成效，但也存在一些问题。

关键词： 新加坡　经济增长　创新驱动　智慧国家

　　近年来，在全球经济缓慢增长和深度调整的背景下，新加坡经济增速持续波动并放缓，2019 年更创下近十年新低。从 2009 年新加坡提出经济转型，倡导创新驱动型经济发展，到 2016 年政府推出产业转型计划，迄今新加坡实施新一轮的经济转型已历时十年。近十年来，新加坡推进创新驱动型

* 温师燕，厦门大学南洋研究院世界经济专业博士生；金言，厦门大学新加坡研究中心教授，博士生导师，经济学博士。

经济发展并不顺利，但仍取得了一定的进展，同时也存在一些问题。本报告拟就近年来新加坡经济增长与创新驱动及其成效作一分析。

一　2018~2019年新加坡的经济运行

在全球金融危机之后，新加坡经济增长持续波动。2009年新加坡经济出现负增长，2010年和2011年出现强劲反弹，但到2014年后，新加坡经济增长率又一直在低位徘徊。据统计，2009~2017年，新加坡国内生产总值的年平均增长率分别为-0.6%、14.5%、6.3%、4.4%、4.8%、3.9%、2.9%、3.0%和3.7%。2018年，新加坡第一季度经济增长率为4.4%，第二季度为4.1%，第三季度为2.3%，第四季度为1.9%，全年为3.1%。进入2019年，新加坡经济增长持续低迷，第一季度经济增长率为1.1%，第二季度为0.2%，第三季度为0.5%，第四季度为0.1%，全年为0.7%，创下十年来最低的经济增速。

从总需求的角度看，2018年构成新加坡GDP的三大部分分别是，消费约占45.4%，资本形成约占26.6%，净出口约占26.6%。消费、资本形成和净出口对GDP的贡献率分别约为47.3%、27.7%和25.6%，拉动GDP增长分别为1.4个百分点、-0.3个百分点和2个百分点。消费和净出口是2018年新加坡经济增长的两大动力，资本形成对经济增长起了负面影响。在国内消费中，私人消费对GDP增长的贡献率为32.4%，拉动GDP增长1个百分点；政府消费对GDP增长的贡献率为13.4%，拉动GDP增长0.4个百分点；新加坡对外贸易依存度高，出口对经济增长的拉动大，2018年新加坡出口增长5.1%，进口增长4.7%，净出口对GDP增长的贡献率为64.1%（见表1）。

从总供给的角度看，2018年构成新加坡GDP的三大生产部门分别是，农业占0%，工业约占26.6%，服务业约占73.3%。新加坡是海岛型的城市国家，农业在国内经济中占有极小的比重；新加坡的工业包括矿业、制造业、水电气供应和建筑业等，其中制造业是新加坡工业的核心，但近年来工

表1　2010～2018年新加坡经济各领域和部门增长率

单位：%

领域和部门	2010年	2014年	2015年	2016年	2017年	2018年
GDP	14.5	3.9	2.9	3.0	3.7	3.1
私人消费	4.4	3.6	5.2	2.7	3.4	2.7
政府消费	10.2	0.6	8.9	3.7	4.5	4.1
国内固定资本形成	20.0	0.8	−8.6	10.2	11.6	−2.1
商品和服务出口	17.8	3.6	5.0	0.0	5.7	5.1
商品和服务进口	16.3	2.8	3.4	0.1	7.5	4.7
农业	2.7	3.3	−0.5	−0.5	−11.3	−1.4
工业	24.0	3.7	−2.7	2.7	5.6	4.9
服务业	10.9	4.2	4.1	2.3	2.9	3.0

资料来源：根据 *Yearbook of Statistics Singapore* 有关年份编制。

业和制造业在国内经济的比重逐步下降。2010～2018年，新加坡工业占GDP的比重从28.2%降至26.2%，其中制造业占GDP的比重从21%降至20.1%。2018年，新加坡制造业对GDP增长的贡献率为43.4%，拉动GDP增长1.4个百分点；新加坡的服务业主要包括房地产、批发零售、金融保险、交通仓储、信息通信等行业，2018年这五大行业增加值增速分别是2.8%、1.7%、5.8%、1.3%和5.4%，其增加值合计占新加坡GDP的52%，对GDP增长的贡献率为52.4%，拉动GDP增长1.6个百分点。

从2009年起，新加坡推动经济转型，政府认为全球金融危机后新加坡经济增速放缓，多个年份出现了经济增速低于通胀率的情形，这一现象不仅仅是周期性问题，而且是结构性问题。同时，由于人口老龄化和生育率下降，政府又收紧了外国劳工的比例，国内劳工严重短缺，工资涨幅超过劳动生产率增长，要提高劳动生产率，经济转型成为唯一出路。新加坡经济曾经历过20世纪50年代末到70年代劳动密集型产业、70年代末转向资本和技术密集型产业、90年代中期推进技术和知识密集型产业发展等几个阶段，此次经济转型试图通过采用"工业4.0"新技术，推进创新型经济发展，实现产业结构转型升级，进一步增强国际竞争力。

二 新加坡推进创新驱动型经济发展的措施

近年来，新加坡积极实施经济转型战略与政策，2009 年新加坡提出经济转型的决策，2016 年政府出台产业转型计划，以加快推进创新驱动型经济发展。为此，政府推出一系列政策措施，如确定产业转型的 23 个重点领域、科技创新的七大领域和人工智能的五大领域，促进研究开发和创新创业，推动中小企业的数字化转型，构建全球首个智慧国家等。

（一）实施产业转型计划及其相关措施，以加快迈向创新驱动型经济

2016 年 3 月，新加坡推出产业转型计划（Industry Transformation Programme），为 23 个工商领域制定转型蓝图，以提高企业生产力、投资技能、推动创新和走向国际化为目标。这 23 个具体行业涉及制造业和服务业，但此次行业分类并未完全以二、三产业来分类，而是从产业关联性和实施便利角度将 23 个行业分成 6 个产业转型组团，即制造业、环境建设、贸易与联系、国内必要服务、专业服务和生活相关服务。为此，政府专门成立未来经济署（Future Economy Council）来负责产业转型机会的制定和执行，先后出台了所有 23 个产业转型蓝图。[①]

2017 年 2 月，新加坡未来经济委员会提出了未来十年新加坡经济发展策略，试图通过三大途径和七大策略推动经济发展，其中强调落实产业转型计划。未来新加坡经济发展的三大途径是保持开放性，继续与世界接轨；与时俱进、精益求精，这就要求新加坡人掌握和善用精深技能，企业增强创新能力；新加坡政府、企业和国人要探索新的合作方式，齐心协力落实有助经济增长的策略；七大策略包括深化和开拓国际往来、掌握和善用精深技能、加强企业创新和扩大规模的能力、增强利用互联网发展业务的能力、打造充

---

① "Industry Transformation Programme of Singapore." https：//www. mti. gov. sg/ITMs/Overview.

满活力与机遇的互联城市、落实产业转型计划等。①

与之相应，新加坡的第六个科技创新计划，即"研究、创新与企业计划2020"（RIE2020）提出，2016～2020年，政府将投入190亿新元用于研究、创新与创业支出，选择先进制造和工程技术、健康与生物医疗科学、城市解决方案和可持续发展、服务业和数字经济等作为重点资助领域，以打造世界研究中心。② 2017年5月，新加坡推出"国家人工智能核心"（AI. SG）计划，旨在凝聚政府、科研机构与产业界三大领域的力量，促进人工智能的发展和应用，计划在未来5年投资1.5亿新元用于资助相关研究。2019年10月，新加坡政府设立了全国人工智能署，隶属于智慧国及数码政府署（SNDGO）。新加坡人工智能策略的愿景，是到2030年使新加坡成为研发和采用具有影响力及可扩展的人工智能方案的领导者。

（二）确定了产业转型、科技创新和人工智能的重点领域

在新加坡的产业转型计划中，确定了23个产业转型的重点领域。根据产业关联性和实施便利度，政府将这23个行业分成6个产业转型组团，涉及制造业和服务业，制造业包括能源和化工、电子业、精密工程、海事工程、航空业等，服务业包括贸易、交通运输、房地产、金融、医疗保健、教育、食品制造与服务等，这些行业占新加坡国内生产总值（GDP）的80%。

在新加坡第六个科技创新计划中，新加坡将先进制造与工程技术、健康和生物技术、城市解决方案和可持续发展、服务业和数字经济、学术研究、科研人力资本和国家创新体系作为重点扶持领域。其中，制造业包括航空航天、电子、化学、机械与系统、海洋与近海、精密模块和部件、生物制剂和制造业及医学技术制造业等八大关键领域，还有机器人与自动化、数字制造、3D打印和新材料等四个技术交叉领域；服务业包括都市交通、医疗卫

---

① The Committee on the Future Economy (2017). *Report of the Committee on the Future Economy: Pioneers of the Next Generation*.

② National Research Foundation, Prime Minister's Office of Singapore (2016). "Research Innovation and Enterprise 2020 Plan." https://www.nrf.gov.sg/rie2020.

生信息通信技术和服务效率。

2019 年 11 月，新加坡政府提出将在交通物流、智能市镇和邻里、医疗保健、教育、保安与安全等五大领域采用人工智能（Artificial Intelligence, AI）科技，打造促进人工智能生态发展的环境。在交通物流领域，到 2025 年所有关卡将采用全自动通关系统，规划货车运输最佳路线，提升司机的工作效率。在医疗领域，到 2022 年全国医疗机构采用 AI 系统，更快速和精准地检测出视网膜病变等糖尿病患者常见的眼疾。到 2025 年通过 AI 扫描糖尿病、高血压和高血脂患者的视网膜照片，计算其患心血管疾病的风险。在智能城市和邻里领域，2022 年前政府将推出 AI 聊天机器人，指引居民向正确部门举报社区问题。在教育领域，通过适应式学习（Adaptive Learning）系统，为学生提供个人化教育，即将在中小学英文科目试用的自动批卷系统，让教师把更多时间放在学生身上。在保安与安全领域，2025 年前让所有国人和旅客使用扫描虹膜和脸部特征等全自动通关系统通关。①

（三）重视研究开发和创新创业，努力打造世界研究中心

从 1991 年起，新加坡连续实施科技创新五年计划，分别为《国家技术发展规划》（1991～1995）、《第二个国家科技规划》（1996～2000）、《2005 年科技规划》（2001～2005）、《2010 年科技规划：创新驱动的可持续发展》（2006～2010）、《2015 年研究、创新与企业计划：新加坡的未来》（2011～2015）。2016 年，新加坡政府出台了《2020 年研究、创新与企业计划：科技赢得未来》。该计划提出了 2016～2020 年新加坡科技发展的战略目标、重点资助产业和核心资助计划，进一步推动研究开发和创新创业，力争将新加坡打造成为世界研究中心。②

长期以来，新加坡将研究开发与创新创业作为构建知识型和创新型经济

---

① 《促进经济转型改善生活　我国在五大领域推动采用人工智能》，新加坡《联合早报》2019 年 11 月 14 日。

② "National Research Foundation, Prime Minister's Office of Singapore, Research Innovation and Enterprise 2020 Plan." https：//www.nrf.gov.sg/rie2020.

的基础。近年来，新加坡政府对研发和创新的公共投资显著增加。第五个科技创新计划提出，2011～2015 年，新加坡政府投入 161 亿新元（占国内生产总值的 1%）用于研究、创新与创业支出，到 2015 年研究与开发（R&D）支出占国内生产总值比重达到 3.5%，使新加坡成为国际科研中心和亚洲创新中心，成为如瑞典、芬兰、以色列的研究型、创新型和创业型的经济体；第六个科技创新计划提出，2016～2020 年，投入 190 亿新元用于研究、创新与创业支出，确立了七大重点资助领域。同时，新加坡建立了新加坡地球观测站（EOS）、量子技术中心（CQT）、癌症研究所（CSI）、力学生物学研究所（MBI）、环境生命科学工程中心（SCELSE）、圣约翰岛国家海洋实验室（SJINML）等国家级实验室和研发中心。[1]

新加坡国立研究基金会（NRF）推出"大学－企业研究室"（Corporate Laboratory@ University）计划，旨在吸引国内外企业与当地大学合作研发。目前，劳斯莱斯（Rolls-Royce）、新加坡电信（Singtel）、吉宝企业（Keppel）、富士通（Fujitsu）、惠普（HP Inc.）、应用材料（Applied Materials, Inc.）、胜科工业（SembCorp Industries）、新科工程（ST Engineering）、丰益国际（Wilmar International）等十余家企业已与新加坡国立大学、南洋理工大学和新加坡管理大学合作设立了大学－企业研究室，以促进科技研究开发和实用技术转化。[2]

（四）实施中小企业数字化计划，促进中小企业的数字化转型

2017 年 3 月，新加坡政府制订了中小企业数字化计划（SMEs Go Digital Programme），以协助中小企业了解与采用适用的数字科技，由此增加盈利、开发新市场和提高生产力。该计划由新加坡资讯通信媒体发展局（IMDA）、新加坡网络安全局（CSA）和标新局（SPRING）等政府机构联合推出，从

---

[1] "National Research Infrastructure." https：//www. nrf. gov. sg/programmes/national – research – infrastructure.

[2] "Corporate Laboratories in Universities." https：//www. nrf. gov. sg/programmes/corporate – laboratories – in – universities.

三方面协助中小企业实现数字转型，一是设立中小企业数字技术中心，为在数据分析、网络安全和物联网等方面有需求的中小企业提供专业建议，帮助中小企业与科技和咨询机构建立联系，以及主办工作坊和研讨会等；二是根据政府的产业转型蓝图，为各行业领域制定产业数字化蓝图，中小企业可通过蓝图进一步确认合适的数字科技；三是先选择那些可通过科技大幅提高生产力的领域，实施新的数字科技方案。两年来，该计划已使约 4000 家中小企业受益。[①]

2018 年 3 月，新加坡政府提出将资助 300 家来自各领域的中小企业和跨国公司，利用新加坡经济发展局所开发的新加坡工业智能指数进行评估，协助它们加速向"工业 4.0"转型。[②] 同时，为促进中小企业数字化转型，新加坡政府推动贸易程序数字化和优化的"贸易互信"（Trade Trust）。一般来说，贸易和物流业者经常在跨境贸易程序上面对效率较低的情况，而贸易互信涵盖了一套准则，能够让企业安全地交换数字贸易文件。此办法采用分散式账本技术（distributed ledger technology），可降低欺诈风险，同时减少企业营运成本。2019 年 1 月，新加坡推出了全国电子发票网络（Nationwide E-Invoicing Network），可让企业减少失误、改善现金流通，以及提高管理效率。

（五）构建全球首个智慧国家，推动东盟智慧城市网络建设

2014 年，新加坡政府公布了"智慧国家 2025"的十年计划，这是全球第一个智慧国家蓝图。为构建新加坡的"智慧国"，政府将构建"智慧国平台"，建设覆盖全岛数据收集、连接和分析的基础设施与操作系统，根据所获数据预测公民需求，提供更好的公共服务。到 2025 年，新加坡有望建成

---

① 《迈向智慧国愿景，额外 3 亿拨款加强服务与数码经济科研》，新加坡《联合早报》2019 年 3 月 5 日。

② "300 Funded Assessments of the Singapore Smart Industry Readiness Index to Help Companies Adopt Industry 4.0." https：//www.edb.gov.sg/en/news－and－resources/news/readiness－to－help－companies－adopt－industry4.html.

世界首个智慧国。该计划也是"智慧国家 2015"计划的升级版，新加坡曾在 2006 年公布"智慧国家 2015"计划，其目标包括：到 2015 年，通信行业价值实现翻番，达到 260 亿新元，该行业出口收入增长 3 倍，至 600 亿新元，增加 8 万个工作岗位，使九成家庭使用宽带，学龄儿童家庭电脑拥有率达到 100% 等，这些目标均已提前实现。[①]

为了促进东盟区域智慧城市建设，2018 年 4 月，新加坡向第 32 届东盟领导人会议提交了建立东盟智慧城市网络（ASEAN Smart Cities Network，ASCN）的提案。东盟采纳了新加坡提出的这一倡议，提出以协同发展、分享最佳实践，为增长、创新、能力建设和可持续发展提供更多机会，同意 ASCN 采取包容性方法，充分考虑特定城市的发展水平、当地需求和文化潜力。2018 年 11 月，在新加坡举行的第 32 届东盟领导人会议上通过了东盟智慧城市网络倡议，确定了参与东盟智慧城市网络的 26 个城市，包括马来西亚 4 个，老挝 2 个，新加坡和文莱各 1 个，其余 6 个东盟成员国各有 3 个。[②]

三　新加坡推进创新驱动和产业转型的成效

从 2009 年新加坡提出经济转型，倡导创新驱动型经济发展，到 2016 年政府推出产业转型计划，迄今新加坡实施新一轮的产业转型已历时十年。在全球经济缓慢增长和深度调整的背景下，新加坡推进创新驱动型经济发展并不顺利，但仍取得一定的进展，同时也存在一些问题与障碍。

首先，推进创新驱动型经济发展，保持了全球最具竞争优势地位和最佳营商环境。

在全球金融危机之后，世界经济进入缓慢增长和深度调整时期，高度外

---

① "IDA, iN 2015 Masterplan." http：//www. ida. gov. sg/Infocomm – Landscape/iN2015 – Masterplan. aspx.

② "ASEAN Smart Cities Framework." https：//asean. org/storage/2012/05/ASEAN – Smart – Cities – Framework. pdf.

向型的新加坡经济深受影响，国内经济低速增长且波动较大。2009 年，新加坡开始了经济转型与调整，但进展较慢。2016 年，新加坡实施产业转型计划，加快了经济转型的步伐，进一步提升了国家的综合实力和产业竞争力，使新加坡继续保持了世界最具竞争优势国家的地位，也成为具有全球最佳营商环境的国家。近年在国际竞争力评价的权威机构瑞士国际管理发展学院（IMD）和世界经济论坛（WEF）的各国竞争力排名上，新加坡均名列前茅。根据瑞士国际管理发展学院的评估，在 2015～2018 年世界各国国际竞争力综合排名中，新加坡分别列第 3 位、第 4 位、第 3 位和第 3 位，2019 年再次跃居第一位。[1] 在世界经济论坛的全球竞争力世界排名中，2015～2018 年新加坡分别为第 2 位、第 2 位、第 3 位和第 2 位，2019 年首次升至第 1 位。[2] 在科尔尼管理咨询公司（A. T. Kearney）发布的《2019 全球城市指数报告》中，新加坡列全球最具竞争力城市的第 6 位和全球最具发展潜力城市的第 2 位。[3] 在 2019 年全球创新指数排名中，新加坡列第 8 位，仅次于瑞士、瑞典、美国、荷兰、英国、芬兰和丹麦。[4] 与此同时，新加坡营商环境进一步完善，成为当今世界具有最佳营商环境的国家。据世界银行评估，在世界各国营商环境便利度排名中，2015～2016 年新加坡均列第 1 位，2017～2019 年均列第 2 位。[5]

其次，实施创新驱动和产业转型，进一步优化了以先进制造业和现代服务业为主导的产业结构。

早在 20 世纪 70 年代末，新加坡以连续三年高工资政策推进经济重组和产业升级受阻后，围绕新加坡是否继续将制造业作为支柱产业这一问题曾引

[1] IMD (2019). *World Competitiveness Yearbook 2019.* Lausanne, Switzerland.
[2] World Economic Forum (2019). *The Global Competitiveness Report 2019.* Geneva, Switzerland.
[3] A. T. Kearney (2019). "2019 Global Cities Report." https://www.atkearney.com/global-cities/2019.
[4] Cornell University, INSEAD, WIPO (2019). "Global Innovation Index (GII) 2019." https://www.wipo.int/global_innovation_index/en/2019/.
[5] World Bank (2019). *Doing Business 2020: Comparing Business Regulation in 190 Economies.* Washington D. C..

发热议。20 世纪 80 年代中期，新加坡政府提出未来十年制造业和服务业是推动经济增长的两大动力，并将这一比重保持在 25% 水平。进入 21 世纪，新加坡出台的"工业 21"发展计划仍将这一比重定为 25%。2010 年，新加坡国家经济战略委员会报告将制造业占 GDP 比重调至 20%～25%。由于全球金融危机后国际市场需求萎缩，新加坡高度外向型的制造业受到直接影响，使制造业在国内经济的比重持续下降。在此次经济转型过程中，新加坡再次将促进制造业转型升级置于核心地位，同时提出进一步完善现代服务业，并已初见成效。据统计，2012～2018 年，新加坡的生产性产业（包括制造业和建筑业）占 GDP 的比重从 25.1% 增至 25.2%，生产性服务业占 GDP 的比重从 64.9% 增至 65.9%。其中，制造业占 GDP 的比重维持在 18%～20%，尤其是 2018 年该比重达到 20.8%。目前，新加坡的电子、化工、海事工业和生物医药业是制造业的四大支柱行业；在生产性服务业中，贸易占 GDP 的比重从 18.3% 降至 16.7%，金融保险业从 10.2% 升至 12.3%，信息通信业从 3.7% 增至 3.9%，交通仓储业保持在 6.4%。[1]

再次，促进创新驱动和产业转型，各产业部门的劳动生产率逐步提升。

由于近年来新加坡政府收紧外国劳工的流入，借此调控劳动力结构，许多行业普遍面临劳工短缺的困境，因而必须进行国内产业转型，而产业转型的核心在于提高各行业劳动生产率。在劳动力短缺的条件下，劳动生产率和劳动力工资收入中位数的变动成为产业转型效果的重要指标。自 2016 年实施产业转型计划以来，新加坡各部门劳动力工资收入中位数逐步上升，同时整体的劳动生产率逐步提高，尤其是生产性部门的劳动生产率升幅比较明显，生产性服务业的劳动生产率增速也有所回升。据统计，2012～2018 年，新加坡平均劳动力月工作收入（包括雇主公积金）的中位数分别为 3480 新元、3705 新元、3770 新元、3949 新元、4056 新元、4232 新元和 4437 新元。[2] 同时，从劳动生产率看，按每个劳动力平均创造增加值计算，2012～

① Department of Statistics（2019）. *Yearbook of Statistics Singapore 2019*. p. 69.
② Department of Statistics（2019）. *Yearbook of Statistics Singapore 2019*. p. 59.

2016 年新加坡各产业劳动生产率分别增长 0.5%、0.7%、0.1%、0.7% 和 1.9%，2017～2018 年则分别增长 3.9% 和 2.4%。其中，2012～2016 年生产性产业（包括制造业和建筑业）的劳动生产率分别增长 -2.2%、-3.2%、1.2%、-2.1% 和 4%，而 2017～2018 年则增长 10.8% 和 7.9%；2012～2016 年生产性服务业的劳动生产率分别增长 1.6%、3.1%、0%、0.8% 和 0.2%，而 2017～2018 年则增长 1.2% 和 0.9%（见图 1）。近年来，劳动生产率增长是推动新加坡国内经济增长的主要驱动力。据新加坡贸工部的统计分析显示，2018 年新加坡国内生产总值（GDP）增长率为 3.2%，其中劳动生产率增长（3.7%）是主要动因，就业增长（0.7%），实际劳动力工作时间持续下降（-1.2%）。[1]

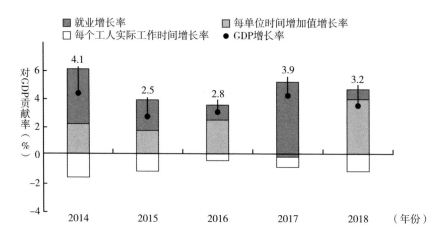

图 1 2014～2018 年新加坡 GDP 增长的分解

资料来源：Ministry of Trade and Industry（2019）. *Economic Survey of Singapore 2018*. p. 20。

复次，推动创新驱动和产业转型，进一步增强了国际经济中心的地位。

长期以来，新加坡的经济转型和产业升级均紧密围绕如何进一步增强和完善国际性经济中心的地位这一问题。此次产业转型计划涵盖了能源和化

---

① Ministry of Trade and Industry（2019）. *Economic Survey of Singapore 2018*. p. 20.

工、精密工程、海事工程、航空业、电子业、贸易、交通运输、金融等关键领域，以此巩固与提升新加坡作为世界重要的制造业基地、国际贸易中心、国际航运中心、国际金融中心、国际通讯中心和旅游会议中心的地位，并努力打造世界研发与创新中心。2018 年，新加坡是世界第九大工业制成品出口国，世界第七大办公设备和通信器材出口国，世界第七大化工产品出口国，世界第六大医药产品出口国，还是世界第三大炼油中心。2018 年，新加坡对外贸易额高达 7840 亿美元，人均对外贸易额高居世界之首。其中，商品贸易出口位居世界第 15 位，服务贸易出口位居世界第 10 位；以抵达船只吨位计算，新加坡是世界上最繁忙的海港之一，也是世界上仅次于上海的第二大集装箱港口；新加坡的金融业日趋成熟，外汇市场交易额已居世界第三位，并成为世界主要的离岸银行业、基金管理业和风险管理业中心；得天独厚的地理位置、便利的交通条件和东西文化的交会荟萃，又使新加坡成为世界上重要的通信信息中心和旅游会议中心。近年来，新加坡大力构建全球和区域科技研发中心，全球 100 家顶尖科技公司中已有多达 80 家在新加坡运营业务，如德国西门子公司已在新加坡设立"工业 4.0"实验室、美国麦肯锡公司建起先进再制造及技术中心（ARTC）试验工厂。高纬环球公司（Cushman & Wakefield）发表的 2019 年全球数据中心研究报告显示，新加坡已连续第三年是亚洲最具竞争力的数据中心。[①] 从 2018 年起，新加坡与"工业 4.0"概念的首倡者德国汉诺威工业展览会联合举办工业展览会，聚焦从先进制造业、智能工厂、智能供应链管理到研发、增材制造技术、数字化工厂等系列主题，以打造全面展示全球"工业 4.0"最佳实践和应用的区域展览中心。

最后，借助创新驱动和产业转型，一些生产与服务部门行业转型的成效初显。

从 2016 年 3 月新加坡政府推出产业转型计划，到 2018 年 3 月最后一个产业转型蓝图公布，一些生产与服务部门行业转型的成效已逐渐显现。例

---

① 《我国连续第三年是亚洲最具竞争力数据中心》，新加坡《联合早报》2019 年 8 月 19 日。

如，能源和化工是新加坡经济的支柱行业之一，包括炼油和化学产品制造。新加坡能源和化工产业转型蓝图提出，到2020年要求至少20家炼油厂和裂化厂采取先进制造技术。自新加坡实施"化工岛"计划后，裕廊岛已建成石油化工产业集群。目前，新加坡3家炼油厂的炼油产能日均超过130万桶，4家裂化厂的乙烯年产能达400万吨，新加坡已成为全球第三大石油炼制中心和全球十大乙烯生产中心之一；新加坡的航空工业是国内经济的重要增长点，也是亚洲最大航空维护、修理和翻修（MRO）中心。新加坡推出航空产业转型蓝图，提出通过提高劳动生产率、促进科技创新，以及协助国人掌握有关技能。目前，新加坡航空工业以实里达航空园（Seletar Aerospace Park）为核心，已吸引60多家跨国公司和当地企业在此投资设厂和建立物流中心。新加坡食品制造业转型蓝图提出，建立和完善食品创新与研发的生态系统，建立具有全球竞争力的食品生产企业，运用自动化和智能化提高生产力，提升员工技能，扩大全球占有率。新加坡政府为此拨款1.44亿新元用于可持续的食品生产、未来食品和食品安全三大领域的科技创新，并订立到2030年国内食品生产能力能够满足国民营养所需的30%。近年来，新加坡的食品制造业和生产企业的转型初见成效，在英国经济学人智库（EIU）发布的《2019年全球食品安全指数》中，新加坡以87.4的综合得分连续第二年位居全球113个国家和地区的榜首。[1]

不过，新加坡推进创新驱动和产业转型仍面临一些障碍和问题，这些障碍和问题主要表现在以下几个方面。一是中小企业缺乏创新和转型的意识。据调查，目前仍有43%的企业对转型计划缺乏了解，35%的商家认为转型计划与其行业无关。同时，一些企业转型的前期投入较大，采购和应用数字化技术的成本过高，以及培训员工以提高技能的周期较长，都限制了中小企业的创新活力。2018年，新加坡中小企业仅有三成采用了更多新科技来提升数字化能力，大企业的创新意愿则远高于中小企业，中小企业仅有10%

---

① EIU (2019). "Global Food Safety Index 2019." https：//foodsecurityindex. eiu. com/.

选择通过培训来提高员工能力，远低于大企业的23%。[①] 二是产业转型面临的创新与技术难题。新加坡推动绿色建筑，政府设立了区域首个超低能耗建筑智能中心，能利用数据库的建筑能源数据为不同的建筑提出绿色节能的翻新规划，但提升旧建筑的节能效益是一大技术考验。再如，航空运输业推行"一次性通行"项目，需要调整机场运作的关键技术，需要耗费几年时间，还要全行业通力合作。三是产业转型过程的风险性。近期，新加坡拟开放数字银行业，发放5张数字银行执照，其中2张全面数字银行执照和3张批发数字银行执照。数字银行在利用大数据为公众提供高效便捷的创新服务的同时也带来了数据安全性、洗钱问题、个人隐私保护等问题。[②] 四是产业转型引发结构性失业问题。近年来，随着国内产业转型计划的实施，新加坡诸多部门行业转向技术和知识密集型发展方向，新加坡出现了就业人数增长，但失业率和裁员人数增加的情况，这反映了新加坡劳工市场出现了工作与技能不匹配的现象或结构性失业问题。据新加坡人力部发布的2019年第三季劳动市场预估报告显示，总就业人数增加2.24万人，比上季度的6200人增加3倍，但总失业率从3.1%上升至3.2%，而裁员人数达2900人，而上季度为2320人。为此，新加坡政府出台了诸如"应变与提升"计划等激励政策，重新训练被裁退的员工，以协助他们找到新工作。2019年1~8月，约有2.2万名求职者通过该计划找到工作，但求职者掌握新技能的步伐往往落后于职场的新需求。[③]

参考文献

ADB（2019）. *Key Indicators for Asia and the Pacific 2019.*

Department of Statistics（2019）. *Yearbook of Statistics Singapore 2019.*

---

① 《过半本地公司 推行商业创新》，新加坡《联合早报》2019年1月18日。
② 《社论：审慎发展和监管数码银行》，新加坡《联合早报》2020年1月14日。
③ 《社论：正视结构性失业问题》，新加坡《联合早报》2019年10月30日。

Economic Strategies Committee of Singapore (2010). *Report of the Economic Strategies Committee*: *High Skilled People*, *Innovative Economy*, *Distinctive Global City*.

Gavin Peebles and Peter Wilson (2002). *Economic Growth and Development in Singapore*: *Past and Future*. Edward Elgar Publishing Limited.

Ministry of Trade and Industry (2019). *Economic Survey of Singapore 2018*.

National Research Foundation, Prime Minister's Office of Singapore (2016). *Research Innovation and Enterprise 2020 Plan*.

Kente, Calder (2016). *Singapore*: *Smart City*, *Smart State*. Brookings Institution Press.

The Committee on the Future Economy (2017). *Report of the Committee on the Future Economy*: *Pioneers of the Next Generation*.

B.10

2018~2019年泰国经济发展及前景

金师波 *

摘　要： 在世界经济增长放缓和国内政局波动的影响下，近年泰国经济增长一直处于低迷状态，2018年国内经济筑底企稳，但2019年再次陷入困境。2019年，泰国举行全国大选，巴育总理取得连任。泰国新政府执政以后，在继续推行原定的发展政策基础上，实施了应对经济下滑的短期措施，也开始拟定和出台中长期的发展计划。当前，泰国政府积极调整宏观经济政策，加快实施泰国战略与政策，促进中小企业的数字化转型，早先政府推出的东部经济走廊建设取得新进展。但是，随着全球价值链的重构和国内营商环境的变化，泰国经济仍面临一系列风险和挑战。

关键词： 泰国　经济政策　"泰国4.0"　东部经济走廊

泰国是东南亚第二大经济体，也是中南半岛工业化程度最高的国家。近年来，由于全球经济增长放缓和国内政局波动的影响，泰国经济增长一直停滞不前，产业结构转型升级受阻。2018年国内经济筑底企稳，但2019年再次陷入困境，展望未来，泰国经济发展仍面临诸多风险与挑战。

---

* 金师波，厦门大学南洋研究院世界经济专业博士生。

一　2018~2019年泰国宏观经济形势

近年来，在世界经济增长缓慢和国内政局波动的影响下，泰国经济增长一直处于低迷的状态。2014年5月泰国军政府执政后，在巴育政府治理下，泰国经济筑底企稳，经济形势开始好转，营商环境有所改善，经济增长率逐年攀升。2014~2017年，泰国的经济增长率分别为1.0%、3.1%、3.4%和4.0%。2018年，泰国国内经济增长有所加快，第一季度经济增长率为4.9%，第二季度为4.6%，第三季度为3.3%，第四季度为3.7%，全年为4.1%。但进入2019年后，由于国际经济形势的急剧变化，尤其是中美贸易摩擦的持续升温，泰国经济再次陷入困境。前三季度，泰国的经济增长率分别为2.8%、2.3%和2.4%。

从总需求角度看，2018年泰国国内生产总值（GDP）的三大部分构成分别是：消费占65.9%，资本形成占26.2%，净出口占7.9%。消费、国内固定资本形成和净出口对GDP的贡献率分别是65%、96.9%和-61.6%，拉动GDP增长分别为2.6个百分点、3.9个百分点和-2.5个百分点。消费和投资是2018年泰国经济增长的两大动力，且消费的拉动力最大。在国内消费中，私人消费对GDP增长的贡献率为56.7%，拉动GDP增长2.3个百分点；政府消费对GDP增长的贡献率为6.6%，拉动GDP增长0.3个百分点。在固定资本形成中，私人投资对GDP增长的贡献率为22.5%，拉动GDP增长0.9个百分点；政府投资对GDP增长的贡献率为5%，拉动GDP增长0.2个百分点。泰国对外贸易依存度高，出口对经济增长的拉动大，2018年泰国出口增长4.2%，进口增长8.6%，但净出口额较2017年大幅减少，净出口对2018年GDP增长贡献率为负值（见表1）。

从总供给角度看，2018年构成泰国GDP的三大生产部门分别是，农业占8.1%，工业占32.4%，服务业占59.5%。农业是泰国经济的基础，也是泰国具有比较优势的产业部门，但随着工业化进程加快，农业在泰国GDP中的比重日趋下降，2010~2014年保持在10%~11%，2015年后均为个位

表1　2010~2018年泰国经济各领域和部门增长率

单位：%

领域和部门	2010年	2011年	2012年	2013年	2014年	2015年	2016年	2017年	2018年
GDP	7.5	0.8	7.2	2.7	1.0	3.1	3.4	4.0	4.1
私人消费	5.5	1.8	6.7	0.9	0.8	2.3	2.9	3.0	4.6
政府消费	8.9	3.7	7.2	1.5	2.8	2.5	2.2	0.1	1.8
国内固定资本形成	32.0	2.6	11.1	3.2	-12.3	2.1	-3.7	11.2	—
商品和服务出口	14.2	9.5	4.9	2.7	0.3	1.6	2.8	5.4	4.2
商品和服务进口	23.0	12.4	5.6	1.7	-5.3	0.0	-1.0	6.2	8.6
农业	-0.5	6.3	2.7	0.7	-3.0	-6.5	-1.3	3.7	5.1
工业	10.6	-4.1	7.2	1.7	0.1	1.9	2.2	2.2	2.7
服务业	6.9	3.3	8.2	3.7	1.8	5.6	4.7	5.1	4.8

资料来源：Office of the National Economic and Social Devlopment Board（NESDB），Thailand。

数。2018年，泰国农业增加值增长5.1%，是自2011年以来的最高增速，对GDP增长的贡献率为8.6%，拉动GDP增长0.3个百分点。泰国的工业包括矿业、制造业、水电气供应业和建筑业，其中制造业是泰国工业的核心。2010年泰国工业占GDP的比重达到37.1%的高点后持续下跌，制造业占GDP的比重也连续下滑，2018年泰国制造业占GDP的比重为27.2%，表现出早熟型的"去工业化"特征。2018年，泰国工业增加值增长2.7%，其对GDP增长的贡献率为26.3%，拉动GDP增长0.9个百分点。泰国的服务业近年发展较快，主要包括批发零售、交通仓储与通信、房地产等10个行业。2018年泰国服务业增加值增长4.8%，对GDP增长的贡献率高达79.7%，拉动GDP增长2.9个百分点，泰国经济增长以服务业为主要动因的特征日益明显。泰国服务业主要集中在批发零售、金融保险、交通运输与仓储、旅馆餐饮和房地产等五大行业，2018年这五大产业增加值增速分别是7.4%、3.3%、5.6%、7.8%和5.4%，其增加值合计占泰国GDP的39.1%，对GDP增长的贡献率为57.2%，拉动GDP增长2.4个百分点。

随着2018年中美贸易摩擦的逐步升级，导致全球贸易增长放缓，贸易保护主义抬头，使国际贸易环境发生了根本性的变化，这对高度外向型的泰

国经济造成较大影响。2018年3月，美国宣布对各国钢铁和铝制品分别征收25%和10%的关税，这对泰国该行业产生了直接和间接的影响。目前，泰国对美国的钢铁、铝制品出口额为10亿美元，占泰国此类产品出口额的14.7%，由此泰国将失去美国的钢铁出口市场，国内的热轧钢和冷轧钢铁产品生产也将受到较大冲击。同时，泰国是全球第五大钢铁进口国，美国征收钢、铝制品关税将导致国外同类产品转向泰国市场，使得泰国本国企业面对更为激烈的竞争。2018年11月，美国宣布取消对泰国11种产品的普惠制（GSP）待遇，这11种产品包括鲜兰花、鲜榴梿、干木瓜、干罗望子、甜玉米、蜜饯果仁、木瓜、拼花地板、胶印机械、洗衣机和三脚架，其中10种产品占美国进口产品的50%以上，泰国享受普惠制待遇商品的对美出口额为42亿美元，约占对美出口总额的13%。泰国开泰研究中心针对中美贸易摩擦对泰国出口影响的评估显示，中美贸易摩擦将导致2019年泰国净出口额损失24亿~29亿美元，占国内生产总值的0.5%~0.6%。[①]

由于全球经济增长缓慢，国际市场需求萎缩，中美贸易摩擦持续升温，2019年泰国的经济增长仍将处于低迷状态，国际货币基金组织（IMF）和世界银行预测均为3.5%，亚洲开发银行预测为3.9%。[②] 据泰国官方预测，2019年泰国的经济增长率为3.3%~3.8%。根据2019年12月泰国开泰研究中心的研究显示，由于中美贸易摩擦和泰铢升值，国内出现旱灾和劳工加薪，加上国内政治因素使得政府预算案被推迟，导致国内投资进度放慢，低于预期水平，2019年泰国的经济增长可能为2.5%。[③]

二 近年泰国经济政策与结构调整

2019年，泰国举行全国大选，巴育总理取得连任，它有利于国内政局

---

① 《泰出口缩减幅度或占GDP 0.5%~0.6%》，泰国《星暹日报》2018年4月16日。

② IMF（2019）. *World Economic Outlook. April 2019*, p.160；World Bank（2019）. *Global Economic Prospects*, June 2019, p.151；ADB（2019）. *Asian Development Outlook 2019*. p.350.

③ 《今年国家经济增长预测数字下调为2.5%》，泰国《中华日报》2019年12月10日。

的稳定和政策的延续性。随着全国大选的尘埃落定，泰国新政府在继续推行原定的发展政策基础上，实施了应对经济下滑的短期措施，也开始拟订和出台中长期的发展计划。当前，泰国政府积极调整宏观经济政策，以应对国内经济增速的下滑；加快实施"泰国4.0"战略与政策，加快产业升级和科技投入；重视和扶持中小企业发展，促进中小企业的数字化转型。

（一）泰国积极调整宏观经济政策，以应对国内经济增速的下滑

进入2019年，泰国举行了全国大选。2014年，泰国军方发动政变，推翻了英拉领导的为泰党政府，原陆军司令巴育领导成立了全国维持和平秩序委员会，并担任总理。随着泰国政局的稳定，国内要求军政府还政于民的呼声日益高涨，巴育总理曾经多次承诺举行大选的计划均未兑现。2016年8月，泰国举行全民公投，通过泰国自君主立宪制以来的第20部宪法。2019年3月，泰国举行政变5年来的首次全国大选。6月，巴育以压倒性优势胜出，当选泰国第29任总理。7月，新政府发表了施政纲领，提出了政府的12项主要政策和12项紧急措施，包括维护国家的稳定、发展经济、规划面向未来的经济体系，实现可持续增长，提升劳工技能、解决民生问题、推动政府机构和司法改革等。[①] 国内外舆论认为，巴育组阁有利于泰国政府现行政策的连续性。不过，巴育领导的执政联盟由19个大小政党组成，在国会中执政联盟仅占微弱优势，各方政治势力和利益集团要凝聚共识实属不易，这可能影响到新政府推动政策执行的能力。

在国内经济下滑的情况下，泰国开始加大宏观经济政策调整力度，扩大财政支出，调节货币政策工具，以应对国内经济下滑的态势。2019年8月，泰国政府批准了3700亿泰铢（约119.79亿美元）的刺激方案，以提振国内经济，其主要措施包括对受旱灾影响的13个府提供农业补助政策，授权农业合作银行下调贷款利率；新政府福利卡政策，补助收入低于10万泰铢以下群体，每人可领200泰铢生活费、1500泰铢旅游费等补助费；刺激国内

---

① 《巴育总理国会发表施政纲领》，泰国《星暹日报》2019年7月26日。

消费和投资政策,拟向 1000 万民众每人发放 1500 泰铢,以促进国内旅游业。另一方面,泰国中央银行开始调整货币政策,降低基准政策利率。2019年 8 月,泰国中央银行宣布将基准利率从 1.75% 下调 25 个基点至 1.50%,这是泰国近四年来的首次降息,11 月泰国再次将基准利率从 1.50% 下调 25个基点至 1.25%,使泰国的政策利率达到历史新低,泰国曾在 2009 年为应对全球金融危机将当时的政策利率从 3% 下调至 1.25%。

(二)加快实施"泰国4.0"战略与政策,加快产业升级和科技投入

2016 年,泰国提出"泰国 4.0"战略,旨在通过创新和应用新技术来推进国内产业结构的转型与升级,政府确定了十大目标产业部门作为未来经济发展的新引擎,推出了东部经济走廊(EEC)、南部经济走廊(SEC)战略性项目。根据泰国的资源禀赋、产业基础和市场需求,政府确定了"泰国 4.0"十大目标产业部门,即新一代汽车制造、智能电子、农业和生物技术、数字经济、工业机器人、未来食品加工、生物能源与生物化工、航空物流、高端旅游、医疗卫生产业等。为了落实工业 4.0 路线图,泰国修订了投资法,根据投资项目科技含量给予企业所得税减免优惠,如生物技术、纳米技术、先进材料技术和数字信息技术企业等可免除 13 年的企业所得税,一些高附加值和高科技产业最高可获 15 年的企业所得税减免优惠。

为实施"工业 4.0"战略,泰国扩大研发投入,加快国家科技园建设,政府提出将国内研究开发(R&D)资金占 GDP 的比重从 2017 年的 0.6% 提高到 2020 年的 1.5%,并为科技投资项目提供所得税减免优惠。早在 2002年,泰国就设立了科技园(Thailand Science Park),它是泰国最大的综合性研发基地。2018 年 3 月,泰国政府设立首个数字创新工业园,重点发展机器人、数字经济、生物燃料和生物化学、航空物流等产业。该园区由泰国数字经济和社会部主导、多个部门协作建设,泰国电信公司负责园区的数字基础设施建设。2019 年 3 月,泰国政府增设了北部地区的清迈科技园区、东北部地区的孔敬科技园区和南部的宋卡科技园区,区内科技企业将享受投资优惠政策。

（三）重视和扶持中小企业发展，促进中小企业的数字化转型

长期以来，中小企业在泰国的国民经济中占有重要地位。泰国制造业的中小企业主要来自食品生产，服务部门主要来自旅游服务、批发零售等。近年来，泰国政府重视扶持和推动中小企业发展，相继出台了相关扶持措施。泰国投资促进委员会（BOI）采取政策措施，加大了对中小企业扶持力度，为中小企业提供的投资促进最高优惠按投资本金（不含土地和流动资金）计算，给予200%的企业所得税豁免额度，若属A类产业的投资，还增加了进口机器设备免关税，并追加8年豁免企业所得税，且获得免税额不设上限限制。如果中小企业的投资增加研发部分，政府还将给予额外的生产增值奖励。另外，由基层经济贷款资金（Local Economy Loan）发放中小企业贷款，中小企业发展银行（SME Bank）负责为中小企业债务重组解决坏账问题，国家小额贷款担保公司（TCG）为中小企业提供贷款担保。同时，政府提供企业转型优惠利率贷款（Transformation Loan），帮助中小企业改进生产设备或增加流动性。

在"泰国4.0"的政策框架下，政府积极推进中小企业的数字化转型。自2017年起，泰国中小企业购买计算机程序可享受高达200%的税收减免，其激励措施将产品价值上限设定为10万泰铢，国内固定资产不超过2亿泰铢和雇员低于200人的中小企业均可享受该减税优惠。在现有的税收激励下，已有140家软件公司在数字经济促进机构（DEPA）注册。从2020年开始，泰国数字经济促进机构拟将为购买智能设备、数字服务、机器人、无人机、物联网设备及软件的中小企业提供200%的税收减免优惠，减税期限将延长至2022年，上限也将提高到20万泰铢。据政府预计，该税收激励措施可以鼓励中小企业采用数字技术，促进企业收入年增7.7亿泰铢，员工收入增加2.8亿泰铢。①

---

① 《中小企业数字化升级可享减税200%》，泰国《星暹日报》2019年8月15日。

三 泰国东部经济走廊建设的进展

2016 年 10 月，泰国政府内阁通过《东部经济特区法》。2017 年初，泰国总理巴育发布泰国国家维持和平秩序委员会 2017 年第 2 号主席令，正式批准东部经济走廊计划。2018 年 5 月，泰国政府公布了《2018 年东部经济走廊法案》，并经泰国国王御准颁布实施。由此，泰国东部经济走廊计划拉开帷幕，并成为实施"泰国 4.0"的战略性项目。

泰国东部经济走廊（The East Economic Corridor，EEC）南临泰国湾，拥有漫长的海岸线，是中南半岛重要的交通枢纽，也是泰国重要的工业基地。该经济走廊包括春武里府，罗勇府和北柳府三省，它西接泰国首都曼谷，具有较雄厚的工业基础，港口和陆路交通基础设施相对完备，拥有大型工业园区。早在 20 世纪 80 年代初，泰国在实施第五个国家经济与社会发展计划时就决定大力推动东部地区制造业发展，以促进地区平衡发展并缓解曼谷拥堵问题。为此，政府提出"东部沿海地区发展规划"，重点扶持罗勇府、春武里府等地区制造业的发展，并成为泰国重要的工业基地。目前，东部经济走廊的春武里府、罗勇府和北柳府是泰国国内汽车制造业的中心和石油化工产业的基地。

泰国东部经济走廊建设的目标定位为高科技产业集群区，并建成东盟海上交通中心。政府确定了东部经济走廊建设的目标产业，这些目标产业包括新一代汽车产业、智能电子产业、高端医疗和健康旅游产业、食品加工产业、自动化和机器人产业、航空产业、生化和生态友好型石化产业、数字信息产业、医疗产业。同时，泰国政府还确定了支持促进东部经济走廊地区发展的行业大类，这些行业大类包括农业及农产品加工业、矿业、陶瓷及基础金属工业、轻工业、金属制品、机械设备和运输工具制造、电子与电器设备、化工产品、塑料及造纸、服务业和公用事业，以及科技发展和创新。[①]

---

① BOI. "Investment Promotion Act." https：//www. boi. go. th/index. php? page ＝ content ＿ detail&addon ＝ law&topic＿ id ＝ 14748.

2017年7月，泰国投资促进委员会对支持促进东部经济走廊地区发展行业的八个大类中的第4类（金属制品、机械设备和运输工具制造）和第5类（电子与电器设备）进行补充和修改。2018年，泰国投资促进委员会详细规定了东部经济走廊的特殊项目投资促进区、目标产业促进区、其他获得投资促进的工业园或工业区的定义、范围和优惠措施等内容。① 此外，泰国东部经济政策委员会决定新增两个目标产业，分别为国防产业和人力资源及教育产业，目标行业数量至此增至12个。

泰国政府将东部经济走廊规划为五大投资优先区域（Promotional Zone），即东部经济走廊航空城、创新区、数字产业区、智能公园和赫马拉东部沿海工业区。这五大投资优先区域包括以下几个方面。（一）东部经济走廊航空城（EECa）。它位于乌塔堡国际机场附近，占地面积约1040公顷，将推动乌塔堡机场转变为新的航空枢纽。根据项目计划，改造后的新机场在未来5年内将客流量提高到每年1500万人次，未来15年达到每年6000万人次。在新机场附近设立物流保税区、飞机维修中心和航空人员培训中心等。（二）东部经济走廊创新区（EECi）。它位于罗勇省，占地面积约为480公顷，旨在推动各项研究和创新项目，加强本地新兴工业的发展。根据项目计划，园区内将设立示范性工厂、创新实验室等，通过构建良好的创新与创业环境来为本国储备高新技术与人才。（三）东部经济走廊数字产业区（EECd）。它位于罗勇省，占地面积约为113公顷，旨在建立本国的数字产业和网络基础设施，将其打造成为东盟地区的数字化创新中心。根据项目计划，将设立东盟区域数据中心、物联网研究所、数字化创新实验室等。（四）智能公园（Smart Park）。它位于罗勇省，占地面积约为235公顷，是专门面向智能制造产业的工业园。（五）赫马拉东部沿海工业区。它位于罗勇省，占地面积约为304公顷，主要承接符合目标产业的工业项目。②

---

① BOI. "Investment Promotion Act." https：//www.boi.go.th/index.php?page = content _ detail&addon = law&topic_ id =119765.

② "EEC Development Project Implementation Progress." https：//www.eeco.or.th/en/content/project - progress.

　　为了吸引外国投资和吸引高端人才，泰国政府调整了土地政策，推出了智慧签证（Smart VISA）。泰国历来对外籍人员购买土地采取严格的限制，而东部经济走廊将一定程度上开放从事工业制造业项目的外籍人员持有泰国土地。泰国投资促进委员会将根据外籍人员投资经营的业务范围是否符合相关规定来决定是否批准，但要求外商在取消或转让相关业务后，必须在1年内出售土地。另外，政府实施智慧签证政策，它适用于在泰国投资或服务于东部经济走廊目标产业的科研人员、公司高管、投资或创业企业家等外籍人员。该签证项目具体分为5种类别，即T类专家、高级科技专业人才签证，I类投资者签证，E类高级管理人签证，S类创业企业家签证，O类人才配偶及子女签证。根据规定，获得智慧签证的外籍人员将享受一些签证优惠待遇。例如，可获得长达4年的签证有效期、向移民局报告由每90天报告1次改为每年一次、无须申办工作许可证、签证有效期内能自由进出泰国且不需要再次入境许可证等。

　　近年来，在泰国政府的大力推动下，东部经济走廊建设取得新进展。自2017年起至今，东部经济走廊地区的投资项目和金额增长迅速。2017年，东部经济走廊地区有259个投资项目获得批准，总投资额为3103.37亿泰铢。其中，春武里府有133个项目，投资额为1173.11亿泰铢；罗勇府有93个项目，投资额为1627.51亿泰铢；北柳府有33个项目，投资额为302.75亿泰铢。[①] 2018年前9个月，东部经济走廊新注册公司数量为5472家，注册资金为146亿泰铢。在东部经济走廊注册公司总数累计达65800家，注册资金累计达到1.81万亿泰铢。其中，在北柳府新注册的公司数量为5150家，注册资金累计1720亿泰铢；在春武里府新注册的公司数量为48200家，注册资金累计1.06万亿泰铢；在罗勇府注册的公司数量为12400家，注册资金累计5750亿泰铢。这些投资项目超过70%都属于东部经济走廊规定的目标行业。2019年，东部经济走廊地区的投资项目共有506个，投资额达4448.8亿泰铢，其中罗勇府投资额最高，其后分别为春武里府和北柳府，目

---

　　① "EEC Investment Statistics." https：//www.eeco.or.th/en/content/investment - statistics.

标产业投资额最高的是电子电器，其后分别为汽车轮胎和配件业、石化工业。

2018 年，泰国开启了东部经济走廊的第二个发展阶段，重点加强交通基础设施建设，其中包括：（一）连接三个国际机场（廊曼机场、素万那普机场和乌达抛机场）的高铁项目，该项目将利用现有国家铁路的结构和路线，进行扩建城际线路，预计其城际铁路最高时速达 250 公里，实现三个机场间一小时生活圈；（二）马达普码头三期工程，该工程将改善现有码头设施，未来将为东部经济走廊石化工业提供天然气、原油等工业原料的运输往来提供便利；（三）林查班港口三期工程，该工程通过扩建和设施翻新，将其建成一个深水良港，其运输能力和船舶容量将大幅提升，以促进东部经济走廊沿海工业区域货物海运的发展。东部经济走廊的基础设施项目耗资巨大，泰国政府采用政府和社会资本合作模式（Public-Private Partnership），鼓励民间资本参与这些基建项目。根据计划，这些基础设施项目在 2019 年开工建设，预计工期为 5 年左右。此外，东部经济走廊委员会批准了 21 个面向目标产业的投资促进产业园区，投资促进委员会（BOI）也批准了 19 个工业园区。这些投资促进工业园区主要分布在罗勇府和春武里府的沿海区域，以吸引外国投资并致力于制造业升级。

不过，泰国东部经济走廊建设仍存在诸多问题。尽管泰国东部经济走廊的招商引资效果明显，但是依然面临东盟其他国家的竞争。近年来，印尼、马来西亚、越南等相继提出了"工业 4.0"政策，纷纷设立各自的经济走廊，如印尼的六大经济走廊、马来西亚的五大经济走廊、越南的谅山—河内—胡志明市—木排经济走廊等，这些经济走廊的产业规划相似度大，存在同质竞争。另外，东部经济走廊建设的人力资源匮乏。据调查，东部经济走廊建设的技术工人缺口 3 万人。[1] 据 EEC 办公室的调查，东部经济走廊地区在未来五年有 47.5 万个工作岗位的需求，其中六成可聘用低技能的合格技术工人，其余四成则须至少拥有学士或研究生学位的高技能员工来担任。[2]

---

① 《东部经济走廊技工缺口达 3 万》，泰国《星暹日报》2018 年 5 月 17 日。
② 《泰国开发东部经济走廊缺乏熟练工人》，新加坡《联合早报》2019 年 5 月 24 日。

四 泰国经济发展面临的风险与挑战

在全球经济增长持续放缓的形势下，国际市场需求萎缩，主要经济体的经济增长降速超出预期，全球贸易增长放缓至十年前国际金融危机以来的最低水平，经济增长的不确定性明显加大。泰国中央银行指出，当前泰国经济面临六大风险，一是国际贸易保护主义的不确定性，二是主要贸易伙伴尤其是中国和美国经济放缓，三是主要工业国家中央银行可能放宽货币政策导致金融市场波动，四是本国政府支出和基础设施项目投资的不确定性直接影响私人投资，五是就业和收入的减少导致私人消费下降，六是可能发生的旱灾将影响农业产量和收入。①

作为东盟第二大经济体，泰国的经济增长近年来一直处于低迷状态。从需求角度看，国内消费仍是 GDP 构成的最大部分，其中私人消费比重超过一半；国内投资是泰国经济增长的重要动力，而私人投资举足轻重；泰国对外贸易依存度超过 100%，但净出口对 GDP 增长贡献率严重下滑。短期而言，国内消费和投资仍将是推动泰国经济增长的主要因素，出口贸易的动能因国际市场需求萎缩而减缓。从供给角度看，泰国经济增长越来越依靠服务业，服务业成为经济增长的主要贡献者，而工业部门增速自 2012 年起一直低于 GDP 增长率和服务业增长率，工业部门尤其是制造业的增加值比重逐步下降，出现所谓的"去工业化"现象。尽管泰国政府试图通过"工业4.0"战略推进传统工业部门改造和新兴工业部门发展，但其政策的短期效应可能比较有限。

随着全球价值链和区域生产网络的重构，跨国公司逐步调整投资战略和生产布局，作为全球价值链和区域生产网络重要节点，泰国面临来自周边国家比较优势的激烈竞争。在泰国的出口商品中，中间产品所占比重最高，但近年来中间产品的出口呈现放缓迹象，其在出口总值中的比重不断下降。与

---

① 《国行指泰国经济面临 6 大风险》，泰国《星暹日报》2019 年 11 月 25 日。

之相比，越南和菲律宾的中间产品尤其是电子产品出口增长较快，并抢占了泰国的市场份额，这表明泰国电子业正在失去竞争力且在全球供应链中的作用下降。一方面，这些周边国家在全球供应链中取代泰国的位置，其主要原因是泰国无法在劳工成本方面与之竞争，使泰国无法吸引外商到泰国投资设立生产基地；另一方面，尽管泰国的最终产品出口比重提高了，但大部分不属于高附加值产品。由于泰国中间产品出口市场份额被劳工成本比泰国更有竞争力的国家抢占，同时泰国还无法提高生产高附加值最终产品的能力，因而这将导致泰国出口增长不断放缓。

目前，泰国人口老龄化现象比较严重，人口增长率逐步下降，其年平均增长率仅为0.8%。泰国人口出生率的下降改变了人口结构，工作适龄人口（15~64岁）不仅增长缓慢，而且占总人口的比重还在不断下降，其中15~39岁主要劳动力人口的增长率是-0.61%，而年龄在20周岁以下青少年的占比仅为30%。在本土劳动力人口下降、外籍劳动力流失的情况下，泰国的人力资源将长期面临青黄不接的现状，这将直接影响未来泰国经济增长的潜能。另外，随着泰国实施"工业4.0"战略，国内专门人才短缺将日益显现，尤其是理工专业人才的匮乏。目前，泰国高校理工科学生数远低于人文社科学生。2016年，泰国文科类的本科学生将近100万人，而理工科类的本科学生不到35万人。除生源不足外，泰国高校的理工科专业教学质量欠佳，培养出的理工科学生不能满足就业市场的需要。泰国每年毕业的将近两万名计算机专业学生中，有约7000名处于失业状态，而数字产业的劳动力需求则有近1.4万人的缺口。[①]

参考文献

ADB（2019）. *Key Indicators for Asia and the Pacific 2019.* Manila：Asian Development

---

① 《促进东部经济走廊S曲线产业发展》，泰国《星暹日报》2018年5月6日。

Bank.

Bihong Huang, Peter J. Morgan, and Naoyuki Yoshino (2018). *Avoiding the Middle-Income Trap in Asia: The Role of Trade, Manufacturing and Finance.* Manila: Asian Development Bank Institute.

BOI (2020). *Cost of Doing Business in Thailand.* Bangkok: Office of the Board of Investment.

Hassan, S. A. (2019). *Economic Growth and Environmental Sustainability in Thailand.*

Jomo, K. S. (2019). *Southeast Asia's Misunderstood Miracle: Industrial Policy and Economic Development in Thailand, Malaysia and Indonesia.* Routledge.

Jones, C., and P. Pimdee (2016). "Innovative Ideas: Thailand 4.0 and the Fourth Industrial Revolution." *Asian International Journal of Social Sciences*, 17 (1), 4 – 32.

Kohpaiboon, A. (2019). "Services in Thailand and Participation in Global Value Chains." *Journal of Southeast Asian Economies*, 36 (2), 224 – 243.

Ramingwong, S., W. Manopiniwes, and V. Jangkrajarng (2019). "Human Factors of Thailand toward Industry 4.0." *Management Research and Practice*, 11 (1), 15 – 25.

Sae-Lim, P., and K. Jermsittiparsert (2019). "Is the Fourth Industrial Revolution a Panacea? Risks toward the Fourth Industrial Revolution: Evidence in the Thai Economy." *International Journal of Innovation, Creativity and Change*, 5 (2), 732 – 752.

World Bank (2019). *Thailand Economic Monitor—Inequality, Opportunity and Human Capital.* Washington, D. C.: World Bank.

B.11

2018~2019年越南经济社会
发展与对外关系

许 錾*

摘 要： 近年来，越南经济社会发展迅速，2018年越南全面完成了预定
的12项经济社会发展指标。2019年，在全面完成上年度经济
社会发展任务的基础上，越南提出了经济、文化社会、国防安
全和党建工作优先实施的核心任务。在社会主义定向市场经济
的框架下，越南政府将积极推进国有企业结构的重组和民营经
济的发展，实施海洋中长期发展战略，加强党的建设，为现代
化建设提供制度保障。越共十二大提出了要主动、积极融入国
际社会，越南大力开展多边外交、经济外交和文化外交，扩大
与深化与主要伙伴国的关系，对外关系取得新进展。

关键词： 越南 社会经济 对外关系 制度保障

作为亚洲新兴的经济体，越南近年的经济社会快速发展，全面完成政府
预定的经济与社会发展指标。成为东南亚经济增长速度最快的国家之一。在
新的国际和区域形势下，越南继续推行多边外交政策，积极主动地参与地区
乃至世界的共同事务，并取得明显的成效。本报告拟就2018~2019年越南
经济社会发展与对外关系的新进展作一分析。

---

* 许錾，厦门大学管理学院博士生。

一 近年来越南经济社会发展迅速

近年来，越南经济社会发展迅速，保持了良好的宏观经济环境，产业结构逐步优化，进出口贸易再创新高，外商直接投资（FDI）大量涌入。2018年，越南全面完成了预定的12项经济社会发展指标。进入2019年，越南经济仍保持了较快的增速，营商环境日益改善，成为亚太地区经济最具活力的国家之一。

2018年，越南的经济增速达7.08%，高于政府既定的6.7%的目标，创下11年来新高，跻身世界经济增速最快的国家之一。当年，国内生产总值（GDP）规模达550万亿越南盾（约合410.39亿美元），人均国民收入达2546美元。在经济高速增长的同时，越南保持了良好的宏观经济环境，通货膨胀处于较低水平，居民消费价格指数（CPI）为3.54%，外汇储备为600亿美元。2018年底，越南国家财政收入为1420万亿越南盾，而预定的财政收入目标为103.5万亿越盾，较预定目标增长7.8%。其中，中央一般公共预算收入较预定目标增长4.3%，地方一般公共预算本级收入较预定目标增长12.5%。同时，越南国家预算超支低于GDP的3.6%。当年公共债务管理工作取得进展，贷款期限延长，贷款利率呈现下降趋势。2018年底，越南公共债务余额低于国内生产总值的61.3%，政府债务余额低于GDP的52%，国家外债余额低于GDP的49.7%。[1] 2019年，越南经济仍保持了较快增长速度，第一、二、三季度越南的经济增长率分别为6.79%、6.71%和6.98%。

随着国内经济快速发展，越南的产业结构逐渐得到调整和优化，农业的基础地位得以巩固，工业比重上升，服务业不断扩大。据统计，2018年越南的农林水产业增长3.76%，对经济增长的贡献率达到8.7%；工业和建筑业增长8.85%，对经济增长的贡献率达到48.6%，其中加工制造业增长

---

① 《阮春福总理：2018年越南财政收入超出既定目标》，越通社，2019年1月3日。

12.98%；服务业增长 7.03%，对经济增长的贡献率达到 42.7%；商品和服务出口增长 14.27%，商品和服务进口增长 12.81%。在产业结构中，农林水产业占 GDP 的 14.57%，工业与建设业占 34.28%，服务业占 41.17%。越南积极推进农业产业结构调整，加快增长模式转型和新农村建设步伐。2019 年，越南农业增加值预计增长 3%，农林水产品出口额为 430 亿美元，森林覆盖率为 41.85%，达到新农村建设标准的乡镇所占比例为 50%，至少有 70 个县级单位达到新农村建设标准。同时，根据 2025 年和 2035 年愿景国家工业发展政策，越南加快加工制造业发展，培育国内辅助工业，推动加工和组装工业转向高附加值的深加工工业。此外，越南工贸部与国际金融公司（IFC）启动越南供应商发展计划，为越南企业成为跨国公司的供应商提供支持，推动越南中小企业融入全球价值链和区域生产网络。

2018 年，越南进出口贸易额达 4822 亿美元，增长 12.64%。其中，出口额 2447 亿美元，增长 13.8%；进口额 2375 亿美元，增长 11.5%；国内企业出口增长 15.9%，高于外资企业 12.9% 的水平；5 种商品出口额超过 100 亿美元，9 种商品出口额达 50 亿美元，29 种产品出口额超过 10 亿美元；加工制造业连续 7 年出口增长率高于全国出口贸易增长率，当年加工制造业出口额 2027 亿美元，增长 16.2%，占出口总额的 82.8%；越南纺织品、服装出口超过孟加拉国，跃居世界第三位，仅次于中国和印度；农产品出口额首次超过 400 亿美元，越南的胡椒、腰果和查鱼出口位居世界第一，咖啡出口位居世界第二，大米和虾类出口居世界第三；越南连续三年实现贸易顺差，2018 年贸易顺差 72 亿美元，创历史新高。其中，对美贸易顺差为 347 亿美元，对欧盟贸易顺差为 287 亿美元。同时，越南成为亚太地区最具吸引力的投资目的地之一，世界 126 个国家和地区对越南的投资项目为 27353 个，注册资金达 3401 亿美元，越南已成为手机、电子、汽车组装、纺织服装业、制鞋、大米、虾类和查鱼等重要的世界生产与出口基地。在越南的外资企业投资额占全社会固定资产投资的 25%，占全国贸易进出口总额的 70%，创造了 850 万个就业机会。2018 年，越南接待国际游客人数达 1550 万人次，旅游营业收入达 620 万亿越南盾，越南被评为亚洲一流的旅

游目的地。2019年，越南旅游业接待游客人数预计达1.03亿人次，其中国内游客8500万人次，国际游客1800万人次。

越南加快了对外自由贸易协定的谈判，基本上完成了与（除美国外）主要贸易伙伴签署自由贸易协定区的全球布局。2015年，越南分别与韩国、欧亚联盟签署了自贸协定，同年10月越南加入"跨太平洋伙伴关系协定"（TPP）。后因美国退出TPP，2018年3月越南与除美国之外的11国签署了《全面与进步跨太平洋伙伴关系协定》（CPTPP）。2019年6月，越南与欧盟正式签署《越南－欧盟自由贸易协定》（EVFTA）和《越南－欧盟投资保护协定》（EVIPA）。这些协定涉及商品贸易、服务贸易、投资、贸易防卫、竞争、国有企业、政府购物、知识产权、贸易及可持续发展，有关法律体制的问题等。《越南－欧盟自由贸易协定》生效后，欧盟将对越南出口商品削减85.6%的关税，约占越南对欧盟出口额的70.3%。七年之后，欧盟将对越南出口商品继续削减99.2%的关税，约占越南对欧盟出口额的99.7%。从部门行业看，欧盟对越纺织业出口削减了42.5%的关税，对木材及木制业削减了83%的关税，对属于限额内的大米实施零关税。另一方面，越南将对欧盟出口商品削减48.5%的关税，占越南从欧盟进口额的64%。七年后削减91.8%的关税，占越南从欧盟进口额的97.1%，十年后削减98.3%的关税，占越南从欧盟进口额的99.8%。《越南－欧盟投资保护协定》规定，越南和欧盟共同承诺相互对各自企业赋予国民待遇和最惠国待遇，允许资本及利润自由汇出，未经妥当赔偿不征收或国有化投资商的财产，在战争、暴乱的情况下受财产损失的投资商、第三方投资者将获得与越南企业同等的妥当赔偿。

总之，近年来越南经济社会发展成效显著，各项既定的经济社会指标均得以完成。据世界银行统计，2015～2019年，越南全球营商便利度指数排名从78位升至第69位;① 2006～2018年，越南在全球竞争力指数的排名从

---

① World Bank（2015）. *Doing Business 2015*：*Going beyond Efficiency*. Washington D. C. ；World Bank（2019）. *Doing Business 2019*：*Training for Reform*. Washington D. C. .

第 74 位升至第 55 位。^① 2018 年，越南创新指数提升 2 位，在 126 个国家和地区中位居第 45 位，在下中等收入国家中位居第二位；可持续发展指数提升 11 位，在 156 个国家和地区中位居第 57 位。不过，越南经济社会发展仍存在一些困难与问题，诸如产业结构升级滞后，国有企业改革进展缓慢，参与全球价值链的能力不足，科技创新投入缺乏，社会管理问题较多，部分群众未能享受到革新成果，社会不稳定因素仍然存在等。

二 越南经济社会发展政策的调整

2019 年，在全面完成上年度经济社会发展指标的基础上，越南提出了经济、文化社会、国防安全和党建工作优先实施的核心任务。在社会主义定向市场经济的框架下，政府积极推进国有企业结构重组和民营经济的发展，制定海洋发展中长期战略以实现海洋经济的可持续发展，加强了党的建设，为国家现代化建设提供制度保障。

（一）在全面完成年度经济社会指标的基础上，提出优先实施的四大核心任务

2018 年 12 月，第十四届国会听取了有关 2018 年经济社会发展计划实施情况和 2019 年计划，2018 年政府指导、调控工作，政府关于落实 2019 年经济社会发展计划和国家财政预算的主要任务、措施的决议（01 号决议），继续落实 2019 年改善营商环境、提高国家竞争力的任务与措施，以及关于 2021 年方向的决议草案等简略报告。越共中央总书记、国家主席阮富仲指出，2018 年，越南取得了全面的发展成就，完成和超额完成所提出的 12 项指标，它为完成 2019 年任务目标和 2016 ~ 2020 年五年计划增添了新活力、注入了新动力。

---

① World Economic Forum （2017）. *The Global Competitiveness Report 2017 – 2018*. Geneva, Switzerland.

2019 年，越南提出了优先实施的四大核心任务，包括经济、文化社会、国防安全和党建工作任务。（1）经济方面，要进一步巩固宏观经济基础，维持经济增长势头，提高经济增长质量，革新经济增长模式，推进经济结构调整；要同步发展各类市场，确保市场的供需平衡，确保越南经济按照市场规则运行；推进国有企业重组，提高国有企业效益；推进基础设施建设，促进人力资源尤其是高端人力资源发展，满足第四次工业革命的需要；进一步推进行政审批制度改革，改善营商环境，提高经济体的竞争能力等。（2）文化社会方面，遵循越共十二大决议和中央有关决议精神，更加关注文化社会发展和建设工作。注重维持和弘扬民族文化特色和传统，集中解决社会问题，抓紧制定、核查和完善有关薪资改革、社会保险政策改革、有功者优抚政策、可持续减贫、社会民生、社会福利等方面的政策。（3）国防安全方面，继续巩固和增强国防安全实力，坚持维护祖国独立主权和领土完整，保障政治安全和社会秩序，有效落实融入国际社会和外交工作。（4）党建工作方面，要落实越共十二届六中全会决议，大力精简政府机构，提高运作效益和效力，提高行政事业单位的办事效率，进一步做好干部工作，严厉惩处腐败分子，发扬民主，提高干部、公务员和职员的责任意识。①

（二）坚持“三位一体”，建立和完善社会主义定向市场经济

2017 年 5 月，越共十二届五中全会召开，会议着重讨论了经济问题，提出进一步完善社会主义定向市场经济，发挥国有企业关键作用，大力促进民营经济发展，“三位一体”地推动经济社会快速可持续发展。同时，五中全会通过“完善社会主义定向市场经济体制”、“进一步推进国有企业结构重组并提升其经营效果”和“促进民营经济发展成为社会主义市场经济体制的重要动力”三项重要决议。

越共全会决议提出，社会主义定向市场经济是越南经济发展道路的理论和实践基础，建立和完善社会主义定向市场经济体制是国家的战略任务，是

---

① 《阮富仲：2019 年要优先实施四大核心任务》，越通社，2018 年 12 月 28 日。

推进经济社会快速可持续发展的关键突破口。要继续推进国有企业改革，提高对国有企业活动管理、检查监督工作的效率，尽快完善国有企业和国家资本管理与监督模式。在2018年前建立专职机构，作为国有企业和股份制企业的国有资本所有者代表。另外，越共中央委员会要求，整个政治体系应提高对民营经济的认识，将民营企业发展视为完善社会主义市场经济的客观需求，关注推动民营企业快速和健康发展，使之成为经济社会发展的重要动力。要切实提高中小型企业、创新型企业和创业活动的经营效益，为民营经济发展创造良好条件。越南实施革新30年来，越南民营经济已成为推动社会主义市场经济发展的重要动力，民营经济已占国内生产总值比重的39%～40%。

越共关于继续推进国有企业重组并提高经营效益的决议，明确地提出推进国有企业重组的主要任务和措施，推进国有企业真正根据市场经济体制运行，提升国有企业管理体系运行效益。该决议指出，根据国际标准和惯例，国有企业的国有目标是在有效且合理分配资源的基础上最大限度地确保社会的价值；国有企业要真正根据市场经济体制运行，以经济效益为主要的评估标准，实现自主、自负责任，依法同其他经济成分的企业进行平等竞争；国有企业要制定并适用符合国际标准的企业管理框架，确保财政、投资、采购、费用、经营活动结果、利润分配、资本使用等问题的透明性和公开性；国有企业重组要分组进行，继续进行股份制改革、撤资、逐步减少国家持股比例。[①] 2018年9月，越南设立国有资产管理委员会，接管19家越南国有独资集团和总公司，管理国有企业所有者权益总额1000万亿越南盾和国有资产总额2300万亿越南盾。

（三）高度重视海洋发展，实施海洋可持续发展战略

2007年2月，越共第十届中央委员会通过了《到2020年越南海洋战略》的9号决议，提出到2020年将越南建成海洋强国、靠海致富、维护国

---

① 《国有企业重组与革新中的突破口》，越通社，2017年6月24日。

家海洋岛屿主权、推进国家工业化现代化建设、使国家日益富强的总体目标。第 9 号决议颁布后，越南国会通过了《海洋法》（2012）、《海洋岛屿自然资源与环境法》（2015）、《航海法》（2015）、《渔业法》（2017 年修改与补充）和各行业涉及海洋岛屿的法律。目前，越南政府已发布十多项决定，政府总理签发关于国家管理、落实有关经济社会、国防安全和海洋岛屿的主张、政策、战略和规划等 100 多项决定。①

2018 年 10 月，越共十二届八中全会通过了关于《2030 年越南海洋经济可持续发展战略及 2045 年愿景》的第 36/NQ－TW 号决议。越共全会指出，力争至 2030 年基本完成经济、社会、海洋、沿海地区和海岛环境可持续发展；海洋经济迅速增长，沿海地区各省市居民的平均收入日益提高。越南海洋经济占全国国内生产总值的 10%，沿海地区各省市地方生产总值（GRDP）占全国国内生产总值的 65%～70%；到 2045 年，将越南建成安全、繁荣、可持续发展的海洋强国。同时，紧密监察并杜绝造成的海洋环境污染事故，尤其是海洋塑料废物污染；保护和推动生物多样性和海洋生态体系可持续发展，应对气候变化和海平面上升；提高海洋国际合作效果。在展开落实该决议时，需注重教育宣传工作，贯彻和提高全党、全民的认识，进而达到思想上的统一。要继续建设和完善政策体制，根据实际情况对各项规划和计划进行补充和调整。其中，着重发展海洋岛屿旅游、航海经济、油气及其他矿产开采、水海产捕捞养殖与渔业基础设施、造船业、可再生能源和新经济产业等。

2018 年 11 月，越南颁布了《海警法》，并于 2019 年 7 月 1 日正式生效。越南《海警法》共 8 章 41 条，它指出海警力量是人民武装力量、国家专职力量，以及执行海上执法任务、维护国家安全和海上秩序安宁的核心力量，规定了越南海警的职能、任务及权限，还规定了海警组织与活动、政策制度保障工作、国家管理工作及有关部门职责等。该《海警法》规定，国防部长以政府成员身份，承担对海警执法力量的国家管理任务，确保该法规

---

① 《越南海洋战略落实 10 年：努力发展成为海洋强国》，越通社，2018 年 10 月 3 日。

符合世界上海上执法行为的民事特征的主流趋势，使该法规与美国、英国、澳大利亚、日本、中国等国家的法律规定相同。在《海警法》中，关于海警的管理范围规定，在出于人道主义与和平目的和打击违法犯罪活动的情况下，越南海警可在越南海域外区域进行执法，所谓"越南海域外区域"包括相关区域及越南管辖海域以外海域，如陆地、国际海域等；关于国际合作则包括国际合作原则、内容与形式等三条，为海警根据越南所参与的国际条约规定，履行沿海国家职责提供畅通便利的法律环境；海警的执法权是阻止和打击侵犯越南海域、非法捕鱼、石油和矿产研究勘探、走私、海上非法运输船舶、运输禁品等违规行为，打击海盗和海上武装抢劫行为等。此外，为确保《海警法》的有效实施，海警司令部研究制定了系列相关法令、通知及实施细则。越南制定了"海警法宣传提案"（2019~2022年），海警司令部正制定"海警技能培训中心结构调整提案"的实施计划。

（四）加强党的建设，为国家现代化建设提供制度保障

近年来，越共积极推进政治体系改革，以建立精简而高效的组织机构和干部考核评价机制。2017年10月，越共十二届六中全会召开，讨论公共事业单位组织机构调整和财政管理机制改革。中央政治局提出关于继续推进政治体系改革，建立精简、高效的组织机构的提案，随后中央委员会对此展开讨论。2018年5月，越共十二届七中全会召开，会议通过了关于各级干部队伍建设、薪酬政策改革和社会保险制度改革的决议，并通过了《越共十二届中央委员会第七次全体会议决议》。越共中央总书记阮富仲指出，此次会议决议的亮点是注重干部考核评价机制制定工作中的客观和准确性，关注权力监控机制，打击投机钻营、个人主义、地方主义和公权力蜕化变质，巩固人民群众对党、国家和社会主义制度的信心。

越共重视党中央最高领导层的榜样标杆责任，实行中央高层领导人的信任投票制度。2018年10月，越共十二届八中全会召开，全会审议并颁布了有关干部党员，尤其是政治局委员、书记处书记、党中央委员会干部党员树立榜样标杆责任的规定。2018年12月，越共十二届九中全会对越共中央政

治局有关对政治局委员、书记处成员等进行信任投票的呈文表示高度赞成。信任投票是越共中央政治局对各位委员、书记处成员从任期初以来所做出的努力和所取得的结果给予的认可，同时让各位政治局委员、书记处书记可达到自我教育、自我提高、自我完善、修正缺点的目的，进而协助政治局建设高质量的干部队伍，为建设日益廉洁和健康的党、国家做出贡献。

越共积极倡导廉政建设，反腐被越共十二大确定为六大核心任务之一。自越共第十二届任期以来，由中央管理的干部有 60 多名已受到党纪处分，5 名为现任党中央委员，其中 3 名被开除出中央委员会。[①] 2017 年 5 月，越共十二届五中全会决定免除丁罗升政治局委员资格。2018 年 10 月，越共十二届八中全会对越共原中央委员、信息传媒部原党组书记、部长阮北山给予纪律处分，对越共原中央委员、中央组织部原副部长、岘港市委原副书记、岘港市人民委员会原党组书记、岘港市人民委员会原主席陈文明给予开除党籍处分；2018 年 12 月，越共十二届九中全会对越共中央委员、胡志明市市委常务副书记毕成刚给予纪律处分，免去其越共中央委员、胡志明市市委常务副书记的职务。

三　越南对外关系的新进展

2018 年 8 月，越共中央书记处颁布了关于 2030 年前促进和提升多边外交地位的第 25 号指示，它是越共首次颁布的关于多边外交的指导文件，并成为越南外交思维和实现越共十二大关于主动和积极融入国际社会制度化的重要里程碑。2019 年，越南提出了要落实越共十二大决议和越共中央总书记阮富仲和政府总理阮春福在第 30 届外交会议上的指示，继续保持和平、稳定与发展的环境；牢牢捍卫国家独立、主权和领土完整；推动越南与合作伙伴的关系深入、有效和可持续发展；落实好越共中央书记处关于打造多边外交升级版的第 25 号指示，尤其是为在东盟和联合国等重要多边论坛上承

---

① 《越共第十二届中央委员会第九次全体会议落幕》，越通社，2018 年 12 月 26 日。

担重任做好准备；继续推进融入国际进程，尤其是有效实施《全面与进步跨太平洋伙伴关系协定》（CPTPP）和其他新一代贸易协定，参与更深层次的国际经济一体化进程，为越南担任 2020 年东盟轮值主席国、2020～2021年任联合国安理会非常任理事国成员等国际重大责任做好充分准备。

（一）积极开展多边外交，主动参与地区乃至世界事务

在新的国际和区域形势下，越南继续推行多边外交政策，积极主动地参与地区乃至世界的共同事务。随着 2017 年亚太经合组织（APEC）会议在越南成功举行，2018 年越南的多边外交继续取得新进展，并成为越南外交工作的亮点。作为东盟成员国，东盟仍是越南多边外交政策的基石。2018年，为落实 2025 年东盟共同体的愿景，越南针对 50 年来东盟形成与发展所面对的挑战而提出了多项倡议和措施，并举办了东盟的年度活动。当年，越南成功举办了亚太议会论坛第 26 届年会（APPF）、第 6 届大湄公河次区域领导人峰会、柬老越发展三角区第 10 届峰会（CLV－10）等重要论坛。2018 年 9 月，在越南河内召开的 2018 年世界经济论坛－东盟峰会（WEF-ASEAN 2018），被认为是世界经济论坛 27 年来所举办的世界经济论坛东盟峰会和东亚峰会中最成功的一次会议。在东盟、亚欧会议、亚太经合组织、联合国等区域和国际论坛对越南所提出的倡议和贡献给予支持和高度评价的同时，越南还得到国际社会的信任并承担了许多重要的多边性任务。2018年 5 月，各国一致同意推举越南成为参选联合国安理会非常任理事国（任期 2020～2021 年）的亚太地区唯一候选国。2018 年 6 月，越南被邀请出席在加拿大举行的七国集团峰会扩大会议、10 月出席在丹麦举行的 2030 年全球绿色增长目标伙伴关系峰会（P4G）。2018 年 12 月，越南首次当选联合国国际贸易法委员会成员。越南二级野战医院赴南苏丹参加联合国驻南苏丹特派团的维和行动，标志着越南更广泛地参与联合国维和行动。① 2019 年 6月，联合国大会 193 个成员国投票选举越南、尼日尔、圣文森特和格林纳丁

---

① 《融入国际社会的亮点》，越通社，2019 年 2 月 10 日。

斯、突尼斯和爱沙尼亚成为安理会非常任理事国，其中越南获得 192 票，这些多边外交活动有助于提升越南国际地位。

（二）扩大与深化与主要伙伴国的合作关系

随着越南开放革新进程加快，越南加快走向世界，与世界各国建立了广泛的合作关系。目前，越南已与世界 170 多个国家建立了外交关系，在国外共设 65 个大使馆、20 个总领事馆、4 个常驻国际组织代表团和 1 个经济文化代表处等 90 个驻外代表机构；与 230 个国家和地区的市场建立了贸易关系，先后签署了 90 项贸易协定、60 项鼓励和保护投资协定、54 项避免双重征税协定，以及多项文化合作协定。① 同时，越南还参与了中国、美国、日本、印度、韩国在双边和东盟框架内的联合演习、搜救、友好交流等活动。

近年来，越南积极扩大和深化与主要伙伴的合作关系，与东盟其他成员国、中国、俄罗斯、印度、日本、法国等大国的友好关系继续深入发展，双方的务实合作得到进一步加强。其中，政府间首脑外交起了核心作用。2018 年，越南党和国家领导人进行了 28 次国外访问和出席各场国际会议，接待对越进行访问或出席在越南举办的主场外交活动的 33 个外国代表团，在各场重要的多边会议期间，越南高层领导人进行了数百场双边接触，通过积极对话和谈判解决分歧，促进建立和巩固战略互信，为双边合作关系注入了新的动力。② 另外，越南积极寻求与主要伙伴国建立全面伙伴关系、战略伙伴关系。2018 年，越南与澳大利亚双方关系提升为战略伙伴关系，澳大利亚成为越南在 20 国集团中的第 11 个战略合作伙伴。同时，越南与匈牙利建立了全面伙伴关系。由此，越南与主要伙伴国建立了 16 个战略伙伴关系和 11 个全面伙伴关系，其中包括全部五个联合国安理会常任理事国。

（三）大力开展经济外交，积极融入世界经济

尽管世界经济复苏放缓，贸易保护主义抬头，逆全球化思潮暗流涌动，

---

① 《融入国际成果挫败破坏阴谋》，越通社，2019 年 3 月 16 日。
② 《越南 2018 年外交工作：积极主动　创新高效》，越通社，2019 年 1 月 3 日。

但越南坚持对外开放，积极开展经济外交活动。在第30次越南外交会议上，越南政府总理阮春福提出，"以企业和人民为中心，陪伴企业走向世界"。近年来，越南积极参与双边或多边自由贸易协定（FTA）谈判，构建面向全球、立足主要贸易伙伴的自由贸易区网络。据统计，到2019年2月，越南已签署和正在谈判的自由贸易协定共16个，其中已签署自由贸易协定12个。① 目前，越南自由贸易区网络已涵盖了除美国之外的主要贸易伙伴，其中包括欧盟、日本、中国、韩国、澳洲、中亚国家等。2015年，越南分别与韩国、欧亚联盟签署了自贸协定。同年10月，越南加入《跨太平洋伙伴关系协定》（TPP），后因美国退出TPP，2018年3月越南与除美国之外的11国签署了《全面与进步跨太平洋伙伴关系协定》（CPTPP）。世界银行发布的有关越南"CPTPP对经济发展和收入分配的影响"的报告指出，《全面与进步跨太平洋伙伴关系协定》将为越南带来巨大的经济利益，到2030年它将为越南经济增长率贡献至少1.1%。根据适度提高生产率的假设条件，该协定对国内经济增长率的贡献将达3.5%。此外，该协定将惠及越南各收入群体而熟练劳动者将获得更多的收益，外资企业的投资将促进服务业发展，也将推动更多的民营企业参与全球价值链和区域生产网络。②

（四）妥善处理陆路边界，开展领事保护、侨务工作和文化外交

越南与中国、老挝、柬埔寨等邻国的陆路边界线继续得到妥善管理，使之成为和平、友好、发展的边界线。2018年3月，在越南庆和省芽庄市召开了《南海行为准则》（COC）第一轮实质性谈判。目前，越南与柬埔寨正在努力将勘界立碑工作成果的84%进行法制化，与中国和老挝有效落实边界和口岸管理文件。同时，越南的领事保护和侨务工作也取得新进展。2018年，越南为10378名公民和189艘渔船上的1589名渔民进行了领事保护，为旅外侨胞举行了丰富多样而富有意义的活动。此外，在广泛融入国际社会

---

① "FTA Status by Country/Economy." https：//aric. adb. org/database/fta.
② 《世行：CPTPP将为越南带来巨大的经济利益》，越通社，2018年3月11日。

的背景下，越南展开了文化外交和对外宣传，为推广一个革新、融入、稳定、善友和富有浓厚民族特色的越南形象做出了重要贡献。2018 年 4 月，联合国教科文组织（UNESCO）确认越南高平省山水地质公园为世界地质公园，成为继同文岩石高原地质公园之后越南的第二处世界地质公园。

参考文献

ADB（2019）. *Key Indicators for Asia and the Pacific 2019*. Manila：Asian Development Bank.

Glewwe, Paul, Nisha Agrawal, and David Dollar（2004）. *Economic Growth, Poverty, and Household Welfare in Vietnam*. Washington, DC：World Bank.

Ketels, C. et al.（2010）. *Viet Nam Competitiveness Report 2010*, Hanoi：Central Institute for Economic Management（CIEM）.

Kunmin Kim and Nguyen Anh Tru（2019）. "Reform of State-Owned Enterprises in Viet Nam to Increase Performance and Profit." ADBI Working Paper No. 999. https：// www. adb. org/sites/default/files/publication/524106/adbi－wp999. pdf.

Ministry of Industry and Trade of Viet Nam and United Nations Industrial Development Organization（2019）. *Viet Nam Industry White Paper 2019*. Vienna：UNIDO.

Nixson, F. and B. Walters（2010）. *Vietnamese Enterprises towards Global Competitiveness：Research Topic：The Competitiveness of Viet Nam's State Corporations, State Enterprises and Private Enterprises, and International Experiences in Promoting Business Competitiveness*. Hanoi：University of London.

Ohno, K.（2007）. *Building Supportive Industries in Viet Nam*. Hanoi：Labor-Society Publisher.

Pincus, J.（2009）. "Viet Nam：Sustaining Growth in Difficult Times." *ASEAN Economic Bulletin*, 26（1）, pp. 11－24.

Pincus, J.（2011）. *Attracting Quality FDI for High Value Added Manufacturing*. Hanoi：UNIDO.

Tran, C. N.（2011）. *Policy Recommendations for Technology Development in Viet Nam*. Hanoi：UNIDO.

"工业4.0"专题篇

Reports on "Industry 4.0"

B.12

东盟国家的"工业4.0"战略：
现状与前景

王 勤[*]

摘　要： 在第四次工业革命浪潮下，东盟国家相继推出了"工业4.0"
战略，各国的经济转型升级规划相继出台。东盟国家推出
"工业4.0"战略，旨在新的国际经济形势下应对全球价值链
的重构、推进国内经济转型、摆脱"中等收入陷阱"、扭转
或延缓"去工业化"进程，以及重塑国际竞争力。东盟国家
实施"工业4.0"战略，将迎来新工业革命所带来的机遇，
但也将面临一系列严峻挑战。由于东盟国家发展水平不同，
数字基础设施相对落后，技术条件较为欠缺，各国劳动市场
也面临智能制造的巨大冲击，新工业技术和全球价值链重构

---

* 王勤，厦门大学南洋研究院教授，博士生导师，经济学博士。

将引发跨国公司调整现有的投资布局,"工业4.0"可能扩大区域内的"数字鸿沟"和发展差距。

关键词: 东盟国家 "工业4.0" 经济转型 国际竞争力

当今世界,"工业4.0"的浪潮汹涌澎湃,第四次工业革命将引领人类社会从机械化时代、电气化时代和信息化时代迈向智能化时代。近年来,东盟及其主要成员国相继推出了"工业4.0"战略与政策,各国的产业转型升级规划方案也陆续出台,以因应第四次工业革命所带来的机遇与挑战,由此东盟国家的"工业4.0"战略成为全球和区域聚焦的热点之一。

一 东盟国家加快迈向"工业4.0"时代

所谓的"工业4.0",是指以智能制造为主导和以互联技术为驱动的工业转型与升级。第四次工业革命将对传统的产业结构和生产模式产生巨大冲击,全球价值链和生产网络也将面临重构。近年来,东盟及其主要成员国先后出台了"工业4.0"战略,制定和实施经济转型和产业升级的政策措施,以加快迈向"工业4.0"时代。

在东盟国家,率先聚焦"工业4.0"的国家是新加坡。早在2006年6月和2014年6月,新加坡就分别公布了"智慧国2015""智慧国家2025"计划,力争建成全球第一个智慧国家。2016年3月,新加坡政府出台了面向"工业4.0"的"产业转型计划"(Industry Transformation Programme,ITP),制定了23个工商领域的转型规划,以提高企业生产力、投资技能、推动创新和走向国际化为目标。从产业关联性和实施便利度出发,新加坡政府将产业转型分为6个组团和23个行业,6个产业转型组团分别为制造业、环境建设、贸易与联系、国内必要服务、专业服务和生活相关服务;23个行业涉及制造业和服务业,制造业中包括能源化工、精密工程、海事工程、航空业、电子业等，服务业中包括贸易、交通运输、房地产、医疗保健、金融、教育、食品制造与服务等。为此，政府专门成立未来经济署（Future Economy Council）来负责产业转型计划的制定和执行，相继出台了23个产业转型蓝图（Industry Transformation Map，ITM）。[①]

2016年，泰国推出了"泰国4.0"战略，提出以创新为驱动，运用新技术，促进产业结构的转型升级，提升国际竞争力，以摆脱"中等收入陷阱"。为此，政府确定了"泰国4.0"十大目标产业部门，即新一代汽车制造、智能电子、农业和生物技术、数字经济、工业机器人、未来食品加工、生物能源与生物化工、航空物流、高端旅游、医疗卫生产业等；政府采取产业倾斜政策，促使生产要素转向核心技术、基础设施、目标产业、企业创新和数字人才，推进五大传统优势产业转型和五大未来新兴产业发展；政府推出了"泰国4.0"的战略性项目，即东部经济走廊（EEC）、南部经济走廊（SEC）建设项目，将其作为未来经济发展的新引擎。泰国的东部经济走廊横跨罗勇、春武里和北柳三府，定位为高科技产业集群区，五年内规划重大项目15个，投资1.5万亿泰铢，南部经济走廊涵盖拉廊府、素叻他尼府、春蓬府和洛坤府，建成通往南亚的门户，四年内规划116个项目，投资1067.9亿泰铢。[②]

2018年4月，印尼政府公布了"工业4.0"路线图，确定了实施"工业4.0"的战略目标、重点产业和优先步骤。印尼"工业4.0"路线图提出，2018~2030年期间，印尼的经济增长率将达到6%~7%，制造业对国内生产总值（GDP）的贡献率达21%~26%，到2030年跻身于世界十大经济体；2016~2030年期间，印尼的净出口额增长13倍，占GDP比重达10%；劳动生产率提高1倍，生产成本降低50%。到2030年，印尼的研发支出（R&D）

---

① "Industry Transformation Programme of Singapore. " https：//www. mti. gov. sg/ITMs/Overview.

② "Ministry of Industry：Eastern Economic Corridor Development project. " http：//www. industry. go. th/industry _ award/wp － content/uploads/2017/02/EEC － pack － for － BOI － fair _ Rev4. 3. pdf.

占 GDP 比重达 2%。① 同时，政府确定了电子、汽车、纺织服装、食品饮料和石化工业等作为数字建设的五大重点发展产业，提出了改善物流供应、重新设计工业区、提高工业生产能力、发挥中小微企业的作用、构建数字化基础设施、引进外资和转让技术、提高人力资源素质、建设创新发展生态系统、提供技术投资和转让的奖励措施，以及统一规则和政策等十项优先步骤。

2018 年 10 月，马来西亚政府发布了"工业 4.0 国家政策"（National Policy on Industry 4.0）。马来西亚"工业 4.0"的理念是，吸引相关利益者参与"工业 4.0"的技术和流程，为"工业 4.0"技术创造合适的生态系统，通过培育创新和努力建设，促进制造业向"工业 4.0"转型。马来西亚"工业 4.0"政策的重心是聚焦制造业的转型升级，进一步增强制造业的竞争优势，保持马来西亚在全球价值链和区域生产网络的重要地位。马来西亚"工业 4.0"政策提出，2016～2025 年，马来西亚制造业人均增加值从106647 林吉特增加 30%；制造业对 GDP 贡献从 2540 亿林吉特增至 3920 亿林吉特；在全球创新指数（Global Innovation Index）的世界排名从第 35 位升至第 30 位；制造业高技能就业比重从 18%升至 35%。②

2019 年 9 月，越共中央政治局颁布了关于主动参与第四次工业革命的决议，提出了越南迈向"工业 4.0"时代的战略愿景，即到 2025 年，越南全球创新指数位居东盟前三位，基础设施建设达到东盟地区先进水平，乡镇宽带覆盖率达 100%，数字经济占 GDP 的 20%，年均劳动生产率增长 7%，在越南北部、南部和中部重点经济区建成 3 个智慧城市；到 2030 年，全球创新指数跻身世界前 40 位，实现 5G 移动网络全覆盖，所有人都能低价获取宽带服务，数字经济占 GDP 的 30%，劳动生产率年均增幅达 7.5%，完成电子政务建设，在北部、南部和中部各重点经济区建设智慧城镇，逐步与地区乃至世界智慧城市网络接轨；到 2045 年，越南成为亚洲地区的智慧生产和服务中心、创业创新中心之一，劳动生产率处于较高水平，掌握经济、

---

① 《工业 4.0 路线图至关重要》，印尼《国际日报》2018 年 4 月 5 日。
② Ministry of International Trade and Industry（2018）. *Industry 4WRD*：*National Policy on Industry 4.0*. Kuala Lumpur：MITI.

社会、环境、国防、安全等领域的现代化技术。①

2019 年 11 月，第 35 次东盟峰会发布了《东盟面向"工业4.0"的产业转型宣言》，提出通过在第四次工业革命中采用创新和数字技术，促进东盟向"工业4.0"时代转型，建立繁荣和公平的东盟共同体，以加速经济增长和社会进步。东盟各成员国同意促进数字价值链的互联互通，增强企业尤其是中小微企业的能力建设，应对"工业4.0"所带来的经济、社会和政治安全影响。该宣言还提出，东盟要通过现有的对话和论坛，探索建立新机制和开放平台，加快东盟向"工业4.0"转型；加强人力资源开发和能力建设，迎头赶上前沿技术与创新；鼓励采用和传播"工业4.0"的创新和技术，促进区域研究、投资和开发活动；以东盟第四次工业革命的综合战略，着重促进创新和技术驱动型产业的发展；加强对话与合作，建立"工业4.0"产业转型的监管框架；积极应对阻碍东盟工业发展的挑战，并制定相应的解决方案。②

二　东盟国家缘何推出"工业4.0"战略

近年来，东盟国家纷纷推出"工业4.0"战略与政策，各产业部门的规划相继出台，以应对第四次工业革命的浪潮。东盟国家缘何加快实施"工业4.0"战略，究其原因，主要是在第四次工业革命浪潮下应对全球价值链的重构，推进国内经济转型，摆脱"中等收入陷阱"，扭转或延缓"去工业化"进程，以及提升"工业4.0"时代的国际竞争力。

（一）东盟国家实施"工业4.0"战略以应对新工业革命引发的全球价值链重构

自德国最早提出"工业4.0"概念后，西方发达国家相继推出了"工业

---

① 《越共中央政治局发布决议，主动参与第四次工业革命》，越通社，2019 年 10 月 1 日。

② ASEAN Secretariat（2019）. "ASEAN Declaration on Industrial Transformation to Industry 4.0." https：//asean. org/storage/2019/11/1 - issued - ASEAN - DECLARATION - ON - INDUSTRIAL - TRANSFORMATION - TO - INDUSTRY - 4. pdf.

4.0"战略规划，2012年2月，美国国家科学技术委员会颁布《先进制造业国家战略计划》；2013年4月，德国政府出台了《德国"工业4.0"战略》；2017年6月，日本内阁通过《2017年未来投资战略》。当前，美国、德国、日本等发达国家已逐渐步入以智能制造为代表的"工业4.0"新阶段，加快信息技术与制造技术的深度融合，以重振国内制造业和抢占世界高端制造业。第四次工业革命以智能制造、互联技术等为基础，它将引发和推进全球价值链重构，改变价值链各环节的附加值，智能化生产将提高中部制造环节的附加值，智能化生产使劳动力不再是厂商选址的决定性因素，传统的国际产业分工格局将面临调整，全球价值链也将重新布局。

东盟国家大多仍处于工业化中期或初期阶段，新加坡等少数国家进入信息化的"工业3.0"时代，多数国家则仍处于电气化的"工业2.0"阶段，甚至还停留在机械化的"工业1.0"时期。多数国家的工业化以参与跨国公司主导的全球价值链为主，制造业深度融入全球价值链中。20世纪70年代，东盟主要国家以劳动密集型产业参与全球价值链的分工网络，电子电器加工装配成为主要产业。20世纪80年代末，西方跨国公司逐渐把标准化产品的生产过程和工序转向发展中国家，东盟主要国家从原先的加工装配的环节逐渐向零部件生产的环节攀升，而后进的东盟国家也开始参与全球价值链和区域生产网络，承接部分劳动密集型产业的加工装配。到了21世纪，东盟国家参与全球价值链的主要产业依然是电子信息业，但汽车、化工、生物医药、船舶制造等部门也逐步融入全球价值链中。由"工业4.0"引发的国际产业分工和全球价值链的重构，势必对深度融入全球价值链的东盟国家制造业产生不同程度的冲击和影响，因而迫使这些国家必须应对"工业4.0"时代全球价值链重构所带来的诸多挑战。

（二）东盟国家实施"工业4.0"战略以推进国内经济转型和摆脱"中等收入陷阱"

从2009年起，新加坡开始推动经济转型，但其经济转型并不顺利。在2008年全球金融危机前，新加坡曾在1985年、1998年和2001年出现过经济增长率低于通货膨胀率的情况，而且在全球金融危机爆发后的 2008 年、2009 年、2011 年、2012 年均出现了经济增速低于通胀率的状况。新加坡政府认为，这一现象不仅是周期性问题，而且是结构性问题。由于人口老龄化和生育率下降，政府又收紧了外国劳工的比例，新加坡国内劳工严重短缺。目前，新加坡的工资涨幅超过劳动生产率增长，要提高劳动生产率，经济转型成为唯一的出路。[①] 2016 年，新加坡推出的产业转型计划，促进 23 个工商领域的转型升级，以借助"工业 4.0"战略提高企业生产力，推动技术创新，促进国内经济结构性调整。

随着 2016 年柬埔寨正式脱离低收入国家，除新加坡和文莱为高收入国家外，其余东盟国家均已跨入中等收入国家行列。在进入中等收入国家以后，马来西亚、菲律宾和泰国经济遭遇发展障碍，迟迟未能进入高收入国家，落入"中等收入陷阱"。马来西亚 1978 年人均收入就突破了 1000 美元，1992 年成为上中等收入国家，尽管马来西亚的人均收入现已突破 1 万美元，但据测算，至 2020 年其人均收入仍难以达到世界银行高收入国家标准；菲律宾 1962 年就已达到上中等收入国家标准，但迄今仍未达到世界银行上中等收入标准。据菲律宾政府预计，2019 年菲律宾将从下中等收入国家迈入上中等收入国家；泰国 1988 年人均收入达到 1000 美元，1994 年就已接近上中等收入国家水平，直至 2010 年才成为上中等收入国家，但要跨入高收入国家仍任重道远。因此，如何利用第四次工业革命的机遇，实现经济跨越式发展，摆脱"中等收入陷阱"，成为这些国家制定"工业 4.0"战略规划的重要动因。印尼政府提出四项战略步骤，以因应第四次工业革命和摆脱"中等收入陷阱"；[②]马来西亚政府认为，实施"工业 4.0"战略旨在通过技术创新发展高附加值产业，促进国内产业转型升级，最终实现跨越"中等收入陷阱"；泰国总理巴育说，泰国经历了 1.0 的传统农业、2.0 的轻工业和 3.0 的重工业，泰国能否摆脱"中等收入陷阱"，关键取决于泰国 4.0 能否成功。

---

① 《我国经济转型的困境》，新加坡《联合早报》2014 年 10 月 31 日。
② 《财长就摆脱中等收入陷阱提 4 战略》，印尼《国际日报》2018 年 12 月 8 日。

（三）东盟国家实施"工业4.0"战略旨在扭转或延缓"去工业化"的进程

从 20 世纪 50 年代末开始，东盟主要国家相继开始了工业化进程。随着各国工业化加速发展，新加坡率先成为新兴工业化经济体，马来西亚、泰国等已处于工业化的中期阶段，其他东盟国家大多还处在工业化初期阶段。但是，近年来，东盟主要国家出现了尚未完成工业化而出现了"去工业化"现象，主要表现为工业部门尤其是制造业发展减速或停滞，工业部门的增加值比重逐步下降，尤其是制造业的增加值比重下滑较快。据世界银行统计，1996 ~ 2016 年，印尼的工业部门增加值占国内生产总值（GDP）的比重从43% 降至 40.6%，马来西亚从 44.1% 降至 38.9%，菲律宾从 35.6% 降至33.8%，新加坡从 33.3% 降至 26.3%，泰国从 43.4% 降至 36.1%。其中，制造业占 GDP 的比重也出现了先升后降的现象。2000 ~ 2016 年，印尼制造业增加值占 GDP 比重从 26% 降至 21%，马来西亚从 31% 降至 22%，菲律宾从 24% 降至 20%，新加坡从 28% 降至 20%，泰国从 29% 降至 27%。①

各国的"去工业化"现象，究其原因主要是国际金融危机后，全球经济复苏缓慢，国际市场需求萎缩，使得东盟主要国家外向型工业部门尤其是制造业出口受阻，对制造业发展造成直接影响；这些国家的新兴制造业大多处于全球价值链的低端，高度依赖跨国公司的资本、技术和市场，新兴的制造业发展空间受到较大的局限；一些国家劳动力短缺，劳动成本上升，基础设施发展滞后，营商环境欠佳，外向型工业的出口竞争力下降；由于国内资源禀赋和技术要素的限制，这些国家制造业的结构调整和技术升级缓慢，制约了工业部门的发展，拖延了工业化进程。因此，东盟国家希望能及时把握第四次工业革命所带来的机遇，实施"工业 4.0"战略，促进传统制造工业的转型，推动新兴制造工业的发展，提升工业制成品的国际竞争力，以此扭

---

① World Bank. "World Development Indicators: Structure of Output." http://wdi.worldbank.org/table/4.2.

转或延缓"去工业化"的进程。

最后，东盟国家实施"工业4.0"战略以重塑新工业革命时代的国际竞争力。

随着第四次工业革命的到来，数据时代和智能技术赋予国际竞争力以新的内涵，影响和制约国际竞争力的因素正悄然改变，原有的全球竞争力格局也随之变化。世界经济论坛（World Economic Forum）发布的《2018年全球竞争力报告》，首次引入了全球竞争力指数4.0研究方法，它通过12个支柱组成的98个指标，描绘了迈向第四次工业革命时代140个经济体国际竞争力的新图景。2018年，文莱在全球竞争力的排名从上年度的第46位降至第62位，柬埔寨从第94位降至第110位，印尼从第36位降至第45位，马来西亚从第23位降至第25位，老挝从第98位降至第112位，菲律宾保持在第56位，新加坡从第3位升至第2位，泰国从第32位降至第38位，越南从第55位降至第77位。[①]

面对新工业革命的浪潮，东盟国家纷纷推行"工业4.0"战略，重振工业制造业，营造良好的营商环境，向创新驱动型经济模式转型，以提升国际竞争力。印尼总统佐科认为，印尼工业4.0是国内工业重建和产业升级、国际竞争力和国际地位提高、2030年前进入全球十大经济体的必由之路；马来西亚提出的"工业4.0"蓝图，将提高创新能力和国际竞争力作为"工业4.0"的四大目标之一；2017年2月，新加坡未来经济委员会提出，在今后十年，通过三大途径和七大策略，将新加坡打造成可持续增长、创造价值和机会、充满活力和弹性的经济体；泰国通过了《泰国竞争力增强法案》，以吸引符合"泰国4.0战略"的投资项目，增强泰国企业的国际竞争力。

三　东盟国家实施"工业4.0"战略的政策措施

在第四次工业革命的背景下，东盟国家纷纷出台实施"工业4.0"战略

---

① World Economic Forum（2017）．*The Global Competitiveness Report 2017 – 2018*；World Economic Forum（2018）．*The Global Competitiveness Report*, *2018*.

的政策措施，各国确立了"工业4.0"战略的目标和主导产业，大力推进国家科技创新体系建设，实施中小企业数字化计划，吸引跨国公司投资"工业4.0"项目，打造"工业4.0"的区域合作平台，以加快迈进"工业4.0"时代。

（一）各国提出"工业4.0"的战略目标，将制造业作为"工业4.0"的主导产业

从东盟国家"工业4.0"战略规划看，各国将"工业4.0"蓝图纳入国家整体发展战略，旨在推进经济转型和产业升级，聚焦创新驱动和塑造竞争优势。印尼提出通过"工业4.0"保持经济年均增速6%~7%，制造业对GDP的贡献率达到21%~26%，提高劳动生产率和出口竞争力，到2030年跻身世界十大经济体的行列；马来西亚的"工业4.0"蓝图订立的四大目标是提升制造业的劳动生产率、扩大制造业产出、增强创新能力、提高制造业高技能就业比重；"泰国4.0"的战略目标是通过创新驱动和应用数字技术提高产品附加值，将传统的农业种植转变为智能化作业，将传统的中小企业转变为智能型企业，将传统的服务业转化为高附加值产业，促进经济转型升级，提升国际竞争力，从而摆脱"中等收入陷阱"；越南"工业4.0"的愿景是，到2025年越南全球创新指数位居东盟前三位，数字经济占GDP的20%，建成三个国内智慧城市，到2030年全球创新指数跻身世界前40位，数字经济占GDP的30%，到2045年越南成为亚洲智慧生产和服务中心、创业创新中心之一。

在各国的"工业4.0"规划中，制造业的智能化和数字化成为核心内容。印尼的"工业4.0"路线图推出了优先发展电子、汽车、纺织服装、食品和饮料、石化工业的数字建设，将这五大行业打造为未来制造业的驱动力；马来西亚"工业4.0"的重点领域，仍选择第11个马来西亚五年计划所确定的电子电气、机械设备、化工、医疗器械、航空航天等高增长和有潜力行业；新加坡的"产业转型计划"确定的制造重点行业包括电子业、精密工程、能源化工、海事工程和航空业等五大领域，第六个科技创新计划

（2016～2020年）将先进制造与工程技术作为首要扶持领域，其中制造业包括航空航天、电子、化学、机械与系统、海洋与近海、精密模块和部件、生物制剂制造业和医学技术制造业等八大关键领域，还有机器人与自动化、数字制造、3D打印和新材料等四个技术交叉领域；"泰国4.0"的十大产业部门确定了"5+5"发展方向，即中短期发展的重点产业为新一代汽车制造、智能电子、未来食品加工、农业和生物技术、高端旅游，而长期发展的重点产业为生物能源与生物化工、数字经济、工业机器人、航空物流、医疗卫生产业等。

（二）重视研究开发和创新创业，努力打造国家科技创新体系

作为东盟的知识型和创新型国家，新加坡高度重视研究开发和创新创业。从1991年起，新加坡连续实施科技创新五年规划。新加坡的第五个科技创新计划提出，到2015年研究与开发（R&D）开支占国内生产总值比重达到3.5%，使新加坡成为国际科研中心和亚洲创新中心，成为如瑞典、芬兰、以色列的研究型、创新型和创业型的经济体。2016年，新加坡政府出台了第六个科技创新计划，提出了2016～2020年新加坡科技发展的战略目标、重点产业和资助计划，投入190亿新元用于研究、创新与创业支出，以建立充满活力的国家创新体系，力争将新加坡打造成为世界研究中心。①

为实施"工业4.0"战略，泰国调整了国家科技创新体系，加快国家科技园建设，扩大研发投入，政府提出将国内研究开发（R&D）占GDP的比重从2017年的0.6%提高至2020年的1.5%，并为科技投资项目提供所得税减免优惠。早在2002年，泰国就设立了科技园（Thailand Science Park），它是泰国最大的综合性研发基地，由泰国国家科技发展署（NSTDA）和科技部共同管理，园区设有国家基因工程和生物工程中心（BIOTEC）、国家金属和材料技术中心（MTEC）、国家电子和计算机技术中心（NECTEC）和国

---

① National Research Foundation (2016). "Research, Innovation and Enterprise 2020 Plan: Winning the Future through Science and Technology." http://www.research.gov.sg/RIE2020.

家纳米技术中心（NANOTEC）等。2018 年 3 月，泰国创建了第一个数字创新工业园，打造泰国数字基础设施聚集地。该数字创新工业园发展的重点是数字经济、机器人、生物燃料和生物化学、航空物流等产业，投资约 100 亿泰铢。该园区由泰国数字经济和社会部主导、多个部门协作建设，泰国电信公司负责园区的数字基础设施建设。2019 年 3 月，泰国政府增设了北部地区的清迈科技园区、东北部地区的孔敬科技园区和南部的宋卡科技园区，区域内科技企业将享受投资优惠政策。

（三）实施中小企业数字化计划，促进中小企业的数字化转型

2017 年 3 月，新加坡政府制订了中小企业数字化计划（SMEs Go Digital Programme），以协助中小企业了解与采用适用的数字科技，由此增加盈利、开发新市场和提高生产力。该计划由新加坡资讯通信媒体发展局（IMDA）、新加坡网络安全局（CSA）和标新局（SPRING）等政府机构联合推出，从三方面协助中小企业实现数字转型，一是设立中小企业数字技术中心，为在数据分析、网络安全和物联网等方面有需求的中小企业提供专业建议，帮助中小企业与科技和咨询机构建立联系，以及主办工作坊和研讨会等；二是根据政府的产业转型蓝图，为各行业领域制定产业数字化蓝图，中小企业可通过蓝图进一步确认合适的数字科技；三是先选择那些可通过科技大幅提高生产力的领域，实施新的数字科技方案。两年来，该计划已让约 4000 家中小企业受益。[1] 2018 年 3 月，新加坡政府提出将资助 300 个来自各领域的中小企业和跨国公司，利用新加坡经济发展局所开发的新加坡工业智能指数进行评估，协助它们加速向"工业 4.0"转型。[2]

自 2017 年起，泰国中小企业购买计算机程序可享受高达 200% 的税收

---

① 《迈向智慧国愿景，额外 3 亿拨款加强服务与数码经济科研》，新加坡《联合早报》2019 年 3 月 5 日。

② "300 Funded Assessments of the Singapore Smart Industry Readiness Index to Help Companies Adopt Industry 4.0."https：//www.edb.gov.sg/en/news－and－resources/news/readiness－to－help－companies－adopt－industry4.html.

减免，其激励措施将产品价值上限设定为 10 万泰铢，国内固定资产不超过 2 亿泰铢和雇员低于 200 人的中小企业均可享受该减税优惠。在现有的税收激励下，已有 140 家软件公司在数字经济促进机构（DEPA）注册。从 2020 年开始，泰国数字经济促进机构拟将为购买智能设备、数字服务、机器人、无人机、物联网设备及软件的中小企业提供 200% 的税收减免优惠，减税期限将延长至 2022 年，上限也将提高到 20 万泰铢。政府预计，该税收激励措施可以鼓励中小企业采用数字技术，促进企业收入年增 7.7 亿泰铢和员工收入增加 2.8 亿泰铢。①

（四）吸引跨国公司投资"工业4.0"项目，应对全球价值链的重组与调整

在"工业 4.0"战略背景下，以智能制造、互联技术等为基础的新工业革命将引发全球价值链的重构，现有的国际产业分工和全球价值链将发生新的格局性变化。东盟国家纷纷借助全球价值链重组与调整的时机，积极改善营商环境，参与全球价值链和区域生产网络，吸引跨国公司的"工业 4.0"投资项目。② 2018 年 5 月，德国英飞凌科技（Infineon）公司在马来西亚建成了具备自动化与智能化的第二晶圆厂，该厂兼具生产和研发功能，产品专注于汽车电子，它配备智能货架，自动跟踪晶圆的存储和检索，实现机器自动优化，是马来西亚"工业 4.0"的典型项目。2017 年 3 月，泰国政府启动了汽车及其零部件制造商的电动汽车促销特权计划，丰田、本田、日产、马自达和铃木等 8 家日本汽车制造商申请加入了混合电动汽车项目，德国汽车制造商梅赛德斯－奔驰和宝马计划加入充电式电动汽车和电池电动汽车计划。日本三菱汽车公司计划投资 200 亿泰铢生产电动汽车，该项目已获批，将于 2021 年投产，混合动力汽车和纯电池电动汽车项目将于 2024 年启动。德国西门子公司已在新加坡设立"工业 4.0"实验室，美国麦肯锡公司建起

---

① 《中小企业数字化升级可享减税 200%》，泰国《星暹日报》2019 年 8 月 15 日。
② ASEAN Secretariat（2019）. *ASEAN Investment Report 2019*. pp. 48 – 53.

了先进再制造及技术中心（ARTC）试验工厂，新加坡与"工业4.0"概念的首倡者德国汉诺威工业展览会联合举办工业展览会，全面展示"工业4.0"的全球最佳实践和应用。2019年10月，由越南BRG集团与日本住友集团合作的河内市首个智慧城市项目正式动工，这是越南最大的智慧城市项目，总投资42亿美元，分五期建设，第一期将在未来两年竣工，2028年全部竣工。2019年11月，韩国现代集团宣布将在印尼投资设厂生产电动汽车，耗资15亿美元。此外，东盟国家已经吸引阿里巴巴、腾讯、京东、亚马逊等世界知名电商企业落户。

（五）打造"工业4.0"的区域合作平台，构建东盟智慧城市网络

在2025年东盟共同体的发展蓝图中，东盟提出了构建一个无缝对接、全面连通和整合的东盟，以应对第四次工业革命的机遇与挑战。同时，东盟的互联互通规划将可持续基础设施（Sustainable Infrastructure）、数字创新（Digital Innovation）、无缝物流（Seamless Logistics）、卓越监管（Regulatory Excellence）和人员流动（People Mobility）作为五大优先的战略领域。其中，为实现数字创新提出了加强中小微型企业（MSMEs）技术平台、制定东盟数字金融包容性框架、构建东盟开放数据网络，以及建立东盟数字数据治理框架的四大举措。[①] 2018年11月，东盟成员国签订了《东盟电子商务协议》，由此东盟成为全球首个签订电子商务协议的区域集团。该协议提出，要推动跨境电子商务贸易便利化，创造电子商务应用的互信环境，扩大各国电子商务的应用，深化区域电子商务领域的合作。同时，第32届东盟峰会通过了"东盟智慧城市网络"（ASEAN Smart Cities Network，ASCN）倡议。该倡议提出，要构建区域智慧城市生态体系，把这些智慧城市打造成区域联通的枢纽，确保各自的国内智慧信息系统兼容并蓄，提供高效的区域综合服务，释放东盟城市的经济潜能，从而为区域内各成员国的可持

---

① ASEAN Secretariat（2016）. *Master Plan on ASEAN Connectivity 2025*. Jakarta: ASEAN Secretariat, pp. 18 – 19.

续发展创造条件。① 目前，东盟成员国共 26 个城市参与了"东盟智慧城市网络"，包括印尼和马来西亚各 4 个城市，柬埔寨和老挝各 2 个城市，新加坡和文莱各 1 个城市，其余 6 个东盟成员国各有 3 个城市。②

四　东盟国家实施"工业4.0"的前景

随着第四次工业革命浪潮兴起，世界经济将催生两类经济体即领先经济体和追赶型经济体。根据联合国工业发展组织（UNIDO）的分类，在新兴科技领域，领先经济体有 10 个，先进数字化制造技术产品生产的追赶型经济体有 23 个，先进数字化制造技术应用的追赶型经济体有 17 个，先进数字化制造技术产品生产的后发经济体有 16 个，先进数字化制造技术应用的后发经济体有 13 个、落后经济体有 88 个。其中，新加坡属于先进数字化制造技术产品生产的追赶型经济体，印尼、马来西亚、泰国和越南属于先进数字化制造技术应用的追赶型经济体，菲律宾属于先进数字化制造技术产品生产的后发经济体。③

2018 年，麦肯锡（McKinsey）咨询公司的一项对东盟国家两百多名商界高管的调查显示，大多数受访者认为工业 4.0 将为其所在行业带来全新的商业模式，在印尼、泰国和越南等以制造业为主的国家，受访者普遍看好工业 4.0 的前景。有 96% 的受访者认为，工业 4.0 将为其行业带来新的商业模式，而略低于 90% 的受访者表示，效能改善为工业 4.0 技术的主要优势之一。然而，仅 13% 的人表示其公司已开始工业 4.0 转型。麦肯锡认为，

① ASEAN Smart Cities Framework, https：//asean. org/storage/2012/05/ASEAN – Smart – Cities – Framework. pdf.

② 参与东盟智慧城市网络的有 26 个城市，它们是文莱斯里巴加湾，印尼雅加达、望加锡、外南梦和马德望，柬埔寨金边、暹粒，老挝万象、琅勃拉邦，马来西亚吉隆坡、新山、亚庇和古晋，缅甸曼德勒、内比都和仰光，菲律宾马尼拉、宿务和达沃，新加坡，泰国的曼谷、春武里府和普吉，越南河内、胡志明市和岘港。

③ UNIDO（2019），*Industrial Development Report 2020：Industrializing in the Digital Age*. Vienna：UNIDO，p. 171.

通过工业4.0战略，东盟制造商可成为其所在领域的下个领导者。不过，很少有制造商真正意识到工业4.0技术对其制造业长期而巨大的影响，这些技术可以为东盟企业提高生产力，并帮助该地区重新确立其全球制造业中心的地位。东盟国家若想拥抱工业4.0技术，需清楚地了解掌握这些技术的障碍，营造鼓励实施"工业4.0"的政策和教育环境。东盟国家制造商可能起步缓慢，但它们有足够的时间后来居上。①

尽管东盟国家政府紧锣密鼓地出台"工业4.0"战略方案，但各国要具体落实这些方案仍面临诸多的问题和障碍。首先，东盟多数国家数字基础设施相对落后，技术条件准备不足。目前，东盟多数国家数字基础设施相对落后，印尼仍有2.5万个乡村无法链接到互联网，必须建造高通量卫星（HTS）基础设施才能建成覆盖全国的互联网系统。目前，东盟多数国家（除新加坡、马来西亚外）的研究开发（R&D）投入偏低，研发技术人员的比例也处于世界低水平。据统计，2015年新加坡的研究开发（R&D）支出占GDP的比重为2.2%，马来西亚为1.3%，泰国为0.6%，越南为0.4%，柬埔寨、印尼和菲律宾均为0.1%。② 同时，东盟国家企业规模偏小，各国经济以中小企业为主，这些企业生产技术水平低，自主研发能力弱，熟练劳工缺乏，辅助工业落后，产业技术高度依赖跨国公司。

其次，各国劳动市场将受到"工业4.0"智能制造的巨大冲击。2018年9月，美国思科系统公司（Cisco）公布了"科技与东盟未来就业"的研究报告，它指出2020~2022年东盟国家就业机会将受到人工智能的巨大冲击。在人工智能的基础上，东盟国家将实现技术创新突破，并创造出更多就业机会。但是，人工智能技术在未来10年将使低素质的体力劳动者变得过剩，各国就业机会受人工智能冲击的情况分别为：印尼为人口的8%，相当于950万个就业岗位；马来西亚为人口的7.4%，相当于120万个就业岗位；

---

① 《麦肯锡：工业4.0可望重振东盟制造业》，http：//www. digitimes. com. tw/iot/article. asp?cat = 158&cat1 = 20&cat2 = 10&id = 0000525760_ 5P768XX978L3GTLQCZLG5&social_ share = y。

② UNESCO. "Science, Technology & Innovation：Research and Development. " http：//uis. unesco. org/en/topic/research – and – development.

菲律宾为人口的 10.1%，相当于 450 万个就业岗位；新加坡为人口的 21%，相当于 50 万个就业岗位；泰国为人口的 11.9%，相当于 490 万个就业岗位；越南为人口的 13.8%，相当于 750 万个就业岗位。[①]

再次，"工业 4.0" 新技术和全球价值链重构引发跨国公司调整现有的投资布局。随着 "工业 4.0" 新技术和全球价值链的重组，跨国公司在东盟国家的产业链出现调整的迹象，这将对当地经济和就业产生直接影响。近年来，美国希捷（Seagate）科技、安费诺（Amphenol）、Rubicon 科技公司、飞兆（Fairchild）半导体、STR 控股、Sun Edison 半导体、韩国三星、英美烟草（BAT）等 8 家跨国公司关闭了在马来西亚的工厂，撤资约 54 亿林吉特，解雇了 6412 名员工。美国希捷（Seagate）公司原来在马来西亚年产超 1 亿个电脑硬盘（HDD），但固态硬盘（SDD）技术出现后希捷就关闭了在槟城的工厂，韩国三星公司在森美兰设立的工厂也因 LED 薄型电视技术的面世而关闭，而该公司在越南扩大了投资。2008 ~ 2018 年，韩国三星公司对越投资额从 6.3 亿美元增至 173 亿美元，共在越南设立了 8 家工厂，其中三星电子越南太原公司是三星在全球最大的海外工厂。近两年来，在越三星公司出口额约占越南出口总额的 25%。

最后，东盟国家"工业 4.0"可能加大区域内"数字鸿沟"和发展差距。由于资源禀赋的差异和发展水平的不同，东盟六国（文莱、印尼、马来西亚、菲律宾、新加坡和泰国）与东盟四国（柬埔寨、老挝、缅甸和越南）之间存在较大的经济差距。2017 年，东盟六国的 GDP 占东盟总量为 88.1%，东盟国家人均 GDP 为 4307.6 美元，其中东盟六国为 5157 美元，另外的东盟四国仅为 1939.9 美元。[②] 目前，东盟积极实施"工业 4.0"战略的国家以东盟创始国为主，其工业化程度较高，数字经济基础相对较好，而新成员国（除越南）因自身发展基础与能力，则无力加入"工业 4.0"的行列。尽管东盟一直致力于缩小成员国间的经济差距，但东盟主要国家加快

---

① 《未来 10 年人工智能将深度影响东盟 2800 万个就业岗位》，越通社，2018 年 9 月 13 日。

② ASEAN Secretariat（2018）．*ASEAN Community Progress Monitoring System 2017：Narrowing the Development Gap.* Jakarta：ASEAN Secretariat.

实施"工业4.0"可能会加大各成员国之间的"数字鸿沟",从而扩大成员国之间的发展差距。

参考文献

Bihong Huang, Peter J. Morgan, and Naoyuki Yoshino (2018). *Avoiding the Middle-Income Trap in Asia：The Role of Trade, Manufacturing and Finance.* Manila：Asian Development Bank Institute.

ILO (2016). *ASEAN in Transformation：The Future of Jobs at Risk of Automation.* Geneva：ILO.

Malisuwan, S., D. Milindavanij, and J. Sivaraks (2016). "Analysis of ICT Development in ASEAN Countries." *International Journal of Advanced Research in Management*, 7 (2), 1 –10.

McKinsey (2015). "Industry 4. 0 – How to Navigate Digitization of the Manufacturing Sector," https：//www. mckinsey. de/files/mck_ industry_ 40_ report. pdf.

OECD (2017). *Opportunities and Policy Challenges of Digitalization in Southeast Asia.* Paris：OECD.

UNIDO (2017). *Industry 4. 0 – Opportunities Behind the Challenge.* Vienna：UNIDO.

UNIDO (2019). *Industrial Development Report 2020：Industrializing in the Digital Age.* Vienna：UNIDO.

World Economic Forum and A. T. Kearney (2018). *Readiness for the Future of Production Report 2018.* Geneva：WEF and A. T. Kearney.

World Economic Forum and ADB (2017). *ASEAN 4. 0：What Does the Fourth Industrial Revolution Mean for Regional Economic Integration?* Geneva and Manila：WEF and ADB.

B.13
印尼"工业4.0"战略的政策框架
和现实挑战

那文鹏*

摘　要：　近年来，印尼国内经济增长出现下行迹象，早熟型"去工业化"问题日益严重，制造品逐渐丧失出口竞争优势，印尼政府试图借助第四次工业革命的发展良机，适时推出了本国的"工业4.0"发展战略，目的在于提振经济增长，改善商品净出口，参与全球价值链重构。在"工业4.0"战略中，印尼政府制定了详尽的发展目标和产业政策，但由于配套条件落后、财政能力有限、外商投资放缓和政治风险高企等因素影响，其在具体落实的过程中将面临诸多挑战。

关键词：　印尼　工业4.0　全球价值链　产业政策

随着第四次工业革命的浪潮席卷全球，科技创新成为引领经济发展与时代变革的重要力量，在促进制造业生产方式和组织形式全面转型的同时，推动世界工业发展格局进入深度调整阶段。2018年4月，印尼佐科政府推出印尼"工业4.0"路线图，试图把握产业革命带来的时代机遇，利用产业政策促进高端制造业发展，最终实现工业复兴的宏伟愿景。

* 那文鹏，厦门大学南洋研究院世界经济专业博士生。

一　印尼提出"工业4.0"战略的背景

在印尼的经济发展史中,工业曾是经济增长的重要动力。但进入21世纪以后,印尼工业的发展速度逐年放缓,国际竞争力不断被削弱,同时在全球价值链中处于不利地位。然而,第四次工业革命的到来,为印尼扭转工业发展困局提供了战略窗口期,同时也向印尼的产业政策提出新需求。在这一时代背景下,印尼政府最终提出了"工业4.0"战略。

(一)早熟型"去工业化"问题提高了印尼经济的下行风险

自1945年宣告独立以后,印尼步入了以政府主导为特征的工业化道路,将制造业视为带动国民经济发展的引擎。20世纪70~90年代,以制造业为代表的印尼工业部门发展迅速,在国民经济中的重要性不断增强。根据世界银行的数据,1985~1997年印尼制造业增加值在GDP中的比重由16.37%提高到26.79%,其高速的增长率使印尼成为"亚洲四小虎"之一。然而,1997~1998年的亚洲金融危机令印尼工业部门遭受重创,制造业增加值在GDP中的比重经过大幅震荡后于2002年出现拐点,由31.95%的历史峰值逐年降至2018年的19.86%。由于2002年印尼人均GNI仅为790美元,仍处于追赶型工业化进程中的下中等收入国家,因此印尼制造业的相对衰退被称为早熟型"去工业化"现象。

印尼的早熟型去工业化现象,对本国经济发展产生了严重的负面影响。一方面,随着制造业在国民经济中的重要性不断降低,印尼工业部门创造就业和吸纳劳动力的能力严重受损,不利于生产率提高。世界银行的数据显示,2002~2019年印尼的工业就业人口比重仅提高了3.22%,城市失业人口和农村剩余劳动力主要流入低端服务业。由于工业的劳动生产率通常高于农业和服务业,因此印尼目前的劳动力跨部门转移模式,不利于提高社会平均生产率。另一方面,去工业化问题加深了印尼经济对资源类产品的依赖程度,使其易受国际大宗商品市场周期影响,抵御世界市场风险和维持稳定发展的能力偏弱。21 世纪初的初级产品繁荣曾令印尼经济受益，但 2011 年大宗商品价格达到历史峰值并逐年下跌后，印尼经济随之出现发展瓶颈，GDP 增长率由 2010 年的 6.22% 逐步降至 2015 年的 4.88%，经济增速持续放缓。

以制造业为代表的工业部门是技术创新的源泉，去工业化问题令印尼经济缺乏转型升级动力。根据印尼统计局（BPS）的数据和联合国工业组织（UNIDO）的产业划分，2011～2018 年印尼制造业的结构优化程度较为有限，高端制造业发展极不乐观。具体而言，在大中型制造业组织的增加值结构中，高技术密度产业的比重由 37.46% 降至 36.70%，中等技术密度产业的比重由 13.71% 增至 16.00%，低技术密度产业的比重由 48.81% 降至 47.30%。由此可知，印尼工业仍以低端制造业为主，在即将到来的工业革命中不占优势，因此亟须制定"工业4.0"战略，扶持高端制造业发展，以唤醒经济发展活力。

（二）经济环境变化降低印尼制造业的国际竞争力

2008 年全球金融危机爆发后，世界经济增长率放缓，各国政府围绕国际贸易收益分配的竞争日益激烈，纷纷重新调整本国的工业与贸易政策，导致印尼制造业的国际市场环境出现全新变化。一方面，以美国为代表的发达国家，深刻地认识到产业空心化的不利影响，纷纷推行"再工业化"的产业政策和保守主义的贸易政策，减少了对印尼等发展中国家的产品需求；另一方面，发展中国家在低端制造业方面的竞争日益激烈，同时将目光投向第四次工业革命，瞄准了高端制造业的发展潜力。在东盟内部，新加坡于 2016 年推出了产业转型计划，泰国于 2016 年提出了"泰国4.0"战略（Thailand 4.0），马来西亚于 2018 年制定了"工业4.0"国家政策（Industry 4WRD），各国围绕高技术产品的竞争加大了印尼制造业的转型压力。

日益复杂的国际贸易发展形势，对印尼制造业提出全新挑战，但印尼受困于国内日益高涨的生产成本，在与区域内同类型国家的竞争中处于下风。首先，印尼的劳动力成本不断上升，降低了印尼制造品的价格优势。印尼统计局（BPS）的数据显示，2000～2019 年，印尼制造业每月平均工资由

40.22 万印尼盾提高为 272.44 万印尼盾，增长速度快于印尼经济增长率与通货膨胀率之和，对印尼的劳动密集型产业十分不利。其次，印尼国内的贷款利率居高不下，抬高了制造业企业的融资成本。世界银行的数据显示，2018 年印尼的贷款利率为 10.54%，远超周边其他东南亚国家，致使制造业企业出现融资困难。最后，印尼的基础设施建设滞后，增加了印尼制造业的物流成本。在世界经济论坛（WEF）发布的《2019 年全球竞争力报告》中，印尼的基础设施得分在 141 个国家中位列第 72 位，不利于与国外市场建立联系。

在国内外因素的共同影响下，印尼制造业的出口竞争力明显下降。根据联合国贸发会议（UNCTAD）的数据计算，2000~2018 年印尼制造业的显示性比较优势（RCA）指数由 0.77 降至 0.63，处于出口竞争力较弱区间。受此影响，印尼制造业净出口额由 66.63 亿美元的顺差变为 -474.69 亿美元的逆差，在世界出口市场中的占有率由 0.75% 降至 0.58%，但在世界进口市场中的占有率则由 0.60% 增至 0.93%。在此背景下，印尼推出"工业4.0"战略，旨在顺应工业贸易环境变化，解决国内制造业面临的各种困难，最终重塑印尼制造品的国际竞争力。

（三）产业技术革命赋予印尼参与全球价值链的新机遇

20 世纪后半期以来，随着交通和通信成本的不断降低，工业生产的国际分工协作水平日益提高，以垂直专业化生产为核心的全球价值链（GVC）最终形成。作为世界制造业大国，参与全球价值链是印尼制成品开拓国际市场的必由之路，但近年来印尼在全球价值链中的表现并不尽如人意。利用 OECD-TiVA 的贸易增加值数据，并计算 Koopman et al.[1] 提出的 GVC 指数，可以发现印尼工业的全球价值链参与度在东盟国家中排名靠后。具体而言，

---

[1] Koopman, R., W. Powers, Z. Wang, and S. J. Wei (2010). "Give Credit Where Credit Is Due: Tracing Value Added in Global Production Chains." NBER Working Paper, No. 16426; Koopman, R., Z. Wang, and S. J. Wei (2014). "Tracing Value-Added and Double Counting in Gross Exports." *American Economic Review*, 104 (2): 459–494.

2015 年印尼的 GVC 参与度指数为 0.52，低于 0.64 的东盟整体水平，同时也低于越南（0.69）、马来西亚（0.68）、泰国（0.68）和菲律宾（0.53）这四个国家的水平。

与此同时，印尼工业参与价值链的模式也较为独特，与其他东盟国家明显不同。印尼工业参与全球价值链的前向联系度为 0.38，高于 0.32 的东盟整体水平，在东盟五国中居于首位；印尼工业的后向联系指数为 0.15，远低于 0.33 的东盟整体水平，在东盟五国中居于末位。在印尼的出口工业结构中，采矿挖掘（27.22%）、食品饮料和烟草（20.43%）、化学和非金属产品（12.29%）等资源密集型产业占据主导，表明其较高的前向联系度主要源于资源出口。与之相反，印尼的交通设备（3.74%）、机械设备（3.09%）等技术密集型产业比重较小，表明其后向联系度较低的原因，在于参与国际分工协作的水平不高。

事实上，全球价值链的附加值分布极不平衡，资源出口和生产制造环节的利润相对较少，因此印尼在利益分配格局中处于从属地位。然而，第四次工业革命促进了附加值在生产环节中的转移与重组，为印尼工业提高全球价值链参与度创造了新机遇，为其向高附加值环节过渡提供了战略窗口。在价值链重构的过程中，印尼广阔的国内市场能够为新技术和新产品提供需求，有利于国内企业开创品牌、研发技术和积累资金，最终构建出由本土企业掌握核心环节的国内价值链（NVC）。如果印尼制造业发育成熟，将有机会进入产品需求相似的国外市场，届时印尼将逐步建立起由本国掌握主动权的区域价值链（AVC）和全球价值链（GVC）。在此过程中，印尼"工业4.0"战略在保护幼稚产业、解决"市场失灵"问题、改善营商环境等方面，能够发挥积极作用。

二　印尼"工业4.0"战略的政策目标与主要内容

2014 年佐科执政后，将工业振兴作为政府的主要任务之一，并通过 2015 年第 14 号政府条例公布了《2015～2035 年国家工业发展规划》（RIPIN 2015-

2035)，作为印尼未来二十年工业部门的发展蓝图。2018年4月，佐科政府再次推出"印尼工业4.0路线图"，既肯定了工业振兴的长期愿景，又根据时代新需求调整了原有政策，因此两个规划相辅相成。与前者相比，印尼"工业4.0"战略的发展目标更为具体实际，政策与措施的针对性更强。

（一）制定总体发展目标，评估预期战略收益

在编制"印尼工业4.0路线图"的过程中，印尼政府进行了大量的前期调研，先选取了评估制造业发展条件的核心指标，然后认真分析了本国与其他东亚和东南亚国家的相对差距，最后以其他国家的发展态势作为蓝本，制定了本国工业发展的长期目标，力争在2030年将印尼打造为世界前十大经济体。由于"工业4.0"战略的发展态势不甚明朗，印尼政府的政策目标也留有弹性空间。具体内容如下。第一，增强制成品的国际竞争力，促进净出口快速增长。在目标下限中，印尼的净出口占GDP比重将于2016年的0.8%提高至2030年的5%以上，制造业对净出口的贡献超过60%，达到马来西亚和越南的平均水平；在目标上限中，净出口占GDP比重将超过10%，同时制造业对净出口的贡献超过65%，恢复到2000年的历史水平。第二，提高劳动力生产效率，降低产品单位成本。在目标下限中，印尼的单位成本生产率将于2030年提升至2016年的1.5倍，年复合增长率达到马来西亚的水平；在目标上限中，单位成本生产率将提升至2016年的2.0倍，年复合增长率达到印度的水平。第三，扩大研发支出，改善技术能力。在目标下限中，研发支出占GDP比重将由2016年的0.3%提高至2030年的1.1%，达到马来西亚的投入比率；在目标上限中，研发支出占GDP比重将提高到2.0%，达到中国的投入比率。

印尼政府认为，"工业4.0"战略的顺利实施，将为国民经济带来发展红利。第一，该战略将提供经济增长的长期动力。据印尼政府预计，2018～2030年印尼经济增长率的基准水平大约为5%，经济规模大约为2018年的1.8倍，但"工业4.0"战略有望提高印尼经济的增长率和规模。在消极预期中，2030年GDP增长率较基准提高1%，经济规模为2018年的2.02倍；

在积极预期中，GDP 增长率较基准提高 2%，经济规模为 2018 年的 2.30
倍。第二，该战略将创造劳动力就业岗位。印尼政府认为，2016～2030 年
印尼工业就业人口将由 1.19 亿人提高到 1.44 亿人，但"工业 4.0"战略会
提供额外的就业机会。在消极预期中，2030 年的制造业就业人口将额外增
加 100 万人，非制造业的就业人口将额外增加 600 万人，总工业就业人口上
升为 1.51 亿人；在积极预期中，制造业就业人口将额外增加 300 万人，非
制造业的就业人口将额外增加 1500 万人，总工业就业人口上升为 1.63 亿
人。第三，该战略将提升制造业的重要性。据印尼政府预计，2016～2030
年印尼的早熟型"去工业化"问题将更加严重，制造业占 GDP 比重由
21.3% 下降至 16.3%。但印尼政府实施的"工业 4.0"战略，对于扭转该局
面具有正面影响。在消极预期中，2030 年制造业占 GDP 比重将较基准水平提
高 5%，即达到 21.4%；在积极预期中，制造业占 GDP 比重将较基准水平提
高 10%，即达到 26.1%。

（二）设置综合统筹机构，促进各部门通力合作

在"工业 4.0"战略的组织结构上，印尼政府参照了韩国工业发展的成
功经验，如自 1962 年起连续制订五年发展计划，2016 年成立直属于总统的
第四次工业委员会（PCFIR）等措施。印尼成立了全国工业委员会
（KINAS），作为"工业 4.0"战略的综合管理机构。具体而言，该委员会以
跨部门合作为特征，印尼总统担任首要长官，印尼工业部部长出任主席，经
济事务协调部部长具体负责，并由 16 个国家部委共同参与。在全国工业委
员会的领导下，印尼的政治经济资源将得到全面整合，尽最大努力支持高端
制造业发展。

印尼的 16 个国家部委各司其职，在"工业 4.0"战略中承担了不同的
任务。其中，工业部负责制定路线图和确定各行业发展需求；经济事务协调
部、内政部、国家发展计划局负责各部门和各级政府间的合作事宜，实现工
业 4.0 路线图与政府工作计划的相互对接；财政部和投资协调委员会负责为
各项活动提供内部和外部的资金支持；贸易部负责调整各项贸易协定，使之

与路线图保持一致；公共工程与公共住房部、交通部、通讯与信息部负责基础设施建设；能源与矿产资源部、海事与渔业部、农业部负责提高各自主管领域的生产效率；研究与高等教育部和人力资源部负责提高劳动力素质；合作社与中小企业部负责扶持中小企业在电子商务等领域的发展；卫生部负责供应符合标准与需求的药用原料。

由于印尼全国工业委员会（KINAS）所辖部门众多，各部门间的分工协作能力有待加强，因此印尼政府还计划成立 KINAS 管理办公室，由 1 名秘书和 5～10 名职员构成，主要任务为确保"工业 4.0"战略顺利实施，监督各项改革计划的进度，支持跨部门的战略决策。根据印尼政府的规划，2018年上半年 KINAS 管理办公室主要从事准备工作，包括建立"工业 4.0"战略的决策和监督机制，以及确定各项计划的负责单位和相关人员。从 2018年下半年到 2030 年，KINAS 管理办公室将在"工业 4.0"战略中发挥项目管理的职能，包括每季度向 KINAS 成员报告计划进展，每半年举行 KINAS会议，在国内外宣传印尼"工业 4.0"战略，为 KINAS 成员提供行政支持。

（三）确立五大核心产业，制定长期发展路线

由于工业经济的产业体系极为复杂，印尼政府构建了综合指标体系，用以确定印尼"工业 4.0"战略的优先发展产业。在实际操作中，印尼的指标体系由 10 个指标构成，包括 GDP 贡献率、产出乘数、进出口贸易规模、对其他产业的影响、国内市场增长率、出口贸易增长率、投资需求、执行可行性、市场渗透速率、产业结构优势，能够综合衡量各产业的发展态势和经济潜力。最终，印尼政府从 16 个候选产业中选取了 5 个核心产业，即食品与饮料业、纺织与服装业、汽车业、化工业和电子业。对于印尼而言，这五个产业对国内生产总值的贡献率达 60%，对出口总额的贡献率达 65%，对劳动力就业的贡献率达 60%，在国民经济中极为重要。

根据不同产业的市场前景和技术需求，印尼政府为之制定了适宜的发展目标。其中，食品与饮料业立足于东盟最大的国内市场，以及消费者转向包装食品的商业机遇，制定了净出口增长 50% 的目标，力争成为东盟内

的餐饮生产强国，以及世界第五大食品饮料出口国；纺织与服装业面对功能性服装的发展良机，主要目标为减少原料进口，成为合成纤维的重要产地，促进功能性服装生产专业化，满足大部分本地需求，出口贸易年增长15%，成为世界前五大纺织品供应国；汽车业紧跟绿色制造的发展潮流，主要目标为提高多用途汽车（MPV）和绿色汽车（LCGC）出口数量，开拓发展中国家的电动摩托和电动汽车市场；化工业凭借本国丰富的自然资源，计划将基础化学品的进口比重降至30%以下，将树脂和合成纤维的贡献率提高1.5倍以上，成为世界前五名的生物燃料和生物塑料生产国；电子业作为工业4.0时代的基础产业，计划将电子元件的进口比例降低20%，将重要电子产品的竞争力提升至东盟内前三名，形成2~3家市值超过百亿的国有企业。

为了实现上述目标，印尼政府为各产业设计了针对性较强的发展路线。具体而言，食品与饮料业将推动互联网与生产线相结合，改善原材料物流以保障产业供应，加强劳动力培训以促进出口，举行商务会议和投资促进活动；纺织与服装业将提高合成纤维的生产能力，建立功能性服装的上游产业链，与主要厂商合作生产高质量化纤制品，由低端市场向高端市场过渡，加速产业垂直整合以提高采购效率，加强研发培训以提升生产效率，与消费者群体建立密切联系；汽车业将利用外国的投资与技术提高本地化生产率，制定化石燃料车辆的退出机制，建立电动摩托车和电动汽车的生产设施，支持电动汽车零部件的持续改进；化学业将提高精炼石脑油和基础化学品的生产能力，运用新兴技术提高工厂效率，加强以化学品为原料的中间产品生产，提高生化产品产量以满足国内外需求，促进产业整合以开展国际竞争；电子业将吸引世界知名厂商进行投资，鼓励国外企业进行技术转移，加快工程师技能培训，制订重点产业的开发计划，提升高级零部件的本地生产能力，培养本地电子制造龙头企业。

（四）推进十大优先事项，改善工业配套环境

面对工业发展的各项阻碍因素，印尼政府在"工业4.0"战略中推出了

十大优先事项，旨在为印尼高端制造业营造良好的政策环境。① 具体而言，一是改善物流运输能力，加强原材料和重要零部件的国内外供应；二是重新规划工业区，包括开发已建成工业区的生产潜力，筹备新工业区建设，提高各工业区间的有机联系；三是适应可持续化标准，包括识别绿色制造发展机遇，强化财税政策支持力度；四是培育壮大中小微制造企业，包括建立国家电子商务平台和技术银行，加强创业辅导和公共服务供给；五是建设国家数字基础设施，包括提高宽带速度和数字技术，对接世界数字标准；六是大力吸引外资，包括采取优惠政策以加快技术转让，促进与外国政府的对话与合作；七是提高人力资源素质，包括改革课程体系，改善职业学校的技能培训，完善国际人才的流动机制；八是构建创新生态系统，包括制定国民创新中心发展蓝图，推进各领域的创新试点项目，优化相关政府法规，促进跨部门合作；九是提高技术投资奖励，包括提供免税期和进口减税等税收优惠，提供担保金和补助金等资金支持；十是统一法规与政策，包括增强各部委之间的政策协调，简化政策实施程序。

根据 KINAS 管理办公室的规划，十大优先事项在 2018 年上半年完成小组成员任命和工作流程设计等工作，在 2018 年下半年到 2020 年期间制定总体规划和激励措施，在 2021～2030 年期间全面实施。但在 2018 年"印尼工业 4.0 路线图"公布以来，十大优先事项中的各项措施已有所进展。2018年 5 月，印尼工业部与德国研究院达成四项合作协议，包括制订印尼"工业 4.0"的详细行动计划；采取新的管理方法振兴印尼工业部的研发中心；制订与工业发展相匹配的职业计划；制定中小企业准备进入"工业 4.0"的创新政策。2019 年 7 月，佐科总统颁布第 45 号政府条例修正法案，向投资于科技建设、创新研发和职业教育等类似行业的企业，提供最高额达 3 倍投资金的所得税减免。② 2019 年 9 月，印尼与新加坡同意继续合作，在巴淡岛设立职业教育培训中心。2019 年 10 月，佐科正式连任印尼总统，并提出了

---

① 《政府确定十项优先步骤》，印尼《国际日报》2018 年 4 月 28 日。
② 《总统签批 2019 年第 45 号修正条例》，印尼《国际日报》2019 年 7 月 10 日。

本届任期内的五大重点发展领域，即促进人力资源的培养与开发、加快基础设施建设、简化行政法规以扶持中小企业、改革官僚体系以改善营商环境、推动经济转型以发展制造业和服务业，这与十大优先事项的主要内容一脉相承。[①] 由此可知，印尼"工业4.0"战略的各项举措并非空谈，而是在印尼政府的工作规划中贯彻始终。

三 印尼"工业4.0"战略面临的挑战与风险

虽然印尼政府为"工业4.0"战略制订了详尽的发展规划，同时预期该战略将令印尼经济焕发全新活力，但由于本国的产业基础较为薄弱，配套条件有所欠缺，未来工业发展仍面临重重挑战。同时，印尼有限的财政支出能力、逐年下滑的国际投资，以及政治体制中的种种难题，为印尼"工业4.0"战略的贯彻落实增添了许多风险。

（一）产业发展基础相对薄弱，转型驱动因素明显不足

为了解世界各国参与第四次工业革命的能力，世界经济论坛（WEF）与科尔尼管理咨询公司（A. T. Kearney）合作，共同推出了《2018年"制造业的未来"准备状况报告》。在编制过程中，该报告首先划分了产业结构和驱动因素两大体系，然后共采用了8个项目的59个分析指标，用以评估全球100个国家推动制造业转型升级的可能性。最终，根据各国的得分将之划分成四个小组，即25个领先国家、10个传统国家、7个高潜力国家和58个新兴国家。在东盟十国中，共有7个国家进入样本，其中新加坡和马来西亚被列为领先国家，表明其目前已具备强大的制造业基础，同时在制造业驱动因素方面表现强劲，因此对制造业未来发展的准备程度较高；菲律宾和泰国被列为传统国家，表明其虽已具备强大的制造业基础，但在制造业驱动因素方面表现不佳，因此制造业的未来发展存在风险；印尼、柬埔寨和越南被

---

① 《印尼连任总统佐科的梦想与挑战》，印尼《国际日报》2019年10月24日。

列为新兴国家，表明其制造业基础较为薄弱，且在制造业驱动因素方面表现不佳，在制造业的未来发展中面临挑战。

东盟各国分属不同小组，透露出彼此间较强的异质性。图1展示了东盟国家在产业结构和驱动因素方面的得分情况，可以看出印尼制造业的两项得分在东盟内均处于下游，在区域竞争中不占优势。具体而言，印尼在产业结构方面得5.4分，在世界中排第38位，在东盟七国中排第5位，落后于新加坡、泰国、马来西亚和菲律宾，说明其工业经济基础仍有待加强；印尼在驱动因素方面得4.9分，在世界中排第59位，在东盟七国中排第5位，落后于新加坡、马来西亚、泰国和越南，说明其实现产业升级的条件较为欠缺。对于世界各国而言，深厚的产业基础和强劲的驱动因素，是参与第四次工业革命的必要条件。印尼在评估报告中较差的得分情况，表明其还未做好迎接第四次工业革命的相关准备。

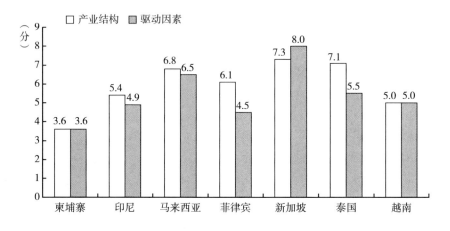

图1 2018年东盟国家的未来制造业准备状况得分

资料来源：根据 *WEF Readiness for the Future of Production Report 2018* 的相关数据编制。

相较于产业结构和驱动因素方面的综合分数，评估报告中8个子项目的评分结果，能够提供更多关于印尼工业发展条件的具体信息。根据世界经济论坛（WEF）的打分体系，制造业结构的评分由2个项目构成，印尼在产业复杂性上为4.3分，在所有国家中排第73位；在产业规模上为7.1分，在所有国家中排第 6 位。与此同时,制造业驱动因素的评分由 6 个项目构成,印尼在科技创新上为 4.0 分,在所有国家中排第 61 位;在人力资本上为 5.0 分,在所有国家中排第 55 位;在贸易投资上为 5.1 分,在所有国家中排第 61 位;在制度框架上为 4.6 分,在所有国家中排第 69 位;在可持续资源上为 4.1 分,在所有国家中排第 94 位;在需求环境上为 6.4 分,在所有国家中排第 15 位。综上所述,印尼制造业的发展机遇主要体现在经济规模和市场需求方面,但在人力资源、科技创新、可持续发展等领域需要改进与加强。①

(二)政府财政能力有限,国外直接投资热度降低

印尼"工业4.0"战略涉及众多产业部门,其各方面的改革措施均需要大量的资金投入。然而,由于印尼政府的财政力量较为薄弱,其能够为此提供的财政支持较为有限。事实上,佐科总统对印尼薄弱的财政力量了解颇深,自 2014 年 10 月上台便力主财政系统改革,力图在提高财政收入的同时,将财政支出由补贴项目向生产项目转移。为了实现该目标,印尼政府于 2014 年 11 月推动燃油津贴改革,并于 2016 年 7 月推出"税务赦免"政策。从最终结果来看,这两项举措对于财政收支两端均具有积极意义,但由于印尼经济建设所需资金数额庞大,印尼的财政预算赤字不降反增。根据 CEIC 的数据库数据,2015~2019 年印尼的财政收入由 992.25 万亿印尼盾提高为 1953.90 万亿印尼盾,同期财政支出由 1042.12 万亿印尼盾提高为 2300.40 万亿印尼盾,财政赤字由 49.87 万亿印尼盾提高为 346.50 万亿印尼盾。目前,印尼的财政赤字率为 2.19%,仍处于 3% 的国际警戒线内,可由于印尼政府的财政政策秉持谨慎原则,为"工业 4.0"战略而扩大赤字的可能较小。2018 年 7 月,印尼国会批准了《工业 4.0 预算修正案》,追加 2.57 万亿印尼盾(约合 1.78 亿美元)以推动新型工业化,使 2020 年前"工业

---

① World Economic Forum and A. T. Kearney (2018). *Readiness for the Future of Production Report 2018*. p. 139.

4.0"战略的总财政支出提高为5.31万亿印尼盾（约合3.88亿美元）。但相对于雄心勃勃的工业建设规划，该款项较低的数额难免显得杯水车薪。[①]

外商直接投资是政府财政支出的良好补充，但近年来由于印尼本国制造业发展不佳，以及受发达国家"再工业化"战略的影响，印尼工业的外商直接投资规模呈下滑趋势。根据印尼投资协调委员会（BKPM）的数据，2015~2019年印尼已落实的外商直接投资由292.76亿美元降至282.09亿美元，工业部门的投资金额由117.68亿美元降至95.51亿美元，并且在总投资中的比重由40.20%降至33.86%。其中，除了少数行业外，其他行业的投资额均出现了不同程度的下降（见表1）。印尼工业外商投资流入逐年减少，表明国际资本对其发展前景的预期并不乐观。在这样的背景下，如何利用优惠政策吸引更多的国际投资，进而为"工业4.0"战略提供发展资金，是印尼政府必须应对的挑战。

表1 2015~2019年印尼工业的外商直接投资落实金额

单位：亿美元

产业	2015年	2016年	2017年	2018年	2019年
食品制品业	15.21	21.15	19.70	13.07	12.72
纺织制品业	4.33	3.21	3.72	3.05	2.39
皮革制品和鞋类业	1.62	1.44	3.69	2.44	1.88
木材制品业	0.47	2.68	3.96	2.76	0.95
纸和印刷业	7.12	27.89	6.06	6.68	4.46
化学品和药品业	19.56	28.89	25.78	19.38	14.86
橡胶和塑料制品业	6.94	7.37	6.33	4.47	2.92
非金属矿物工业	13.03	10.76	6.72	4.56	4.75
车辆及运输设备业	17.57	23.70	12.71	9.71	7.54
非机械的金属制品业	24.21	30.68	29.69	22.19	35.59
机械等金属制品业	6.78	8.38	8.17	13.41	5.00
其他工业	0.83	0.75	5.04	1.74	2.45
合　计	117.67	166.90	131.57	103.46	95.51

资料来源：根据Badan Koordinasi Penanaman Modal的数据编制。

---

① 《印尼"工业4.0"究竟怎么搞?》，印尼《国际日报》2018年7月18日。

（三）政治风险暗流涌动，政策协调难度较高

工业发展需要稳定的政治环境，同时产业政策的有效性依赖于高素质的官僚系统。长期以来，被称为"KNN"的贪污腐败、权钱交易和裙带关系，是印尼政治体制中难以根治的痼疾，同时也是延滞改革措施落实的重要因素。根据透明国际（Transparency International）发布的清廉指数（CPI），2019年印尼在百分制的评估中得分仅为40，在180个国家或地区中位列第85名，属于严重腐败国家。为了解决腐败问题，佐科总统在其首届任期内不断推进反腐工作，尽力提高官僚体系的廉洁程度。此举对于降低政策落实成本具有正面影响，却也因触碰到部分官员的既得利益而招致不满。2019年9月，印尼国会试图削弱肃贪委员会（KPK）的监管权力，最终引发了较为激烈的政坛动荡与社会冲突。面对尚不明朗的政治局势，佐科政府既要为"工业4.0"战略建立监督机制，又要控制反腐力度以维持政局稳定，确需丰富的政治智慧。

与此同时，印尼民主体制中的政党竞争，同样为稳定的政治环境投下阴影。在佐科总统执政初期，他曾深受国会"朝小野大"格局和政党斗争的困扰，出台的各项改革措施在反对党的干预下频繁受挫。此后，佐科通过瓦解反对党同盟等方式，逐步增强了自身对印尼国会的控制力，为经济改革的快速推进奠定了基础。但是，随着保守主义思潮和极端宗教势力逐步兴起，印尼的政治风险暗流汹涌，对长期发展规划的贯彻落实可能产生负面影响。印尼"工业4.0"战略具有长达近15年的规划期，不但横跨佐科总统的两届任期，而且会在下任总统执政结束时迎来收官。在此期间，印尼政府对产业革命的始终支持，将是"工业4.0"战略获取成功的关键。2019年10月，佐科在正式连任后组建了以经济建设为核心工作的"前进内阁"，同时也邀请反对党党魁普拉博沃担任国防部部长，希望以此减少施政阻力。此举会对佐科的改革方针形成怎样的冲击，仍有待后续观察。

此外，自21世纪初实行地方自治后，印尼逐渐由集权化国家向分权化国家过渡，中央政府将部分职权下放至地方，在某种程度上增添了政策协调

难度。特别是财权重新分配问题，导致各地对于工业化的期待不尽相同。根据印尼《政府间财政关系法》，自然资源的开采与管理由地方政府负责，因此资源丰富的省份从中受益，只需出口资源便可获得良好的财政收入，促进工业发展的动力较弱。对于资源匮乏的省份而言，以制造业为代表的工业部门是当地经济发展的希望，但往往陷入财政资金不足的窘境。然而，第四次工业革命将会引领所有地区的经济变革，印尼"工业4.0"战略的成功有赖各级政府的通力合作。在此背景下，印尼政府需要重新理顺中央与地方关系，进而增强产业政策协调性。

参考文献

Badan Pusat Statistik（2019）. *Statistik Indonesia 2019*.

Kementerian Perindustrian Republik Indonesia（2017）. *Industry Facts & Figures 2017*.

Kementerian Perindustrian Republik Indonesia（2018）. *Making Indonesia 4. 0*.

Tijaja J. and M. Faisal（2014）. "Industrial Policy in Indonesia：A Global Value Chain Perspective," ADB Economics Working Paper No. 411.

United Nations Industrial Development Organization（2018）. *Global Value Chains and Industrial Development：Lessons From China, South-East and South Asia*.

World Economic Forum（2018）. *Readiness for the Future of Production Report 2018*.

马来西亚实施"工业4.0"政策及前景

闫　森*

摘　要： 2018年10月，马来西亚政府正式出台"工业4.0国家政策"，成为又一个推出"工业4.0"战略的东盟国家。在新的国内外形势下，马来西亚实施"工业4.0"政策，旨在进一步推进工业化进程，促进产业结构转型升级，应对全球价值链重构，摆脱"中等收入陷阱"，从而跨入高收入国家的行列。马来西亚确定了"工业4.0国家政策"的战略目标，聚焦电子电气、机械设备、化工、医疗器械、航空航天等五大高增长和有潜力行业，推出鼓励与扶持"工业4.0"发展的优惠政策和奖励措施，促进中小企业的数字化转型，实施人才培育和职业培训计划。尽管马来西亚被列入应对"工业4.0"的先导型经济体，但与欧美、日本、韩国和中国的差距不小，因而马来西亚迈进"工业4.0"时代仍将任重道远。

关键词： 马来西亚　"工业4.0"　经济转型　先导型经济体

随着第四次工业革命的浪潮兴起，发达国家和新兴经济体纷纷推出"工业4.0"战略与政策，以因应新的工业革命所带来的机遇与挑战。2018年10月，马来西亚政府正式出台"工业4.0国家政策"（National Policy on

---

　＊　闫森，厦门大学南洋研究院助理教授，经济学博士。

Industry 4.0)，旨在促进以制造业为中心的产业结构转型升级，摆脱"中等收入陷阱"，从而跨入高收入国家的行列。本报告拟就马来西亚实施"工业4.0"政策的现状与前景作一分析。

一 马来西亚出台"工业4.0国家政策"的背景

早在2010年10月，马来西亚政府推出了十年经济转型计划，2017年政府确定将"工业4.0"纳入经济转型计划，鼓励制造业及其相关服务部门向"工业4.0"转型。随着2018年5月纳吉布政府执政的终结和前总理马哈蒂尔重新上台，马来西亚经济转型计划也就此落幕。2018年10月，马来西亚总理马哈蒂尔正式启动了"工业4.0国家政策"，由此拉开了马来西亚迈向"工业4.0"时代的序幕。马来西亚新政府执政短短五个月，缘何急于推出"工业4.0国家政策"？究其原因，主要是在新一轮工业革命到来前夕，东盟国家纷纷出台"工业4.0"战略，面对国内外经济形势的急剧变化，作为综合竞争优势仅次于新加坡的东盟成员国，马来西亚势必要迎头赶上。

（一）马来西亚实施经济转型计划但仍未摆脱"中等收入陷阱"

战后，马来西亚开始了工业化进程，国内经济持续快速增长，20世纪80年代中期以后，马来西亚经济保持了近十年的高增长和低通胀。到1992年，马来西亚跨入上中等收入国家行列。1997年，由泰国引发的亚洲金融危机对马来西亚经济造成严重冲击，导致国内产业结构升级停滞，出口竞争力下降。亚洲金融危机后，马来西亚通过廉价劳动力优势，引进外资发展劳动密集型产业的发展模式难以为继。在全球价值链下，马来西亚的制造业缺乏转型升级的能力，难以在全球价值链环节中爬升，在国际市场中既无法与低收入国家一样靠廉价劳动力获得竞争优势，也无法参与到发达国家在高附加值和知识密集型产业的竞争，导致马来西亚跨入中等收入国家后无法继续迈进高收入国家行列，而落入"中低收入陷阱"。

2010 年 10 月，当时的马来西亚总理纳吉布公布了本国经济转型计划，其首要目标就是到 2020 年马来西亚的人均收入达到 1.5 万美元，跨入高收入国家行列。尽管目前马来西亚人均国内生产总值（GDP）已超过 1 万美元，但与世界银行的高收入国家标准仍有一定差距。根据世界银行 ATLAS 方法计算的 2017 年马来西亚的人均国民收入（GNI）为 10324 美元，而世界银行高收入国家的标准为 12272 美元。若根据马来西亚经济转型计划设定的人口增长率 1% 和实际 GNI 增长率 6%，到 2020 年马来西亚的人均国民收入将达到 11934 美元，这与目前高收入国家的收入标准仍有一步之遥。从现有数据看，以 2010 ~ 2016 年马来西亚人口年均增长率 1.7% 和实际国民收入年增长率 5.13% 来估算，到 2020 年马来西亚人均国民收入超过 15000 美元可能难以实现。据世界银行预计，马来西亚要在 2021 ~ 2024 年间才能跨入发达国家的行列。因此，马来西亚试图通过实施"工业 4.0"政策，加快推进经济转型，摆脱"中等收入陷阱"，跨入高收入国家行列。

（二）马来西亚国内经济增长放缓和产业升级滞后

在 2008 年全球金融危机爆发后，国际市场需求萎缩，高度外向型的马来西亚经济受到较大冲击，国内经济增长明显放缓，增长的波动性增大，马来西亚的制造业、出口贸易和外资引进均受其影响。据统计，2009 年马来西亚经济增长率为 - 1.5%，2010 ~ 2018 年经济增长率分别为 7.5%、5.3%、5.5%、4.7%、6%、5%、4.4%、5.7% 和 4.7%。在国内经济增长中，私人消费成为主导因素，但 2015 年政府开征 6% 的消费税以替代 10% 的营业税和 6% 的服务税，降低了民众的购买力和社会消费水平，国内投资率下降尤其是私人投资下滑，货物和服务贸易出口增速放缓，前 20 大出口目的地对其商品的真实需求增长率急剧下滑，吸引外资的能力也逐步削弱。由于近年来经济发展过度依赖公共支出，马来西亚的财政赤字一直居高不下。另一方面，马来西亚产业结构变化中出现了"去工业化"现象，表现为工业部门尤其是制造业发展减速或停滞，工业部门的增加值比重逐步下降，尤其是制造业的增加值比重下滑较快。1996 ~ 2016 年，马来西亚的工

业部门增加值占国内生产总值（GDP）的比重从44.1%降至38.9%，其中制造业占GDP的比重从31%降至22%。

2010年，马来西亚推出了经济转型计划，旨在促进经济转型和产业升级，确定了12个国民经济关键领域，包括电子电器、油气能源、农业、棕榈油、通信设施、金融服务、旅游业、商业服务、批发零售、教育、医疗保健、以及大吉隆坡计划，预计这些国民经济关键领域到2020年对国民收入增长的贡献率为74%，其中石油、天然气和能源，棕榈油，金融服务和批发零售行业对经济增长的贡献率为60%。为此，政府对这些国民经济关键领域给予了大力支持，从公共投资的分配来看，农业的公共投入最高，随后为大吉隆坡计划，电子电器业和商业服务业，而批发零售业、油气能源和医疗保健投入相对较低。但是，从现有的统计数据看，到2020年可以完成既定目标的关键领域仅有油气能源、批发零售、商业服务、旅游业、通信设施和农业，而包括电子电器在内的其他6个领域都无法实现预定目标。

（三）研发投入不足和人才流失制约了国内经济转型与产业升级

长期以来，马来西亚的科技研发投入相对较低，专业人才缺乏，因而自主创新能力较弱，技术自给率低。2016年，马来西亚研发费用（R&D）占GDP的比重为1.3%，远低于美国的2.8%、德国的2.9%、韩国的4.2%和新加坡的2.3%。同时，马来西亚人才流失十分严重。据世界银行的研究报告估计，截至2010年，马来西亚流向国外的人口高达100万人，其中接受过高等教育的人才占1/3，这些人才集中流向新加坡、澳大利亚、美国等国家，有54%的移民流向新加坡，其中88%的为华人，到澳大利亚的移民中拥有高学历的占40%。① 马来西亚在经合组织（OECD）国家生活的人口从1990年的12万人增至2010年的31万人，其中受过高等教育的人口占半数。

为了吸引专业人才回归，马来西亚政府专门成立了人才机构（Talentcorp），实施"归国专家计划"（REP）和"人才居住证项目"（RP－T）。REP旨在

---

① World Bank (2011). *Malaysia Economic Monitor*: *Brain Drain*, April 2011.

吸引包括工程师、银行家、医生等马来西亚专业人才回归，政府给予个人所得税的优惠，为国外配偶和子女提供永久居留权等便利；RP‐T旨在吸引在马来西亚的外籍专业人才，尤其是那些国民经济关键领域的专业人才，政府提供十年居住证和为其配偶提供就业等便利。不过，"归国专家计划"和"人才居住证项目"实施成效并不明显。根据瑞士洛桑管理学院发布的"IMD世界人才报告"，2014~2017年，在世界63个国家和地区的人才排名中，马来西亚的人才排名由第13位下滑至第28位。其中，技术工人和金融技术储备表现较差，教育体系和大学教育与经济发展匹配度得分较低，人均教育公共支出和保护私人财产权排名靠后，女性劳动者比重、服务业专业人士和管理层薪酬三个方面排名低至第53位、第55位和第47位。[1]

（四）"工业4.0"引发全球价值链重构对马来西亚经济的影响

第四次工业革命以智能制造和互联技术等为基础，现行的国际产业分工格局将面临调整，它将引发和推进全球价值链的重构。马来西亚的工业化主要是依赖参与跨国公司主导的全球价值链，制造业深度融入全球价值链。20世纪70年代，马来西亚以劳动密集型产业参与全球价值链的分工网络，电子电器加工装配成为主要产业。20世纪80年代末以后，西方跨国公司逐渐把标准化产品的生产过程和工序转向发展中国家，马来西亚加快融入全球价值链，从原先的加工装配的环节逐渐向零部件生产的环节攀升。进入21世纪，马来西亚参与全球价值链的主要产业依然是电子信息业，但机械、化工、汽车等部门也逐步融入全球价值链。由"工业4.0"引发的国际产业分工和全球价值链的重构，势必对深度融入全球价值链的马来西亚制造业产生不同程度的冲击和影响，因而迫使马来西亚必须应对"工业4.0"时代全球价值链重构所带来的诸多挑战。

随着"工业4.0"新技术的应用和全球价值链的重组，跨国公司开始调整

---

① IMD（2017）．*World Talent Report* 2017. Lausanne Switzerland.

全球经营战略和区域布局，在马来西亚的跨国公司也出现了调整和迁移的迹象，这些跨国公司关闭了在马来西亚的企业，对当地经济发展和劳动就业产生了直接影响。近年来，美国希捷（Seagate）科技、安费诺（Amphenol）、Rubicon 科技公司、飞兆（Fairchild）半导体、STR 控股、Sun Edison 半导体、韩国三星、英美烟草（BAT）等 8 家跨国公司先后关闭了在马来西亚的工厂，撤资约 54 亿林吉特，解雇了 6412 名员工。美国希捷（Seagate）公司原来在马来西亚年产超过 1 亿个电脑硬盘（HDD），但固态硬盘（SDD）技术出现后希捷就关闭了在槟城的工厂，韩国三星公司在森美兰州设立的工厂也因 LED 薄型电视技术的面世而关闭，而该公司则在越南扩大了投资。

二 马来西亚"工业4.0"政策的目标与措施

在第四次工业革命的时代背景下，马来西亚积极实施"工业 4.0 国家政策"，以应对新一轮工业革命带来的机遇与挑战。马来西亚确定了"工业 4.0 国家政策"的战略目标，聚焦电子电气、机械设备、化工、医疗器械、航空航天等五大高增长和有潜力行业，推出鼓励与扶持"工业 4.0"发展的优惠政策和奖励措施，促进中小企业的数字化转型，实施人才培育和职业培训计划，以加快迈向"工业 4.0"时代。

（一）马来西亚确定了"工业4.0国家政策"的战略目标

早在 2017 年，马来西亚就提出将"工业 4.0"纳入十年经济转型计划，鼓励制造业及其相关服务部门向"工业 4.0"转型。2018 年 10 月 31 日，马来西亚总理马哈蒂尔正式启动了"工业 4.0 国家政策"（National Policy on Industry 4.0），他提出通过提高生产力、获得更多创新和高技能工人，促进马来西亚中小企业参与制造业，到 2025 年将马来西亚建成高科技产业国，并跻身全球创新指数前 30 名国家之列，由此拉开马来西亚迈向"工业 4.0"时代的序幕。

马来西亚实施"工业 4.0"国家政策，旨在以人工智能、工业物联网、工业大数据、云计算、工业机器人、3D打印、工业网络安全、知识工作自动化、虚拟现实为支柱,推进制造业及其相关服务业企业的数字化转型,促进企业在人力、流程、技术等各个领域能取得更系统全面的发展,并在"工业4.0"的推动下变得更智慧和更强大。马来西亚"工业4.0"的总体理念是,吸引相关利益者参与工业4.0的技术和流程,为"工业4.0"技术创造合适的生态系统,通过培育创新和努力建设,促进制造业向"工业4.0"转型。

马来西亚的"工业4.0"政策提出的四大目标是:一是提高制造业的劳动生产率,到2025年制造业人均增加值从2016年的106647林吉特增加30%;二是制造业对GDP贡献,从2016年的2540亿林吉特增至2025年的3920亿林吉特;三是增强创新能力,到2025年马来西亚在全球创新指数(Global Innovation Index)的世界排名从2016年的第35位升至第30位;四是提高制造业高技能就业比重,该比重从2016年的18%升至2025年的35%。① 在2019年马来西亚财政预算中,政府提出鼓励和扶持人工智能、物联网、大数据分析、云计算和电子商务等五大数字经济的关键领域,到2020年数字经济占GDP的比重升至20%。

(二)马来西亚"工业4.0"聚焦电子电气、机械设备、化工、医疗器械、航空航天等五大高增长和有潜力行业

长期以来,马来西亚制造业是国内经济增长的引擎,其"工业4.0"政策的重心是聚焦制造业的转型升级,进一步增强制造业的竞争优势,保持马来西亚在全球价值链和区域生产网络的重要地位。马来西亚的"工业4.0"政策提出,未来十年,马来西亚制造业要成为亚太地区智能制造及相关服务的战略合作伙伴,保持全球和区域生产价值链的重要地位;要成为高科技产业的聚集地,保持全球和区域制造业生产与经营的首选地;提供先进技术的

---

① "Ministry of International Trade and Industry, Malaysia Industry 4WRD." http：//www. miti. gov. my/index. php/pages/view/industry4WRD？mid=559#tab_547_1919.

发展路径，创建促进经济转型和中小企业发展的有利环境。

在"工业4.0"的重点发展部门中，马来西亚仍选择第十一个五年计划所确定的电子电气、机械设备、化工、医疗器械、航空航天等高增长和有潜力行业。其中，电子电气是马来西亚制造业的支柱行业，包括电子配件、工业电子、消费电子和电子产品等，其增加值和就业均居制造业首位；机械设备是国内的高附加值和高技术行业，包括专业机械设备、工业机械设备零部件、发电设备和机械工具等；化工是以油气资源为基础快速增长的行业，包括石油和石化产品、橡塑产品、橡胶产品、化学和化学产品等，它是马来西亚制造业的第二大行业，其增加值和就业均居制造业第二位；医疗器械是涉及多领域和综合性的行业，包括智能穿戴、外科手术和诊疗设备、医疗设施等；航空航天是战略性新兴产业，包括工程设计、航空制造、系统集成、飞机维修、修理和大修（MRO）等；其他部门行业包括汽车、运输、纺织、制药、金属、食品加工和服务业等。

（三）政府推出鼓励与扶持"工业4.0"发展的优惠政策和奖励措施

2017年，马来西亚提出鼓励制造业及其相关服务部门向"工业4.0"转型，2018财政预算案中政府拨款2.45亿林吉特，推出3项税务奖励措施，即2018～2020年自动化设备延长加速资本津贴至200%以上，鼓励制造业及其相关服务业加速资本津贴至200%，信息通信科技的资本津贴（包括电脑软件发展开销）可全额豁免。对于转型"工业4.0"的企业，可获1000万林吉特的加速资本津贴和自动化设备税收优惠。在2019年财政预算中，马来西亚政府给予"工业4.0"产业和企业诸多的优惠政策，主要包括新兴工业地位（PS），给予长达10年的企业所得税减免，最高可减免100%；投资税负减免（ITA），企业合格资本支出可享有5年100%的抵扣，该抵扣可全额抵消企业每课税年度的法定收入；10亿林吉特用于国家光纤宽带基础设施建设。此外，政府还批准了500万林吉特的5G生态系统开发奖励，鼓励更多数字应用试点项目。

继新加坡之后，马来西亚政府将颁发5个数字银行牌照，由此成为第二个设立数字银行的东盟国家。马来西亚中央银行发布了"数字银行许可框架征求意见稿",要求数字银行运营的最初 3～5 年内,资产门槛最多不超过约 4.84 亿美元。在此阶段,持牌银行将在资本充足率、流动性、压力测试和公开披露要求方面受到简化的监管要求。2019 年 10 月 25 日,马来西亚首家数字银行——中国建设银行纳闽分行在马来西亚纳闽开业。该分行获得了马来西亚首张数字银行牌照和中国建设银行在东南亚首张人民币清算行牌照。

2019 年 12 月,马来西亚宣布实施 e-Tunai Rakyat 计划,旨在加快国内消费者和商人(尤其是小型企业和零售企业)对电子钱包和数字支付的使用,政府拨款 4.5 亿林吉特(约合 1.09 亿美元)。为此,政府主权财富基金国库控股(Khazanah Nasional Bhd)选择了 GrabPay、Boost 和 Touch'n Go eWallet 三大电子钱包服务提供商,共同为该计划提供支付平台,该支付平台于 2020 年 1 月 15 日正式启动。政府将向合格的马来西亚电子钱包用户发放一次性 30 林吉特电子信用额,以鼓励消费者使用数字支付方式。

(四)促进中小企业的数字化转型

马来西亚的中小企业占制造业企业数的 98.5%,占就业的 42%。在实施"工业 4.0"政策中,马来西亚将数字化转型作为中小企业创新发展的重要途径。相对大型制造企业来说,中小企业的数字化转型难度要大,中小企业的数字化转型不仅要采用"工业 4.0"的技术,还要变革业务流程和操作方式,这就涉及中小企业自身的资金、技术、人才等制约因素。为此,马来西亚国际贸易与工业部制定了"工业 4.0 预估审核方案",将中小企业纳入"工业 4.0"准备程度评估计划。政府拟对 500 家中小企业进行鉴定,评估这些企业的生产能力、目前存在的差距和如何通过有针对性的方式进入"工业 4.0"计划。在 2019 年财政预算案中,政府给予"工业 4.0"企业提供包括新兴工业地位(PS)和投资税负减免(ITA)的优惠政策,政府拨款 2.1 亿林吉特资助企业完成工业 4.0 的转型升级,通过商业融资担保有限公司拨款 20 亿林吉特,鼓励企业采用人工智能、大数据分析和机器人等"工

业 4.0"技术。在未来五年内，政府拟拨款 37 亿林吉特，鼓励中小型企业对其业务流程进行数字化建设。

（五）实施面向"工业 4.0"的人才培养和职业训练计划

马来西亚"工业 4.0"的两大政策目标，是提高制造业的劳动生产率和制造业高技能就业比重，因而加快面向"工业 4.0"的人才培养和职业训练成为重要的任务。马来西亚"工业 4.0"政策提出，要考察劳动力资源和劳动力技能的现状，分析未来制造业的人才需求结构，评估新的工业革命对劳动力市场的影响及其应变能力。马来西亚现有公立大学 20 所、理工学院 33 所，私立大学和外国大学分校 55 所，私立大学学院和私立学院有 3000 多所，虽然马来西亚各类教育机构众多，但涉及科学、工艺、工程与数学（STEM）领域的理工科人才不足，现有理工科学生仅占国内大学生总数的两成，中学的理科生也只有 37% 左右，政府有关部门开始正视人才培养的结构性问题，并采取相应的措施。同时，马来西亚的技术和职业教育（TVET）主要包括技术学院、职业学院、理工学校和社区机构等，政府采取措施来提高职业技术教育的认可度，加强职业技术教育与产业界的合作，吸引更多的私营部门提供技能培训等。此外，针对马来西亚专业技术人才流失严重的现状，政府继续通过人才机构（Talentcorp），吸引海外居留的马来西亚人回国以应对国内专业技术人才短缺的问题。目前，马来西亚人才机构主要从新加坡、中国、英国、澳洲和美国等招揽马来西亚人才回国，弥补石油与天然气、电子电气、信息通信、金融服务、商业服务等部门的专门人才短缺。

三 马来西亚面向"工业4.0"的准备程度

在马来西亚推出"工业 4.0"政策之前，世界经济论坛（WEF）与科尔尼咨询公司（A. T. Kearney）联合发布了《2018 年未来生产准备状况报告》（*Readiness for the Future of Production Report 2018*），对世界 100 个经济体因应"工业4.0"的准备程度进行了评估。马来西亚"工业4.0国家政策"中对国际背景、战略要素和制度框架的分析,不乏来自该研究报告的评判。从该研究报告的未来生产准备程度指数体系,可以看到马来西亚面对新一轮工业革命的机遇与挑战。

2018年1月,世界经济论坛(WEF)与科尔尼咨询公司(A. T. Kearney)联合发布了《2018年未来生产准备状况报告》。该报告从各国或地区的生产结构和生产驱动因素两个方面,运用59个相关指标体系,对全球100个经济体当前生产结构的复杂度和规模、未来生产中运用新兴技术和把握机遇的关键因素进行评估,创立了包括生产结构和生产驱动两大指数的未来生产准备程度指数体系,最后将这些经济体划分为四种类型即先导型经济体(25个)、传统型经济体(10个)、高潜力经济体(7个)和新兴经济体(58个)。其中,先导型经济体做了较为充分的准备,能够从未来制造业转型过程中获益,它们占全球制造业增加值的75%以上,马来西亚和中国是仅有的两个跻身先导型经济体的非高收入国家。在生产结构、生产驱动因素的世界排名中,马来西亚分别列第20位和第21位。[①] 由此可见,面对"工业4.0"的浪潮,马来西亚制造业仍具有较强的竞争优势。

从未来生产准备程度看,生产结构指标包括生产结构复杂度和结构规模两个分指标,生产驱动包括技术和创新、人力资本、国际贸易与投资、制度框架、可持续资源和需求环境等六个分指标。马来西亚在生产结构复杂度方面的世界排名为第30位,结构规模的排名为第7位,技术和创新的排名为第23位(其中技术平台排名第4位、创新能力排名第30位),人力资本的排名第21位(其中当前劳动力排名第42位、未来劳动力排名第15位),国际贸易与投资排名第7位(其中贸易排名第24位、投资排名第12位、基础设施排名第22位),制度框架排名第30位(其中政府排名第30位),可持续资源排名第60位(其中可持续性排名第60位),需求环境排名第17位

① World Economic Forum and A. T. Kearney (2018). *Readiness for the Future of Production Report 2018.* p. 12.

（其中国内外需求排名第 21 位、消费基础排名第 13 位）。在几个重要的子指标中，制造业增加值占 GDP 比重排名第 5 位，制造业增加值排名第 24位，移动电话用户排名第 24 位，互联网用户排名第 29 位，外商直接投资与技术转让排名第 12 位，企业投资新兴技术排名第 11 位，政府采购先进技术产品排名第 4 位，研发（R&D）支出占 GDP 比重排名第 30 位，科技出版物排名第 50 位，专利申请排名第 36 位，风险投资排名第 46 位，知识密集型就业排名第 45 位，大学质量排名第 23 位，数学和科学教育质量排名第 16位，职业训练质量排名第 11 位，监管效率排名第 7 位，腐败排名第 40 位。①

马来西亚政府认为，尽管马来西亚被列入应对"工业4.0"的先导型经济体，但与欧美、日本、韩国和中国等国家的差距仍然较大。近年来，马来西亚制造业面临着新兴经济体低成本竞争的压力，依靠原有低成本优势已难以为继。随着新一轮工业革命的到来，未来马来西亚制造业将面临新的挑战，三大因素将影响马来西亚制造业的发展。一是全球价值链和区域布局的变化，特别是中国和其他东北亚国家或地区将生产过程和工序转向东盟国家，马来西亚需要迎头赶上。二是新的竞争优势来源于劳动质量和劳动生产率而非低劳动力成本。过去几年马来西亚的劳动生产率增长达 3% ~ 4%，而高技能劳动力的比重则下降。2016 年马来西亚的劳动生产率在世界上排名仅为第 44 位，且 2009 年以来保持不变。但是，高技能劳动力的比重则从2010 年的19%降至 2017 年的18%。三是新技术正在改变和创新以技术为基础的生产方式。随着"工业4.0"关键技术的成熟和成本下降，采用新技术的门槛降低，技术应用于提高效率和产品质量将成为新常态，要求马来西亚的制造业企业寻求创新和投资新技术以保持竞争力。②

总之，在"工业4.0"的浪潮中，马来西亚经济制造业整体具有较强的

① World Economic Forum and A. T. Kearney（2018）. *Readiness for the Future of Production Report 2018.* p. 167.
② Ministry of International Trade and Industry（2018）. *Industry 4WRD*: *National Policy on Industry 4. 0.* Kuala Lumpur：MITI, pp. 26 – 28.

竞争优势，但与欧美、日本、韩国和中国等国家相比仍存在较大差距。马来西亚的"工业4.0"政策指出，智能技术、数字基础设施、资金投入、制度框架和劳动力技能是影响未来制造业转型升级的战略要素，政府正视本国在这些战略要素中的优势和短板，并提出了相应的政策措施。可以预见，马来西亚将积极应对"工业4.0"所带来的机遇与挑战，而要实现"工业4.0"的政策目标仍将任重道远。

参考文献

Academy of Sciences Malaysia（ASM）（2017）. *Science and Technology Foresight Malaysia 2050：Emerging Science，Engineering，and Technology.* Kuala Lumpur：Academy of Sciences Malaysia.

Cassey Lee and Lee Chew-Ging（2017）."The Evolution of Development Planning in Malaysia."*Journal of Southeast Asian Economics*，Vol. 34，No. 3.

Hal Hill，Tham S. Yean and Ragayah H. M. Zin（2012）."Malaysia：A Success Story Stuck in the Middle?"*The World Economy*，Vol. 35，No. 12.

Ministry of International Trade and Industry（2018）. *Industry 4WRD：National Policy on Industry 4.0.* Kuala Lumpur：MITI.

Ryuichi Ushiyama（2013）."Malaysia Aims to become A High-income Country—The Difficulty in Demolishing Long-standing Abuses so as to Maintain High Growth."*Asia Research Report*，Japan Center for Economic Research.

Pemandu（2010）. *Economic Transformation Programme：A Roadmap for Malaysia.* Kuala Lumpur：Pemandu.

Pemandu（2016）. *National Transformation Programme：Annual Report 2016.* Kuala Lumpur：Pemandu.

World Bank（2017）. *Malaysia Economic Monitor：Turmoil to Transformation.* Washington，D. C.：World Bank.

World Bank（2018）. *Malaysia Economic Monitor：Navigating Change.* Washington，D. C.：World Bank.

World Economic Forum and A. T. Kearney（2018）. *Readiness for the Future of Production Report 2018.* Geneva：WEF.

B.15
面向"工业4.0"的新加坡产业转型计划

王 岩　陈卉馨[*]

摘　要： 随着第四次工业革命浪潮兴起，新加坡相继推出了面向"工业4.0"的产业转型计划，以加快迈向"工业4.0"时代。新加坡推出产业转型计划，该产业转型计划包括制造业、环境建设、贸易与联系、国内必要服务、专业服务和生活相关服务领域的23个产业转型蓝图，旨在新的国际经济形势下应对全球价值链的重构，缓解国内经济的结构性问题，以智能制造来促进制造业的发展，以及重塑国际竞争力。近年来，新加坡实施产业转型计划已初见成效，而部分行业成效显著。

关键词： 新加坡　"工业4.0"　产业转型　创新驱动

2016年，新加坡推出了面向"工业4.0"的产业转型计划，该产业转型计划包括制造业、环境建设、贸易与联系、国内必要服务、专业服务和生活相关服务领域的23个产业转型蓝图，以因应第四次工业革命所带来的机遇与挑战，并取得一定的成效。本报告拟就新加坡实施面向"工业4.0"的产业转型计划及其成效作一分析。

一　新加坡实施产业转型计划的背景

在第四次工业革命的浪潮中，东盟国家纷纷制定"工业4.0"战略，印

---

* 王岩，厦门大学东盟研究中心教授、博士生导师，经济学博士；陈卉馨，厦门大学南洋研究院世界经济专业研究生。

尼、泰国、马来西亚和越南相继出台实施"工业4.0"时间表和路线图，以应对"工业4.0"带来的机遇与挑战。尽管新加坡没有正式颁布关于"工业4.0"的规划和方案，但新加坡是最先聚焦"工业4.0"的东盟国家。早在2006年6月，新加坡就推出了"智慧国2015"（IN2015）计划。在此基础上，2014年6月政府又公布了"智慧国家2025"（Smart Nation 2025）计划，力争建成世界上首个智慧国家。2016年3月，新加坡政府推出了面向"工业4.0"的产业转型计划（Industry Transformation Programme，ITP），为23个工商领域制定转型蓝图，并辅之其他政策措施，以通过国内产业转型迈向"工业4.0"时代。

首先，新加坡实施产业转型计划是以第四次工业革命兴起为国际背景。

在德国最先提出"工业4.0"概念后，西方发达国家纷纷出台了"工业4.0"战略，新兴经济体也紧随其后推出相应的方案。2012年2月，美国国家科学技术委员会颁布了《先进制造业国家战略计划》，2013年4月，德国政府出台了《德国"工业4.0"战略》，2017年6月，日本内阁通过了《2017年未来投资战略》，中国、印度、巴西、俄罗斯等也颁布了相关的政策措施。当前，西方发达国家已逐渐步入以智能制造为代表的"工业4.0"新阶段，加快信息技术与制造技术的深度融合，来重振国内制造业部门，抢占世界高端制造业领域。新一轮的工业革命以智能制造、互联技术等为基础，它将引发和推动全球价值链的重构，改变全球价值链的产业布局和区位配置，智能化生产使生产各环节的附加值发生变化，中部制造环节的附加值提高，劳动力不再是厂商选址的决定性因素，以跨国公司为主导的全球价值链将面临一系列重构，区域生产网络也将进入深度调整。

尽管新加坡已进入信息化的工业3.0时代，但新加坡的工业化以参与跨国公司主导的全球价值链为主，制造业深度融入全球价值链。20世纪70年代，新加坡以劳动密集型产业参与全球价值链的分工网络，电子电器加工装配成为主要产业。20世纪80年代末，西方跨国公司逐渐把标准化产品的生产过程和工序转向发展中国家，新加坡加快融入全球价值链，从原先的加工装配的环节逐渐向零部件生产的环节攀升，并参与部分研发和设计的环节。

进入21世纪，新加坡参与全球价值链的主要产业依然是电子信息业，但化工、生物医药、海事工业等部门也深度融入全球价值链之中。由"工业4.0"引发的国际产业分工和全球价值链的重构，势必对深度融入全球价值链的新加坡制造工业产生不同程度的冲击和影响，使新加坡必须应对"工业4.0"时代全球价值链重构所带来的一系列挑战。

其次，新加坡实施产业转型计划以缓解国内经济的结构性问题。

在近半个多世纪的经济发展历程中，新加坡逐步实现了几次产业转型。20世纪50年代末，新加坡开始发展劳动密集型产业，到20世纪70年代末转向资本密集型产业，20世纪90年代跨入技术密集型产业，进入21世纪，知识密集型产业应运而生。新加坡的几次产业转型，均是在国内外经济形势出现急剧变化，产业结构面临亟待转型升级的关键时期。

过去20年来，新加坡的实际工资与劳动生产率大致保持了同步增长，但近年来国内实际工资增幅已超过劳动生产率增幅。2009年起，新加坡开始推动经济转型，但其产业转型并不顺利。在2008年全球金融危机前，新加坡曾在1985年、1998年和2001年出现过经济增长率低于通货膨胀率的情形，但在全球金融危机爆发后的2008年、2009年、2011年、2012年也均出现了经济增速低于通胀率的状况。新加坡政府认为，这一现象不仅仅是周期性问题，而且是结构性问题。由于人口老龄化和生育率下降，政府又收紧了外国劳工的比例，新加坡国内劳工严重短缺。目前，新加坡的工资涨幅超过劳动生产率增长，要提高劳动生产率，经济转型成为唯一的出路。2016年，新加坡推出的产业转型计划，就是要促进23个工商领域的转型升级，借助"工业4.0"推进各产业部门和企业采用新技术，促进产业升级和技术创新，以提高劳动生产率。

再次，新加坡实施产业转型计划旨在以智能制造来促进制造业的发展。

从20世纪50年代末开始，新加坡开始了工业化进程，到20世纪70年代，新加坡率先跻身新兴工业化经济体行列。但是，近年来新加坡出现了"去工业化"现象，主要表现为工业部门尤其是制造业发展减速或停滞，工业部门的增加值比重不断下降，尤其是制造业的增加值比重下滑较快。据统计,1996~2016年,新加坡的工业部门增加值占国内生产总值(GDP)的比重从33.3%降至26.3%。其中,制造业占GDP的比重也出现了先升后降的现象。2000~2016年,新加坡制造业增加值占GDP比重从28%降至20%。[①]

早在20世纪80年代中期,新加坡政府就提出将新加坡制造业增加值占国内生产总值比重保持在25%,新加坡"工业21"发展计划再次确定了这一比例关系。2010年,新加坡国家经济战略委员会报告提出,将制造业占GDP比重调至20%~25%。但是,由于国际金融危机后全球经济复苏缓慢,国际市场需求萎缩,使得新加坡高度外向型的制造业出口受阻,对制造业发展造成直接的影响,使得制造业在国内经济的比重持续下降。因此,新加坡试图及时把握第四次工业革命所带来的机遇,实施产业转型计划,促进传统制造工业的转型,推动新兴制造工业的发展,提升工业制成品的国际竞争力,以此扭转或延缓"去工业化"的进程。

最后,新加坡实施产业转型计划以重塑新工业革命时代的国际竞争力。

自1985年起,每次遭遇国内外经济大变局时,新加坡政府均认真检讨经济发展现状,积极调整经济发展战略,促进经济转型与产业升级,其核心在于重塑作为国际经济中心的竞争优势。1985年,面对国内经济严重衰退,新加坡政府成立了经济委员会,次年发表了《新加坡经济:新的方向》报告,提出未来10年制造业和服务业是推动经济增长的两大动力;[②] 1991年10月,新加坡政府发表了《经济策略计划书》,确定了20世纪90年代新加坡经济发展的战略目标和增强产业竞争力的具体措施;1998年11月,新加坡竞争力委员会公布了《新加坡竞争力报告书》,提出了应对亚洲金融危机的六大措施,实施八大战略以提升未来十年新加坡的国际竞争力;2010年,面对全球金融危机的冲击,新加坡国家经济战略委员会提出了七大经济战

① World Bank. "World Development Indicators: Structure of Output. " http://wdi. worldbank. org/ table/4. 2.

② Economic Commission of Singapore (1986). *Singapore's Economy: New Direction, Ministry of Trade and Industry.* p. 24.

略，以打造新的竞争优势。① 随着第四次工业革命的悄然到来，数字时代和智能技术赋予国际竞争力以新的内涵，影响和制约国际竞争力的因素正悄然改变，原有的全球竞争力格局也随之变化。② 因此，面对第四次工业革命的浪潮，新加坡必须制订和实施产业转型计划，推动产业结构技术升级，加快向创新驱动型经济转型，以进一步提升国际竞争力。

二 新加坡实施产业转型计划的政策措施

新加坡推出产业转型计划，旨在提高企业生产力、投资技能、推动创新和走向国际化。从产业关联性和实施便利角度，新加坡政府将 23 个行业分成 6 个产业转型组团，即制造业、环境建设业、贸易与联系业、国内必要服务业、现代服务业和生活相关服务业。为此，政府专门成立了未来经济署（Future Economy Council）来负责产业转型机会的制定和执行，先后出台了所有 23 个产业转型蓝图。③

（一）制造业

在精密工程产业转型蓝图（Precision Engineering Industry Transformation Map）中，新加坡提出利用数字技术建立智慧工厂，提高精密工程业的生产效率，巩固其制造基地的支柱地位。到 2020 年，精密工程业产值将达到 140 亿新元，创造 3000 个新的就业岗位，打造全球领先的制造业中心。该蓝图提出扩大基础设施建设，鼓励本地企业掌握自动化技术；通过"模型数字工厂"建立数字化制造平台，为跨国公司和中小企业研发数字技术服务；推出精密工程业技能框架，通过专业培训提高员工技能，开设增材制

① Economic Strategies Committee of Singapore（2010）. *Report of the Economic Strategies Committee*: *High Skilled People.* Innovative Economy, Distinctive Global City.
② World Economic Forum（2017）. *The Global Competitiveness Report 2017 – 2018*；World Economic Forum（2018）. *The Global Competitiveness Report 2018*.
③ "Industry Transformation Programme of Singapore." https：//www. mti. gov. sg/ITMs/Overview.

造、机器人等先进制造课程。

在"能源和化学产业转型蓝图"（Energy & Chemicals Industry Transformation Map）中，新加坡提出将利用先进技术改造化学品制造基地，提高能源和化学工业的生产力。到2020年，至少有20家炼油厂和裂化厂将采用先进的制造技术；通过创新实现多元化发展，以进入新的增长型市场，如由烯烃衍生物组合向高附加值石化产品和特种化学品方向升级；培养行业人才，制定能源和化学工业技能框架。

在"海事工程产业转型蓝图"（Marine & Offshore Industry Transformation Map）中，新加坡提出通过创新和优化资源利用，提高劳动生产率，实现智能海洋和海洋工程领域的全球领先地位。到2025年，海事工程的增加值将达58亿新元，并创造约1500个新的就业岗位。该蓝图确定要鼓励采用机器人和自动化技术，以提高生产率和减少对劳动力的依赖；通过创新和利用数字化技术，建立国际化的智能公司，创造智能海洋和海上工程产品；开拓新的增长点，如液化天然气和海上可再生能源，促进更多的大型企业和中小企业合作；通过并购或与国外企业建立伙伴关系，进入新的市场；建立和完善职业与技能培训框架，解决未来海事工业的人力需求。[1]

在"航空产业转型蓝图"（Aerospace Industry Transformation Map）中，新加坡通过引进先进技术和自动化设备，提高劳动生产率，推动航空业的可持续发展，打造全球领先的航空制造和维修中心。到2020年，航空工业产业增值将达40亿新元，并创造1000个新的工作岗位。该蓝图推出了亚太地区第一个航空指南，为供应商提供接触国际市场和采购商的平台；完善和改进实里达航空工业园的基础设施，吸引国际航空制造和维修的先进公司建厂或扩厂，发挥产业集群优势；拓宽人才渠道，鼓励航空航天公司开展员工在职培训。

在"电子产业转型蓝图"（Electronics Industry Transformation Map）中，

---

[1] "Association of Singapore Marine Industries, Marine and Offshore Engineering（M&OE）Industry Transformation Map（ITM）." http：//www. asmi. com/index. cfm？ GPID = 405#Top, 2018 - 02 - 22.

新加坡提出创新生态系统，引进和研发人工智能等新兴技术，满足多样化需求，实现多元化发展。到 2020 年，电子工业增加值将达 222 亿新元，并创造 2100 个新的工作岗位。该蓝图提出建立物联网开放式创新社区，推动产学研合作，创新行业解决方案和缩短创新周期，降低运营成本，优化资源配置，提高劳动生产率；利用先进技术，制造射频滤波器和半导体集成电路等高附加值的组件，延长产业链；推出电子工业技能框架和培训计划，涵盖 29 个工作岗位的 58 项技术能力。

（二）环境建设业

在"建筑产业转型蓝图"（Construction Industry Transformation Map）中，新加坡提出利用数字化等信息技术，创新改造建筑物，以适应快速城市化和气候变暖。该蓝图提出利用建筑信息模型技术，建立数字平台，共享行业数据。例如，集成式数据传输将建筑项目的全部流程整合到生命周期管理中，包括设计、制造、建设、运营和维护；将云和数字化等智能技术融入绿色建筑，降低能源消耗与成本；培养行业人才，将有 8 万人在集成式数据传输、制造与装配设计和绿色建筑等领域接受专业培训。

在"房地产业转型蓝图"（Real Estate Industry Transformation Map）中，新加坡提出将利用自动化和数字化等先进技术改进流程，提高人力和资源的利用率，促进房地产业的可持续发展。通过技术创新提高效率，利用资产数字化生成工作订单；将自动化技术融入工作系统，实现顺畅和高效的管理；将物理传感器嵌入设施和房屋，收集分析数据和完善数据系统；提升员工技能，提供专业化培训课程和技能认证。

在"保安产业转型蓝图"（Security Industry Transformation Map）中，新加坡提出投资约 1000 万美元用于提升安保技术和服务质量。到 2020 年，将培养 250 名保安顾问，以提升保安业的专业性和执行能力。同时，修订安全机构评级标准，以安全成果和技术应用为重点；推出保安业专业技能框架，提供行业、职业发展的关键信息和技术培训。

在"环境服务产业转型蓝图"（Environmental Services Industry Transformation

Map）中，新加坡提出通过技术创新，实现零废弃国家的美好愿景。政府将出台智能技术开发和部署的资助计划，鼓励使用智能化清洁机器设备；推出环境服务技能框架，涉及 24 个关键工作岗位的 46 项专业技能和 18 项通用技能；采用国际化标准，提高国际竞争力。

（三）贸易与联系业

在"批发贸易产业转型蓝图"（Wholesale Trade Industry Transformation Map）中，新加坡提出通过建立数字化贸易平台和跨境智能供应链。到 2020 年，数字化 B2B 电子商务交易额将达到 6.7 万亿美元，新增 10000 个就业岗位。同时，建立东盟数字贸易便利化平台，提高跨境运输货物的时效性和成本效益，培养数字化和国际化人才。

在"陆路运输产业转型蓝图"（Land Transport Industry Transformation Map）中，新加坡提出利用自动化车辆、大数据和人工智能等新兴技术，建设以人为本的陆路交通系统，提供安全、高效和舒适的运输服务。到 2030 年，将创造 8000 个新的公共交通就业岗位，满足 75% 的高峰期公共交通出行需求，将 85% 的短途公共交通出行时间控制在 60 分钟内。陆路交通管理局投资 2500 万美元，建立陆路交通创新基金，以提高陆路运输效率。

在"海洋运输产业转型图"（Sea Transport Industry Transformation Map）中，新加坡提出通过利用工业 4.0 新技术，加快兴建新港口，增强港口互联互通，提高生产率，进一步增强和完善国际航运中心，确保新加坡未来全球航运的枢纽地位。到 2025 年，海洋运输业的增加值将增加 45 亿新元，新创造 5000 多个工作岗位。通过自动化、数字化技术，改进海运业务流程和工作流程，创新海上运输管理机制，支持海运企业提高提高运营效率；政府机构、行业和工会密切合作，支持海运企业提高员工的专业技能；促进海运企业的国际化，大力拓展海外业务，创建全球领先的海运企业。①

---

① Maritime and Port Authority of Singapore. "MPA Industry Transformation." https：//www.mpa. gov. sg/web/portal/home/maritime－singapore/industrytransformation，2019－09－11.

在"航空运输产业转型蓝图"（Air Transport Industry Transformation Map）中，新加坡提出通过技术创新，提高航运业的生产率，建立灵活、高质量的航空枢纽，为乘客提供高效智能的航空服务，为航空领域的员工创造更好的就业机会和职业前景，其具体措施包括应用高新技术提高生产率，对运输货物进行实时定位跟踪，提高员工的创新能力和专业技术水平，培养行业高端人才。

在"物流产业转型蓝图"（Logistics Industry Transformation Map）中，新加坡建立了物流创新生态系统，改善整体物流环境，提高贸易流量和国际影响力。到2020年，物流产业增加值将达83亿新元，并创造2000个新的工作岗位。其具体措施包括建立创新中心和卓越中心，利用新兴技术改善物流系统，优化公共资源；政府、行业和研究机构密切合作，发展全球领先的物流和供应链管理理论，提供专业化物流服务。

（四）国内必要服务业

在"医疗保健产业转型蓝图"（Healthcare Industry Transformation Map）中，新加坡将利用数字化技术提高生产力，简化医护人员的工作流程，建立面向未来的医疗保健劳动力队伍，其具体措施包括全面推行电子健康记录系统，实现患者资料数字化，提供精准匹配的医疗服务，创新以患者为中心的医疗方案，利用高新技术提高患者自助护理的能力。

在"教育产业转型蓝图"（Education Industry Transformation Map）中，新加坡通过创新提高工作技能，满足日益增长的成人培训和幼儿教育需求。到2023年，将新增4万个全日制学前教育场所，包括新的早教中心和教育部幼儿园，其具体措施是建立国家儿童早期发展研究所，提供优质幼儿服务等。

（五）现代服务业

在"专业服务产业转型蓝图"（Professional Services Industry Transformation Map）中，新加坡通过投资技术，创新商业模式，利用数据分析、人工智能等高新技术，改进服务方式和解决方案，提高效率和成本效益。到 2020 年，建筑工程、咨询、会计、法律和广告等专业服务产业增加值将达 310 亿新元，并创造 5500 个新的工作岗位。具体措施包括政府开发创新平台，设立生活实验室，成立数据共享联盟，提高企业的服务水平和创新能力。

在"金融服务产业转型蓝图"（Financial Industry Transformation Map）中，新加坡加大科技研发投资，鼓励金融机构创新商业模式，并加强行业监管，使之成为领先的国际财富管理中心。预计每年金融服务领域将创造 3000 个就业机会，在金融科技领域创造 1000 个就业机会。其具体措施包括加强金融领域科技创新，提高金融服务的专业性和便利性，培养金融数字化和自动化人才，扩大与其他主要金融科技中心的跨境合作。

在"信息通信与媒体产业转型蓝图"（Infocomm Media Industry Transformation Map）中，新加坡推出行业数字计划，鼓励企业利用人工智能、数据分析、网络安全、沉浸式媒体和物联网等技术，提高数字化水平以开发新的高增长领域。到 2020 年，将雇用超过 21 万名员工，并创造 13000 个新的工作岗位。具体措施包括成立人工智能部门，出台培养计划，利用数字化技术创新产品和服务，确保新加坡数字经济的持续增长。

（六）生活相关服务业

在"食品制造产业转型蓝图"（Food Manufacturing Industry Transformation Map）中，新加坡将利用自动化技术推动食品制造创新，建立和完善食品创新与研发的生态系统，提高生产力和国际竞争力，成为亚洲领先的食物及营养中心。到 2020 年，食品制造业产值年增长率将达 4.5%，并创造 2000 个新的工作岗位。具体措施包括鼓励创新产品和工序，建立食品创新组合园区；推广自动化技术，简化工作流程，提高生产效率；打造全球化的本地品牌，利用自由贸易协定提高国际竞争力，扩展海外市场；培养行业人才，推出食品制造业技能框架。

在"餐饮产业转型蓝图"（Food Services Industry Transformation Map）中，新加坡将利用自动化、数字化技术创新商业模式，简化工作流程，提高

生产效率，投资45亿美元用于发展高效优质的餐饮业。通过自动化技术创新用餐体验，节省减少人力资源的投入；推广电子支付等数字化技术，简化业务流程，提高餐饮业生产力；培养行业人才，提升员工专业化水平。

在"酒店产业转型蓝图"（Hotels Industry Transformation Map）中，新加坡鼓励酒店引进先进技术，简化工作流程，创新服务方式，推动传统酒店向智能酒店转变。其具体措施包括推广自动化设备和高科技设施，实现智能服务，提高酒店工作效率，推出酒店专业管理人员转业计划、未来技能在职培训计划和酒店业未来技能进修奖等，为传统酒店转型提供必要的解决方案、薪金模式、政府津贴等支持。

在"零售产业转型蓝图"（Retail Industry Transformation Map）中，新加坡将利用先进技术提高生产力，建立优质人才队伍，并创新电子商务模式，打造国际或区域品牌。其具体措施包括推出iSPRINT计划，确定并认证中小企业能够使用的电子商务平台；通过加入各类电子商务平台，帮助零售企业进入全球市场；推广自动化技术，提高劳动生产率；培养行业人才，推出零售技能框架，提升员工数字营销和数据分析的能力。

三 新加坡产业转型的进展：案例分析

从2016年3月新加坡政府推出产业转型计划，到2018年3月最后一个产业转型蓝图公布，一些生产与服务部门行业转型的成效已逐渐显现。现选择自动化港口、智能航空、可持续健康食品和智慧酒店作为案例，分析新加坡实施产业转型蓝图的成效。

（一）自动化港口

海洋运输业是新加坡的支柱产业之一，其增加值产值占国内生产总值的7%，劳动力超过17万人。为了进一步增强和完善国际航运中心，确保新加坡未来全球航运的枢纽地位，新加坡海洋运输产业转型蓝图提出，通过利用机器人、数据分析和人工智能等"工业4.0"新技术，构建充满活力的创新生态系统,加快兴建新港口,增强港口互联互通,提高生产率,增进员工技能。

目前,新加坡港应用综合港口运营系统和海港网络电子商务系统,可保证一天24小时不间断地高效运营。2018年,干散货船停留时间的中位数仅为全球最低的0.12天,营运效率居世界首位。[①] 2019年,新加坡港处理货运量超过6亿吨,集装箱吞吐量由2016年的3090万个标准箱增加到2019年的3720万个标准箱,创10年来新高。[②] 为了进一步提高港口的自动化和信息化水平,打造海上监管与港口交易的一站式服务平台,新加坡海事和港务局推出"海事单一窗口",该平台融合了申报、审核等16项办理流程,并于2019年底在航运业逐步推广,预计每年可以节省10万个工时。同时,新加坡还推出"港口网络""贸易网络"等公共电子平台,可在全自动立体仓库中利用无线扫描、自动提存系统等高新技术,实现自动化物流运输,推进贸易便利化。此外,新加坡政府于2011年提出海上绿色倡议,激励企业以液化天然气为航运燃料,旨在推动航运业的可持续发展。[③]

2013年,新加坡推出了大士港计划,预计耗资200亿新元,分四个阶段在2040年建成全球最大的全自动化集装箱港,打造集港口航运、临港工业、海事工业及其他港口业务于一身的超级港口综合体,届时占地1330多公顷的大士港的年吞吐量将达6500万标准箱。目前,新加坡政府投资24.2亿新元,启动了大士港计划的第一阶段,预计2021年开始运营首批20个泊位。大士港运用智能数据驱动的航运管理系统,协助航运交通有效管理,实时监督水域拥堵状况,及时规划安全高效路线。新加坡港务集团投资约1亿新元建立"PSA应用创新实验室",开发并应用自动引导运输车、自动化场地起重机等高新技术设备以及自动存储与截取系统、智能工

---

① UNCTAD (2019). *Review of Maritime Transport 2019*. pp. 67 – 68.

② Maritime and Port Authority of Singapore. "Singapore's 2019 Maritime Performance." https://www.mpa.gov.sg/web/portal/home/media – centre/news – releases/detail/38b82bb6 – 2f92 – 418c – a98d – c4c9e56f9232, 2020 – 01 – 13.

③ "Maritime and Port Authority of Singapore, Maritime Singapore." https://www.mpa.gov.sg/web/portal/home/maritime – singapore, 2019 – 09 – 11.

程和电力管理平台等创新工具，利用数据分析优化操作流程，以实现效率最优化。

（二）智能航空

新加坡是亚洲最大的航空维护、修理和翻修中心，航空工业增加值占国内生产总值的比重为10%，是新加坡经济增长的关键领域。新加坡的航空运输产业转型蓝图提出，要通过技术创新，引进先进设备和自动化、增材制造、数据分析等高新技术，提高劳动生产率并深化劳动力技能，打造高效便利的环球航空服务。提高航运业的生产率，建立灵活、高质量的航空枢纽，为乘客提供高效智能的航空服务，为航空领域的员工创造更好的就业机会和职业前景。

新加坡航空工业以实里达航空园为核心，园区占地320公顷，年产值达80亿新元，年增长率保持在10%左右。作为领先的航空航天活动中心，实里达航空园为超过60家跨国和本地的航空航天业公司提供世界级的航空制造、保养、维修和商业贸易等业务，充分发挥产业集群整合的优势。例如，惠普公司建立最大的海外发动机风扇叶片生产基地，空客公司设立飞行训练中心和部件配送中心，通用公司将新建厂房用于飞机引擎的生产和维修。2019年，庞巴迪公司投资1.1亿新元，计划将新加坡服务中心扩建成亚洲最大的代工经营航空维修厂，每年能够完成两千班次的飞机维修，并提供包括机身上漆、舱内装修在内的高端航空一站式服务，巩固其在亚太地区售后服务领域的领先地位。新加坡南洋理工大学与罗尔斯·罗伊斯公司成立研究室，投资8800万新元合作开发电力电子系统、人工智能计算工程、物联网、先进材料和制造业技术，着重创新能源储备系统，以制造油电混合的飞机引擎及高压涡轮叶片，在提高航空效率的同时减少对环境的污染。

新加坡樟宜国际机场作为全球最佳机场，2010年该机场接待的旅客超过4200万人次，跻身全球七大机场行列，2018年该机场接待的旅客达6560万人次。目前，樟宜国际机场正在向无纸化、自动化、智能化的"未来机场"转变，通过增设自动化设备，利用生物识别技术，旅客能够自助办理登机、托运和通关等手续。目前，T4航站楼已设置自助过关通道，并采用自动边境控制系统，简化认证流程并提高通关效率。T2航站楼将于2020年翻新自助办理柜台，并设置全自动化行李运输带，预计服务旅客量将提高20%。

（三）可持续健康食品

新加坡食品制造产业转型蓝图提出，利用自动化技术推动食品制造创新，建立和完善食品创新与研发的生态系统，提高生产力和国际竞争力，成为亚洲领先的食物及营养中心。为了培育具有全球竞争力的食品公司，政府建立和完善食品创新与研发的生态系统，运用自动化和智能化提高生产力。新加坡政府投资1.44亿新元用于可持续的食品生产、未来食品和食品安全三大领域的科技创新，以实现"30·30愿景"，即在2030年前国内食品生产能力满足国民营养需求的30%。

新加坡积极研发、生产可持续的未来食品，包括动物细胞用于肉类食品研制、微生物替代蛋白质等，并利用自动化样本检验仪保障食品安全。新加坡第一家集团投资3亿新元建造大型食品制造中心，将拥有亚洲最大的自动化仓储系统的冷藏室和干燥室。SMC FOOD 21将设立一站式综合奶制品枢纽，为跨国企业提供制造、仓储、出口等综合服务，其奶粉等营养产品业务将提高50%收入。老字号食品制造商利用新型冷冻、加工技术保持食物新鲜，提高了产品质量。例如，威信食品采用细胞存活系统技术推出即煮盒装黑胡椒、辣椒螃蟹，The Soup Spoon引进高压加工设备对热汤和菜品进行真空包装，通过技术创新抓住商机，拓展零售市场，巩固品牌地位。

新加坡政府建立了食品创新组合园区，提供公用基础设施，以加强行业合作和资源共享。2018年，政府投资200万新元购置了一台可处理300公升食品的高压加工机器，由超过20家食品制造企业共同使用，单次费用在130~190新元，无须加热和添加防腐剂，利用高压技术对蔬果汁、酱料等即食食品进行灭菌处理，全程仅需15分钟，既可保存食品口感和营养，又将保质期延长1~3倍。这样，中小型食品制造企业不仅能节省生产成本，

还能利用创新技术生产高质量的健康食品，提升出口产品的优势和竞争力。

新加坡政府还推出"Yum Sing!"的国内市场反应平台，通过平价超市和网购平台，系统地了解消费者需求，帮助食品制造企业推出新产品、快速投入市场，并打造专属品牌。为了推动新加坡食品公司能够更有效、更快地进入中国广阔的消费市场，2015年7月在天猫、京东等电商平台推出新加坡网上商店"美味新加坡"。

（四）智慧酒店

由于优越的地理位置和便利的交通条件，新加坡成为区域旅游中心。新加坡的酒店产业转型蓝图提出，要鼓励酒店引进先进技术，简化工作流程，创新服务方式，改善住客体验，推动传统酒店向智能酒店转变。自实施酒店产业转型蓝图以来，新加坡酒店业产值年均增长率为4.5%，平均客房价格逐年上升，2018年客房收益达40亿新元，每间客房收益率上升2.4%。

目前，新加坡酒店业约有33000名员工，职位空缺将近2000个。在人力资源紧张的情况下，为了满足消费者不断增加且变化的需求，新加坡旅游局推出酒店精益计划和限时改造补助金，刺激传统酒店引进先进技术，设计精简的工作流程，提高数字化程度，逐步向智能酒店转变。射频识别技术（RFID）在新加坡酒店得以广泛应用，如电梯自动开门、客房自动调节灯光、管理制服和亚麻制品等，可以节省约60%的工作时间。目前，新加坡已有18家酒店购置了自助办理柜台、智能服务机器人等高科技设施和自动化设备，以减轻员工负担并改善住客体验。2018年，新加坡推出电子旅客身份验证（e-Visitor Authentication）系统，支持住客自助办理入住手续，系统通过面部识别技术对比住客信息，并将数据实时发送至移民局以核实其逗留期限。住客在自助办理柜台输入预订信息、扫描证件，完成"刷脸"认证后，即可生成电子房卡。自助办理系统将办理时间由5分钟缩短至1分钟，节省超过七成时间，不仅极大提高了酒店前台的工作效率，还节约了大量的人力资源。例如，史丹福瑞士酒店是新加坡第一家采用EVA系统办理入住和退房的酒店，M Social酒店是新加坡第一个使用机器人管家的酒店。

为了提升酒店专业人才技能水平，新加坡推出了酒店专业管理人员转业计划、未来技能在职培训计划和酒店业未来技能进修奖等，为传统酒店转型提供必要的解决方案、薪金模式和政府津贴等支持。目前，已有18家酒店实施重新设计工作计划，升级工作内容并简化工作流程，6000多名员工参与专业培训，提升技能并提高劳动生产力；超过100名酒店经营者将在2020年内规划工作团队和调整工作内容，利用其较低经营成本和高运营能力等海外竞争优势，推动新加坡酒店业的国际化进程。

四　结语

纵观新加坡现代化的进程，新加坡从转口贸易港转变为新兴工业化国家，再跨入高收入国家行列。近半个多世纪以来，新加坡始终将产业转型作为经济发展和结构转换的推进器。面对第四次工业革命的浪潮，新加坡又一次推出了面向"工业4.0"的产业转型计划。我国正处于经济转型的关键时期，新加坡的产业转型提供了可资借鉴的国际经验。

首先，新加坡将产业转型视为经济可持续发展的引擎。

在战后经济发展历程中，新加坡始终高度重视产业结构调整，将产业转型作为经济可持续发展的引擎，政府适时采取产业政策，促进产业结构调整与技术升级，逐步实现了从劳动密集型产业到资本密集型产业，再到技术密集型产业和知识密集型产业的转型升级，从而不断增强国际经济中心的地位。面对新一轮的工业革命，新加坡密切跟踪国际科技前沿，聚焦"工业4.0"的新兴产业技术，实施产业转型计划及其配套措施，以加快迈向"工业4.0"时代。

其次，新加坡产业转型始终以推进制造业的技术升级为主导。

早在20世纪80年代中期，新加坡曾围绕是否继续将制造业作为支柱产业引发争议。新加坡政府认为，工业尤其是制造业是服务业的基础，它是增强实体经济实力的重要引擎。因而，新加坡始终没有放弃制造业，提出制造业和服务业是推动经济增长的两大动力，并将制造业增加值占GDP的比重

保持在25%水平，后调为20%～25%。新加坡坚守制造业和实现制造业转型升级，也是2010年后新加坡经济总量快速超过香港的重要原因。尽管全球金融危机后国际市场需求萎缩，新加坡高度外向型的制造业受到较大影响，使制造业在国内经济的比重持续下降，但新加坡仍继续将制造业技术升级作为国内产业转型计划的重中之重。

再次，新加坡产业转型重视本国的研究开发和创新创业。

从20世纪90年代起，新加坡就连续实施科技创新五年规划，近年来政府将研究开发与创新创业作为产业转型、构建知识型和创新型经济的基础。新加坡借鉴瑞典、芬兰、以色列的研究型、创新型和创业型发展模式，制订科技发展的战略目标、重点资助产业和核心资助计划，不断加大科技研发投入，推动研究开发和创新创业，创立国家级实验室和研发中心，逐步完善国家的创新体系，力争将新加坡打造成为世界研究中心。

最后，新加坡产业转型注重跨国公司和中小企业的主体作用。

在新加坡经济发展中，跨国公司具有举足轻重的地位，国内中小企业雇用了2/3劳动力并贡献了近半的GDP。因而，如何发挥跨国公司和中小企业的主体作用，促进企业的产业转型和技术升级成为新加坡产业转型的关键。为此，新加坡政府制订了中小企业数字化计划，推出鼓励和资助300家中小企业和跨国公司转型的措施，设立了大学的企业实验室，从而为企业采用新技术创造了有利条件。

参考文献

Chen, Peter S. J. (1983). *Singapore: Development Policies and Trends*. London: Oxford University Press.

Chia Siow Yu (1982). *Export Processing and Industrialization: The Case of Singapore*. Bangkok: International Labour Organisation.

Economic Strategies Committee of Singapore (2010). *Report of the Economic Strategies Committee: High Skilled People, Innovative Economy, Distinctive Global City*.

Garry Rodan (1989). *The Political Economy of Singapore's Industrialization: National State and International Capital.* New York: St. Martin's Press.

Gavin Peebles and Peter Wilson (2002). *Economic Growth and Development in Singapore: Past and Future.* Edward Elgar Publishing Limited.

Koh Ai Tee (2001). *Singapore Economy in the 21st Centure.* McGraw-Hill Education (Asia).

The Committee on the Future Economy (2017). *Report of the Committee on the Future Economy: Pioneers of the Next Generation.*

Winston T. H. Koh and Roberto S. Mariano (2006). *The Economic Prospects of Singapore.* Pearson Education Southeast Asia Pte Ltd. .

B.16
泰国"工业4.0"战略及面临的挑战

李 笠*

摘 要: 2016 年,泰国政府提出了"泰国 4.0"战略,旨在推动泰国经济与社会全面迈入"工业 4.0"时代。泰国"工业 4.0"战略提出的目标是经济繁荣、社会福祉、提升国民价值和环境保护,确定了十大重点产业,并规划了"东部经济走廊计划"(EEC)和"南部经济走廊计划"(SEC)两大战略性项目。在新的国际经济形势下,泰国的"工业 4.0"战略将面临新机遇与挑战。

关键词: 泰国 "工业 4.0" "中等收入陷阱" 战略性项目

近年来,东盟国家纷纷制定"工业 4.0"战略与政策,促进国内产业结构的调整与升级,以加快迈向"工业 4.0"时代。作为东盟第二大经济体,泰国成为最早出台"工业 4.0"战略的国家之一。2016 年,泰国政府提出了"泰国 4.0"战略,旨在推动泰国经济与社会全面迈进"工业 4.0"时代。本报告拟就泰国实施"工业 4.0"战略的背景、动因、措施及其面临的挑战等作一分析。

一 泰国实施"工业4.0"战略的背景

二战后,泰国开始了工业化进程,1954 年泰国政府颁布的《鼓励发

---

* 李笠,中国汽车技术研究中心有限公司初级经济师。

展工业条例》被视为泰国工业化的起点，并以"进口替代"工业化为初级阶段。[①] 从20世纪70年代中期起，泰国开始从"进口替代"工业化转向"面向出口"工业化的发展阶段。从20世纪80年代中期开始，由于日元的大幅升值，日本企业大量涌入泰国投资设厂，促成泰国经济近十年的繁荣发展。1997年7月，泰国爆发了金融危机，对泰国经济造成了巨大冲击。随后，泰国经济逐渐走出金融危机的阴影。但是，2006年泰国的军事政变和2008年国际金融危机，使泰国经济增长再度放缓。

2014年5月，在泰国政局动荡的形势下，以巴育为首的泰国军政府开始执政，这也是1970年以来泰国军政府执政最长的一次。过去五年来，巴育政府多次以宪法及立法程序为由，延迟国会选举日期。巴育领导的政变从一开始就获得了部分泰国中上阶层人士和知识分子的理解和支持，具有一定的民意基础。在巴育政府的治理下，泰国国内政局趋于稳定，经济逐渐恢复增长，但国内还政于民的呼声一直高涨，泰国经济状况的改善受困于政治改革。近年来，泰国经济增长率滞后于大多数邻国，泰国GDP增长率在东盟十国中基本上属于倒数第二的位置。长期以来，印尼和泰国是东盟的前两大经济体，21世纪头五年泰国在东盟经济中保持接近20%的份额，其中最高份额是2004年的19.9%。自2005年后，泰国在东盟经济中的地位就不断下降，其中2016年滑落至16%这一新低。与此同时，东盟中的菲律宾经济总量大有赶上泰国的趋势。2016年，菲律宾GDP占东盟GDP的接近12%，仅落后泰国约4个百分点。因此，以巴育为总理的军政府希望通过政治改革和经济规划来稳定泰国政局和恢复经济增长，以期获得民众支持和长期执政。在政治上，巴育政府终止了《泰王国2007年宪法》，解散了泰国众议院，颁布《泰王国2014年临时宪法》作为执政依据。2017年4月，《泰王国2017年宪法》颁布并获得全民公投通过，这次公投的结果显示，泰国军政府顺利地通过了2014年政变掌权以来的第一个重大的民意考验，并确定了

---

① Unger Danny (1998). *Building Social Capital in Thailand: Fibers, Finance, and Infrastructure.* New York: Cambridge University Press.

经济中长期发展战略规划的法律地位。在经济上，巴育政府分别颁布了"泰国20年国家战略"（2017～2036）和第十二个"国家经济与社会发展规划"（2017～2021）。其中，2016年巴育政府推出的"泰国4.0"战略就是泰国一项中长期发展规划。

在"泰国20年国家战略"（2017～2036）的愿景中，包括六方面主要内容，即稳定、建立竞争力、发展和培养人力资本、建立公平和公正的社会环境、生态友好的基础上提高生活质量、调整和发展政府管理系统。该战略制定了长期经济目标，以通过广泛的改革跻身于发达国家的行列。近期的改革包括实施与铁路双轨制相关的大型公共基础设施项目，旨在提高经营便利性的监管改革，建立国有企业政策委员会，以改善国有企业治理。同时，在泰国第十二个"国家经济与社会发展规划"（2017～2021）中，重点强调了公共部门改革的重要性，规定了加强各部委和机构之间协调的措施，旨在改善政策方案的实施，促进公众参与政策制定，改善在线获取政府服务的机会，并通过加强廉政建设来打击腐败。

作为泰国中长期发展战略的重要组成部分，泰国"工业4.0"战略集合了"泰国20年国家战略"（2017～2036）和第十二个"国家经济与社会发展规划"（2017～2021）远景与目标，推动泰国经济向"投资主导型转型"，重点关注五个方面的投资促进：（1）技术：提高泰国具有潜力的核心技术的能力，如生物技术、农业、食品、能源、健康相关和医疗技术；（2）人力资源开发：推广"泰国4.0"战略，吸引海外人才；（3）基础设施：开发基础设施，连接智能基础设施和社会基础设施；（4）企业：赋予各级企业家和企业权力，促进创业，鼓励中小企业、大型企业帮助发展本地供应商；（5）目标产业：促进十大目标产业投资，兴建"东部经济走廊"和"南部经济走廊"。

二 泰国缘何推出"工业4.0"战略

2016年，泰国政府提出了"泰国4.0"战略，旨在推动泰国经济与社会全面迈进"工业4.0"时代。在巴育政府执政两年后，泰国推出以"工业

4.0"为核心的"泰国4.0"战略,是以第四次工业革命为时代背景,以摆脱"中等收入陷阱"、改变"去工业化"现象,以及重塑国际竞争力为主要动因。

(一)泰国的"工业4.0"战略以第四次工业革命为时代背景

当今世界,德国率先提出了"工业4.0"概念,推出德国"工业4.0"战略,并将其上升为国家战略,以智能和网络化为核心,构建智能工厂,实现智能制造的目的。2011年,美国颁布了"先进制造业伙伴计划",将先进传感、可视化、信息化和数字化制造、先进材料制造作为美国下一代制造技术突破的核心,表明了美国重返制造业的决心。2012年,美国推出了"美国先进制造业国家战略计划",2013年又推出"制造业创新国家网络",以应对第四次工业革命浪潮,希望再次引领新工业革命。2013年,法国推出"新工业法国计划",旨在发展法国优势领域的新产品与新业务,制定了"2030创新"的创新支持政策,聚焦能源、数字革命和经济生活三个主要领域,共包含34项具体计划,涵盖数字技术、能源、纳米技术、交通运输、医疗健康、智能电网和生物科技等多个领域。2015年又推出"未来工业计划",作为"新工业法国计划"的第二阶段,"未来工业计划"明确提出了以工业工具现代化和通过数码技术改造经济模式为宗旨的未来工业。2013年,英国推出"英国工业2050",其政策重点在于鼓励制造业回流,保证制造业发展质量,为制造业创造良好的基础。2013年,日本推出"日本再兴战略",2015年发布"日本新机器人战略",将机器人产业作为支柱产业,以机器人技术创新带动制造业、医疗、护理、农业、交通等领域的结构变革。

面对第四次工业革命浪潮,发展中国家纷纷制定面向"工业4.0"的发展战略,通过采用创新战略,加速工业化进程。2014年,中国推出了"中国制造2025",提出实现制造强国的战略目标,即到2025年迈入制造强国行列,到2035年制造业整体水平达到世界制造强国阵营的中等水平,到新中国成立百年时综合实力进入世界制造强国前列。随之,东盟国家纷纷加入

制定面向"工业4.0"发展战略的浪潮中,力图抓住第四次工业革命带来的机遇,应对新工业革命的挑战,促进本国经济发展和产业转型,泰国成为最早出台"工业4.0"战略的国家之一。

(二)实施"工业4.0"战略以摆脱"中等收入陷阱"

2006年,世界银行提出了"中等收入陷阱"的概念,认为当一个国家达到中等收入水平后,其经济增长率通常会停滞甚至下降,无法达到高收入水平。陷入"中等收入陷阱"的国家既无法在人力成本方面与低收入国家竞争,又无法在尖端技术研制方面与发达国家竞争。[①] 陷入"中等收入陷阱"的经济体,通常表现为经济增长停滞、产业结构与出口结构转型升级缓慢和劳动力市场条件差。1978年,泰国被世界银行列入中等收入国家行列,2011年成为上中等收入国家。经过40年的发展,泰国始终无法跨入高收入国家行列,落入"中等收入陷阱"。

1997年泰国爆发了金融危机,经济陷入崩溃的边缘。此后,泰国经济经过调整和重组逐渐恢复生机。2008年国际金融危机爆发,泰国经济再次受到严重影响。由于近年泰国政局的动荡,国内经济发展受到较大冲击,经济增长率滞后于其他东盟国家。近年来,泰国经济增长率在东盟十国中基本上处于倒数的位置。2014~2017年,泰国经济增长率分别为1.0%、3.0%、3.3%、3.9%(见表1)。泰国是东盟第二大经济体,占东盟经济总量的近20%(2004年占19.9%)。2017年,泰国在东盟经济总量的比重已下滑至16%,而马来西亚、菲律宾经济总量大有赶上泰国之势。[②] 另一方面,由于泰国国内经济发展停滞,产业结构与出口结构转型升级缓慢。泰国工业结构长期以劳动密集型(如食品加工、纺织等)和资源密集型(如橡胶、采矿等)产业为主,技术密集型产业发展缓慢,工业结构升级艰难。与之相应,泰国出口结构长期以农产品和初级产品为主,出口产品结构中运输设备、化

---

① World Bank (2006). *Economic Development Report of East Asia 2006*.

② "Thailand Steadily Slipping Behind Its Neighbours, Opinion August 11." 2017, by The National, http://www.nationmultimedia.com/detail/opinion/30323482.

学产品、机械等技术密集型产品出口占比很低，其中居出口第二大产业的汽车产业，也大多为跨国公司的零件制造商和装配商（见表2）。此外，自2007年起，泰国的60岁以上人口占比超过了10%，开始进入老龄化社会，且老龄化程度逐年加深，2017年60岁以上人口占比达15.5%，人口老龄化使泰国的劳动力人数自2012年以来逐年下滑，泰国已经面临严重的劳工缺失问题。随着泰国政府出台最低日薪法，泰国劳动力成本逐渐上升，泰国的劳动力成本无法再与柬埔寨、老挝、缅甸和越南等低工资的邻国竞争。

表1　2008~2017年东盟各国GDP增长率

单位：%

国家	2008年	2009年	2010年	2011年	2012年	2013年	2014年	2015年	2016年	2017年	2010~2017年
文　莱	-2.4	-1.8	2.6	3.7	0.9	-2.1	-2.5	-0.4	-2.5	1.3	-0.2
柬埔寨	6.7	0.1	6.0	7.1	7.3	7.4	7.1	7.0	6.9	6.8	7.1
印　尼	6.0	4.6	6.2	6.5	6.3	5.6	5.0	4.9	5.0	5.1	5.5
老　挝	7.8	7.5	8.1	8.0	7.9	8.0	7.6	7.3	7.0	6.9	7.5
马来西亚	4.8	-1.5	7.4	5.3	5.5	4.7	6.0	5.0	4.2	5.9	5.2
缅　甸	10.3	10.5	9.6	5.6	7.3	8.4	8.0	7.0	5.9	6.8	7.0
菲律宾	4.2	1.1	7.6	3.7	6.7	7.1	6.1	6.1	6.9	6.7	6.2
新加坡	1.8	-0.6	15.2	6.4	4.1	5.1	3.9	2.2	2.4	3.6	3.9
泰　国	1.7	-0.7	7.5	0.8	7.2	2.7	1.0	3.0	3.3	3.9	3.1
越　南	5.7	5.4	6.4	6.2	5.2	5.4	6.0	6.7	6.2	6.8	6.1
东　盟	4.7	2.5	7.5	5.0	6.2	5.2	4.7	4.8	4.8	5.3	5.2

资料来源：根据ASEAN Statistical Yearbook 2018编制。

表2　2013~2018年泰国主要出口产品及出口占比

单位：%

产业	2013年	2014年	2015年	2016年	2017年	2018年
农产品	9.95	9.84	9.41	9.05	9.71	9.17
农业工业产品	7.55	7.48	7.76	7.98	7.21	7.08
制造业总计	76.04	77.21	78.68	79.86	79.43	79.34
电子电气	13.87	14.52	15.23	15.00	15.51	15.19

续表

产业	2013 年	2014 年	2015 年	2016 年	2017 年	2018 年
汽车及零配件	13.44	13.47	14.63	15.09	14.49	14.94
电气设备	10.06	10.35	10.40	10.25	9.93	9.64
宝石和珠宝	4.43	4.43	5.14	6.64	5.43	4.74
采矿和燃料产品	6.46	5.48	4.15	3.11	3.66	4.41
橡胶制品	3.72	3.52	3.19	3.05	4.33	4.37
初级乙烯,丙烯等聚合物	3.92	4.25	3.85	3.58	3.67	4.09
化学产品	3.98	3.78	2.98	2.83	3.15	3.64
机械及零件	2.97	3.17	3.30	3.23	3.20	3.25
纺织业	3.27	3.28	3.19	3.00	2.83	2.83
钢铁及其制品	2.77	2.32	2.48	2.41	2.35	2.48
塑料制品	1.55	1.65	1.68	1.73	1.65	1.69
其他工业产品	5.60	6.99	8.46	13.05	12.89	12.46

资料来源：Informationand Communication Center with Cooperation of the Customs Department。

因此，如何利用第四次工业革命带来的机遇，实现经济跨越式发展，摆脱"中等收入陷阱"，成为泰国制定"工业4.0"战略规划的重要动因。泰国总理巴育说，泰国经历了1.0的传统农业、2.0的轻工业和3.0的重工业，泰国能否摆脱"中等收入陷阱"关键取决于泰国4.0能否成功。泰国"工业4.0"战略提出，计划在5年内实现6%的经济增长，并将人均收入从2014年的5470美元提升至2032年的15000美元，达到高收入国家水平，从而跨越"中等收入陷阱"。

（三）实施"工业4.0"战略旨在改变"去工业化"现象

发展中国家的"去工业化"问题，是指发展中国家人均收入处于中等收入阶段，但第二产业和制造业出现衰退的现象，主要表现为第二产业增加值（尤其是制造业增加值）占GDP比重和劳动力就业占比趋于下降。从20世纪50年代末开始，泰国开始了工业化进程，经过"进口替代"和"面向出口"工业化阶段后，泰国已处于工业化的中期阶段。但是，近年来泰国在尚未完成工业化时则出现了"去工业化"现象，主要表现为工业部门尤其是制造业发展减速或停滞,工业部门的增加值比重不断下降,尤其是制造业的增加值比重下滑较快。

1996～2017 年,泰国第二产业增加值占 GDP 比重和制造业增加值占 GDP 比重呈现相同发展趋势,在 2010 年达到最高值,第二产业增加值占 GDP 比重为 40%,制造业增加值占 GDP 比重为 31.1%。此后逐年下降,2017 年第二产业增加值占 GDP 比重为 35.1%,制造业增加值占 GDP 比重为 27.1%(见表3)。2011 年以来,第二产业增加值增长率和制造业增加值增长率均低于 GDP 增长率(2012 年除外),表明第二产业尤其是制造业对泰国经济增长贡献有限,无力推动泰国经济快速发展(见表3)。另外,泰国第二产业的劳动力占比在 18% 至 24% 之间浮动,2015 年达到峰值 23.7%,但随后逐年下滑,2017 年降至 22.6%,其中制造业劳动力占比一直处于下降趋势,2017 年占比 16.3%(见表4)。它表明泰国第二产业尤其是制造业创造就业能力有限,对就业人口吸收不足。因此,泰国要及时把握第四次工业革命所带来的机遇,实施"工业 4.0"战略,促进传统制造工业的转型,推动新兴制造工业的发展,提升工业制成品的国际竞争力,以此扭转或延缓"去工业化"的进程。

表3 1996～2017 年泰国第二产业和制造业增加值占 GDP 比重和增长率

单位:%

年份	第二产业增加值占 GDP 比重	第二产业增加值增长率	制造业增加值占 GDP 比重	制造业增加值增长率	GDP 增长率
1996	37.3	6.7	25.9	5.7	5.7
1997	36.8	-4.0	26.7	0.9	-2.8
1998	36.3	-11.3	27.4	-8.4	-7.6
1999	36.5	6.7	28.4	9.8	4.6
2000	36.8	2.7	28.6	3.3	4.5
2001	36.5	2.3	28	2.0	3.4
2002	37	8.4	28.7	8.8	6.1
2003	38.1	9.0	29.8	10.2	7.2
2004	38	7.2	29.6	7.5	6.3
2005	38.6	5.2	29.8	4.2	4.2

续表

年份	第二产业增加值占GDP比重	第二产业增加值增长率	制造业增加值占GDP比重	制造业增加值增长率	GDP增长率
2006	39.3	5.2	30.3	5.6	5
2007	39.5	6.6	30.7	7.2	5.4
2008	39.6	2.3	30.7	2.4	1.7
2009	38.7	-2.0	29.6	-3.3	-0.7
2010	40.0	10.5	31.1	11.4	7.5
2011	38.1	-4.1	29.1	-4.8	0.8
2012	37.4	7.3	28.1	6.9	7.2
2013	37.0	1.5	27.7	1.9	2.7
2014	36.8	0	27.7	0.1	1.0
2015	36.2	3.0	27.5	1.7	3.0
2016	35.8	2.9	27.4	2.3	3.3
2017	35.1	1.6	27.1	2.6	3.9

资料来源：根据 World Bank World Development Indicators 有关年份数据编制。

表4　1996~2017年泰国三大产业的劳动力比重

单位：%

产业	1996年	1997年	1998年	1999年	2000年	2001年	2002年	2003年	2004年	2005年	2006年
第一产业	50.1	50.3	51.3	48.5	48.8	46.0	46.1	44.9	42.4	42.6	42.2
第二产业	20.8	20.2	18.3	19.2	19.1	19.7	19.8	19.8	20.5	20.3	20.7
第三产业	29.1	29.4	30.5	32.2	32.1	34.3	34.0	35.3	37.1	37.1	37.1

产业	2007	2008	2009	2010	2011	2012	2013	2014	2015	2016	2017
第一产业	41.8	42.5	39.0	38.2	41.0	42.1	39.6	33.4	32.3	33.3	32.8
第二产业	20.7	19.6	20.8	20.6	19.4	19.8	21.2	23.5	23.7	22.8	22.6
第三产业	37.5	37.9	40.2	41.1	39.6	38.0	39.2	43.0	44.0	44.0	44.6

资料来源：根据 World Bank World Development Indicators 有关年份数据编制。

（四）实施"工业4.0"战略以重塑新工业革命时代的国际竞争力

世界经济论坛（WEF）每年发布的《全球竞争力报告》是对全球各经济体竞争力的重要评估依据。2012~2017年，泰国全球竞争力排名处于第31~38位间。在原先的全球竞争力指数中，分为A、B、C三类共12支柱，分别是组别 A（基本要求），包括机构、基础设施、宏观经济环境、健康和初等教育；组别 B（效率提升），包括高等教育和培训、商品市场效率、劳动力市场效率、金融市场发展、技术准备、市场规模；组别 C（创新和成熟因素），包括商业成熟度、创新。由于考虑到第四次工业革命的影响因素，在最新的 2018 年《全球竞争力报告》中，WEF 引入了新的全球竞争力指数4.0，指出每个经济体需要建立适当的机制来降低新的金融危机的风险和控制创新的社会经济影响，新指数揭示了新出现的一系列提高生产力和促进长期增长的动力因素。①

在 2018 年《全球竞争力报告》中，泰国在 140 个国家中位列第 38 名，不仅远远落后于第 2 名的新加坡，同样落后于第 25 名的马来西亚。具体来看，"有利环境"的整体排名落后于马来西亚和印尼，其中在"机构"、"基础设施"和"ICT 采用"方面均落后于马来西亚、印尼，"宏观经济稳定"落后于马来西亚、菲律宾；"人力资本"的整体排名落后于马来西亚，其中"技能"落后于马来西亚和印尼；"市场"整体排名落后于马来西亚，其中"产品市场"落后于马来西亚、印尼和菲律宾，"劳动力市场"落后于马来西亚和菲律宾，"市场规模"落后于印尼；"创新生态系统"整体排名落后于新加坡和马来西亚，其中"商业活力"和"创新"均落后于新加坡和马来西亚（见表 5）。因此，面对新工业革命的浪潮，泰国必须通过实施"4.0"战略，重振工业制造业，营造良好的营商环境，向创新驱动型经济模式转型，以提升国际竞争力。

表5　2018 年东盟五国全球竞争力的排名

	泰国	马来西亚	印尼	菲律宾	新加坡
全球竞争力4.0	38	25	45	56	2
有利环境	54	27	52	67	2
机构	60	24	48	101	3

---

① World Economic Forum（2018）. *The Global Competitiveness Report 2018.* pp. 1 - 2.

续表

	泰国	马来西亚	印尼	菲律宾	新加坡
基础设施	60	32	71	92	1
ICT 采用	64	32	50	67	4
宏观经济稳定	48	1	51	43	42
人力资本	55	38	87	94	14
健康	42	62	95	101	1
技能	66	24	62	67	20
市场	23	13	33	34	2
产品市场	92	24	51	60	1
劳动力市场	44	20	82	36	3
金融系统	14	15	52	39	5
市场规模	18	23	8	32	27
创新生态系统	37	26	45	52	14
商业活力	23	19	30	39	16
创新	51	30	68	67	14

资料来源：根据 *WEF The Global Competitiveness Report 2018* 编制。

三 泰国实施"工业4.0"的战略目标与措施

2016 年，泰国政府提出了"泰国 4.0"战略，旨在推动泰国经济与社会全面迈进新工业革命时代。"泰国 4.0"战略的核心内容是"工业 4.0"，为此政府制定了"工业 4.0"的战略目标、目标产业和战略性项目等。

（一）泰国"工业4.0"的战略目标

泰国"工业 4.0"战略是一个总体规划，它通过需求驱动进行产业升级、技术开发、基础设施完善和法规改进，发展创新和高附加值产业，旨在改变泰国经济结构，从依赖制造业出口转变为以研发创新型产业为主导，使泰国跨越"中等收入陷阱"，成为一个创新、充满活力且高收入的国家，其有四大明确目标如下。（1）经济繁荣。泰国政府提出，将研发投入占 GDP 比重提升至 4% 的水平，创造以创新、技术和创造力为动力的价值型经济，在5年内实现6%的经济增长,并将人均GNI从2014年的5470美元提升至2032年的15000美元,达到高收入国家水平。(2)社会福祉。通过激发社会全体成员的全部潜力,创造一个不让任何人落后的包容性社会,目标是将社会差距(以基尼系数表示)从2013年的0.465降低至2032年的0.36。同时将传统农民发展为智慧农民,传统中小企业转变为智慧中小企业和创业公司,低附加值服务升级到高附加值服务,非熟练工人进化为高技术工人,从依赖技术进口转变为技术出口国。(3)提升国民价值。将泰国公民发展成为"21世纪有能力的公民"和"第一世界公民",人类发展指数提升50个名次,确保至少5所泰国大学在20年内跻身世界前100强。(4)环境保护。将泰国建成一个能够适应气候变化和低碳经济体系的宜居社会,实现可持续增长和发展,其目标是将至少10座城市发展成世界上最适宜居住的城市,并降低恐怖主义的风险。

(二)泰国"工业4.0"的目标产业

1. 新一代汽车产业

泰国是世界上第12大汽车生产国和第5大轻型商用车生产国,同时也是东盟最大汽车生产国。2018年,泰国汽车产业出口占总出口比重为14.9%,是泰国出口贸易的第二大支柱。近年来,全球汽车产业生产技术取得快速突破,尤其是电动汽车(EV)的发展,对泰国汽车产业形成冲击。泰国为保持自身汽车产业的优势地位,非常重视新型技术的研究,大力推动电动汽车的发展。2017年3月,泰国政府启动了电动汽车促销特权计划,电动汽车产能预计每年可达27万辆,包括混合动力电动汽车、插电式混合动力汽车和电池电动汽车。[①]泰国积极推动汽车产业升级,并使泰国成为未来汽车产业的投资中心,其主要措施有:加大对电池、驱动系统、集成设计、原型设计的投入,完善并扩大汽车产业价值链;提升催化制备过程效率,并根据全球标准大规模增强电子配件和汽车零件的生产(如安全部件、

---

① 《本地产电动汽车有望8年内上市》,泰国《星暹日报》2018年5月4日。

传动系统部件以及各种发动机部件）；设立自动轮胎测试研究创新中心，提供汽车产品的测试和认证服务；鼓励泰国电动汽车国内消费等。

2. 智能电子产业

泰国是全球最重要的集成电路生产国之一，电子产业一直是泰国出口的主要支柱，占国内出口贸易的15%左右。近年来，泰国的电子产业增长乏力，出口贸易占比一直在下降，2018年降至15.2%，仅略高于汽车产业比值，作为传统的优势产业，泰国电子产业迫切需要进行产业调整与升级。在工业4.0时代，泰国将推动智能电子产业的发展，包括技术集成、更复杂更精细的传感器和集成电路的发展，并将通过利用先进技术发展的集成电路产业、汽车电子系统产业、电子配件产业相结合，促进相关拓展产业的发展，包括通信设备、智能家电、物联网、可穿戴电子、电子设计、微电子、嵌入式系统设计等。

3. 先进农业和生物技术产业

农业一直是泰国经济的重要部门，泰国全国耕地面积约1500万公顷，占国土总面积的31%，泰国农业劳动力占比为32.8%。但是，泰国农业劳动力占比高而农业部门生产率低下。面对这一困境，泰国政府积极引进最新的农业技术，包括传感器的使用、先进的数据分析和自动化系统，加大对农业技术研究的投入（如动植物育种），扶持利用先进技术保障质量，储存蔬菜、水果和花卉（如分析水果质量的传感器系统）和天然橡胶生产设施的企业。泰国"工业4.0"战略计划使泰国农民的年收入增加6倍，达到每年约11000美元。①

4. 食品深加工产业

食品加工业是泰国工业的第五大出口部门，与其他工业生产部门相比，具有高附加值和研发高投资回报率的优势。近年来，该行业出口增长乏力，出口占比不断下滑，2018年降至7.08%，泰国食品加工业需要进行产业升

---

① "Office of the National Broadcasting and Telecommunications Commission." 2017，https：//www. nbtc. go. th/Home. aspx？lang＝en－us.

级。进入 21 世纪，消费者的需求倾向具有更高安全标准和高质量的产品，对健康食品、蛋白质食品补给的消费大幅增加，泰国规划改变现有食品加工业格局，发展可溯性标准产业，生产健康食品并强化食品安全，开发新的如低脂、低糖和低能量食品部门，以增加自身优势。

5. 高端旅游和医疗旅游产业

泰国旅游资源丰富，旅游业是泰国服务业的支柱产业。2017 年，到访泰国的外国游客达 3560 万人次，旅游业收入约 553 亿美元。[①] 近年来，旅游业保持快速增长势头，同时也是东南亚地区医疗旅游的主要目的地。泰国积极发展高端旅游和医疗旅游，针对亚太地区的中高收入群体游客，通过在旅游目的地建立秩序并促进各种活动，提高游客的旅游价值和旅游体验水平，同时为健康和康复游客提供支持，特别关注医疗旅游的发展。

6. 数字产业

自 1994 年以来，全球数字经济飞速发展，数字经济价值已达 11.5 万亿美元，相当于全球 GDP 的 15.5%，数字技术正以前所未有的速度和规模驱动经济发展和转型，促进经济增长和公民参与，创造新的就业机会。[②] 预计到 2020 年，数字技术的更广泛使用可使全球经济产出增加 1.4 万亿美元。泰国"工业 4.0"战略中的一个核心目标产业就是数字产业，2016 年，泰国政府创建了数字经济与社会部，实施了一项为期 20 年的国家数字经济总体规划，具体分为四个阶段——奠定数字基础，实现数字包容，实现全面转型，实现全球数字化领导。

目前，泰国政府已开始铺设海底光缆，计划以此与中国大陆、香港连接起来，使泰国成为东南亚地区的互联网门户。泰国政府在国家数字经济总体规划指引下，加大基础设施投入，加速数字经济发展，促进数字社会、数字政府、劳动力发展和软基础设施（法律、监管和安全）建设。未来泰国将更专注于关键领域的开发与投入，包括数字基金会（数据共享，面向未来

---

① "Ministry of Tourism & Sports, 2017." https：//www. mots. go. th/mots_ en57/main. php? filename = index.

② World Bank（2017）. *Thailand Economic Monitor-August 2017：Digital Transformation*.

的网络)、转型商业模式(区块链)、数字技能等与战略远见和敏捷决策相关的跨领域机构。

7. 人工智能和机器人产业

当前,人工智能、大数据、机器人技术的广泛使用,正在以远远超过全球经济的速度增长,人工智能已经被私营部门广泛用于商业和盈利目的,泰国可以使用人工智能和机器人技术促进其经济发展。目前,鉴于泰国大规模生产系统的现有基础,自动化系统和机器人技术在生产线中的整合是努力的目标,现有的汽车和电子产业都将从整合中受益,而且通过结合机器人和自动化系统可以促进技术发展并节省人力资源。

目前,泰国已制订了实施机器人生产产业的计划。泰国现有的应用工业机器人进口类型有三种,一是汽车工业机器人,特别是焊接机器人。此类机器人占所有类型进口机器人的38%,通常以机器人关节臂或关节机器人的形式进口。二是注塑成型机器人。此类机器人的进口占总数的19%,是一种全面的铰接式机器人,支持旋转和线性龙门架系统。三是专业机器人。包括潜水机器人和医疗机器人。通过前期对机器人的进口,为将来泰国自产机器人的发展提供经验和技术支持。同时,泰国国内私营部门对这一领域的兴趣飙升,有关调查显示,在未来一到三年,50%的泰国工业将采用自动化系统。从短期来看,大公司已准备好实现自动化,而小公司则需要5年以上的时间才能实现自动化,这意味着泰国工业机器人和自动化系统的发展势头强劲。根据国际机器人联合会报告,2014年泰国生产了2646台多功能工业机器人,比上年增长13%,预计2020年将增加到5000台的年产量。①

在东盟国家中,泰国是企业探索与实施物联网解决方案以提高生产率和创新能力程度最高的国家。据2017年亚洲物联网商业平台的调查显示,泰国89%的企业正在探索和实施物联网解决方案,这是东盟中比例最高的,其次是马来西亚(86%)、印尼(83%)、菲律宾(80%)和越南(79%),这主要得益于政府的软、硬基础设施政策和投资意识。在泰国,探索和实施

---

① IFR (2018). *World Robotics-Industrial Robot Report 2018.*

物联网解决方案的企业所占比例 2018 年已增至 92% ，制造业占整个工业价值的最大份额（27.4%）。①

8. 航空和物流产业

泰国致力于发展成为大湄公河次区域（GMS）运输和航空运输业中心，通过开发新的航线网络，建立与完善区域连通性，还将辐射连接东盟其他国家，以及中国、韩国、日本、印度、澳大利亚和环太平洋地区，航空运输和物流业是提升泰国地理位置优势的产业，并且可以支持和扩展其他产业。

未来泰国航空业将在以下五个领域发展：一是运输设施、公用设施和服务，如公路集装箱中转站（ICD）、货船装卸设施、铁路运输和商业机场；二是现代物流中心，如航空货运设施、国际配送中心（IDC）、冷链运输方法，以及大数据分析交通系统；三是飞机维护、修理和大修（MRO）建设，专注于亚洲大幅增加的窄体飞机的维护；四是机场周边地区开发高价值制造设施企业，如生产时效性产品的企业；五是航空培训中心，加大对飞行员、机组人员、飞机技师以及地勤人员数量和质量的培训。此外，物流业也是泰国政府重视的领域。泰国邮政一直在对邮政和快递业务进行现代化改造，计划在 2021 年前实现后勤管理的完全自动化，并计划斥资 100 亿泰铢，建立两个完全自动化的分拣中心，利用不断增长的物流业务配合蓬勃发展的电子商务活动，这也有助于实现政府推动泰国作为东盟物流中心的目标。②

9. 综合医疗产业

综合医疗保健行业是新兴行业，包括医疗保健业务和医疗旅游业，两者在泰国已具有坚实的基础，通过扩大以电子通信为基础的医疗器械产业，通过现代农业和生物化学的基础扩大医用品产业，使综合医疗产业成为可能。为此，泰国综合医疗保健行业的发展将包括以下三个部分：一是现代服务，包括电子医疗和移动医疗服务，通过建立电子医疗记录（EMR）和连接技术，进行远程医疗咨询和救助，提高患者服务体验和丰富服务选择；二

① 《泰国物联网探索与实施程度居东盟之首》，泰国《星暹日报》2018 年 6 月 22 日。
② 《泰国邮政建完全自动化分拣中心》，泰国《星暹日报》2018 年 8 月 20 日。

是医疗器械的研究和生产，主要为远程健康监测设备；三是医疗用品的研究和生产，针对现代医疗用品的研究和生产、现代药物测试方法的研究。

10. 生物能源和生物化工产业

生物能源和生物化工产业是当前正在快速增长的新兴产业，泰国可以通过现有产业整合快速发展。泰国现有原料农业和化工业基础较好，是世界上最大的木薯出口国，生物化工产业也是重要的出口部门，拥有发达的化学和乙醇燃料工业。在建立综合生化行业时，泰国现有的乙醇生产行业的乳酸和琥珀酸将成为当前乙醇行业与未来化学工业之间的桥梁，这将有助于加强目前的生物能源工业，以生产第二代、第三代生物燃料。

（三）泰国"工业4.0"的战略性项目

1. "东部经济走廊计划"

2017年，泰国政府启动了"东部经济走廊计划"（EEC），将其作为泰国"工业4.0"的战略性项目，EEC涵盖了泰国东部的春武里府、罗勇府和北柳府，总面积达13285平方公里，EEC是泰国的主要经济特区，旨在利用东部经济走廊地带原有的创新、技术、贸易和服务优势，以及该地区丰富的自然资源和潜力，兴建交通基础设施，发展十大目标产业，通过陆海空与东盟邻国建立强大的联系，成为未来东盟地区最先进的经济特区和生产中心。泰国政府为EEC的发展设定了四个"核心区域"：增强和改善基础设施；商业、产业集群和创新中心；旅游；通过智能城市规划创建新城市。为了实现上述四个"核心区域"的发展，泰国政府确定了EEC发展的15个重大投资项目，包括乌塔堡机场和飞机维修、商业海港（包括廉差邦港口三期、马达朴港口三期）、东部高速铁路线、东部省份的双轨铁路、扩建高速公路、新一代电动汽车、航空、工业和生活机器人、智能电子产品、先进的石化和生物产业、东部省份医疗中心、东部省份的旅游业、建设东部省份的全球商业中心、建立新的城市、加强公用事业。

泰国政府选取了六个主要项目进行优先开发，为EEC的后续开发奠定基础，这六大项目内容如下。（1）乌塔堡机场建设。通过扩建乌塔堡机场，将其打造成为泰国东部区域航空枢纽。该计划包括新航站楼开发和新跑道建设,政府还批准了航空人员培训中心的发展预算。同时,为完成区域航空枢纽的建设,泰国航空公司和空中客车公司签署了一份谅解备忘录,共同评估并推进乌塔堡机场航空大修综合体的建设,以服务于亚太地区的航空业,该综合体将采用最先进的环保技术。乌塔堡机场的升级将拉动泰国东部的旅游业,为当地人民提供就业机会和创造额外收入。(2)廉差邦港口三期工程。将廉差邦港发展成为东盟国家的物流枢纽和门户,改善港口的铁路连接,提升海运能力,每年将汽车出口量从100万辆增加到300万辆,并支持当地旅游业的发展。(3)高铁建设和双轨铁路建设。在发展EEC时,泰国政府优先考虑在机场、港口、产业集群和城市中心之间建立更快捷和更全面的铁路连接线。其中,将进一步发展从曼谷到罗勇的高速铁路,提升运力至每年1.1亿人次,修建连接EEC地区三大机场(素万纳普机场、廊曼机场和乌塔堡机场)的高铁建设项目,实现一小时内换乘,通过双轨铁路建设,将海港连接到产业集群,并升级廉差邦和马达朴两大港口间的双轨铁路。(4)重点发展十大目标产业的技术水平。这十大目标产业包括新一代汽车产业、智能电子产业、先进农业和生物技术产业、食品深加工产业、高端旅游和医疗旅游产业、数字产业、人工智能和机器人产业、航空和物流产业、综合医疗产业、生物能源和生物化工产业。(5)创建新城市。随着东部省份的人口激增,泰国政府计划在芭堤雅附近建立新的城市,并创新城市发展项目,如设立机动车辆测试中心,推广泰国的电动汽车生产,推动工业区开发项目,智能工业园区建设,建设世界一流的研究和培训中心,兴建特定的高科技产业促进区。(6)数字与创新中心。在罗勇府建立"泰国数字公园",占地约113公顷,旨在更新数字基础设施,通过提供免费数字连接,并与各大学合作,根据市场需求提供数字专家,提高当地企业的标准,同时促进数据中心的扩展,以便成为东盟地区的数据中心。在罗勇府建立"东部经济创新走廊"(EECi),占地约480公顷,通过研究和创新来促进工业发展。

泰国政府高度重视EEC的建设,相继在发达国家进行路演和招商引

资，并将 EEC 打造成泰国的一张新名片，期望 EEC 在前 5 年的预期收益（包括新技术基础的打造，人力资源的开发，国民收入）以每年不低于5%的速度增长，私营部门投资增加 2.1 万亿~3 万亿泰铢，获得更高质量的公共交通系统，增加 EEC 运送乘客和货物的能力，每年增加 1000 万游客，创造 10 万个就业机会，每天减少卡车成本约 3560 万泰铢，减少火车成本每天约 23 万泰铢，并降低旅行成本。此外，还将支持 EEC 发展成目标产业的中心和通往邻国、东盟地区的门户。为了加快 EEC 的建设进度，2018 年 2 月，泰国议会批准了 EEC 贸易和投资法，将修订或终止EEC 区域内原先 100 多项限制外国投资的法律和法规，促进外商直接投资，2018 年内完成五大招投标工作，分别由五大机构负责开发，即泰国航空国际有限公司（TG）负责的 MRO 中心项目（预计 2021 年完工），泰国皇家海军（RTN）负责的乌塔堡国际机场项目（预计 2021 年完工），泰国国家铁路（SRT）负责的连接三大机场的高铁项目（预计 2023 年完工），泰国港务局（PAT）负责的廉差邦港口三期项目（预计 2025 年完工）和泰国工业地产管理局（IEAT）负责的马达朴港口三期项目（预计2024 年完工）。

EEC 预计投资 1.5 万亿泰铢，资金来源包括 30%的国家预算，10%的国有企业投资，59%的公私合作伙伴关系（PPP）投资（主要是国外投资），还有 1%来自海军。目前，泰国已经与美国、日本、韩国等多个国家达成合作，并寻求与更多国家合作的可能。BOI 统计数据显示，2017 年批准了 259个 EEC 项目，投资总额 3103.37 亿泰铢，其中在春武里府 133 个项目，价值 1173.11 亿泰铢；罗勇府 93 个项目，价值约 1627 亿泰铢；在北柳府 33个项目，价值约 302.75 亿泰铢。①

2. "南部经济走廊计划"

2019 年 1 月，根据国家经济和社会发展委员会办公室的提议，泰国政府批准了关于春蓬 – 拉农 – 素叻他尼 – 洛坤地区"南部经济走廊计划"

---

① BOI, http://www.boi.go.th/upload/overviewpromotionandstat2017_th_24131.pdf.

(SEC)，共计116个具体实施项目。按照规划，未来4年将投入64亿美元，发掘泰南未来经济潜力。① SEC占地面积32000平方公里，拥有330多万人口，该地区拥有较为完整的交通网络系统，四面环海，拥有美丽的自然景色、丰富的自然资源、海洋资源以及油棕、橡胶和水果等经济作物，具有成为泰国新经济区的巨大潜力。目前，SEC还在规划阶段，SEC将致力于成为东南亚模范经济区和发展中心，SEC将和EEC一起推进泰国"工业4.0"战略，成为改变泰国未来经济整体发展趋势的战略性项目。

"南部经济走廊计划"主要包含四大项目。（1）拉廊省西部门户的发展。拉廊省将作为西部地区的物流枢纽，提供陆地、水路和航空各种交通工具。拉廊港将发展成为深海港口，以促进货物运输和国际海洋旅游，铁路和公路将连接拉廊港，连接春蓬和拉廊的主要道路将扩展为4车道，同时随着二级道路的发展，将形成更完善的交通网络，符合不断增长的旅游和物流需求，南部四省的主要机场都将增加运力，预计每年迎接不少于1000万的游客。泰国希望通过上述措施，打通西部门户，使货物运输更便宜，且无须再经过马六甲海峡，提高泰国在全球平台的竞争力。（2）生物工业和高附加值农产品加工业。在SEC地区，特别是素叻他尼和洛坤有各种农产品，SEC将建立橡胶和油棕的生物产业基地，并与EEC的先进石化产业合作，在整个生产链中创造附加值，为农民、社区和企业创造收入，同时建立多样化农业和大规模农业合作机制，加强SEC区域农业集群的发展。（3）将安达曼海和泰国湾发展为重要的旅游地。充分利用当地丰富的自然资源和旅游资源，把安达曼海和泰国湾开发成著名旅游胜地。（4）环境保护，文化促进和城市发展。在兴建SEC过程中，重视环境保护，传承历史文化，建设智慧城市。

---

① "Office of the National Economic and Social Development Council, Office of the Prime Minister, 2018." https：//www. nesdb. go. th/nesdb_ en/main. php? filename = index.

四 泰国"工业4.0"战略面临的挑战

近年来，为应对第四次工业革命的机遇与挑战，发达国家和发展中国家纷纷推出各自的"工业4.0"战略。从发达国家与发展中国家的"工业4.0"战略比较来看，发达国家出台的时间点较早，发展中国家反应则较迟缓；发达国家聚焦现代科技前沿和高端制造业，而发展中国家既有传统产业转型，也有新兴产业发展；发达国家研发投入巨大，关注产业标准制定，而发展中国家研发资金和人员相对不足，配套产业发展滞后。

从发达国家"工业4.0"战略看，早在2011年德国和美国就分别推出"工业4.0"战略和"先进制造业伙伴计划"，法国、英国、日本紧随其后，在2013年分别出台"新工业法国计划""工业2050""日本再兴战略"。在重点发展的目标领域，发达国家大多集中在新一代机器人、物联网、新能源、大数据、人工智能等科技最前沿，并配套了较为完善的政策措施，加大投入，重视高技术人才培养，制定新的产业标准，以保障原先的国家和产业竞争优势地位。

从发展中国家"工业4.0"战略看，发展中国家应对第四次工业革命的行动较为迟缓。2014年中国制定出台了"中国制造2025"，2016年泰国出台了"工业4.0"战略，2018年印尼、越南在分别出台了"工业4.0路线图"和"2030年面向2045年越南制定工业发展政策方向的决议"，以应对第四次工业革命浪潮。在重点发展领域，中国和泰国主要集中在现有的传统优势产业的转型和新兴科技产业的发展，印尼主要集中在自身五大优势产业的升级，越南暂未提出重点发展的目标产业。发展中国家提出各自的发展目标，中国希望在2025年成为制造业强国，泰国和印尼希望跨越"中等收入陷阱"而成为高收入国家，越南希望在2030年建成现代工业国家；许多发展中国家希望借助第四次工业革命机遇，实现经济快速增长和产业升级转型，缩小与发达国家之间的差距。

作为处于工业化中期阶段的发展中国家，泰国的"工业4.0"战略不仅与发达国家存在巨大的差距，而且与一些发展中国家也不尽相同，主要表现在：发达国家、少数发展中国家聚焦科技最前沿和高端制造业，而泰国的目标产业集中在现有传统优势产业的转型升级和新兴科技产业的探索；发达国家在科研、教育、创新中都有较大投入，而泰国受限于自身经济实力和其他因素，其相关的投入不足；发达国家强调人力资本发展的配套措施，注重高科技人才培养，而泰国本身人力资本发展存在缺失，更多集中在基础教育和职业教育领域，培养技能工人，因而人力资本差距将被进一步拉大。

首先，研究开发投入不足，科研人员短缺。目前，泰国的研发投入不足，2013年研发投入GDP占比为0.44%，落后于同等收入水平国家，泰国计划逐步加大研发投入力度，2016年投入增加到0.78%，但仍远远落后于"工业4.0"战略设定的4%的水平。此外，泰国科研人员数量严重不足，明显落后于发达国家，在发展中国家中也处于中下游水平。2009年，泰国的科研人员为22000人，2016年增加至83349人，每百万人平均科研人员数从2009年的328.94人增加至2016年1210.35人，科研人员与劳动力占比2009年为0.0572%，2016年增加至0.2178%。泰国需要更多的科研人员，特别是工程研究人员，其中设计工程师可以为泰国产品创造附加价值，从而实现创意经济，专业工程师或创新者可以结合学术知识和专业技能来创造经济价值。

其次，人力资本缺失。在世界银行2019年《世界发展报告》的人力资本指数（HCI）排名中，泰国人力资本指数在157个国家中位列第65位，在东盟国家中不仅落后于排名第一的新加坡，同时落后于排名第48位的越南和排名第55位的马来西亚。根据世界银行的人力资本指数指标，人力资本指数在0到1之间浮动，如果在一个经济体中工人都能获得完整教育和保持全面健康，那么该经济体人力资本指数得分将为1。2019年，泰国人力资本指数为0.6，马来西亚为0.62，越南为0.67，新加坡最高为0.88。[①] 在世界经济论坛（WEF）发布的2017年度全球人力资本报告中，泰国在130个

---

① World Bank（2019）. *World Development Report 2019*, Washington, D. C..

国家中排名第 40 位。在东盟国家中泰国的诸多指标均处于劣势，泰国排名落后于马来西亚。其中，泰国平均受教育年限仅 7.9 年，落后于马来西亚和菲律宾；公共教育支出占 GDP 比重为 4.1%，与马来西亚的 5% 和越南的 5.7% 有不小差距；除高等教育的入学率外，泰国小学教育的入学率在五个东盟国家中最低，中学教育的入学率低于越南和马来西亚，职业教育入学率也低于印尼和马来西亚。

最后，难以应对劳动力市场变革。随着第四次工业革命的到来，全球劳动力市场正在经历重大变革，劳动力市场的变革对劳动力提出更高要求，主要表现在技能方面，低技能就业将减少，高技能就业增加。工业的智能化、自动化的快速发展，大量低技能的就业岗位将被削减，新兴市场的廉价劳动力优势将不再成为吸引外来投资的动力因素。在中短期内，由于低端岗位迅速减少，将导致失业压力加大，这对泰国这样长期保持低失业率的国家来说将带来重大冲击。泰国低端劳动力沉积，高技能人才紧缺，将造成劳动力供需结构性矛盾。

五　面向"工业4.0"中国与泰国的产能合作

泰国地处中南半岛中心位置，既是丝绸之路经济带的重要地区，也是海上丝绸之路的必经之地，成为共建"一带一路"的重要伙伴。中国和泰国处于工业化的不同阶段，中国已进入工业化的成熟期，而泰国工业化仍处于中期阶段。中国和泰国实施"工业 4.0"战略，为推进中泰两国的产能合作创造了广阔的发展前景。

（一）中国与泰国产能合作的现状

自 1975 年中泰两国建交以后，中国与泰国的经济关系不断发展。1978年中泰两国签订了贸易协定，后又签订了一系列经贸合作协定，如《关于成立中泰经济联合合作委员会协定》（1985）、《关于促进保护投资的协定》（1985）、《关于避免双重征税的协定》（1986）、《贸易经济和技术合作谅解备忘录》（1997）等。进入 21 世纪，中泰两国经济关系发展进入一个新阶段。2003 年双方签订了《中泰两国政府关于成立贸易、投资和经济合作联合委员会的协定》，2004 年泰国承认中国完全市场经济地位，2009 年签订了《扩大和深化双边经贸合作的协议》，2012 年两国建立了全面战略合作伙伴关系，同年签订了《经贸合作五年发展规划》，2013 年发表了《中泰关系发展远景规划》，2014 年双方签订了《中泰农产品贸易合作谅解备忘录》，两国央行签署《关于在泰国建立人民币清算安排的合作谅解备忘录》，并续签了《双边本币互换协议》。2017 年，中泰两国签订了《关于共同推进"一带一路"建设谅解备忘录》。

据中国商务部统计，2008～2018 年，中国与泰国双边贸易额从 364.9 亿美元增加至 799.3 亿美元。其中，中国对泰国的出口贸易额从 202.7 亿美元增至 502.3 亿美元，中国从泰国的进口贸易额从 162.2 亿美元增至 297 亿美元。中国对泰国出口的三大商品是机电产品、贱金属及制品、化工产品，从泰国进口的三大商品为塑料橡胶、机电产品、植物产品。目前，中国是泰国最大贸易伙伴，也是最大出口市场和进口来源地。中泰两国预计，到 2021 年双边贸易额从 2017 年的 736.7 亿美元增至 1400 亿美元。近年来，中泰两国的相互投资规模扩大，经济技术合作领域增多。据统计，2017 年中国在泰国的直接投资额为 5.05 亿美元，泰国在中国的直接投资额为 1.1 亿美元。2017 年中国企业在泰国新签承包工程额 37.26 亿美元，完成营业额 33.84 亿美元；当年派出各类劳务人员 1689 人，年末在泰国劳务人员为 3405 人。中国是泰国最大的旅游客源国，2017 年赴泰中国游客超过 980 万人次，为泰国带来超过 5200 亿泰铢（约合 1047 亿元人民币）的收入。

泰国是中国重要的海外承包工程市场，中国企业积极参与承建铁路、公路、通信、电站等基础设施项目建设，2017 年新签大型工程承包项目包括中国能源建设股份有限公司承建的泰国 Agro-Solar 5MW 光伏项目群，中铁十局集团有限公司承建的大湄公河次区域高速公路扩建项目 2 阶段等。中国企业在泰国的重要业务领域为通信工程、电力工程和城市轨道交通建设方面，

包括华为、中兴、中国建筑、中国电建、中国港湾等多家企业在泰国承包工程市场占有一席之地。

在中泰工程承包合作中，最具代表性的就是中泰铁路。中泰铁路是中国投资泰国铁路的合作项目，该铁路由首都曼谷及东部工业重镇罗勇府到东北部的重要交通枢纽呵叻府。早在2006年，中泰两国就有合作建设铁路的意向。从2009年开始，泰国阿披实政府与中国方面接触，但由于该铁路项目历经泰国三届政府和政局变动而被搁置。2014年12月，中泰双方签订《开展铁路基础设施发展合作的谅解备忘录》，该项目重新启动。中泰铁路项目采用中国标准设计建造，分两期执行。2017年12月21日，中泰铁路一期工程首段曼谷－呵叻段正式进入施工阶段。截至2018年11月，项目一期工程第一段完成进度为40%。

2018年，中国电子商务巨头阿里巴巴已与泰国政府建立战略合作伙伴关系，为共同努力提高泰国企业家进入新市场和利用数字创新的能力奠定了基础，其主要合作领域包括：在EEC建立智能数字中心，为中小企业提供电子商务技能，培训泰国数字人才，并加强数字旅游合作。2018年9月20日，华为云泰国开服发布会在2018泰国数字技术国际展会成功举办。BOI授予华为运营公有云的许可证。9月30日，华为云泰国将正式上线提供云服务。在泰国，华为云是第一家落地泰国东部经济走廊的国际公有云平台，第一个全业务自服务全在线的公有云平台，第一个包含芯片、硬件、系统软件和基础设施层软件等全栈云服务提供商，为泰国乃至东南亚地区提供本地化、低时延和接入全球的云服务。

泰中罗勇工业园是首家在泰国开发建设的中国境外工业园区，由中国华立集团与泰国安美德集团合作开发，园区预计可容纳300家企业，为泰国创造10万个就业岗位。近五年来，入园企业近60家，园区实现工业总产值90亿美元，约占近十年园区累计实现工业总产值的75%。2015~2017年三年期间入园企业就高达35家，带动投资约8亿美元，工业总值达55亿美元。越来越多的中国传统优势企业投资泰国，中国新技术、新材料企业也纷纷入驻园区。

（二）面向"工业4.0"中泰产能合作的对策建议

2016年，中国和东盟领导人发表了《中国－东盟产能合作联合声明》，中国与湄公河五国领导人发表了《澜沧江－湄公河国家产能合作联合声明》，这标志着中国与东盟的产能合作步入了新阶段。中国和泰国处于工业化的不同阶段，中国已进入工业化的成熟期，而泰国工业化仍处于中期阶段。因此，中泰两国实施"工业4.0"战略，有助于进一步推进中国与泰国的产能合作。

首先，实施中国与泰国"工业4.0"的战略对接，推进两国在重点产业部门的合作。近年来，中国和泰国均相继制定了应对第四次工业革命的战略与政策，两国"工业4.0"的战略目标和重点产业相近或相似，这为两国的产能合作创造了条件。未来中国制造业聚焦新一代信息技术产业、先进轨道交通装备、高档数控机床和机器人、节能与新能源汽车、航空航天装备、新材料、电力装备、海洋工程装备及高技术船舶、农机装备、生物医药及高性能医疗器械等十大重点领域，而泰国将新一代汽车制造、智能电子、农业和生物技术、高端旅游与医疗旅游、航空和物流、工业机器人、生物能源与生物化工、食品深加工、数字经济、医疗中心等作为重点目标产业。因此，中泰两国可以根据各自的国情特点和产业状况，探讨在"工业4.0"背景下的产业合作，依据两国的实际产业需求，务实和有效地推进双边产能合作。

其次，选择产能合作的重点领域，增强产能合作的实效。在现有的合作基础上，按照"泰国所需、中国所长"的原则，推进传统产业的转型和新兴产业的发展，实现产业互补和合作共赢。2018年11月8日，泰国商务部长颂迪拉·颂迪集拉翁提出积极利用智能化、物联网、大数据等新技术，促进中泰两国的全面合作，包括贸易、投资、数字技术、科技、旅游、金融和地区经济合作等七大领域。因此，在继续推动传统产业合作的基础上，中泰两国应加大在现代化通信、智能制造、新能源、新材料、生物医药等新兴产业部门的合作，打造新兴产业发展的共享平台，推进具有资源因素支撑、市场前景看好、产业配套完备的重点项目，促进双方产能合作的提质增效。

再次，鼓励中国企业投资泰国"工业4.0"的目标产业和战略性项目。根据泰国"工业4.0"的重点发展产业和战略性项目，鼓励中国企业投资泰国"工业4.0"的十大目标产业，参与泰国的"东部经济走廊"（EEC）和"南部经济走廊"（SEC）项目的建设；开展电子商务、5G技术、网络安全等数字技术合作，提升数字化基础设施的水平，投资数字工业园，促进互联网金融发展；运用"工业4.0"技术提升两国旅游合作的水平，为游客提供安全、便捷和舒适的旅游体验。

最后，强化政策指导和服务保障，扩大次区域经济合作。针对企业的境外投资和产能合作，中泰两国政府应加强行业指引，为双方的产能合作提供税收、金融、人才等政策支持。同时，应充分利用中国-东盟投资合作基金、中国-东盟基础设施专项贷款等融资平台，对先进制造业和优势行业的产能合作优质项目提供支持。同时，充分利用现有的次区域合作机制，推动泛珠江三角洲、粤港澳大湾区、澜沧江-湄公河、大湄公河以及伊洛瓦底-昭披耶河等次区域之间的经济合作。

参考文献

Barongutty, A. , Catherine Figuière, and J. C. Simon（2009）. "From 'Tradi-cluster' to 'Neo-cluster': First Step for a Typology of Industrial Clusters in Emerging Economies: A Case Study of Thailand. " Asian Industrial Clusters, Global Competitiveness and New Policy Initiatives.

Buasuwan, P. , K. H. Mok, and S. S. H. Lo（2018）. "Rethinking Thai Higher Education for Thailand 4. 0. " Asian Education and Development Studies.

Charoenloet, Voravidh（2015）. Industrialization, Globalization and Labour Force Participation in Thailand. *Journal of the Asia Pacific Economy*, 20（1）: 130 – 142.

Goto, K. , and T. Endo（2014）. "Labor-intensive Industries in Middle-income Countries: Traps, Challenges, and the Local Garment Market in Thailand. " *Journal of the Asia Pacific Economy*, 19（2）: 369 – 386.

Le Mare A. , B. Promphaking, and J. Rigg（2015）. "Returning Home: The Middle-Income Trap and Gendered Norms in Thailand. " *Journal of International Development*, 27（2）:

285 – 306.

Louangrath, P. T. I. (2017). *Thailand 4.0 Readiness.* Social Science Electronic Publishing.

Natsuda, K., and J. Thoburn (2013). "Industrial Policy and the Development of the Automotive Industry in Thailand." *Journal of the Asia Pacific Economy*, 18 (3): 413 – 437.

Rigg, J. (2014). "Personalizing the Middle-Income Trap: An Inter-Generational Migrant View from Rural Thailand." *World Development*, 59: 184 – 198.

Samarnbutr, C. (2012). *An Examination of Technological Capability Development in the Thailand Automotive Industry: The Role of Thai Government Policy from 1960 – 2009.* University of Portsmouth, 3: 8 – 20.

B.17
越南参与"工业4.0"的政策措施和制约因素

杨玉花*

摘　要： 在第四次工业革命的浪潮下，越南推出了主动参与"工业4.0"的战略与政策。作为新兴经济体的越南何以热衷于"工业4.0"，究其动因，主要是越南试图借力"工业4.0"，发挥后发优势，打造经济持续增长的新引擎，促进产业结构转型升级，推动增长模式、政务和社会管理的改革。为此，越共中央和政府制定了"工业4.0"的中长期战略目标，确立工业优先发展的重点行业，实施参与"工业4.0"的政策措施，加强应对"工业4.0"的能力建设，借助全球价值链和区域生产网络重构，引进"工业4.0"投资项目和先进技术，并加快国内智慧城市建设。第四次工业革命引发的全球价值链重构，为越南经济增长和产业升级带来难得的机遇，但越南参与"工业4.0"的基础和能力仍十分薄弱，它将直接影响实施"工业4.0"的政策效应。

关键词： 越南　"工业4.0"　全球价值链　智慧城市

2019年9月，越共中央政治局颁布了关于主动参与第四次工业革命的

---

* 杨玉花，厦门大学图书馆经济分馆副研究馆员，经济学博士。

决议,提出了越南实施"工业4.0"战略的目标与政策,各相关的政府部门也相继出台因应"工业4.0"的实施方案,以应对新一轮的工业革命带来的机遇与挑战。本报告拟就越南实施"工业4.0"战略与政策的主要动因、政策措施和制约因素作一分析。

一 越南主动参与"工业4.0"的动因

近年来,越南政府高度关注第四次工业革命,"工业4.0"成为各界聚焦的热点问题。2017年,越南政府颁布了关于加强第四次工业革命应对能力的第16号指示。2018年8月,越南政府公布了2018~2025年越南发展可持续智慧城市总体规划以及2030年发展方向。2019年9月27日,越共中央政治局颁布了关于主动参与第四次工业革命的决议。同时,越南举办了多次关于"工业4.0"的高端论坛,如2018年9月世界经济论坛(WEF)举办了题为"东盟4.0:企业家精神与第四次工业革命"的东盟峰会,2019年3月越南中央经济管理研究所(CIEM)与日本NTT数据公司联合举办了"第四次工业革命——日本的经验"研讨会,2019年6月越南司法部举办了"第四次工业革命:越南制定和完善法律系统工作面临的法律问题"研讨会等。越南政府和各界何以重视新一轮的工业革命,紧锣密鼓出台相关政策措施?究其动因,主要是越南试图借力"工业4.0",发挥后发优势,打造经济持续增长的新引擎,促进产业结构转型升级,推动增长模式、政务和社会管理的改革。

首先,越南主动参与"工业4.0",就是要打造经济持续增长的新引擎。

自1986年12月越南实行革新开放政策以来,越南经济发展驶入快车道。2007年1月11日,越南成为世界贸易组织(WTO)的第150个成员国。加入WTO之后,越南国内经济加速发展,成为世界经济增速最高的国家之一。近十年来,越南经济年均增长率保持在6%以上,2018年和2019年越南经济增速连续两年超过7%。2006~2018年,越南的国内生产总值从664亿美元增至2540亿美元,人均GDP从730美元增至2452美元。2016年

是越南入世十年，当年越南进出口贸易首超3500亿美元。2017年超过4000亿美元，2019年突破5000亿美元，达到5170亿美元，并连续第四年实现贸易顺差。2019年，实际利用外资203.8亿美元创历史纪录，越南被评为亚太地区最具吸引力的投资目的地之一。2008年，越南摘掉"低收入国家"的帽子，进入下中等收入国家行列。越南政府提出，到2025年越南人均GDP要达到4500美元，成为上中等收入国家。到2035年，越南人均GDP达到1万美元。到2045年建国100周年时，越南能够跻身高收入国家行列。为了实现这一宏伟目标，越南希望通过主动参与第四次工业革命，利用"工业4.0"技术，改造传统产业部门，发展新兴产业部门，培育新的经济增长点，打造经济持续增长的新引擎。

其次，借助全球价值链重构，以"工业4.0"促进产业结构转型升级。

20世纪80年代中期，越南开始实施革新开放政策，加快了工业化进程。由于原有的工业基础薄弱，越南工业化的过程主要是参与跨国公司主导的全球价值链，加工制造业逐步地融入全球价值链中。2007年1月，越南正式加入世界贸易组织（WTO），标志着越南开始全面和深度地参与经济全球化，越南经济也加快融入全球价值链中。加入WTO十多年来，越南的经济开放度从2007年的144%增至2016年的173%，参与全球价值链的程度也不断加深。自1987年越南颁布《外国投资法》以来，越南积极调整外资政策，鼓励外资进入优先领域和欠发达地区。2015年7月起，越南开始实施"负面清单"，降低了外国企业进入门槛。截至2019年10月，越南吸引外资项目30136个，注册资金达3585.3亿美元。近30多年来，吸引外资成为越南深入参与全球价值链的杠杆。①

由第四次工业革命引发了国际产业分工和全球价值链的重构，跨国公司加快了全球经营战略的调整，导致跨国公司的产业迁移和区域布局，这为越南引进跨国公司投资和促进产业转型提供了难得的时机。目前，越南的电子、摩托车、汽车、纺织、鞋类等生产企业已融入全球价值链，国内从事硬

---

① 《吸引外资30年：越南深入参与全球价值链的杠杆》，越通社，2018年9月5日。

件、软件和数字开发，以及信息通信技术（ITC）的企业共3万多家，信息通信产品（约占出口的1/4）成为越南最大出口商品。同时，越南企业积极引进英特尔、微软、三星、LG、诺基亚、空客、波音、UPS、GE、佳能、三菱、丰田和本田等投资项目，以参与人工智能、区块链、机器人和物联网等研发活动。① 但是，越南的传统产业部门仍占相当比重，现有参加全球供应链的中小型企业仅占25%，全国1800家零部件生产企业仅有300家参与了跨国公司的生产网络。这使越南必须抓住全球价值链重构所带来的机遇，借助"工业4.0"的新技术，推动产业结构的转型升级，促进中小企业参与全球价值链。

最后，利用"工业4.0"新技术，推动增长模式、政务和社会管理的改革。

早在2013年2月，越南政府就出台了加快经济结构重组和增长模式转型总体提案，旨在推动粗放型经济增长模式向有机结合集约型经济增长模式转换，到2020年转向集约型经济增长模式。但是，这些年来越南经济增长模式没有明显改变，仍然主要靠投资拉动，投资占GDP的比重年均在33.5%左右；在工业基础仍旧薄弱的情况下，经济结构过快向服务业倾斜，高附加值服务业对经济增长贡献低；配套工业发展缓慢，出口对外资企业依赖程度高，参与全球价值链的中小企业有限。因此，越南政府提出要借助"工业4.0"，推动粗放型经济增长模式向集约型经济增长模式转变，促进产业结构的转型升级。

2014年，越南确立了国家行政改革方案，提出建立电子政府，在政府机构运作中应用和开发信息技术，并加大了电子政务的投入。但是，目前越南电子政务的实施程度尚未达到预期目标。在2018年联合国电子政务调查中，越南在193个国家和地区的排名中仅居第88位。同时，越南的社会管理存在的问题尚未得到有效解决，社会不稳定因素仍然存在。部分民众未能享受到革新的成果。为此，越南提出要应用"工业4.0"技术，加快构建电

---

① 《赶上数字经济时代的发展步伐》，越通社，2019年7月16日。

子政务，率先完成国家数据库建设，推进行政体制和流程的改革，重新调配电子政务建设的资源投入，建立数字政府的法律法规，提升行政效率和社会管理水平，构建以人民和企业为中心的数字政府和数字社会。

二 越南参与"工业4.0"的战略目标与政策措施

面对第四次工业革命的浪潮，越南高度关注"工业4.0"的发展态势，根据本国的国情国力，推出了主动参与"工业4.0"战略框架。越共中央和政府制定了"工业4.0"的中长期战略目标，确立工业优先发展的重点行业，实施参与"工业4.0"的政策措施，加强应对"工业4.0"的能力建设，借助全球价值链和区域生产网络重构，引进"工业4.0"投资项目和先进技术，并加快国内智慧城市建设。

（一）制定越南"工业4.0"的中长期战略目标，确立工业优先发展的重点行业

在越共中央政治局颁布的关于主动参与第四次工业革命的决议中，提出了越南主动参加第四次工业革命的总体目标是，充分有效地利用第四次工业革命带来的成果，以促进增长模式的创新；将促进经济结构转型和实施战略突破口与国家现代化建设相结合；大力发展数字经济；在促进科技、创新和培养高素质人力资源的基础上，促进国家快速可持续发展；提高生活质量和人民的福利；维护国防安全和生态环境。在该决议中，越南提出了参与"工业4.0"的具体目标，即到2025年，越南全球创新指数位居东盟前三位，基础设施建设达到东盟国家的先进水平，乡镇的宽带覆盖率达100%，数字经济占GDP的20%，年均劳动生产率增长达7%，在越南北部、南部和中部重点经济区建成3个智慧城市；到2030年，全球创新指数跻身世界前40位，实现5G移动网络全覆盖，所有人都能低价获取宽带服务，数字经济占GDP的30%，劳动生产率年均增幅达7.5%，完成电子政务建设，在北部、南部和中部各重点经济区建设智慧城镇，逐步与地区乃至世界智慧

城市网络接轨;到2045年,越南成为亚洲地区的智慧生产和服务中心、创业创新中心之一,劳动生产率处于较高水平,掌握经济、社会、环境、国防、安全等领域的现代化技术。[①]

在"至2025年越南工业发展战略和2035年展望"中,越南提出到2035年越南工业要优先发展先进技术,产品质量达到国际标准,深入参与全球价值链,重点发展加工制造业和化工、电子通信、新能源和可再生能源产业等。到2020年,越南工业增加值年均增长率达6.5%~7%,2021~2025年达7%~7.5%,2026~2035年达7.5%~8%;到2020年,越南工业占全国经济比重达42%~43%,2025年达43%~44%,2035年达40%~41%;2025年工业产品出口总额占全国出口总额的比重为85%~88%,2025年后达90%以上;2025年高新技术和应用高科技产业占GDP比重达45%,2025年后达50%以上;到2020年,能源消耗指数达1,2035年达0.6~0.8,接近区域内其他国家。到2035年,将越南工业建成环境友好型的绿色工业,打造高技术、品牌优、质量好、增加值高和达到发达国家标准的产品,进一步融入全球价值链,提升区域和国际竞争力。[②]

2018年3月,越共中央颁布了"2030年和面向2045年越南工业发展政策方向的决议",提出到2030年越南基本建成现代工业国家,并跻身东盟国家前三,部分工业行业具有国际竞争力,深入参与全球价值链;到2045年建成现代工业国家。其中,到2030年的具体目标为:工业占GDP的比重超过四成,其中加工制造业占GDP的比重超过三成,高科技产业占加工制造业的比重超过45%,工业增加值年增长率超过8.5%,劳动生产率年均增长7.5%,行业竞争力指数(CIP)跻身东盟国家前三名,工业和服务业劳动力占比超过70%,建立一些具有国际竞争力的大型跨国工业企业和产业集群。

---

① 《越共中央政治局发布决议,主动参与第四次工业革命》,越通社,2019年10月1日。

② 《越南工业优先发展先进技术产业》,https://zh.vietnamplus.vn/越南工业优先发展先进技术产业/26501.vnp。

（二）积极实施参与"工业4.0"的政策措施，加强应对"工业4.0"的能力建设

越共中央政治局的决议提出，在主动参与第四次工业革命中，要创新思维和凝聚共识，增强党和政府管理的职能，发挥越南祖国阵线的作用和政治社会组织的参与；完成相关体制，主动参与第四次工业革命和数字化转型过程；实施重要基础设施发展政策，国家创新革新能力和发展政策，人力资源发展政策，优先技术和各行业发展政策，融入国际社会政策，促进党、国家、祖国阵线和政治社会组织的数字转换的政策，等等。

2017年，越南政府颁布了关于加强第四次工业革命应对能力的第16号指示，政府积极采取措施，大力推动创新，促进研发与创新活动，促进科技成果转化，打造适应第四次工业革命的营商环境，以提升"工业4.0"时代的国际竞争力。2014年越南政府签发关于改善营商环境、提升国家竞争力的第19号决议，2016年签发关于到2020年助力企业发展、面向实现越南营商环境跻身东盟四国之列的决议。2019年1月，越南政府颁发了关于2019年和面向2021年继续履行改善营商环境和提高国家经济整体竞争力的第2号决议，以进一步提升在世界银行的营商便利度、世界经济论坛的全球竞争力指数、世界知识产权组织的全球创新指数的世界排名。2019年，越南在各国营商便利度中排名第70位，在全球竞争力指数4.0（GCI4.0）中排名第67位，在全球创新指数（GII）中越南排名第42位，在下中低收入国家中居首位，在东盟十国中仅次于新加坡（第8位）和马来西亚（第35位）。①

近年来，越南政府大力推动数字基础设施建设，服务于本国政府和企业的数字化转型，为第四次工业革命做好准备。2019年1月，由越南研制的"微龙"（Micro Dragon）超小型卫星在日本发射升空，它标志着越南已逐步掌握卫星遥感观测技术；2月，越南政府批准了"国家遥感发展战略至2030

---

① World Bank（2020）. *Doing Business 2020*；WEF（2019）. *The Global Competitiveness Report 2019*；Cornell University, INSEAD, WIPO（2019）. *Global Innovation Index（GⅡ）2019*.

年和展望 2040 年",该战略提出,到 2030 年掌握遥感卫星制造技术、遥感数据接收和处理系统、遥感卫星控制站、无人驾驶飞行器和气球拍摄地球表面系统等技术,建设国家遥感图像数据收集站和数据处理系统;3 月,越南的国家电子文件交换平台开通,它是越南政府推进数字化转型的重要步骤,也是越南建设无纸化政府、提高办公效率和节约社会成本等的前提;5 月,越南军队电信工业集团(Viettel)与瑞典爱立信集团(Ericsson)在河内完成首次 5G 手机通话,使越南成为世界上最早成功进行 5G 试验的国家之一;12 月,越南国家公共服务门户网站(dichvucong. gov. vn)开通,企业和居民均可在线办理手续。目前,国家公共服务门户在 63 个省市提供 5 种公共服务,部级单位提供 3 种公共服务。

(三)借助全球价值链和区域生产网络重构,引进"工业4.0"先进技术和投资项目

在"工业 4.0"背景下,以智能制造、互联技术等为基础的新工业革命将引发全球价值链的重构,现有的国际产业分工和全球价值链将发生新的格局性变化。当前,全球价值链和生产网络面临重组与调整,跨国公司开始调整其全球经营战略,重新布局区域生产网络,越南借助全球价值链重组与调整的时机,积极调整外资政策,消除货物和服务流通障碍,放宽外资投资领域,促进贸易投资自由化和便利化,吸引跨国公司在当地投资设厂,承接部分技术密集型产业和工序的转移,培育国内辅助工业的发展,力争成为跨国公司的区域零部件供应商和组装厂。例如,1996 年起韩国三星公司开始在越南投资,并不断扩大投资设厂规模。[①] 目前,三星公司在越南共设 8 家工厂,三星在越年产智能手机约 1.5 亿部,相当于三星全球智能手机年产量的 40%,在越三星公司的出口额占越南出口总额的近 25%,越南已成为三星公司全球经营战略的重要组成部分。现三星公司属下一级供应商的越南企业

[①] UNIDO (2018). *Global Value Chains and Industrial Development: Lessons from China, South-East and South Asia.* Vienna: UNIDO, pp. 115 – 116.

仅为 29 家,到 2020 年预计将达到 50 家。

为促进本国中小企业积极参与全球价值链和区域生产网络,越南采取政策推动中小企业的转型,扶持辅助工业和配套产业的发展。2017 年 1 月,越南政府出台了辅助工业发展计划,提出力争到 2020 年能向越南境内跨国公司和组装企业提供零部件的配套企业从现有的 300 多家增至 1000 家,到2030 年为 2000 家。2019 年 1 月,越南工贸部公布了越南与亚马逊全球开店项目(Amazon Global Selling)合作计划,该项目旨在鼓励中小企业通过亚马逊网络塑造自己的品牌。同月,越南军队电信集团(Viettel)与微软(Microsoft)签署战略合作协议,试图通过双方合作协助越南中小企业向经济数字化转型,微软将提供更多服务产品和云计算应用服务。3 月,美国UAC 集团在越南岘港市高科技工业园区投资 1.7 亿美元,设立航空航天零部件制造厂,从事制造、加工和组装航空航天零部件。该公司拟招聘 1200 名高素质员工,并提供辅助工业服务的企业,预计间接创造 2000 个工作岗位。

(四)引入"工业4.0"的先进技术,加快国内智慧城市建设

2018 年 8 月,越南政府公布了 2018~2025 年越南发展可持续智慧城市总体规划以及 2030 年发展方向,以智慧城市建设为突破口推进"工业 4.0"战略。该总体规划旨在发挥城市潜在优势,最大限度利用好人力资源和自然资源等,促进绿色经济发展,提升生活质量和国际竞争力。根据规划,到2020 年,政府应建立智慧城市的法律政策框架、数据基础设施和国家城市数据库;到 2025 年,推进智慧城市的试点,建立智慧城市的国家级优先标准;到 2030 年,在河内、胡志明市、岘港和芹苴建成智慧城市网络中心,并将有效经验推广到其他行业和领域。同时,作为东盟成员国的城市,越南的河内、胡志明市和岘港还参与了东盟智慧城市网络(ASEAN Smart Cities Network,ASCN)建设。①

---

① 2018 年 11 月,第 32 届东盟领导人会议通过了东盟智慧城市网络倡议。目前,参与东盟智慧城市网络的有 26 个城市,包括马来西亚 4 个,老挝 2 个,新加坡和文莱各 1 个,其余六个东盟成员国各 3 个。

2019 年 10 月，由越南 BRG 集团与日本住友集团（Sumitomo）合作的河内市东英县首个智慧城市项目正式动工，这是越南最大的智慧城市项目，总投资 42 亿美元，占地 272 公顷，该项目共分五期建设，第一期将在未来两年竣工，2028 年全部竣工。该智慧城市将汇聚最先进的数字技术，包括智慧能源管理技术、智慧交通系统、智慧安全管理、智慧教室、智慧经济和智慧生活等；安装多功能智慧预警系统，有效监测大气、水、天气的质量、灾害和安全等情况；应用智慧管理系统和可再生能源技术，以优化能源供应和储存；建立与河内城区对接的环境友好型交通系统，应用 5G 技术、人脸识别、区块链等现代技术，为改善河内市服务质量做出贡献。

三　越南主动参与"工业4.0"：机遇与挑战

随着第四次工业革命的浪潮兴起，世界经济将催生两类经济体：领先经济体和追赶型经济体。根据联合国工业发展组织（UNIDO）的分类，在新兴科技领域，领先经济体有 10 个，先进数字化制造技术产品生产的追赶型经济体有 23 个，先进数字化制造技术应用的追赶型经济体有 17 个，先进数字化制造技术产品生产方面的后发经济体有 16 个，先进数字化制造技术应用的后发经济体有 13 个、落后经济体有 88 个。其中，越南属于先进数字化制造技术应用的追赶型经济体。[1]

作为追赶型经济体，越南将从"工业4.0"的先进数字化制造技术应用中获得比较利益，新的工业革命推动传统产业的改造和新兴产业的涌现，它将带动相关行业增加收入和提升竞争力，并成为推动越南经济增长的重要动力源。越南中央经济管理研究院（CIEM）报告显示，第四次工业革命将使越南国内生产总值（GDP）增加 285 亿 ~ 621 亿美元，到 2030 年国内生产总值年均增长将达 7% ~ 16%，通过提高劳动生产率和增加就业，越南人均 GDP 将

---

① UNIDO（2019）. *Industrial Development Report 2020*: *Industrializing in the Digital Age*. Vienna: UNIDO，p. 171.

增加 315~640 美元。其中，制造业、贸易、零售、农业、金融等是收益最多的行业。[①] 2015 年，越南数字经济规模约为 30 亿美元，2018 年达 90 亿美元，预计 2025 年将达到 300 亿美元。近几年，越南电子商务以年均 30% 的增速发展，2018 年电子商务规模约 80 亿美元，到 2020 年至少达 100 亿美元。

尽管越南参与"工业 4.0"的机遇大于挑战，但仍面临国家层面和企业层面的能力建设问题。2018 年 1 月，世界经济论坛（WEF）与科尔尼咨询公司（A. T. Kearney）联合发布了《2018 年未来生产准备状况报告》，对世界 100 个经济体因应"工业 4.0"的准备程度进行了评估。该报告从各国或地区的生产结构和生产驱动因素两个方面，运用 59 个相关指标体系，对全球 100 个经济体当前生产结构的复杂度和规模、未来生产中运用新兴技术和把握机遇的关键因素进行评估，创立了未来生产准备程度指数体系（包括生产结构指数和生产驱动指数）。越南在生产结构、生产驱动因素的世界排名中分别列第 48 位和第 53 位。在各分指标中，越南在生产结构复杂度方面的世界排名为第 72 位，结构规模排名第 17 位，技术和创新排名第 90 位，人力资本排名第 70 位，国际贸易与投资排名第 13 位，制度框架排名第 53 位，可持续资源排名第 87 位，需求环境排名第 39 位。[②]

在几个重要的子指标中，越南的制造业增加值占 GDP 比重排名第 9 位，制造业增加值排名第 40 位，移动电话用户排名第 39 位，互联网用户排名第 76 位，外商直接投资与技术转让排名第 73 位，企业投资新兴技术排名第 50 位，政府采购先进技术产品排名第 31 位，研发支出（R&D）占 GDP 比重排名第 84 位，科技出版物排名第 74 位，专利申请排名第 73 位，风险投资排名第 55 位，知识密集型就业排名第 81 位，大学质量排名第 75 位，数学和科学教育质量排名第 68 位，职业训练质量排名第 80 位，贸易关税排名第 76 位，非关税壁垒排名第 87 位，交通设施排名第 57 位，电力设施排名第 45 位，监管效率排名第 65 位。

由此可见，随着第四次工业革命的浪潮兴起，以智能制造和互联技术为

---

① 《第四次工业革命可推动 GDP 年均增长 7%~16%》，越通社，2018 年 11 月 28 日。

② World Economic Forum and A. T. Kearney（2018）. *Readiness for the Future of Production Report 2018.* p. 251.

驱动的工业转型升级，将对传统的产业结构和生产模式产生巨大冲击，全球价值链重构将引发跨国公司调整经营战略和区域布局，这将给越南经济带来难得的机遇，越南经济增长由此获得新的引擎，国内产业结构转型升级带来新的契机。不过，越南参与“工业4.0”的基础和能力仍然十分薄弱，尤其是技术密集型产业落后，数字基础设施欠缺，科技创新能力缺乏，企业引进新技术的动力不足，专业技术人才相对短缺，国家创新创业系统仍处于萌芽阶段，这些因素势必影响越南实施“工业4.0”的政策效应。

参考文献

Ketels, C. et al. (2010). *Viet Nam Competitiveness Report 2010*, Hanoi: Central Institute for Economic Management (CIEM).

Ministry of Industry and Trade of Viet Nam and United Nations Industrial Development Organization (2011). *Viet Nam Industrial Competitiveness Report 2011*. Vienna: Unido.

Ministry of Industry and Trade of Viet Nam and United Nations Industrial Development Organization (2019). *Viet Nam Industry White Paper 2019*. Vienna: Unido.

Nixson, F. and B. WALTERS (2010). *Vietnamese Enterprises towards Global Competitiveness: Research Topic: The Competitiveness of Viet Nam's State Corporations, State Enterprises and Private Enterprises, and International Experiences in Promoting Business Competitiveness*. Hanoi: University of London.

Ohno, K. (2007). *Building Supportive Industries in Viet Nam*. Hanoi: Labor-Society Publisher.

Ohno, K. (2009). "Avoiding the Middle-Income Trap: Renovating Industrial Policy Formulation in Viet Nam." *ASEAN Economic Bulletin*, 26 (1), pp. 25 – 43.

Pincus, J. (2009). "Viet Nam: Sustaining Growth in Difficult Times." *ASEAN Economic Bulletin*, 26 (1), pp. 11 – 24.

Pincus, J. (2011). *Attracting Quality FDI for High Value Added Manufacturing*. Hanoi: Unido.

Tran, C. N. (2011). *Policy Recommendations for Technology Development in Viet Nam*. Hanoi: Unido.

Unido (2019). *Industrial Development Report 2020: Industrializing in the Digital Age*. Vienna: Unido.

附 录

Appendix

B.18
附录1 东盟面向"工业4.0"的产业转型宣言

（第35次东盟首脑会议通过，2019年11月2日曼谷）

我们，作为各国首脑，谨代表文莱达鲁萨兰王国、柬埔寨王国、印度尼西亚共和国、老挝人民民主共和国、马来西亚、缅甸联邦共和国、菲律宾共和国、新加坡共和国、泰王国和越南社会主义共和国的人民，出席在泰国曼谷举行的第35次东南亚国家联盟（以下简称东盟）会议：

以《2025东盟共同体愿景》和《2025年东盟经济共同体蓝图》的宗旨和原则为指导，致力于巩固我们的共同体，进一步促进和深化区域一体化进程，推进以人为本的东盟共同体建设，使人民享有更高质量的生活和受益于共同体的建设，增强我们的归属感和身份认同；

在2017年马尼拉的第30次东盟首脑会议共识的启发下，我们认识到东盟有必要做好充分准备，并有能力最大限度地利用第四次工业革命（"工业

4.0")所带来的机遇，以促进区域经济增长，推动包容和公平的经济发展，以及维护东盟的区域中心地位和确保其在全球生产网络中重要参与者的角色；

强调东盟共同体内部合作的重要性：建立一个具有政治凝聚力、经济一体化和社会责任感的共同体，以推动区域经济的强劲增长，增强抵御来自全球变革影响的能力；

重申利用先进技术为未来东盟工业发展做准备的重要性，并考虑到东盟不同的水平，坚持包容性增长，建设携手发展的共同体；

认识到以东盟为中心的区域贸易结构及其与各种国际共同体的相互依存关系，这包括东盟国家70%以上的贸易是与区域外国家进行，预计到2025年，我们不断增长的互联网经济规模将达到2000亿美元；为了保持东盟成员国的增长活力和经济繁荣，我们同意促进数字价值链的互联互通，为企业特别是中小微企业进入区域和全球市场提供便利，为东盟产业向"工业4.0"转型创造条件，以实现可持续发展；

认识到促进东盟成员国工业合作的重要性，各国通过发展和健全机制，增强东盟国家民众包括中小微企业、青年、学界、研究机构和劳动者应对"工业4.0"及其引发的经济、社会和政治安全影响的准备；

希望通过"工业4.0"的创新和数字技术，加速经济增长和社会进步，建立一个繁荣和公平的东盟共同体；

特此声明：

第一，通过现有的对话和论坛加强东盟成员国之间的交往和互动，探讨建立新机制和开放平台的可能性，为政府、学界和产业界提供全面的支持，包括促进数字价值链的互联互通，加速东盟向"工业4.0"转型，尤其是创业企业、中小微企业、电子政务、智慧城市和职业教育。

第二，加强人力资源开发和能力建设，迎头赶上与智能工厂、数字价值链和数位素养相关的前沿技术和创新，重视提高包括中小微企业在内的劳动力技能和再培训水平。

第三，鼓励采用和传播"工业4.0"的创新和技术，如物联网、大数

据、云技术、人工智能等智能、增强现实和增材制造（3D 打印）相结合的研究、投资和开发活动，共享各国政策制定和实施的信息、经验与最佳实践，尤其是推进"工业 4.0"的创新系统的政策和机制。

第四，重申推动"工业 4.0"的承诺，通过强调促进创新和技术驱动型产业发展的东盟第四次工业革命的综合战略。

第五，在建立完善的监管框架上，加强合作，以支持东盟面向"工业 4.0"的产业转型，通过增强公私合作和与国际组织的合作，促进和便利数字标准的统一和认证，推动跨境数据的交流，利用诸如大数据和人工智能等数字技术，构建产业统计的共同平台。

第六，应对阻碍东盟工业发展的挑战，并制定相应的解决方案。

附录2　2018年东南亚大事记[*]

1月

● **1 日起**　越南 2015 年版《刑法》正式生效。

● **10 ~ 11 日**　中国国务院总理李克强出席在柬埔寨金边举行的澜湄合作第二次领导人会议，并对柬埔寨进行正式访问。

● **14 日**　新加坡和马来西亚正式签署新柔地铁系统双边协定。

● **15 日**　应缅甸总统吴廷觉邀请，老挝总理通伦对缅甸进行正式访问。

● **15 ~ 17 日**　应老挝人民革命党中央政治局委员、国防部部长占沙蒙的邀请，由越共中央政治局委员、中央军委副书记、国防部部长吴春历大将为首的越南高级军事代表团对老挝进行正式访问。16 日下午，吴春历大将在万象会见正在访问老挝的柬埔寨政府副首相兼国防大臣迪班大将，签署越南国防部和柬埔寨国防部 2018 年合作计划。

● **17 日**　老挝公安部与柬埔寨内政部双边合作会议在老挝首都万象召开。

● **22 日**　老挝国防部部长占沙蒙与俄罗斯国防部部长谢尔盖·绍伊古大将在万象举行会谈。

● **22 ~ 23 日**　应越共政治局委员、中央军委副书记、国防部长吴春历大将的邀请，俄罗斯国防部部长谢尔盖·绍伊古大将对越南进行正式访问。

● **22 ~ 24 日**　美国国防部部长詹姆斯·马蒂斯访问印度尼西亚。23

---

[*]　此部分由厦门大学东南亚研究中心图书馆主任、副研究馆员张长虹博士整理。

日，马蒂斯与印尼总统佐科、国防部部长里亚米扎尔德举行会谈。

● 24～25日　美国国防部部长詹姆斯·马蒂斯访问越南。25日，越共中央总书记阮富仲会见美国国防部部长马蒂斯。

● 25日　东盟10国领导人应邀在新德里参加印度－东盟峰会，纪念与东盟建立对话关系25年，并于会后发表《德里宣言》。

● 27～30日　第三届澜沧江—湄公河流域治理与发展青年创新设计大赛在老挝万象举行。

2月

● 2～4日　缅甸武装部队完成了20多年来的首次大规模陆海空三军联合演习。

● 4～5日　越南政府总理阮春福访问老挝，并与老挝总理共同主持越老政府间联合委员会第40次会议。会议期间，阮春福总理先后会见了老挝人民革命党中央委员会总书记、老挝国家主席本扬以及老挝国会主席巴妮·雅陶都。

● 4～6日　东盟外长非正式峰会在新加坡召开。

● 5～6日　东盟国防部长非正式会议在新加坡举行。6日下午，第八次中国－东盟防长非正式会晤在新加坡举行。

● 9日　中国外交部部长王毅同印尼外交部部长特雷诺在北京共同主持中印尼政府间双边合作联委会第三次会议。

● 13～23日　"金眼镜蛇"多边联合军事演习在泰国举行，美国军方派出了多年来的最大阵容。参加演习的还包括新加坡、印度尼西亚、日本、马来西亚和韩国军队。

3月

● 1日　菲律宾与欧盟于2012年7月11日签署的"伙伴与合作协议"

正式生效。

● **2~4日**　越南国家主席陈大光对印度进行国事访问。

● **5日**　由航空母舰卡尔文森号、尚普兰湖号巡洋舰、韦恩·梅耶号导弹驱逐舰组成的美国海军编队抵达越南岘港市仙沙港，对岘港市进行访问。

● **8日**　参与"全面与进步跨太平洋伙伴关系协定"（CPTPP）谈判的11国代表在智利首都圣地亚哥举行协定签字仪式，参与该协定签署的东南亚国家有新加坡、文莱、马来西亚和越南。

● **8日**　题为"加强合作，增强韧性"的第十五届东盟陆军总司令非正式会议在新加坡举行。

● **11~18日**　越南政府总理阮春福对新西兰和澳大利亚进行国事访问。18日，越南总理阮春福和澳大利亚总理特恩布尔签署了《关于建立越南社会主义共和国政府与澳大利亚政府战略伙伴关系的联合声明》。

● **17~18日**　东盟-澳大利亚特别峰会在悉尼举行。18日，与会各方联合发布《悉尼声明》，并表示：此次特别峰会标志着东盟和澳大利亚走进关系日益紧密的新时代。

● **17~29日**　中国和柬埔寨两军"金龙-2018"反恐联合训练暨人道主义救援在柬埔寨举行。

● **21日**　中国国务委员兼外交部部长王毅在北京与到访的菲律宾外交部部长卡耶塔诺举行会谈。

● **21日**　缅甸总统府发布通告，缅甸总统吴廷觉即日起辞去总统职务。

● **22日**　缅甸联邦议会人民院选举副议长吴帝昆秒为新议长，以接替前一天辞职的吴温敏。

● **22~24日**　韩国总统文在寅对越南进行国事访问。

● **22~23日**　俄罗斯外长拉夫罗夫对越南进行正式访问并会见越共中央总书记阮富仲。

● **25日**　越南国会主席阮氏金银主席与越南国会高级代表团赴瑞士出

席各国议会联盟第 138 届大会。

● **28 日**　缅甸联邦议会举行总统选举，人民院前议长吴温敏当选新任总统。

● **30～31 日**　大湄公河次区域经济合作第六次领导人会议、柬老越发展三角区第十届峰会在越南河内举行。

● **30 日至 4 月 2 日**　应越南政府邀请，中国国务委员兼外交部部长王毅率团出席大湄公河次区域经济合作第六次领导人会议并对越南进行正式访问。

4月

● **4 日**　越共政治局委员、中央军委副书记、国防部部长吴春历大将在俄罗斯与俄罗斯国防部部长绍伊古大将举行工作会议，双方签署了2018～2020 年双边防务合作发展计划。

● **5 日**　湄公河委员会第三届峰会在柬埔寨暹粒举行。

● **7～8 日**　日本外相河野太郎访问老挝，与老挝外交部部长沙伦赛举行会谈，拜会了老挝总理通伦、国家副主席潘坎。

● **8 日**　柬埔寨外长布拉索昆会见到访的日本外相河野太郎，双方签订了援助和贷款协议。

● **8～12 日**　新加坡总理李显龙对中国进行正式访问。8 日，中国国务院总理李克强在北京与新加坡总理李显龙举行会谈。10 日，李显龙总理在出席博鳌亚洲论坛后，与中国国家主席习近平会谈。

● **9～10 日**　越南与印度第十次政治磋商和第七次战略对话在印度新德里举行。

● **10 日**　越南国防部部长吴春历与日本防卫大臣小野寺五典在东京签署了面向下一个十年的越日防务合作共同愿景声明。

● **10 日**　越南国会常务委员会讨论了《越南海洋警察法》立法问题，批准将《越南海洋警察条例》升级为《越南海洋警察法》。

● **24 日**　韩国总理李洛渊在首尔会见了正在访问韩国的越共政治局委员、越南国防部部长吴春历大将。会谈结束后，双方签署了《越南与韩国防务合作共同愿景声明》。

● **24 日**　新加坡总理李显龙对内阁进行大改组，使内阁成员进一步年轻化。

● **25~27 日**　越南政府总理阮春福对新加坡进行正式访问。26 日，越南与新加坡发表联合声明。建交 45 周年，新越关系迈入战略合作新阶段。

● **25~27 日**　东盟 10 国官员举行系列会议，包括东盟政治-安全共同体理事会会议、经济共同体理事会会议以及东盟外长会议。28 日，第 32 届东盟峰会在新加坡举行。与会各方围绕"坚韧团结　创新求变"这一主题，在东盟智慧城市网络、网络安全、推动东盟共同体建设等领域达成一系列共识。

5月

● **4 日**　第 21 届东盟与中日韩财长和央行行长会议在菲律宾马尼拉举行，会议主要讨论了全球和区域宏观经济形势、10＋3 区域财金合作等议题，并发表了联合声明。

● **6 日**　中国国务院总理李克强对印度尼西亚进行正式访问。

● **7~18 日**　美国与菲律宾军队参与了 2018 年"肩并肩"联合军事演习，以加强双方在反恐和人道主义援助等活动中的作战配合能力。

● **9~10 日**　应新加坡总统哈莉玛的邀请，老挝国家主席本扬对新加坡进行国事访问。

● **10 日凌晨**　马来西亚选举委员会的计票结果显示，反对党阵营希望联盟在 9 日举行的议会选举中赢得国会下议院过半数议席。当晚，马哈蒂尔在国家皇宫宣誓就任马来西亚第七任首相。

● **10 日**　第十四届东盟信息部长会议在新加坡召开。

● **11~14 日**　新加坡总统哈莉玛对文莱进行国事访问。12 日，新加坡

与文莱政府签署两项合作备忘录，共同促进两地金融科技发展。

● **13 日** 印度尼西亚东爪哇省泗水市三座教堂发生连环自杀式爆炸袭击。14 日，泗水市警察局发生爆炸。联合国安理会 14 日发表声明，强烈谴责两天来发生在印度尼西亚的一系列恐怖袭击事件。

● **13 ~ 15 日** 应越共中央委员、越南人民军总参谋长、国防部副部长潘文江上将的邀请，老挝人民革命党中央委员会委员、老挝人民军总参谋长、国防部副部长苏旺伦奔米上将对越南进行正式访问。

● **17 ~ 18 日** 东盟 - 俄罗斯高官会在俄罗斯莫斯科举行。

● **23 ~ 26 日** 应越南国家主席陈大光的邀请，澳大利亚总督彼得·科斯格罗夫对越南进行首次国事访问。此次访问恰逢越澳两国建交 45 周年。

● **28 日** 东帝汶法院宣布，由东帝汶独立英雄古斯芒创立的东帝汶重建全国大会党等组成的反对派联盟，在本月的选举中赢得了议会多数席位。

● **29 日 ~ 6 月 1 日** 印度总理莫迪先后对印度尼西亚、马来西亚和新加坡进行国事访问。

● **29 日 ~ 6 月 2 日** 越南国家主席陈大光对日本进行国事访问。6 月 1 日，越南与日本发表联合声明。

● **30 日 ~ 6 月 2 日** 老挝国家主席本扬对中国进行访问，中共中央总书记、国家主席习近平与中国国务院总理李克强先后在北京会见了老挝人民革命党中央总书记、国家主席本扬。

6月

● **1 ~ 3 日** 第 17 届香格里拉对话会在新加坡举行。2 日，新加坡分别与英国、德国签署国防协议，该协议覆盖网络完全、反恐以及海事安全等领域。

● **3 ~ 5 日** 菲律宾总统杜特尔特对韩国进行正式访问。

● **3 ~ 5 日** 韩国国防部部长宋永武访问越南。访问期间，韩国国防部部长宋永武与越南政府总理阮春福、越南国防部部长吴春历在河内举行会晤，韩国和越南两国达成了新的国防协议。

● 4 日　加拿大国防部部长哈尔吉特·萨詹对越南进行正式访问，这是加拿大国防部部长首次访问越南。

● 5～22 日　老挝第八届国会第五次会议在老挝首都万象召开，本次会议审议通过涉及司法、经济社会、群众组织、国防安全和老挝建国阵线等领域 13 部法律草案和修正案。

● 7～22 日　新加坡空军在美国参加代号为"红旗－阿拉斯加"的空战演习，所派出的 F－15SG 战斗机首次成功试射 GBU－56 型炸弹。

● 8 日　联合国大会选举印度尼西亚为 2019 年和 2020 年安理会非常任理事国。

● 8～10 日　越南政府总理阮春福率领越南高级代表团访问加拿大，并出席七国集团峰会扩大会议。

● 10～12 日　马来西亚总理马哈蒂尔出访日本，并与日本首相安倍晋三举行会谈。

● 12 日　越南第 14 届国会第 5 次会议以 86.86% 的赞成票通过了《网络安全法》，本法于 2019 年 1 月 1 日生效。

● 12～15 日　印度国防部部长希塔拉曼对越南进行正式访问。

● 13 日　第 33 届东盟－日本论坛在日本东京举行。

● 15～16 日　"伊洛瓦底江—湄南河—湄公河三河流域经济合作战略"第八届峰会在泰国首都曼谷举行，会议主题是"迈向湄公河地区一体化"。

● 16 日　柬埔寨首相洪森、老挝总理通伦、缅甸总统温敏和越南总理阮春福在泰国曼谷出席了以"经济一体化和紧密联结"为主题的第九届"柬老缅越"领导人峰会及第六届经济合作战略峰会。

● 21～22 日　第 22 届东盟—韩国对话会在韩国首都首尔举行。

● 22 日　第 18 次东盟—印度联合合作委员会会议在印尼首都雅加达举行。

● 24～26 日　日本外相河野太郎对印度尼西亚进行首次访问。25 日，

印尼外长雷特诺会见河野太郎。

● **26 日** 中老缅泰第 71 次湄公河联合巡逻执法在云南西双版纳关累港启动。

● **27 日~8 月 2 日** 全球规模最大的国际海上演习"环太平洋 2018"军演在美国夏威夷群岛和加利福尼亚以南海域举行，参加本次"环太平洋"演习的东南亚国家有文莱、印度尼西亚、以色列、马来西亚、菲律宾、新加坡、泰国和越南，其中越南为首次参演。

● **28 日** 越南人民军总参谋长、国防部副部长潘文江上将在河内会见对越进行工作访问的马来西亚皇家海军司令官丹斯里·艾哈迈德·卡马尔扎曼上将。

● **29~30 日** 马来西亚总理马哈蒂尔对印度尼西亚进行国事访问。

7月

● **1 日起** 越南《公债管理法》《越南社会主义共和国驻外代表机构法若干条款修改补充法》《警卫法》《武器、爆炸物及其辅助工具管理使用法》《国家赔偿法》《技术转让法》《水利法》《铁路法》《信息获取法》等 9 部法律生效。

● **2~5 日** 应日本防卫副大臣真布朗的邀请，由越共中央委员、中央军委常委、国防部副部长阮志咏上将率领的越南国防部高级军事代表团对日本进行工作访问，并出席第 6 次越日国防政策对话。

● **3~7 日** 老挝人民革命党中央总书记、国家主席本扬对越南进行访问。

● **5 日** 载有中国游客的"凤凰号"游船在泰国普吉岛附近海域突遇特大暴风雨，导致船只倾覆，船上载有 87 名中国游客，其中 40 人获救，47 人遇难。

● **7~8 日** 应越南政府副总理兼外交部部长范平明的邀请，美国国务卿蓬佩奥对越南进行访问。

● **10 ~ 11 日** 应马来西亚外交部部长赛夫丁的邀请，日本外务大臣河野太郎对马来西亚进行访问。

● **11 ~ 13 日** 韩国总统文在寅对新加坡进行国事访问。12 日，韩国总统文在寅与新加坡总统哈莉玛、新加坡总理李显龙举行会谈。

● **12 日** 朝鲜最高领导人金正恩与美国总统特朗普在新加坡举行会晤。

● **16 ~ 25 日** 菲律宾、澳大利亚两国海军在苏禄海展开联合军演，以增强在该海域打击"恐怖主义及海上劫持活动"的能力。

● **19 日** "东盟与印度加强海上合作"的第 10 次对话会在印度德里举行。

● **23 日** 老挝东南部阿速坡省一座水电站大坝坍塌。

● **23 ~ 24 日** 老挝外交部部长沙伦赛率团访问缅甸。

● **26 日** 新加坡海军部队官员首次访问中国海外军事基地吉布提。

● **31 日 ~ 8 月 5 日** 应马来西亚外长赛夫丁、新加坡外长维文邀请，中国国务委员兼外交部部长王毅访问马来西亚、新加坡，并出席在新加坡举行的中国 – 东盟（10 + 1）外长会议、东盟与中日韩（10 + 3）外长会议、东亚峰会外长会和东盟地区论坛外长会议。

8月

● **2 日** 第 51 届东盟外长会议及第九届湄公河 – 恒河地区外交部长会议在新加坡举行。

● **2 ~ 6 日** 美国国务卿蓬佩奥出席第 51 届东盟外长会议，并对马来西亚、新加坡和印度尼西亚进行访问。3 日，由美国主持召开的第 11 次"湄公河下游倡议"部长级会议在新加坡举行。

● **3 日** 中国和东盟十国共 40 多名代表在新加坡举行的东盟会议中，完成首次"中国 – 东盟海上联合军演"的沙盘演练。

● **6 ~ 8 日** 第 5 届东盟儿童论坛在文莱举行，主题为"我们的儿童，我们的未来，我们的东盟"。

● **6~9日**　马来西亚总理马哈蒂尔访问日本。

● **6~16日**　文莱皇家陆军与美国陆军太平洋司令部在文莱举行首次联合军事演习。

● **13~15日**　第11届中国-东盟总检察长会议在文莱举行，会议主题是"提高能力和合作应对网络犯罪"。

● **15日**　柬埔寨国家选举委员会公布第六届国民议会选举正式结果，由现任首相洪森领导的执政党人民党赢得此次大选，并获得国会全部125个议席。

● **16~17日**　第二届大湄公河次区域五国论坛（CLMVT）在泰国曼谷举行，论坛的主题为"CLMTV靠技术而起飞"。

● **17~21日**　应中国国务院总理李克强邀请，马来西亚总理马哈蒂尔对中国进行正式访问。

● **18日~9月2日**　2018年亚运会在印度尼西亚雅加达和巨港举行。

● **20日**　中国国家主席习近平在北京会见马来西亚总理马哈蒂尔，中国政府和马来西亚政府发表联合声明。

● **20日**　印度尼西亚外交部部长特雷诺与菲律宾外交部部长卡耶塔诺在雅加达举行会晤。

● **22日**　中国国务委员兼外交部部长王毅会见来华参会的菲律宾外交部部长卡耶塔诺。

● **24日**　越共中央委员、外交部副部长黎淮忠在河内与老挝外交部副部长坎葆·因塔万共同主持第三次越南与老挝外交部副部长级政治磋商。

● **25~28日**　应中国国务委员兼外交部部长王毅邀请，老挝外长沙伦赛对中国进行正式访问。

● **28~31日**　印度外交部部长斯瓦拉吉对柬埔寨进行正式访问。29日，印度外交部部长斯瓦拉吉与柬埔寨外交部部长巴速坤举行双边会谈，共同出席见证柬印两国代表签署三份合作文件。

● **29~31日**　应新加坡外交部部长维文邀请，柬埔寨外交部部长巴速坤对新加坡进行正式访问。

● **29 日～9 月 1 日**　第 50 届东盟经济部长会议及系列会议在新加坡举行。议程包括中国－东盟经贸部长会议、东盟与中日韩经贸部长会议和区域全面经济伙伴关系协定部长会议等。

● **31 日～9 月 15 日**　"卡卡杜－2018"多国海军联合演习在澳大利亚举行,中国、巴基斯坦等国家首次参加,参加演习的东南亚国家有泰国、印度尼西亚、文莱、柬埔寨、马来西亚、菲律宾、新加坡、东帝汶和越南。

9月

● **2～5 日**　应以色列总理内塔尼亚胡邀请,菲律宾总统杜特尔特对以色列进行正式访问,这是自 1957 年菲以两国建交以来菲律宾总统首次正式访问以色列。5～8 日,菲律宾总统杜特尔特从以色列飞往约旦进行正式访问,杜特尔特也是首位访问约旦的菲律宾总统。

● **5 日**　柬埔寨新一届国会成立,并于 6 日批准通过由洪森领导的新一届内阁。

● **5～8 日**　应俄罗斯总统普京的邀请,越共中央总书记阮富仲对俄罗斯进行正式访问。8～11 日,阮富仲应匈牙利首相维克托·欧尔班邀请,对该国进行正式访问。

● **11 日**　日本防卫大臣小野寺五典与马来西亚国防部部长穆罕默德·萨布举行会谈,就促进防务合作签署了备忘录。

● **11～13 日**　2018 年世界经济论坛东盟峰会在越南首都河内举行,主题为"东盟 4.0:企业家精神与第四次工业革命"。

● **12 日**　中国南宁市博物馆与老挝信息文化和旅游部老挝国家博物馆签署了合作备忘录协议。

● **12～15 日**　第 15 届中国－东盟博览会、中国－东盟商务与投资峰会在中国广西南宁举行。

● **17 日**　第一次东盟—韩国基础设施部长级会议在韩国首都首尔举行。

● **18～19 日**　应越南社会主义共和国最高人民法院邀请,中华人民共

和国首席大法官、最高人民法院院长周强率中国法院代表团对越南进行友好访问。访问期间，周强分别会见了越南国家主席陈大光、越南常务副总理张和平、越南最高人民法院院长阮和平等。

● **18～22 日**　应老挝人民革命党中央书记处书记、国防部副部长、老挝人民军总政治局主任维莱·拉坎冯上将和柬埔寨王国国防部国务秘书宁帕大将的邀请，越共中央书记处书记、中央军委常委、越南人民军总政治局主任梁强上将率领越南人民军高级政治干部代表团对老挝和柬埔寨进行正式访问。

● **19～22 日**　最高审计机关亚洲组织第十四届大会在越南河内召开，越南将接任 2018～2021 年阶段亚审组织主席。

● **26～28 日**　博鳌亚洲论坛先后在柬埔寨金边和老挝万象举办主题为"谋发展、谋共赢"的两次会议。

● **28 日**　印度尼西亚中苏拉威西省发生 7.4 级地震并引发海啸，造成 2073 人遇难、680 人失踪、1.07 万人受伤，这是 2018 年全球造成人员伤亡最惨重的一次自然灾害。

10月

● **8～10 日**　越南政府总理阮春福率领越南高级代表团赴日本出席第十届日本与湄公河流域国家峰会并对日本进行访问。

● **8～13 日**　第 40 届东盟农林业部长会议、第 18 届东盟与中日韩农林部长会议和东盟—中国质检部长会议在越南河内召开。各国部长与代表们审议通过了有关农林渔业的 23 项技术资料，并签署了 3 项合作文件。

● **11 日**　新加坡总理李显龙与印度尼西亚总统佐科在印尼巴厘岛举行常年非正式峰会，见证了三份重要协定和谅解备忘录的签署。

● **12 日**　第十届东盟司法部长会议在老挝首都万象举行。

● **14～21 日**　越南政府总理阮春福出席第十二届亚欧首脑会议以及 2030 年全球绿色增长目标伙伴关系峰会，并对奥地利、比利时、丹麦进行正式访问，同时对欧盟进行工作访问。

● **18 日** 第六届东盟禁毒合作部长级会议在越南河内召开。

● **18 日** 柬埔寨首相洪森与中国国务院总理李克强在比利时布鲁塞尔举行双边会谈。

● **18～19 日** 菲律宾总统杜特尔特访问欧洲并参加亚欧峰会。

● **18～20 日** 第 12 届东盟国防部长会议和第 5 届东盟国防部长扩大会议在新加坡举行。

● **19 日** 新加坡总理李显龙在第十二届亚欧首脑会议闭幕后，与欧洲理事会主席图斯克、担任欧盟轮值主席的奥地利总理库尔茨和欧盟委员会主席容克，签署了欧盟－新加坡自贸协定，并见证了欧盟－新加坡投资保护协定、欧盟－新加坡伙伴关系与合作协定的签署。

● **20 日** 东盟促进和保护妇女和儿童权利委员会第 17 次会议在越南河内召开。

● **22～28 日** 中国－东盟"海上联演－2018"演习在中国湛江举行，东盟十国均以派出舰艇或观察员的形式参加联演。这是中国与东盟第一次组织海上联合军事演习，也是东盟首次与单一国家开展联演。

● **23 日** 越南第十四届国会第六次会议在首都河内投票选举越共中央总书记阮富仲为新一任越南国家主席，阮富仲随后宣誓就职。

● **24 日** 第八届东盟文化艺术部长会议在印度尼西亚日惹市举行，本届会议主题为"拥抱防范性文化以丰富东盟特征"，并通过了《日惹宣言》。

● **24～25 日** 马来西亚总理马哈蒂尔对泰国进行正式访问。

● **24～26 日** 第八届北京香山论坛在北京举行，主题为"打造平等互信、合作共赢的新型安全伙伴关系"，包括东盟成员国在内的 67 个国家和 7 个国际组织派出官方代表团参加。

● **24～29 日** 题为"和平友谊—2018"的中国、马来西亚和泰国首次联合军事演习在马来西亚举行。

● **26～28 日** 应中国国防部部长魏凤和上将邀请，由越共政治局委员、中央军委副书记、国防部部长吴春历大将率领的越南高级军事代表团对中国

进行正式访问。

● **29 日**　第 36 届东盟部长能源会议在新加坡召开。

● **29 日**　印度尼西亚狮子航空公司一架载有 189 人的国内航班从首都雅加达起飞后坠海,机上乘客和机组人员全部遇难。

● **29 日**　中国国务委员兼外交部部长王毅在达沃与菲律宾新任外长洛钦举行会谈。会谈后,王毅和洛钦共同见证签署中国援菲警用物资项目交接证书等 3 份文件。

● **29 ~ 31 日**　柬埔寨国家宪兵总司令冯批森率团对越南进行正式访问。

● **29 日 ~ 11 月 1 日**　第六届东盟与中国和第九届东盟与中日韩打击跨国犯罪部长级会议、第十二届东盟打击跨国犯罪部长级会议在缅甸内比都举行。东盟各成员国通过了"2018 ~ 2025 年阶段打击恐怖主义行动计划"。

11月

● **5 ~ 7 日**　马来西亚总理马哈蒂尔对日本进行访问。

● **8 日**　在中国驻缅甸大使洪亮和缅甸商务部部长丹敏博士的见证下,中信集团董事长常振明与缅甸皎漂特别经济区管理委员会主席吴塞昂在缅甸首都内比都签署了皎漂特别经济区深水港项目框架协议。

● **8 日**　第 24 届东盟交通部长会议、第 17 次中国 – 东盟交通部长会议在泰国曼谷召开。

● **12 日**　东盟成员国在新加坡签署东盟电子商务协议,旨在促进区域内跨境电商贸易便利化。

● **12 日**　首届越老柬佛教高层会议在老挝首都万象举行,旨在进一步加强三国佛教文化交流与合作,传播佛经智慧及弘扬佛法精神。

● **12 ~ 13 日**　应新加坡总理李显龙的邀请,马来西亚总理马哈蒂尔对新加坡进行正式访问。

● **12 ~ 16 日**　中国国务院总理李克强对新加坡进行正式访问并出席第 21 次东盟与中日韩(10 + 3)领导人会议、第 13 届东亚峰会。12 日,李克强总理和新加坡总理李显龙共同见证签署了"中新自由贸易协定升级议定书"。14日，中国与新加坡政府发表联合声明。

● **12～18日**　印度与印度尼西亚海军在印尼泗水举行首次联合军事演习。

● **12～19日**　印度尼西亚与新加坡两国陆军举行联合军演。

● **13～15日**　第33届东盟峰会、东亚合作领导人系列会议在新加坡举行。

● **13～15日**　俄罗斯总统普京对新加坡进行国事访问，并出席东盟相关会议和东亚峰会。14日，东盟—俄罗斯峰会在新加坡举行。2018年是新加坡与俄罗斯建交50周年，这是普京首次造访新加坡，也是其首次出席东盟会议。

● **14日**　第21次东盟—日本领导人会议暨东盟—日本建立伙伴关系45周年纪念峰会在新加坡举行。

● **15日**　东盟—美国峰会在新加坡举行。

● **15～21日**　中国国家主席习近平出席亚太经合组织第二十六次领导人非正式会议，对巴布亚新几内亚、文莱和菲律宾进行国事访问，这是13年来中国国家主席首次访问菲律宾。

● **16日**　越南人民军总参谋长兼国防部副部长潘文江上将在河内会见泰国皇家空军司令察伊亚普鲁克。

● **18～19日**　应越南政府总理阮春福邀请，俄罗斯总理梅德韦杰夫对越南进行正式访问。

● **18～20日**　应越南国家主席阮富仲的邀请，印度总统拉姆·纳特·科温德对越南进行国事访问。

● **18～21日**　新加坡国防部部长黄永宏到访印度维沙卡帕特南市，并巡视新印常年双边海上演习"SIMBEX"。20日，印度国防部部长尼尔马拉·西塔拉曼与新加坡国防部部长黄永宏举行第三次印度—新加坡国防部长对话。

● **18～23日**　由瓦良格号导弹巡洋舰、潘捷列耶夫海军上将号大型反潜舰、鲍里斯·布托马号大型油轮组成的俄罗斯太平洋舰队舰艇支队对文莱穆阿拉港进行公务访问，俄罗斯太平洋舰队舰艇支队参加了与文莱海军在南中国海的联合演习。

● **22 日** 印尼总统佐科为新任陆军参谋长安迪卡上将主持就职典礼。

● **22 ~ 25 日** 应泰国武装部队总司令邦比巴·本亚撒里大将的邀请，越南人民军高级军事代表团对泰国进行正式访问。

● **23 日** 新加坡人民党中央执行委员会公布改选结果，财政部部长王瑞杰担任第一助理秘书长。

● **25 日** 日本海上保安厅与菲律宾海岸警卫队在菲律宾首都马尼拉海域举行了应对海盗的联合训练。

● **25 ~ 30 日** 应中共中央政治局常委、全国政协主席汪洋的邀请，由越共中央书记处书记、越南祖国阵线中央委员会主席陈青敏率领的越南代表团对中国进行工作访问。

12月

● **4 ~ 8 日** 应印度海军参谋长苏尼尔·兰巴上将的邀请，由越南海军司令范淮南少将率领的越南海军军种代表团对印度进行工作访问。

● **5 ~ 6 日** 柬埔寨首相洪森对老挝进行正式访问。柬埔寨和老挝政府签署了四项协定和谅解备忘录，两国领导人对于边境问题达成共识。

● **5 ~ 6 日** 主题为"展望繁荣的东盟数字生态的未来"的第十八届东盟电信与信息技术部长会议在印度尼西亚巴厘岛举行。6 日，第十三次中国 - 东盟电信部长会议在印尼举行。

● **6 ~ 8 日** 柬埔寨首相洪森对越南进行访问。7 日，越共中央总书记、国家主席阮富仲会见了由柬埔寨首相洪森率领的柬埔寨政府高级代表团，两国政府达成六项重要协议。

● **7 日** 泰国 - 老挝边境委员会会议在曼谷举行，会议由泰国副总理兼国防部长巴逸和老挝国防部部长占沙蒙共同主持。

● **11 日** 越南国家主席办公厅正式公布国家主席签署的关于颁布九部法律的主席令。其中，《与规划有关的 37 部法律的若干条款修改补充法》于 2019 年 1 月 1 日生效；《特赦法》、2018 年《人民公安法》、《越南海警法》、《高等教育法》于 2019 年 7 月 1 日生效；《种植法》《畜牧法》于 2020 年 1 月 1 日生效；《保守国家秘密法》于 2020 年 7 月 1 日生效。

● **16～17 日** 应老挝人民民主共和国外交部长沙伦赛邀请，中国国务委员兼外交部部长王毅对老挝进行正式访问，出席并共同主持澜湄合作第四次外长会。16 日，中国外交部部长王毅在老挝琅勃拉邦会见越南副总理兼外长范平明。17 日，澜沧江 - 湄公河合作第四次外长会在老挝琅勃拉邦举行。

● **17 日** 越南在第 73 届联合国大会上以 193 张票中的 157 张赞成票当选为联合国国际贸易法委员会（2019～2025 年任期）成员。

● **18 日** 主题为"利用技术和创新促进中小企业发展"的第二届"东盟 - 中国企业家论坛"在柬埔寨举行。

● **18～19 日** 应老挝外交部部长沙伦赛的邀请，越共中央政治局委员、越南政府副总理兼外交部部长范平明对老挝进行正式访问，并共同主持第五次越老外交部部长级政治磋商。

● **20 日** 第 73 届联合国大会通过了《联合国关于调解所产生的国际和解协议公约》，并以《新加坡调解公约》的名义在新加坡开放，供各国签署。《新加坡调解公约》是首份解决跨境和解协议执行问题的多边协议，也是联合国框架下以新加坡命名的条约。

● **22 日** 由印尼喀拉喀托火山喷发引起的巽他海峡海啸，造成 431 人遇难。灾害发生后，印尼政府全力开展救援工作，包括中国在内的国际社会伸出援手，为灾区救援和重建提供帮助。

● **24 日** 越共中央总书记、国家主席阮富仲会见对越南进行正式访问的俄罗斯国家杜马主席维亚切斯拉夫·沃洛金。

● **27～29 日** 应柬埔寨副首相兼国防大臣迪班大将的邀请，越共中央政治局委员、中央军委副书记、国防部长吴春历大将率领越南高级军事代表团对柬埔寨进行正式访问。27 日，柬埔寨国防部和越南国防部签署《2019 年度柬越国防部合作计划》。

● **30 日** 由 11 个国家签署的"全面与进步跨太平洋伙伴关系协定"正式生效。

B.20
附录3 东南亚发展统计[*]

表1 2018年东南亚10国的国土、人口与经济规模

国家	面积 （平方公里）	人口 （千）	国内生产总值 （百万美元）	人均国内生产总值 （美元）
文 莱	5765	422.4	13557	30645
柬埔寨	181035	15981.8	24634	1541
印 尼	1916862	265015.3	1041562	3930
老 挝	236800	6887.1	18096	2627
马来西亚	331388	32385	358412	11067
缅 甸	676576	53625	77264	1441
菲律宾	300000	106598.6	342693	3215
新加坡	720	5638.7	364076	64567
泰 国	513140	67831.6	505060	7446
越 南	331230	94666	241039	2546
总 计	4493516	649071.5	2986391	4601

资料来源：根据 ASEAN Secretariat Database 有关年份数据编制。

表2 2000~2018年东南亚10国人口变化

国家	人口（百万人）				人口增长率（%）			
	2000年	2005年	2010年	2018年	2000年	2005年	2010年	2018年
文 莱	0.3	0.4	0.4	0.4	2.5	1.8	1.8	3.0
柬埔寨	12.5	13.3	14.1	15.6	1.3	1.3	1.3	1.3
印 尼	206.3	219.9	237.6	265.0	1.2	1.3	2.7	1.3
老 挝	5.1	5.6	6.0	6.8	2.0	2.0	1.5	1.4
马来西亚	23.5	26.0	28.6	32.4	2.5	2.1	1.8	1.1
缅 甸	46.1	48.5	50.2	53.9	1.2	0.9	0.7	0.9
菲律宾	76.8	84.7	93.1	106.6	2.3	1.9	2.3	1.6
新加坡	4.0	4.3	5.1	5.6	1.7	2.4	1.8	0.5
泰 国	60.7	63.2	65.9	67.8	0.8	0.8	0.8	0.3
越 南	77.1	81.9	86.9	94.7	1.4	1.2	1.1	1.0
合 计	512.3	547.8	588.0	648.9	1.4	1.3	1.9	1.1

资料来源：根据 ADB Key Indicators for Asia and the Pacific 2019 编制。

---

* 此部分由厦门大学图书馆经济分馆杨玉花副研究馆员整理。

表3 2010～2018年东南亚10国国内生产总值（GDP）

单位：百万美元

国家或地区	2010年	2011年	2012年	2013年	2014年	2015年	2016年	2017年	2018年
文莱	13741.1	18534.2	19049.6	18100.5	17102.6	12943.2	11447.6	12136.0	13567.6
柬埔寨	11229.3	12803.9	14010.9	15442.9	16763.6	18091.1	19426.6	22041.8	24608.7
印尼	710068.3	846522.6	874638.9	904691.9	889384.6	855020.1	930836.5	1013808.3	1039864.4
老挝	6752.0	8060.6	10192.5	11955.3	13274.1	14420.1	15893.3	16952.8	18095.7
马来西亚	250772.9	298141.8	314895.1	322159.3	337455.7	299483.8	298681.1	321538.9	358411.7
缅甸	41003.6	56502.0	60281.7	61862.6	66331.1	59795.3	64632.3	66671.0	77263.6
菲律宾	199975.9	224155.5	250457.9	268800.1	284913.6	292508.1	304619.7	313898.0	329061.8
新加坡	239809.4	279328.6	295083.8	307578.0	314849.5	308001.9	318070.3	338455.5	364075.7
泰国	341518.9	370932.8	397764.0	420616.2	407303.5	401658.3	412373.7	455777.6	505107.1
越南	116299.9	135541.1	155820.0	171219.3	186223.6	193628.4	205438.9	223837.1	241038.8
东盟	1931171.4	2250523.1	2392194.3	2502425.9	2533602.0	2455550.2	2581420.0	2785116.9	2971095.2

注：国内生产总值（GDP）按当前市场价计算。

资料来源：根据 ASEAN Statistical Yearbook2019 数据编制。

表4 2004～2018年东南亚10国经济增长率

单位：%

年份	文莱	柬埔寨	印尼	老挝	马来西亚	缅甸	菲律宾	新加坡	泰国	越南	东盟
2004	0.5	10.0	5.0	6.9	7.2	13.8	6.7	9.5	6.3	7.8	6.5
2005	0.4	13.6	5.7	7.3	5.3	13.6	4.8	7.4	4.2	7.5	5.8
2006	4.4	10.8	5.5	8.3	5.6	13.1	5.2	8.9	5.0	7.0	6.0
2007	0.6	10.2	6.3	6.0	6.3	12.0	6.6	9.0	5.4	7.1	6.6
2008	-2.4	6.7	6.0	7.8	4.8	10.3	4.2	1.9	1.7	5.7	4.7
2009	-1.8	0.1	4.6	7.5	-1.5	10.5	1.1	-0.6	-0.7	5.4	2.5
2010	2.6	6.0	6.2	8.1	7.4	9.6	7.6	15.2	7.5	6.4	7.5
2011	3.7	7.1	6.2	8.0	5.3	5.5	3.7	6.3	0.8	6.2	5.0
2012	0.9	7.3	6.0	7.8	5.5	6.5	6.7	4.4	7.2	5.2	6.2
2013	-2.1	7.4	5.6	8.0	4.7	7.9	7.1	4.8	2.7	5.4	5.2
2014	-2.5	7.1	5.0	7.6	6.0	8.2	6.1	3.9	1.0	6.0	4.7
2015	-0.4	7.0	4.9	7.3	5.0	7.5	6.1	2.9	3.1	6.7	4.8
2016	-2.5	6.9	5.0	7.0	4.4	5.9	6.9	3.0	3.4	6.2	4.8
2017	1.3	7.0	5.1	6.8	5.7	6.3	6.7	3.7	4.0	6.8	5.3
2018	0.1	7.5	5.2	6.3	4.7	6.8	6.2	3.1	4.1	7.1	5.2

资料来源：根据 ASEAN Statistical Yearbook，ASEAN Secretariat Database 有关年份数据编制。

表5 2000~2018 年东南亚 10 国人均国内生产总值（GDP）

单位：美元

国家或地区	2000 年	2005 年	2010 年	2011 年	2012 年	2013 年	2014 年	2015 年	2016 年	2017 年	2018 年
文 莱	18469	26569	35525	47116	47648	44561	41521	31385	27436	28433	30645
柬埔寨	288	453	801	900	971	1052	1123	1191	1257	1402	1541
印 尼	807	1295	2977	3498	3564	3636	3527	3347	3598	3871	3930
老 挝	375	511	1079	1262	1565	1799	1949	2221	2400	2511	2628
马来西亚	3844	5511	8772	10259	10671	10663	10989	9603	9442	10041	11067
缅 甸	192	237	811	1127	1190	1209	1276	1140	1221	1249	1441
菲律宾	978	1209	2147	2363	2595	2737	2853	2880	2951	2992	3215
新加坡	23007	29866	46570	53089	54715	56967	57563	55646	56724	60306	64567
泰 国	1976	2909	5071	5599	5982	6301	6079	5974	6113	6737	7447
越 南	403	701	1338	1543	1755	1908	2053	2111	2216	2390	2546
东 盟	1159	1698	3271	3767	3953	4089	4086	3915	4067	4338	4601

注：人均国内生产总值（GDP）按当前市场价计算。

资料来源：根据 ASEAN Statistical Yearbook，ASEAN Secretariat Database 有关年份数据编制。

表6 2000~2018 年东南亚国家的通货膨胀率

单位：%

国家	2000 年	2008 年	2009 年	2010 年	2011 年	2012 年	2013 年	2014 年	2015 年	2016 年	2017 年	2018 年
文 莱	1.6	2.6	1.2	-2.1	1.8	0.4	0.2	0.2	0.1	1.6	0.1	0.1
柬埔寨	0.3	12.5	5.3	3.1	4.9	2.5	4.6	2.4	2.8	3.9	2.3	1.6
印 尼	9.3	11.1	2.8	7.0	3.8	4.3	8.4	2.7	3.4	3.0	3.6	3.1
老 挝	10.6	3.2	3.9	5.8	7.7	4.7	6.6	2.4	0.9	2.5	0.1	1.5
马来西亚	2.1	4.4	1.1	2.2	3.0	1.2	3.2	2.7	2.7	1.8	3.4	0.2
缅 甸	—	—	—	—	—	6.0	4.4	0.1	10.3	6.6	4.0	6.8
菲律宾	6.5	8.0	4.5	3.6	4.2	3.0	4.1	2.7	1.5	2.6	3.3	6.6
新加坡	2.1	-5.6	-0.6	4.6	5.5	4.3	1.5	0.1	0.6	0.1	0.5	0.5
泰 国	1.5	0.4	3.5	3.0	3.5	3.6	1.7	0.6	0.9	1.1	0.8	0.4
越 南	-0.6	19.9	6.5	11.8	18.1	6.8	6.0	1.8	0.6	4.7	2.8	2.7

注：通货膨胀率以消费物价指数（CPI）衡量。

资料来源：根据 ASEAN Statistical Yearbook 有关年份数据编制。

表7　2000～2018年东南亚10国三次产业增加值结构的变化

单位：%

国家	农业				工业				服务业			
	2000年	2005年	2010年	2018年	2000年	2005年	2010年	2018年	2000年	2005年	2010年	2018年
文　莱	1.0	0.9	0.7	1.0	63.7	71.6	67.4	62.2	35.3	27.5	31.9	36.7
柬埔寨	37.8	32.4	36.0	23.5	23.0	26.4	23.3	34.4	39.1	41.2	40.7	42.1
印　尼	15.6	13.1	14.3	13.3	45.9	46.5	43.9	41.4	38.5	40.3	41.8	45.2
老　挝	48.5	36.7	30.6	17.7	19.1	23.5	29.8	35.5	32.4	39.8	39.6	46.8
马来西亚	8.3	8.4	10.2	7.6	46.8	46.9	40.9	38.8	44.9	44.7	48.9	53.6
缅　甸	57.2	46.7	36.9	23.3	9.7	17.5	26.5	36.3	33.1	35.8	36.7	40.4
菲律宾	14.0	12.7	12.3	9.3	34.5	33.8	32.6	30.8	51.5	53.5	55.1	59.9
新加坡	0.1	0.1	0.0	0.0	34.8	32.9	28.2	26.6	65.1	67.1	71.8	73.3
泰　国	8.5	9.2	10.5	8.1	33.7	35.5	37.1	32.4	57.8	55.3	52.4	59.5
越　南	24.5	19.3	21.0	16.3	36.7	38.1	36.7	38.0	38.7	42.6	42.2	45.7

注：缅甸2018年为2017年的数据。

资料来源：根据ADB Key Indicators for Asia and the Pacific 2019编制。

表8　2010～2018年东南亚国家经常项目、政府财政平衡占GDP的比重

单位：%

国家	经常项目平衡/GDP			政府财政平衡/GDP		
	2010年	2015年	2018年	2010年	2015年	2018年
文　莱	43.8	16.7	15.5	16.5	-15.4	-8.6
柬埔寨	-11.6	-11.6	-13.6	-8.1	-2.6	-5.1
印　尼	0.7	-2.0	-3.0	-0.7	-2.6	-1.7
老　挝	-18.3	-18.0	-8.6	-8.9	-4.5	-4.6
马来西亚	10.9	3.0	2.3	-5.4	-3.2	-3.7
缅　甸	-1.2	-5.2	-2.0	-5.5	-4.3	-4.5
菲律宾	3.6	2.5	-2.4	-3.5	-0.9	-3.2
新加坡	26.6	17.0	17.7	0.3	-1.0	0.4
泰　国	3.1	8.0	7.5	-2.6	-2.5	-2.5
越　南	-3.7	0.5	3.0	0.5	-4.4	-3.7

资料来源：根据Asia Regional Integration Centre（ARIC）Economic and Financial Indicators Database有关年份数据编制。

表9 1950～2018年东南亚10国的商品进出口贸易总额

单位：亿美元

国家	1950 年	1955 年	1960 年	1965 年	1970 年	1975 年	1980 年	1985 年
文　莱	0.87	1.29	1.00	1.01	1.79	13.22	51.53	35.87
柬埔寨	0.57	0.86	1.65	2.08	0.93	0.65	1.96	1.40
印　尼	12.40	15.76	13.15	14.03	21.10	118.72	327.43	288.52
老　挝	0.01	0.20	0.20	0.34	1.21	0.57	1.20	2.47
马来西亚	15.42	16.39	20.97	23.32	30.88	74.09	237.78	277.43
缅　甸	2.30	4.07	4.86	4.72	1.63	3.70	8.25	5.86
菲律宾	7.07	10.08	13.39	15.92	22.77	60.50	140.36	100.66
新加坡	20.75	23.63	24.69	22.24	40.15	135.09	433.83	490.97
泰　国	5.13	6.73	8.58	13.64	20.09	54.88	157.19	163.63
越　南	1.63	3.32	3.26	2.29	3.81	13.31	16.52	25.55
合　计	66.15	82.33	91.75	99.59	144.36	474.73	1376.05	1392.36

资料来源：根据WTO Statistics Database 数据编制。

表10 1950～2018年东南亚10国的商品进出口贸易总额（续）

单位：亿美元

国家	1990 年	1995 年	2000 年	2005 年	2010 年	2015 年	2016 年	2017 年	2018 年
文　莱	32.14	44.93	50.1	77.4	114.45	95.82	75.54	86.56	107.38
柬埔寨	2.5	20.42	33.28	70.19	119.34	218.03	241.7	275.84	327.3
印　尼	475.12	860.47	1089.98	1627.21	2934.42	2930.61	2801.43	3257.36	3689.22
老　挝	2.64	9	8.65	14.35	38.06	93.28	96.17	105.4	114.59
马来西亚	587.1	1516.06	1801.92	2559.5	3632.34	3759.23	3584.27	4135.47	4650.57
缅　甸	5.95	21.86	39.91	56.84	134.21	283.14	275.36	331.32	359.87
菲律宾	211.21	458.43	751.05	907.42	1099.64	1335.78	1457.48	1706.14	1868.18
新加坡	1136.29	2427.75	2723.49	4296.96	6626.58	6486.74	6138.2	7013.69	7838.34
泰　国	561.13	1272.25	1308.86	2291.14	3762.27	4169.63	4095.86	4581.54	5011.58
越　南	51.56	136.04	301.21	692.03	1570.76	3276.75	3513.85	4258.41	4782
合　计	3065.64	6767.21	8108.45	12593.04	20032.07	22649.01	22279.86	25751.73	28749.03

资料来源：根据WTO Statistics Database，Total merchandise trade 数据编制。

表11 2018年东南亚国家在世界货物贸易、服务贸易中的排名

项目	世界排名	出口国	金额（亿美元）	比重（%）	世界排名	进口国	金额（亿美元）	比重（%）
货物贸易	15	新加坡	4130	2.1	16	新加坡	3710	1.9
	24	泰 国	2520	1.3	21	泰 国	2500	1.3
	25	马来西亚	2470	1.3	23	越 南	2440	1.2
	26	越 南	2460	1.3	26	马来西亚	2170	1.1
	30	印 尼	1800	0.9	29	印 尼	1890	0.9
	47	菲律宾	670	0.3	34	菲律宾	1150	0.6
		合 计	14050	7.2		合 计	13860	7.0
服务贸易	10	新加坡	1840	3.2	9	新加坡	1870	3.4
	19	泰 国	840	1.5	28	泰 国	550	1.0
	33	马来西亚	400	0.7	30	马来西亚	440	0.8
	35	菲律宾	370	0.6	34	印 尼	350	0.6
					39	菲律宾	260	0.5
		合 计	3450	6.0		合 计	3470	6.3

注：表中仅包括东南亚国家货物进出口贸易进入世界前50位、服务进出口贸易进入世界前40位的国家。

资料来源：根据 WTO World Trade Statistical Review 2019 编制。

表12 1993~2017年东盟区内贸易、区外贸易和总贸易的变化

单位：亿美元

年份	东盟区内贸易		东盟区外贸易		东盟总贸易	
	出口	进口	出口	进口	出口	进口
1993	436.81	387.63	1629.56	1845.48	2066.37	2233.11
1994	585.72	469.12	1881.93	2203.30	2467.65	2672.42
1995	701.79	536.02	2265.18	2649.53	2966.97	3185.55
1996	809.74	642.11	2423.88	2863.95	3233.61	3506.06
1997	853.52	646.21	2573.18	2913.51	3426.70	3559.72
1998	693.13	516.05	2473.38	2078.52	3166.51	2594.57
1999	749.04	577.71	2669.08	2235.75	3418.12	2813.46
2000	933.80	734.66	3167.61	2723.91	4101.41	3458.57
2001	826.81	676.40	2876.75	2494.89	3703.56	3206.35
2002	867.07	732.02	2971.48	2549.11	3838.54	3299.63
2003	1003.19	758.80	3307.15	2840.10	4367.82	3636.56
2004	1200.69	1017.97	4055.67	3581.48	5517.39	4921.86

东南亚蓝皮书

续表

年份	东盟区内贸易		东盟区外贸易		东盟总贸易	
	出口	进口	出口	进口	出口	进口
2005	1638.63	1410.31	4842.85	4357.12	6481.48	5767.43
2006	1892.54	1636.19	5616.53	4907.07	7509.07	6543.25
2007	2178.59	1853.65	6439.46	5668.15	8618.05	7521.80
2008	2513.18	2205.09	7279.18	7012.27	9792.36	9217.36
2009	2002.36	1767.43	6105.50	5502.67	8107.85	7270.10
2010	2643.98	2384.66	7846.45	7139.34	10490.43	9524.00
2011	3160.18	2669.20	9261.72	8892.18	12421.90	11561.38
2012	3280.24	2776.17	9296.85	9452.67	12577.08	12228.84
2013	3386.13	2791.38	9398.03	9755.14	12784.17	12546.53
2014	3302.09	2779.04	9637.78	9633.17	12939.88	12412.21
2015	2871.06	2482.74	8846.27	8528.54	11717.34	11011.28
2016	2767.78	2397.97	8759.10	8461.15	11526.88	10859.12
2017	3107.52	2794.75	10114.34	9726.27	13221.86	12521.02

资料来源：根据 ASEAN Statistical Yearbook，ASEAN Trade Statistical Database 数据编制。

表13　2017年东南亚10国十大贸易对象国

国家或地区	出口		进口		进出口	
	金额（百万美元）	比重（%）	金额（百万美元）	比重（%）	金额（百万美元）	比重（%）
东盟区内	310752	23.50	279475	22.32	590227	22.93
中　国	186475	14.10	254534	20.33	441009	17.13
欧　盟	158009	11.95	103393	8.26	261402	10.15
美　国	142719	10.80	91551	7.31	234269	9.10
日　本	105792	8.00	113466	9.06	219258	8.52
韩　国	55031	4.16	98648	7.88	153680	5.97
印　度	45331	3.43	28299	2.26	73630	2.86
澳大利亚	34557	2.61	24583	1.96	59140	2.30
俄罗斯	5861	0.44	10930	0.87	16790	0.65
加拿大	7834	0.59	5983	0.48	13817	0.54
贸易总额	1322186	100.0	1252102	100.0	2574288	100.0

资料来源：根据 ASEAN Statistical Yearbook 2018 编制。

324

表14　2016～2017年东南亚10国进出口贸易的十大商品及其比重

单位：%

	2016 年		2017 年	
出口	85 章 电机、电器、音像设备及其零附件	25.1	85 章 电机、电器、音像设备及其零附件	26.0
	84 章 核反应堆、锅炉、机械器具及零件	11.2	84 章 核反应堆、锅炉、机械器具及零件	11.0
	27 章 矿物燃料、矿物油及其产品;沥青等	9.5	27 章 矿物燃料、矿物油及其产品;沥青等	10.6
	71 章 珠宝、贵金属及制品;仿首饰;硬币	3.6	87 章 车辆及其零附件,但铁道车辆除外	3.4
	87 章 车辆及其零附件,但铁道车辆除外	3.6	90 章 光学、照相、医疗等设备及零附件	3.2
	39 章 塑料及其制品	3.2	71 章 珠宝、贵金属及制品;仿首饰;硬币	3.2
	90 章 光学、照相、医疗等设备及零附件	3.0	39 章 塑料及其制品	3.1
	15 章 动、植物油,脂蜡;精制食用油脂	2.8	15 章 动、植物油,脂蜡;精制食用油脂	3.0
	40 章 橡胶及其制品	2.5	40 章 橡胶及其制品	2.9
	29 章 有机化学品	2.2	29 章 有机化学品	2.1
进口	85 章 电机、电器、音像设备及其零附件	23.1	85 章 电机、电器、音像设备及其零附件	23.6
	84 章 核反应堆、锅炉、机械器具及零件	12.9	27 章 矿物燃料、矿物油及其产品;沥青等	14.5
	27 章 矿物燃料、矿物油及其产品;沥青等	12.0	84 章 核反应堆、锅炉、机械器具及零件	12.1
	39 章 塑料及其制品	4.0	39 章 塑料及其制品	3.9
	87 章 车辆及其零附件,但铁道车辆除外	3.8	87 章 车辆及其零附件,但铁道车辆除外	3.5
	72 章 钢铁	3.3	72 章 钢铁	3.4
	71 章 珠宝、贵金属及制品;仿首饰;硬币	3.1	71 章 珠宝、贵金属及制品;仿首饰;硬币	3.2
	90 章 光学、照相、医疗等设备及零附件	2.8	90 章 光学、照相、医疗等设备及零附件	2.8
	73 章 钢铁制品	1.9	29 章 有机化学品	1.9
	29 章 有机化学品	1.9	73 章 钢铁制品	1.7

注：根据 HS 编码两位数商品编制。

资料来源：根据 ASEAN Statistical Yearbook 20118 编制。

表15　2016～2017年东盟与中国进出口贸易的十大商品及其比重

单位：%

	2016 年		2017 年	
出口	85 章 电机、电器、音像设备及其零附件	26.7	85 章 电机、电器、音像设备及其零附件	27.3
	27 章 矿物燃料、矿物油及其产品;沥青等	10.9	27 章 矿物燃料、矿物油及其产品;沥青等	12.0
	84 章 核反应堆、锅炉、机械器具及零件	8.8	84 章 核反应堆、锅炉、机械器具及零件	7.9
	39 章 塑料及其制品	5.9	40 章 橡胶及其制品	6.1
	40 章 橡胶及其制品	4.9	39 章 塑料及其制品	5.2
	90 章 光学、照相、医疗等设备及零附件	4.7	90 章 光学、照相、医疗等设备及零附件	4.6
	29 章 有机化学品	3.3	29 章 有机化学品	3.3
	15 章 动、植物油,脂蜡;精制食用油脂	3.0	71 章 珠宝、贵金属及制品;仿首饰;硬币	2.8
	26 章 矿砂、矿渣及矿灰	2.5	15 章 动、植物油,脂蜡;精制食用油脂	2.6
	44 章 木材及其木制品;木炭	2.3	08 章 水果及坚果;柑桔属水果或甜瓜的果皮	2.3

续表

	2016 年		2017 年	
进口	85 章 电机、电器、音像设备及其零附件	28.8	85 章 电机、电器、音像设备及其零附件	30.5
	84 章 核反应堆、锅炉、机械器具及零件	17.5	84 章 核反应堆、锅炉、机械器具及零件	16.6
	72 章 钢铁	6.6	72 章 钢铁	5.3
	39 章 塑料及其制品	3.6	39 章 塑料及其制品	4.3
	73 章 钢铁制品	3.4	73 章 钢铁制品	3.8
	27 章 矿物燃料、矿物油及其产品;沥青等	3.4	87 章 车辆及其零附件,但铁道车辆除外	3.2
	87 章 车辆及其零附件,但铁道车辆除外	2.3	90 章 光学、照相、医疗等设备及零附件	2.2
	29 章 有机化学品	2.0	29 章 有机化学品	2.0
	90 章 光学、照相、医疗等设备及零附件	1.9	76 章 铝及其制品	2.0
	76 章 铝及其制品	1.9	60 章 针织物及钩编织物	1.8

注: 根据 HS 编码两位数商品编制。

资料来源: 根据 ASEAN Statistical Yearbook 2018 编制。

表16 1990~2018 年东南亚吸收的外商直接投资（FDI）流入量

单位: 百万美元

国家或地区	1990 年	1995 年	2000 年	2005 年	2010 年	2015 年	2016 年	2017 年	2018 年
文　莱	7	583	550	290	481	173	-150	460	504
柬埔寨	—	151	149	381	1342	1823	2476	2788	3103
印　尼	1092	4419	-4495	8336	13771	16641	3921	20579	21980
老　挝	6	95	34	28	279	1119	997	1599	1320
马来西亚	2611	5815	3788	4065	9060	10082	11336	9399	8091
缅　甸	225	318	208	110	6669	2824	2989	4341	3554
菲律宾	550	1459	2240	1854	1298	4447	6915	8704	6456
新加坡	5575	11943	15515	18090	55076	59700	73863	75723	77646
泰　国	2575	2070	3410	8067	14568	5624	1815	6478	10493
东帝汶	—	—	—	1	29	43	5	7	48
越　南	180	1780	1298	1954	8000	11800	12600	14100	15500
东南亚	12821	28633	22697	43176	110573	114276	116767	144178	148695

资料来源: 根据 UNCTAD World Investment Report 有关年份的数据编制。

表 17　1990～2018 年东南亚吸收的外商直接投资（FDI）流入存量

单位：百万美元

国家或地区	1990 年	1995 年	2000 年	2005 年	2010 年	2018 年
文　莱	33	642	3868	2125	4140	6702
柬埔寨	38	356	1580	2471	6329	23741
印　尼	8732	20626	25060	41187	160735	226335
老　挝	13	211	588	681	1888	8665
马来西亚	10318	28731	52747	44460	101620	152510
缅　甸	281	1210	3452	6480	14507	31360
菲律宾	4528	10148	13762	14978	25896	82997
新加坡	30468	65644	110570	237009	632760	1481033
泰　国	8242	17684	30944	61413	139286	222733
东帝汶	—	—	—	19	155	365
越　南	1650	7150	14730	22444	57004	144991
东南亚	64303	152403	257301	433267	1144320	2381432

资料来源：根据 UNCTAD World Investment Report 有关年份的数据编制。

表 18　2013～2018 年东盟国家或地区吸引外商直接投资（FDI）的主要来源地

单位：百万美元

国家或地区	2013 年	2014 年	2015 年	2016 年	2017 年	2018 年
东盟区内	18464.21	22180.88	20819.28	25728.79	25474.19	23188.35
欧　盟	15718.47	28943.27	20373.04	34014.61	14916.08	21613.47
日　本	24608.62	13436.07	12962.34	14241.93	16148.97	20954.55
中国香港	4562.37	10573.41	1312.76	9860.69	6254.26	10111.04
中　国	6165.21	6811.74	6571.77	9609.60	13700.59	9940.08
美　国	11457.92	21141.27	22912.45	21663.38	24890.81	8340.72
韩　国	4302.70	5257.24	5608.82	7088.18	4535.18	5887.50
印　度	1731.17	1163.50	1473.43	−198.08	−107.51	1516.05
澳大利亚	2165.47	4032.08	1407.15	2218.25	1313.17	1215.48
中国台湾	1303.95	2347.72	2543.95	3494.09	2068.75	528.08
东盟10国	120965.52	130114.52	118667.09	118959.46	147085.19	152755.31

资料来源：根据 ASEAN Secretariat Database 有关年份数据编制。

表19　2006～2018 年到访东盟国家的游客人数

单位：千人次

年份	文莱	柬埔寨	印尼	老挝	马来西亚	缅甸	菲律宾	新加坡	泰国	越南	总计
2006	158	1700	4871	1215	18472	653	2688	9752	13822	3583	56914
2007	179	2015	5506	1624	20236	732	3092	10288	14464	4150	62285
2008	226	2125	6429	2005	22052	661	3139	10116	14597	4254	65604
2009	157	2162	6324	2008	23646	763	3017	9681	14150	3772	65680
2010	214	2508	7003	2503	24577	792	3520	11639	15936	5050	73742
2011	242	2882	7650	2724	24714	816	3917	13171	19098	6014	81228
2012	209	3584	8044	3330	25033	1059	4273	14491	22354	6848	89016
2013	3279	4210	8802	3779	25716	2044	4681	15568	26547	7572	102198
2014	3886	4503	9435	4159	27437	3081	4833	15095	24780	7874	105083
2015	218	4775	10407	4684	25721	4681	5361	15231	29881	7944	108903
2016	219	5012	11519	4239	26757	2907	5967	16404	32530	10013	115567
2017	259	5602	14040	3869	25948	3443	6621	17425	35592	12922	125721
2018	278	6201	15810	4186	25832	3549	7128	18508	38277	15498	135267

资料来源：根据 ASEAN Secretariat Database 有关年份数据编制。

表20　2019 年东南亚国家的各类自由贸易协定

（截至 2019 年 2 月）

国家	正在谈判中		已签署未生效	已签署并生效	总数
	已签署框架协定	谈判中			
文　莱	0	1	2	8	11
柬埔寨	0	1	1	6	8
印　尼	0	8	3	9	20
老　挝	0	1	1	8	10
马来西亚	1	4	3	14	22
缅　甸	1	2	1	6	10
菲律宾	0	2	1	8	11
新加坡	0	9	2	22	33
泰　国	1	8	1	13	23
东帝汶	0	0	0	0	0
越　南	0	4	2	10	16

注：（1）已签署框架协定：指涉及各方签署框架性协议（FA），并以此作为未来谈判的框架；

（2）谈判中：指有关各方通过有关部门宣布正式启动谈判或设定日期，或已开始第一轮谈判；

（3）已签署未生效：指有关各方已完成谈判后并签署了自由贸易协定，但协定未正式生效；

（4）已签署并生效：指有关自由贸易协定获立法或行政审批，并开始生效。

资料来源：ADB Asia Regional Integration Center, http：//aric. adb. org/fta。

表 21　2019 年东南亚国家营商环境世界排名

国家	营商环境便利度	开办企业	办理施工许可	获得电力	登记产权	获得信贷	保护少数投资者	纳税	跨境贸易	执行合同	办理破产
文　莱	66	16	54	31	144	1	128	90	149	66	59
柬埔寨	144	187	178	146	129	25	128	138	118	182	82
印　尼	73	140	110	33	106	48	37	81	116	139	38
老　挝	154	181	99	141	88	80	179	79	76	106	167
马来西亚	12	126	2	4	33	37	2	80	49	35	40
缅　甸	165	70	46	148	125	181	157	136	107	190	168
菲律宾	95	171	85	32	120	132	72	95	113	152	65
新加坡	2	4	5	19	21	37	3	7	47	1	27
泰　国	21	47	34	6	67	48	3	68	62	37	24
东帝汶	181	68	159	136	189	173	157	136	107	190	168
越　南	70	115	25	27	64	25	97	109	104	68	122

注：营商环境便利度排名截止日期是 2019 年 5 月 1 日。

资料来源：根据 World Bank Doing Business 2020 数据编制。

表 22　2005～2019 年东南亚国家全球竞争力世界排名

年度	文莱	柬埔寨	印尼	老挝	马来西亚	缅甸	菲律宾	新加坡	泰国	东帝汶	越南
2005～06	—	111	69	—	25	—	73	5	33	113	74
2006～07	—	103	50	—	26	—	71	5	35	112	77
2007～08	—	110	54	—	21	—	71	7	28	127	68
2008～09	39	109	55	—	21	—	71	5	34	129	70
2009～10	32	110	54	—	24	—	87	3	36	126	75
2010～11	28	109	44	—	26	—	85	3	38	133	59
2011～12	28	97	46	—	21	—	75	2	39	131	65
2012～13	28	85	50	—	25	—	65	2	38	136	75
2013～14	26	88	38	81	24	—	59	2	37	138	70
2014～15	—	95	34	93	20	134	52	2	31	136	68
2015～16	—	90	37	83	18	131	47	2	32	—	56
2016～17	—	89	41	93	25	—	57	2	34	—	60
2017～18	46	94	36	98	23	—	56	3	32	—	55
2019	—	106	50	113	27	—	64	1	40	—	67

资料来源：根据 WEF The Global Competitiveness Report 有关年份的数据编制。

表 23　1992～2019 年东南亚五国国际竞争力世界排名

年份	印尼	马来西亚	菲律宾	新加坡	泰国
1992	37	14	33	2	26
1993	38	14	35	3	26
1994	36	18	37	2	26
1995	34	23	36	2	27
1996	41	23	31	2	30
1997	39	17	31	2	29
1998	40	20	32	2	39
1999	46	27	32	2	34
2000	45	25	38	2	33
2001	46	28	39	2	34
2002	47	24	40	8	31
2003	57	21	49	4	30
2004	58	16	52	2	29
2005	59	28	49	3	27
2006	60	23	49	3	32
2007	54	23	45	2	33
2008	51	19	40	2	27
2009	42	18	43	3	26
2010	35	10	39	1	26
2011	37	16	41	3	27
2012	42	14	43	4	30
2013	39	15	38	5	27
2014	37	12	42	3	29
2015	42	14	41	3	30
2016	48	19	42	4	28
2017	42	24	41	3	27
2018	43	22	50	3	30
2019	32	22	46	1	25

资料来源：根据 IMD World Competitiveness Yearbook 有关年份的数据编制。

表24 2019年东南亚国家全球创新指数（GII）世界排名

国家	全球创新指数	制度	人力资本和研究	基础设施	市场成熟度	商业成熟度	知识和技术产出	创意产出
文　莱	71	27	55	52	17	45	120	107
柬埔寨	98	112	120	123	30	109	75	97
印　尼	85	99	90	75	64	95	82	76
马来西亚	35	40	33	42	25	36	34	44
菲律宾	54	89	83	58	110	32	31	63
新加坡	8	1	5	7	5	4	11	34
泰　国	43	51	52	77	32	60	38	54
越　南	42	81	61	82	29	69	27	47

注：全球创新指数由制度子指数（包括政治环境、监管环境、商业环境）、人力资本和研究子指数（包括教育、高等教育、研究和开发）、基础设施子指数（包括信息通信技术、普通基础设施、生态可持续）、市场成熟度子指数（包括信贷、投资、贸易、竞争和市场规模）、商业成熟度子指数（包括知识型工人、创新关联、知识的吸收）、知识和技术产出子指数（包括知识的创造、知识的影响、知识的传播）、创意产出子指数（包括无形资产、创意产品和服务、网络创意）组成。

资料来源：根据 Cornell University，INSEAD，WIPO Global Innovation Index 2019 数据编制。

表25 1980～2019年东南亚国家人类发展指数（HDI）

国家	1980	1985	1990	1995	2000	2005	2010	2015	2019
文　莱	0.750	0.760	0.784	0.807	0.818	0.838	0.843	0.865	0.845
柬埔寨	—	—	—	0.407	0.438	0.536	0.536	0.563	0.581
印　尼	0.423	0.460	0.481	0.527	0.543	0.640	0.665	0.689	0.707
老　挝	—	—	0.376	0.411	0.448	0.511	0.539	0.586	0.604
马来西亚	0.559	0.600	0.631	0.674	0.705	0.747	0.769	0.789	0.804
缅　甸	0.279	0.307	0.298	0.340	0.380	0.472	0.520	0.556	0.584
菲律宾	0.550	0.552	0.571	0.586	0.602	0.638	0.654	0.682	0.712
新加坡	—	—	—	—	0.801	0.840	0.897	0.925	0.935
泰　国	0.486	0.528	0.566	0.603	0.626	0.685	0.716	0.740	0.765
东帝汶	—	—	—	—	0.404	0.448	0.491	0.605	0.626
越　南	—	—	0.435	0.486	0.528	0.598	0.653	0.683	0.694

注：人类发展指数（HDI）以预期寿命、受教育程度、人均GDP（PPP）为衡量指标。2019年，在全球189个国家和地区的人类发展指数排名中，文莱列第43位、柬埔寨列第146位、印尼列第111位、老挝列第140位、马来西亚列第61位、缅甸列第145位、菲律宾列第106位、新加坡列第9位、泰国列第77位、东帝汶列第131位、越南列第116位。

资料来源：根据 UNDP International Human Development Indicators 有关年份的数据编制。

B.21
后　记

　　本课题研究依托教育部哲学社会科学发展报告建设项目和中央高校基本科研业务费项目。本课题组主要由厦门大学南洋研究院、东盟研究中心、新加坡研究中心的部分科研人员和研究生组成,他们主要从事东南亚的区域和国别研究。

　　东南亚研究是厦门大学的优势学科和特色学科。1921 年,来自东南亚的爱国华侨陈嘉庚先生创办了厦门大学。长期以来,"面向东南亚、面向华侨华人、面向海洋"成为厦门大学的传统办学特色。1956 年,厦门大学创建了南洋研究所(现为南洋研究院),它是我国最早设立的东南亚研究机构,也是新中国最早建立的国际问题研究机构之一。2000 年 9 月,在此基础上组建的厦门大学东南亚研究中心被教育部正式批准为人文社会科学重点研究基地。2012 年 6 月,厦门大学东盟研究中心作为教育部区域和国别研究培育基地正式启动。2017 年 6 月,厦门大学新加坡研究中心、印尼研究中心和马来西亚研究中心入选教育部国别和区域研究中心备案名单。经过五十多年的积累,厦门大学已形成了以国际政治、世界经济、国际关系、中外关系史、宗教与民族等多学科和综合性的东南亚研究体系,并在国内外享有较高学术声誉。

　　2012 年,厦门大学东南亚研究团队正式出版了第一部《东南亚蓝皮书:东南亚地区发展报告》,并在北京举办了发布会,其后每年出版。《东南亚蓝皮书:东南亚地区发展报告(2018~2019)》,是该研究团队编写的第七部年度报告。本报告以年度东南亚地区发展为主题,密切跟踪各国的政治、经济、对外关系等发展动态,集区域研究、国别研究和专题研究为一体,以形势分析、学术探讨和对策研究相结合,注重地区研究的权威性、前沿性和时效性，对东南亚地区近期和中期发展进行分析与预测，以揭示全球化和区域化进程中东南亚地区发展的格局与趋势。

本课题的研究和成果出版，首先要感谢研究院教师、科研人员和研究生的通力合作，感谢厦门大学社科处处长高和荣教授、冯文晖副处长的大力支持和帮助，感谢本院图书馆人员的积极协助，感谢社会科学文献出版社国别区域分社社长张晓莉、编辑宋浩敏为本书的顺利出版付出的积极努力。

囿于写作时间和篇幅所限，本书对近期东南亚政治、经济、对外关系等领域研究的广度和深度仍有待进一步扩展与深化，书中难免有不妥之处，望读者批评指正。

《东南亚地区发展报告》编委会
2019 年 12 月

Abstract

Southeast Asia, located in the southeast of Asia continent, is geographically divided into two sub-regions, namely Mainland Southeast Asia and Malay Archipelago. They includes Brunei Darusslam, Cambodia, Indonesia, Laos, Malaysia, Myanmar, Philippines, Singapore, Thailand, East Timor and Vietnam. Southeast Asia is located at the crossroads of Asia continent, Oceania, the Pacific Ocean and the Indian Ocean, thus occupying an important strategic position. The Association of Southeast Asian Nations (ASEAN) is the most important regional organization in Southeast Asia. Ten of the eleven states of Southeast Asia are members of ASEAN, while East Timor is an observer state.

In recent years, Southeast Asia has successfully safeguarded overall political stability, and many countries have completed their regime change smoothly. In 2018, general elections were held in Malaysia and Cambodia. The former marked the end of half-century's administration of the ruling coalition and the latter meant that Hun Sen began his sixth term as Prime Minister of Cambodia. In 2019, as the three major economies of Southeast Asia, national elections were held in Thailand and Indonesia, and mid-term elections was held in Philippine. In March 2019, Thailand held its first election after five years of military rule and the Prime Minister Prayuth Chan-ocha won the re-election. In April, general election was held in Indonesia and Joko Widodo won re-election to a second term. In May, mid-term election was held in Philippine and the ruling coalition headed by the current president Duterte won a sweeping victory, thereby gaining control of the House and the Senate. Meanwhile, Singapore's Prime Minister's Office (PMO) made an announcement over a cabinet reshuffle to promote Heng Swee Keat as the city-state's deputy prime minister and the Acting Prime Minister, which made many people believe that Heng may lead Singapore's fourth-generation leadership.

In the context of the profound adjustment and weakness of the global economy, economic growth in Southeast Asia slows down but remains robust. Southeast Asia is still one of the most economically dynamic regions globally and its influence on world economy has kept rising. In 2018, as a group, Southeast Asia covers an area of 4, 493, 500 square kilometers and has a total population of approximately 649 million people. At the same time, its combined GDP reached USD 2.99 trillion, Per capita GDP is $4, 601, the foreign trade amounted to USD 2.8 trillion, the volume of inward FDI achieved USD 154.7 billion and the volume of outflow FDI achieved USD 69.6 billion. At present, is one of the world's third largest country in southeast Asia and region (second only to China, India), is the world's fifth largest economy (after the United States, European Union, China and Japan), is the world's fourth largest import and export trade area (after the European Union, China and the United States), is the world's third largest foreign direct investment (FDI) flow area (after the European Union and the United States), is also the area where the sixth largest foreign direct investment.

2019 is the fourth year of the establishment of ASEAN Community and implementation of ASEAN Community Vision 2025. In accordance with the Vision 2025, ASEAN have implemented the blueprints of the three pillars of ASEAN community by promoting the building of political-security alliance, the free flow of the production factors and the integration of social and cultural resources, worked on setting up a truly rules-based, people-oriented community, and made a great progress. ASEAN is committed to maintain regional peace, security and stability, settle disputes among member countries, advance trade and investment liberalization and facilitation, and build regional single market and production base. Facing the continues escalation of trade war between China and the United States, ASEAN take active measures to avoid picking sides in the great power game; finish the negotiation on regional comprehensive economic partnership agreement (RCEP) and establish the biggest free trade area in the world; minimize the development gap among member countries, and keep the diversity of regional culture, Creativity and Sustainability.

Under the impact of the fourth industrial revolution, various policies and strategies of industrial 4.0 and economic transformation plans have been launched

by Southeast Asian countries successively, all of which aim to deal with the reconstruction of the global value chain, promote economic transformation, avoid falling into the middle-income trap, reverse or delay the process of "deindustrialization" and reshape their international competitiveness. ASEAN Declaration on Industrial Transformation to Industry 4. 0 was announced at the 35nd ASEAN Summit in November 2019, which put forward adopting innovation and digital technology through the fourth industrial revolution, enhance the capacity building of ASEAN enterprises and encourage regional industrial upgrade in response to the impact of the Fourth Industrial Revolution (Industry 4. 0) on politics, society and economics. The implementation and expansion of Industry 4. 0 will create both challenges and opportunities for Southeast Asian countries.

This report aims to study the annual development of Southeast Asia. It tracks the latest progress and dynamics of politics, economics and foreign relations in Southeast Asian countries, analyzes and forecasts their short-term and medium-term developing trend, reveals the development patterns of Southeast Asia in the process of globalization and regionalization, and provides references for the Chinese diplomatic and peripheral strategies accordingly. This report includes the general report, regional reports, country reports, reports on "Industry 4. 0", and appendix: (1) General report review and predict ASEAN countries' political and economic situation; (2) Regional reports discuss the hot topics and frontier issues every year from the aspects of economics, politics, society and external relations; (3) Country reports focus on the analysis and forecasting of ASEAN countries' politics, economics and foreign relations, including Cambodia, Indonesia, Singapore, Thailand, and Vietnam; (4) Reports on "Industry 4. 0" focus on the current status and prospects of ASEAN's Industry 4. 0; (5) Appendix. ASEAN Declaration on Industrial Transformation to Industry 4. 0, Major Events in Southeast Asia in 2018 and Southeast Asia Development Statistics.

Keywords: Southeast Asia; Political and Economic Situation; "Industry 4. 0"; Industrial Transformation

Contents

I General Report

Abstract: In recent years, Southeast Asia has successfully safeguarded overall political stability. In 2018, general elections were held in Malaysia and Cambodia. In 2019, the general elections were held in Indonesia and Thailand, the mid-term election was held in Philippine attracted southeast Asia politics' attention. Meanwhile, Heng Swee Keat may lead Singapore's fourth-generation leadership after the cabinet reshuffle in 2019. In the context of the profound adjustment and weakness of the global economy, economic growth in Southeast Asia slows down but their economies have remained resilient, with most countries experiencing moderate economic growth, and their status in the world economy has been rapidly enhanced. Under the impact of the fourth industrial revolution, various policies and strategies of industrial 4.0 and economic transformation plans have been launched by Southeast Asian countries successively, all of which aim to deal with the reconstruction of the global value chain, promote economic transformation, avoid falling into the middle-income trap, reverse or delay the process of "deindustrialization" and reshape their international competitiveness. In 2019, the fourth year of the establishment of ASEAN Community, ASEAN have implemented the blueprints of the three pillars of ASEAN community by promoting the building of political-security alliance, the free flow of the production factors and the integration of social and cultural resources, worked on setting up a

东南亚蓝皮书

truly rules-based, people-oriented community, and made a great progress.

Keywords: Southeast Asia; Political and Economic Situation; Economic Transformation; ASEAN Community

II Regional Reports

Abstract: In 2018 −2019, the economic growth of Southeast Asian countries generally slowed down in the context of slowing world economic growth and shrinking international market. However, the economies of all countries remained resilient, with most but a few countries experiencing moderate economic growth. The region is still one of the most dynamic regions in the world economy. In the face of the drastic changes in the domestic and international economic situation, Southeast Asian countries have recently begun to intensify the adjustment of their macroeconomic policies, leading the industrial transformation with the "industry 4.0" strategy, accelerating the connectivity of infrastructure and improving the business environment, so as to cope with the opportunities and challenges brought by the reconstruction of global value chains. At present, due to the slowdown of global economic growth and accelerated structural adjustment, the volatility and uncertainty of economic growth in Southeast Asian countries will increase.

Keywords: Southeast Asia; Economic Growth; Industrial Upgrading; Volatility

Abstract: With the rapid economic development in Southeast Asia, member countries are vigorously promoting the construction of infrastructure, and rail transit has become the main project. At present, the rail transit projects under construction in Southeast Asian countries include the Jakarta-Bandung High-speed Railway in Indonesia, the China-Thailand railway, the Thailand "Eastern Economic Corridor" High-Speed Railway, the East Coast Rail Line in Malaysia and the China-Laos Railway. At the same time, Jakarta-Surabaya Railway, Bangkok-Chiang Mai High-Speed Railway, Kuala Lumpur-Singapore High-Speed Railway, Haiphong-Hanoi-Lao Cai Railway are under planning, as well as some urban subway and light rail projects. These rail transit projects will have a positive impact on the economic development of Southeast Asian countries and will also promote inter-regional connectivity. However, due to the weak foundation and the shortage of construction funds, technology and talents, the pace of rail transit infrastructure construction has been severely restricted.

Keywords: Southeast Asia; Rail Transit; Connectivity; Sustainable Development

B. 4 Intra-ASEAN Labor Mobility and Its Impact   *Sun Yueqi* / 050

Abstract: With the process of ASEAN regional economic integration, the volume of labor mobility in the region has expanded. Thailand, Malaysia and Singapore have become the centers of regional labor mobility. Currently, Thailand has the largest number of workers in ASEAN, followed by Malaysia and Singapore. In Thailand, more than half of the overseas labor is distributed in the industrial sector. Malaysia's overseas labor is more evenly distributed in the agricultural, industrial and service sectors. Overseas workers in Singapore are concentrated in the service industry. Facing with the growing numbers of foreign workers, laws, many regulations and policy measures have been adopted by the importing countries, exporting countries and regional organizations. The influence of accelerating Intra-ASEAN Labor Mobility on economic growth, income and consumption, and labor markets are different in different countries.

Keywords: ASEAN; Regional Economic Integration; Labor Mobility; Foreign Workers

B. 5   The Current Situation and Prospect of Information &
       Telecommunication Industry in Four ASEAN Countries

Chu Hongjun / 078

Abstract: Along with the deepening of the international industrial division,
the global Information & Telecommunication industry has developed rapidly. In
this field, the value chain and industrial chain which were dominated by multinational
companies have gradually shifted to emerging countries, including the packaging,
production of key components, and even R&D. ASEAN countries have become
an important node of the industrial global value chain and regional production
networks. In this process, comparative advantage is the foundation, government
supportive policies are critical factors and multinational companies act as the carriers
in promoting the sustainable development of this industry.

Keywords: Four ASEAN Countries; Information & Telecommunication
Industry; Multinational Companies; International Competitiveness

B. 6   Economic Relations between China and ASEAN under the
       Global Value Chain   *Jin Yan, Du Shenghao* / 101

Abstract: Under the new international industrial division of labor, China
and ASEAN are important nodes of global value chain (GVC) and production
network. Correspondingly, the economic and trade relations between China and
ASEAN are also based on GVC, which shows that intermediate products account
for half of the bilateral trade. At present, the GVC is facing adjustment and
reorganization. China should plan to gradually build a regional industrial chain or
supply chain parallel to GVC led by transnational corporations and dominated by
Chinese enterprises in the China-ASEAN region, so as to build a new micro-
foundation of China-ASEAN economic and trade relations.

Keywords: Global Value Chain; China-ASEAN; Economic Relations;
Intermediate Products

Ⅲ National Reports

B. 7 Analysis of Cambodia's Economic Performance and Prospects

Zhao Xuefei / 112

Abstract: In the context of the weakness of the global economy, economic growth in many countries are slowing down. However, Cambodia, as an emerging economy in Southeast Asia, has sprung up, and the domestic economy has maintained a rapid growth rate. From 2011 to 2018, Cambodia's economic growth rate remained above 7%. In 2018, Cambodia's economic growth rate reached a new high in the past decade. At the same time, the economic cooperation between China and Cambodia also developed rapidly, and the bilateral comprehensive strategic cooperative partnership reached a new level. Although the Cambodian economy will continue to grow rapidly, there are still some structural problems and uncertainties that plague its future economic development.

Keywords: Cambodian Economy; China－Cambodia Economic Cooperation; Structural Problem

B. 8 Review and Prospect of Indonesia's Political and

Economic Situation *Lin Mei, Fan Rui* / 124

Abstract: Indonesia held national-wide prefact election and President election in 2018 and 2019. Joko Widodo won the president election again and will continue his presidency till 2024. Indonesia still is in the trend of political stability in overall perspective, but has presence of conservative ideas and social differentiation, together with the renaissance of Papua's seperatism. At the same time, Indonesian economy kept the modest growth with macroeconomic and financial stability, poverty reduction, unemployment decline and better improvement in income gap.

Keywords：Indonesia's Political Situation；Indonesia's Economy；Doing Business ；Social Differentiation

Abstract：After the global financial crisis, Singapore's economic growth continued to fluctuate. After 2014, Singapore's economic growth remained at a low level and reached a new low in 2019. Since 2009, Singapore has been promoting economic transformation. The government believes that the slowdown of Singapore's economic growth is not only a cyclical problem, but also a structural problem. It is necessary to carry out economic transformation, promote the development of innovative economy, realize the upgrading of industrial structure and enhance the international competitive advantage. In 2016, the government issued the industrial transformation plan and relevant policies and measures, which identified the key field of industrial transformation, scientific and technological innovation and artificial intelligence, promoted research and development, innovation and entrepreneurship, promoted the digital transformation of small and medium-sized enterprises, and built the world's first smart country. In recent years, Singapore has made some achievements in promoting innovation-driven economic development, but there are still some problems.

Keywords：Singapore；Economic Growth；Innovation Driven；Smart Country

Abstract：Affected by the slowdown of world economy and domestic political fluctuations, Thailand's economic growth has been sluggish in recent years. The domestic economy bottomed out and stabilized in 2018, but it was trapped again in 2019. In 2019, Thailand held a national election and Prime Minister Prayut Chan-o-cha was re-elected. After the new Thai government came into power, it continued to implement the original development policy and implemented short-term measures to deal with the economic downturn. It also began to formulate and promulgate mid-and long-term development plans. Currently, the Thai government is actively adjusting macroeconomic policies, accelerating the implementation of related strategies and policies, and promoting the digital transformation of SMEs. New progress has been made in the construction of the Eastern Economic Corridor, which was launched earlier by the government. However, with the reconstruction of global value chains and changes in the domestic business environment, the Thai economy is still facing a series of risks and challenges.

Keywords: Thailand; Economic Policy; " Thailand 4.0 "; Eastern Economic Corridor (EEC)

B. 11　The Economic Development and Foreign Relations
　　　　of Vietnam in 2018 −2019　　　　　　　　*Xu Yun* / 179

Abstract: In recent years, Vietnam has achieved a rapid economic and social development, and fully finished the defined twelve economic development targets in 2018. In 2019, Vietnam government proposed new core missions covering economy, cultural society, national defense security and party construction. Under the framework of socialism directed market economy, Vietnam government actively promote the restructuring of state-owned enterprises, the prosperity of private enterprises, the medium and long-term development of marine economy, and the strengthening of party construction which is the institutional guarantee for the modernization drive. The 12th National Congress of the Communist Party of Vietnam proposed that Vietnam should take active measures to integrate into the international community, as well as expand and deepen its relationship with major partner countries through vigorously conducting multilateral diplomacy, economic

diplomacy and cultural diplomacy.

Keywords: Vietnam; Economic Society; Foreign Relations; Institutional Guarantee

Ⅳ Reports on "Industry 4. 0"

B. 12 The "Industry 4. 0" Strategy of ASEAN Countries: Current Situation and Prospect *Wang Qin* / 193

Abstract: Under the impact of the fourth industrial revolution, various policies and strategies of industrial 4. 0 and economic transformation plans have been launched by Southeast Asian countries successively, all of which aim to deal with the reconstruction of the global value chain, promote economic transformation, avoid falling into the middle-income trap, reverse or delay the process of "deindustrialization" and reshape their international competitiveness. The implementation and expansion of Industry 4. 0 will create both challenges and opportunities for Southeast Asian countries. Due to the diversity of the economic development, the industry 4. 0 may further enlarge the regional "digital gap" and development disparities because of the adjustment of multinational companies' investment item layout which was evoked by the new industrial technology and reconstruction of global value chain.

Keywords: ASEAN Countries; "Industry 4. 0"; Economic Transformation; International Competitiveness

B. 13 The Policy Framework and Current Challenges of "Industry 4. 0" in Indonesia *Na Wenpeng* / 211

Abstract: In recent years, the Indonesian domestic economic growth showed signs of downward, precocious type "de-industrialisation" a growing problem, the gradual loss of manufactured goods export competitive advantage, the Indonesian government is trying to use the fourth development opportunity of the industrial revolution, timely introduced the country's "Industry 4.0" development strategy, aimed at boosting economic growth, improve the net export goods, to participate in the global value chain reconstruction. In the "Industry 4.0" strategy, the Indonesian government has formulated detailed development goals and industrial policies. However, due to the backward supporting conditions, limited financial capacity, slowdown of foreign investment and high political risk, it will face many challenges in the process of implementation.

Keywords: Indonesian; "Industrial 4.0"; Global Value Chain; Industrial Policy

B. 14 "Industry 4.0" in Malaysia: Implementation and Prospect

Yan Sen / 227

Abstract: With the launch of the National Policy on Industry 4.0 (Industry 4.0WRD) in October 2018, Malaysia became another ASEAN country which adopted the Industry 4.0 strategy. Given the new international situation, the implementation of the Industry 4.0WRD aims at accelerating the progress of industrialization, promoting the industrial transformation, avoiding falling into the middle-income trap and stepping into the high-income countries. Industry 4WRD focus on five high-potential and high-growth industries, including electronic & electric equipment, mechanical equipment, chemical, medical devices and aerospace, introduce preferential policies and incentives to support the development of "Industry 4.0", promote the digital transformation in small and medium-sized enterprises, and implement the talent cultivation and vocational training plan. Although Malaysia is considered as one of the forerunners responsing to Industry 4.0, it still have a long way to go before stepping into the era of "Industry 4.0" because of the development gap with developed economies.

Keywords: Malaysia; "Industry 4.0"; Economic Transformation; Leading Economies

B. 15　Singapore's Industrial Transformation Plan for "Industry 4. 0"

Wang Yan, *Chen Huixin* / 240

Abstract：With the rise of the fourth wave of industrial revolution, Singapore has successively launched the industrial transformation Programme for "industry 4. 0", in order to speed up to the era of "industry 4. 0". Singapore launched the industrial transformation Programme, which includes 23 industrial transformation maps in manufacturing, environmental construction, trade and linkages, domestic essential services, professional services and life related services. The Programme aims to improve the productivity, investment skills, promote innovation and go global. In recent years, the implementation of the industrial transformation Programme in Singapore has achieved initial results, and some industries have achieved remarkable results.

Keywords：Singapore; "Industry 4. 0"; Industrial Transformation; Innovation Driven

B. 16　Thailand's "Industry 4. 0" Strategy and Its Challenges

Li Li / 258

Abstract：In 2016, the Thai government proposed the "Thailand 4. 0" strategy, aiming to promote Thailand's economy and society to enter the era of "Industry 4. 0". The goals of Thailand 's "Industry 4. 0" strategy include economic prosperity, social well-being, promotion of national value and environmental protection. In this process, ten key industries have been identified, and two strategic projects, namely the "Eastern Economic Corridor" (EEC) and the "Southern Economic Corridor" (SEC) have been planned as the key development areas. In the new international economic situation, Thailand's "Industry 4. 0" strategy will face new opportunities and challenges.

Keywords：Thailand; "Thailand 4. 0"; "Middle Income Trap"; Strategic Project

Abstract: Under the impact of the fourth industrial revolution, several policies and strategies of industrial 4. 0 have been launched by Vietnam successively. As the emerging economies, the reason why Vietnam is so keen to industry 4. 0 is that with the benefit of "industry 4. 0", Vietnam attempts to make better use of their advantages as late starter, foster new engine of economic growth, promote industrial transformation, and push reforms on the economic growth mode, government administration and social management. In order to achieve above goals, the Medium and long-term strategic objectives of "Industry 4. 0" are established, which include identifying the priority industries, implementing policies and measures to participate in "Industry 4. 0", strengthening the capability building in response to "Industry 4. 0", bringing in advanced technology and investment projects under "Industry 4. 0", and accelerating the construction of smart cities. The reconstruction of global value chain under "Industry 4. 0" will create opportunity for Vietnam, but due to the weak foundation of its infrastructure and capacity, the implementation effect will be weakened directly.

Keywords: Vietnam; "Industry 4. 0"; Global Value Chain; Smart City

社会科学文献出版社

皮 书

智库报告的主要形式
同一主题智库报告的聚合

❖ 皮书定义 ❖

皮书是对中国与世界发展状况和热点问题进行年度监测,以专业的角度、专家的视野和实证研究方法,针对某一领域或区域现状与发展态势展开分析和预测,具备前沿性、原创性、实证性、连续性、时效性等特点的公开出版物,由一系列权威研究报告组成。

❖ 皮书作者 ❖

皮书系列报告作者以国内外一流研究机构、知名高校等重点智库的研究人员为主,多为相关领域一流专家学者,他们的观点代表了当下学界对中国与世界的现实和未来最高水平的解读与分析。截至2020年,皮书研创机构有近千家,报告作者累计超过7万人。

❖ 皮书荣誉 ❖

皮书系列已成为社会科学文献出版社的著名图书品牌和中国社会科学院的知名学术品牌。2016年皮书系列正式列入"十三五"国家重点出版规划项目;2013~2020年,重点皮书列入中国社会科学院承担的国家哲学社会科学创新工程项目。

中国皮书网

（网址：www.pishu.cn）

发布皮书研创资讯，传播皮书精彩内容
引领皮书出版潮流，打造皮书服务平台

栏目设置

◆ **关于皮书**

何谓皮书、皮书分类、皮书大事记、
皮书荣誉、皮书出版第一人、皮书编辑部

◆ **最新资讯**

通知公告、新闻动态、媒体聚焦、
网站专题、视频直播、下载专区

◆ **皮书研创**

皮书规范、皮书选题、皮书出版、
皮书研究、研创团队

◆ **皮书评奖评价**

指标体系、皮书评价、皮书评奖

◆ **互动专区**

皮书说、社科数托邦、皮书微博、留言板

所获荣誉

◆ 2008 年、2011 年、2014 年，中国皮书
网均在全国新闻出版业网站荣誉评选中
获得"最具商业价值网站"称号；
◆ 2012 年，获得"出版业网站百强"称号。

网库合一

2014年，中国皮书网与皮书数据库端口
合一，实现资源共享。

权威报告·一手数据·特色资源

皮书数据库
ANNUAL REPORT(YEARBOOK)
DATABASE

分析解读当下中国发展变迁的高端智库平台

所获荣誉

- 2019年，入围国家新闻出版署数字出版精品遴选推荐计划项目
- 2016年，入选"'十三五'国家重点电子出版物出版规划骨干工程"
- 2015年，荣获"搜索中国正能量 点赞2015""创新中国科技创新奖"
- 2013年，荣获"中国出版政府奖·网络出版物奖"提名奖
- 连续多年荣获中国数字出版博览会"数字出版·优秀品牌"奖

成为会员

通过网址www.pishu.com.cn访问皮书数据库网站或下载皮书数据库APP，进行手机号码验证或邮箱验证即可成为皮书数据库会员。

会员福利

- 已注册用户购书后可免费获赠100元皮书数据库充值卡。刮开充值卡涂层获取充值密码，登录并进入"会员中心"—"在线充值"—"充值卡充值"，充值成功即可购买和查看数据库内容。
- 会员福利最终解释权归社会科学文献出版社所有。

社会科学文献出版社 皮书系列
SOCIAL SCIENCES ACADEMIC PRESS (CHINA)

卡号：573787289777
密码：

数据库服务热线：400-008-6695
数据库服务QQ：2475522410
数据库服务邮箱：database@ssap.cn
图书销售热线：010-59367070/7028
图书服务QQ：1265056568
图书服务邮箱：duzhe@ssap.cn

中国社会发展数据库（下设 12 个子库）

　　整合国内外中国社会发展研究成果，汇聚独家统计数据、深度分析报告，涉及社会、人口、政治、教育、法律等 12 个领域，为了解中国社会发展动态、跟踪社会核心热点、分析社会发展趋势提供一站式资源搜索和数据服务。

中国经济发展数据库（下设 12 个子库）

　　围绕国内外中国经济发展主题研究报告、学术资讯、基础数据等资料构建，内容涵盖宏观经济、农业经济、工业经济、产业经济等 12 个重点经济领域，为实时掌控经济运行态势、把握经济发展规律、洞察经济形势、进行经济决策提供参考和依据。

中国行业发展数据库（下设 17 个子库）

　　以中国国民经济行业分类为依据，覆盖金融业、旅游、医疗卫生、交通运输、能源矿产等 100 多个行业，跟踪分析国民经济相关行业市场运行状况和政策导向，汇集行业发展前沿资讯，为投资、从业及各种经济决策提供理论基础和实践指导。

中国区域发展数据库（下设 6 个子库）

　　对中国特定区域内的经济、社会、文化等领域现状与发展情况进行深度分析和预测，研究层级至县及县以下行政区，涉及地区、区域经济体、城市、农村等不同维度，为地方经济社会宏观态势研究、发展经验研究、案例分析提供数据服务。

中国文化传媒数据库（下设 18 个子库）

　　汇聚文化传媒领域专家观点、热点资讯，梳理国内外中国文化发展相关学术研究成果、一手统计数据，涵盖文化产业、新闻传播、电影娱乐、文学艺术、群众文化等 18 个重点研究领域。为文化传媒研究提供相关数据、研究报告和综合分析服务。

世界经济与国际关系数据库（下设 6 个子库）

　　立足"皮书系列"世界经济、国际关系相关学术资源，整合世界经济、国际政治、世界文化与科技、全球性问题、国际组织与国际法、区域研究 6 大领域研究成果，为世界经济与国际关系研究提供全方位数据分析，为决策和形势研判提供参考。

法律声明

"皮书系列"（含蓝皮书、绿皮书、黄皮书）之品牌由社会科学文献出版社最早使用并持续至今，现已被中国图书市场所熟知。"皮书系列"的相关商标已在中华人民共和国国家工商行政管理总局商标局注册，如LOGO（ ）、皮书、Pishu、经济蓝皮书、社会蓝皮书等。"皮书系列"图书的注册商标专用权及封面设计、版式设计的著作权均为社会科学文献出版社所有。未经社会科学文献出版社书面授权许可，任何使用与"皮书系列"图书注册商标、封面设计、版式设计相同或者近似的文字、图形或其组合的行为均系侵权行为。

经作者授权，本书的专有出版权及信息网络传播权等为社会科学文献出版社享有。未经社会科学文献出版社书面授权许可，任何就本书内容的复制、发行或以数字形式进行网络传播的行为均系侵权行为。

社会科学文献出版社将通过法律途径追究上述侵权行为的法律责任，维护自身合法权益。

欢迎社会各界人士对侵犯社会科学文献出版社上述权利的侵权行为进行举报。电话：010-59367121，电子邮箱：fawubu@ssap.cn。

社会科学文献出版社